MÉMOIRES

DU DUC

DE SAINT-SIMON

II

TYPOGRAPHIE DE CH. LAHURE
IMPRIMEUR DU SÉNAT ET DE LA COUR DE CASSATION
RUE DE VAUGIRARD, 9, A PARIS

MÉMOIRES

COMPLETS ET AUTHENTIQUES

DU DUC

DE SAINT-SIMON

SUR LE SIÈCLE DE LOUIS XIV ET LA RÉGENCE

COLLATIONNÉS SUR LE MANUSCRIT ORIGINAL PAR M. CHÉRUEL

ET PRÉCÉDÉS D'UNE NOTICE

PAR M. SAINTE-BEUVE DE L'ACADÉMIE FRANÇAISE

TOME DEUXIÈME

PARIS

LIBRAIRIE DE L. HACHETTE ET Cie

RUE PIERRE-SARRAZIN, N° 14

1856

MÉMOIRES

DE

SAINT-SIMON

CHAPITRE PREMIER.

Mort étrange de Charles XI, roi de Suède. — Sa tyrannie. — Son palais brûlé. — Princes Sobieski s'en retournent sans recevoir le collier du Saint-Esprit. — Conduite désapprouvée de l'abbé de Polignac en Pologne. — Abbé de Châteauneuf y va la rectifier. — Froideur et plus du prince de Conti pour la Pologne. — Plénipotentiaires à Delft et à la Haye. — Distribution des armées. — M. de Chartres, prince du sang, et M. du Maine ne servent plus. — Ath pris par le maréchal de Catinat. — Siége et prise de Barcelone par le duc de Vendôme, qui est fait vice-roi de Catalogne. — J'arrive à l'armée du maréchal de Choiseul, qui passe le Rhin. — Belle retraite du maréchal de Choiseul. — Inondations générales. — Beau projet du maréchal de Choiseul avorté par ordre de la cour, qui fait repasser le Rhin à l'armée.

Charles XI, roi de Suède, mourut à quarante-deux ans, le 15 avril de cette année, à Stockholm. Il étoit de la maison palatine, et son père, le célèbre Charles-Gustave, en faveur duquel la reine Christine fut obligée d'abdiquer, étoit fils de Catherine, sœur de ce grand Gustave-Adolphe, le conquérant de l'Allemagne, tous deux enfants de ce duc de Sudermanie qui usurpa la Suède sur Sigismond, roi de Pologne, fils de son frère Jean III, roi de Suède. Charles XI succéda à son père en 1660, n'ayant que cinq ans, sous la tutelle d'Éléonore d'Holstein sa mère, et avant qu'il eût vingt-cinq ans, il gagna plusieurs batailles en personne, et d'autres grands avantages sur les Danois.

Il en sut profiter dès 1680 contre son pays : il s'affranchit de tout ce qui bridoit l'autorité royale, parvint au pouvoir arbitraire, et, incontinent après qu'il l'eut affermi, le tourna en tyrannie. Il abolit les états généraux et anéantit le sénat desquels il tenoit toute son autorité nouvelle, et s'appliqua avec trop de succès à la destruction radicale de toute l'ancienne et grande noblesse, à laquelle il substitua des gens de rien. Il ruina tous les seigneurs et les maisons même qui, sous les deux célèbres Gustave, son père et celui de Christine, avoient le plus grandement servi sa couronne de leurs conseils et de leurs bras, et qui, dans le penchant de la Suède après la mort du grand Gustave-Adolphe, l'avoient le plus fortement soutenue, et s'étoient acquis le plus de réputation en Europe. Il établit une chambre de révisions qui fit rapporter non-seulement toutes les gratifications et les grâces reçues depuis l'avénement du grand Gustave-Adolphe à la couronne, mais les intérêts qu'elle en estima et tous les fruits, et qui confisqua tous les biens sans miséricorde. Les plus grands et les plus riches tombèrent dans la dernière misère ; grand nombre emporta ce qu'il put dans les pays étrangers, et tout ce qu'il y avoit en Suède de noble et de considérable demeura écrasé.

Le genre obscur et cruel de la longue maladie dont il mourut a fait douter entre la main de Dieu vengeresse et le poison. Jusqu'après sa mort, son corps ne fut pas à couvert de la punition en ce monde ; le feu prit au palais où il étoit encore exposé en parade. Ce fut avec grande peine qu'on le sauva des flammes qui consumèrent tout le palais de Stockholm. Il mourut avec l'honneur d'avoir été accepté pour médiateur de la paix qui se traitoit. Ce fut en sa faveur que le roi tint si ferme en celle de Nimègue en 1679, pour lui faire restituer les provinces qu'il avoit perdues. Enfin c'est le père de Charles XII qui depuis a fait tant de bruit en Europe et achevé de ruiner la Suède. La mère de ce dernier étoit fille de Frédéric III, roi de Danemark, morte dès 1693; et la reine sa grand'mère fut encore une fois régente.

Les princes Alexandre et Constantin Sobieski se lassèrent d'un incognito qui ne leur donnoit rien ici, et qui marquoit seulement qu'ils n'y pouvoient obtenir les distinctions dont ils s'étoient flattés. Cette raison les fit renoncer à recevoir ici l'ordre du Saint-Esprit. On y étoit fort mécontent de la reine leur mère. Ils prirent le parti de s'en aller et de dire qu'ils vouloient arriver en Pologne avant l'élection : ils prirent ainsi congé du roi, et s'en allèrent vers la mi-avril.

Les nouvelles de ce pays commençoient à n'être plus si favorables. On apprit avec étonnement que l'abbé de Polignac s'étoit beaucoup trop avancé et, entre autres promesses, s'étoit engagé d'accorder que le prince de Conti prendroit à ses dépens Caminieck occupé par les Turcs, et qu'il feroit cette conquête avant son couronnement, sans quoi son élection demeureroit nulle. Un particulier, quelque grand et riche et appuyé qu'il fût, ne pouvoit pas se flatter de suffire à cette dépense, et de faire dépendre la validité de l'élection du succès de cette entreprise. C'étoit exposer la fortune d'un prince du sang, non-seulement à l'incertitude des hasards d'un grand siége, mais à toutes les trahisons de ceux qui se trouveroient intéressés à le faire échouer par leur engagement contre l'élection de ce prince. On en fut si choqué à la cour, qu'on envoya Ferval en Pologne pour voir plus clair à ces avances de l'abbé de Polignac, essayer de raccommoder ce qu'il avoit gâté, et donner des nouvelles plus nettes et plus désintéressées de toute cette négociation. Peu après arriva un gentilhomme de la part du cardinal Radziewski, archevêque de Gnesne, qui étoit à la tête du parti du prince de Conti, et qui, comme primat de Pologne, étoit à la tête de la république pendant l'interrègne. Le compte qu'il rendit, et la commission dont il étoit chargé pour le roi et pour ce prince, donnèrent beaucoup d'espérances, mais peu d'opinion de la conduite de l'abbé de Polignac, qui, parfaitement bien avec la reine de Pologne, s'étoit brouillé avec elle jusqu'aux éclats et à l'indécence, tellement qu'il fut jugé à propos d'envoyer l'abbé de Châteauneuf lui servir d'évangéliste, et qui porta à l'abbé de Polignac des ordres très-précis de ne rien faire que de concert avec lui. Il étoit frère de notre ambassadeur à Constantinople. C'étoient deux Savoyards, tous deux gens de beaucoup d'esprit et de belles-lettres, et tous deux fort capables d'affaires, l'aîné avec plus de manége, l'autre avec encore plus de fond et de sens; et on prit le parti d'attendre qu'il se fût bien mis au fait de tout en Pologne, et d'en être informé par lui, avant que de s'embarquer plus avant.

M. le prince de Conti étoit fort éloigné de désirer le succès d'une élévation à laquelle il n'avoit jamais pensé. Il alloit jusqu'à le craindre. Il étoit prince du sang, et quoique malvoulu du roi, il jouissoit de l'estime et de l'affection publique; il profitoit encore de la compassion de sa situation délaissée et de son espèce de disgrâce, du parallèle qu'on faisoit entre lui si nu et M. du Maine si comblé, de la préférence sur lui de M. de Vendôme pour le commandement de l'armée, et de l'indignation qui en naissoit. Élevé avec Monseigneur, extrêmement bien avec lui et dans toute sa privance, il comptoit sur le dédommagement le plus flatteur et le plus durable sous son règne; enfin il étoit passionnément amoureux de Mme la Duchesse : elle étoit charmante, et son esprit autant que sa figure. Quoique M. le Duc fût fort étrange, et étrangement jaloux, M. le prince de Conti ne laissoit pas d'être parfaitement heureux. Par ce recoin secret, il tenoit de plus en plus à Monseigneur, qui commençoit fort à s'amuser de Mme la Duchesse, laquelle avoit su lier sourdement avec Mlle Choin. C'en étoit trop pour que le brillant d'une couronne pût prévaloir sur les horreurs de s'expatrier pour jamais ; aussi parut-il extrêmement froid dans toute cette affaire, très-attentif à en faire peser toutes les difficultés, et si lent à la suivre, qu'on s'aperçut aisément de toute sa répugnance.

Après quelques difficultés et quelques délais sur les passe-ports des plénipotentiaires du roi pour la paix, ils arrivèrent, et incontinent après Harlay et Crécy qui étoient à Paris partirent, et ils se brouillèrent dès Lille. Le Normand, fermier général en ce département, y étoit, qui fournit de bons chevaux à Crécy, son ami, et ne donna que des colliers et des charrettes à l'autre qui, au lieu de ne s'en prendre qu'à la sottise du fermier général, s'emporta contre son collègue. Il écrivit à la cour des plaintes amères. Le Normand fut blâmé, Harlay encore plus, qui, sur les réponses sèches qu'il reçut, se hâta de se raccommoder avec Crécy. A Courtrai ils apprirent que les plénipotentiaires des alliés avoient le caractère d'ambassadeurs, et qu'ils se préparoient à leur faire beaucoup de chicanes sur le cérémonial, parce qu'ils ne l'avoient point. Ils dépêchèrent donc un courrier là-dessus qu'ils attendirent à Courtrai, et qui leur apporta le caractère d'ambassadeurs ; c'est ce qui fut cause qu'ils ne reçurent que des civilités, mais aucuns honneurs sur toute la frontière françoise, et que celle des ennemis leur en rendit de forts grands, ainsi que le dedans de leur pays. Ils arrivèrent à Delft, où ils trouvèrent Callières. Ceux des alliés et de Suède étoient à la Haye, à quatre lieues d'eux ; et à demi-lieue de Delft, le château de Ryswick au prince d'Orange où ils devoient tous se trouver pour traiter. On l'avoit ouvert par divers côtés, afin que chacun pût entrer et sortir par le sien, et s'asseoir vis-à-vis de son entrée autour d'une table ronde pour éviter toute dispute de rang et de compétence. Force jeunes gens de robe et de Paris étoient allés à la suite des nôtres. Harlay y avoit mené son fils qui avoit beaucoup d'esprit et encore plus de débauche et de folie, et qui fit là toutes les extravagances les plus outrées et les plus continuelles, et dont plusieurs pouvoient avoir des suites fâcheuses et embarrassantes même, sans que le père parût y donner la plus légère attention.

La disposition des armées fut la même que l'année précédente, mais les princes ne servirent point. Le roi en étoit convenu avec Monsieur pour M. le duc de Chartres, et avec M. le Prince pour M. le Duc et M. le prince de Conti, qui se chargea de le leur dire. Le roi à la fin prit ce parti par le contraste de M. de Vendôme qui commandoit une armée, et par ce qui s'étoit passé en Flandre de M. du Maine qui, ayant fait encore une campagne depuis, en fut dispensé pour toujours. M. le comte de Toulouse, qui n'avoit pas en soi la même raison, commanda la cavalerie dans l'armée du maréchal de Boufflers, et chacun partit pour les frontières. Le maréchal Catinat qui n'avoit plus d'occupation en Italie eut une armée en Flandre, avec laquelle il ouvrit la campagne par le siége d'Ath qui étoit mal pourvu, et se défendit mollement; la place se rendit le 7 juin, et le chevalier de Tessé en eut le gouvernement.

M. de Vendôme étoit parti pour la Catalogne avec l'ordre exprès de faire le siége de Barcelone; le comte d'Estrées, vice-amiral en survivance de son père, y amena la flotte au commencement de juin avec les galères que commandoit sous lui le bailli de Noailles, leur lieutenant général, et avec ces forces navales ferma le port. Pimentel, qui avoit défendu Charleroy, et qui l'avoit rendu en 1693 au maréchal de Villeroy, commandoit dans Barcelone. Le marquis de La Corzana, mestre de camp général de la Catalogne, s'y étoit jeté, et le prince de Hesse-Darmstadt commandoit au Montjoui qui en est comme la citadelle, quoiqu'un peu séparé de la ville. Ils avoient huit mille hommes d'infanterie de troupes réglées, quelque cavalerie et le reste *somettants*, qui sont des milices fort aguerries, et le tout ensemble faisoit vingt-cinq mille hommes. Nous avions soixante pièces de batterie et vingt-huit mortiers. Dehors étoient don François de Velasco, vice-roi de Catalogne et le marquis de Grigny, général de la cavalerie avec une petite armée et force miquelets. La place étoit plus qu'abondamment fournie de tout et conserva une libre communication par un côté avec le vice-roi pour pouvoir être rafraîchie.

M. de Vendôme n'avoit point assez de troupes pour l'investir entièrement, ni pour avoir assez de postes de proche en proche dans ses derrières pour contenir les miquelets; tellement qu'il ne put tirer ses subsistances que par le secours de la mer. Les troupes de l'armée navale mirent pied à terre et servirent au siège, les chefs d'escadre comme maréchaux de camp et le bailli de Noailles comme lieutenant général. Le comte d'Estrées demeura sur la flotte. Outre ces difficultés, les chaleurs étoient excessives. Il y eut beaucoup d'actions très-vives et très-belles; le prince de Birkenfeld, à qui son père avoit donné le régiment d'infanterie d'Alsace, à la tête duquel il étoit devenu lieutenant général, s'y distingua extrêmement, et tellement de l'aveu de tout le monde, que le roi ne voulut pas attendre la fin du siège à le faire brigadier, et récompenser le temps qu'il avoit perdu capitaine de cavalerie. Le duc de Lesdiguières y fit ses premières armes d'une manière fort brillante. Les comtes de Mailly et de Montendre, et le fils aîné du grand prévôt s'y signalèrent fort aussi.

La contrescarpe emportée, M. de Vendôme eut avis que la nuit du 15 au 16 juillet les assiégés devoient faire une grande sortie, et en même temps le vice-roi avec toutes ses troupes attaquer le camp. Là-dessus M. de Vendôme marcha au vice-roi, la nuit du 14 au 15, dont il trouva l'armée partagée en deux camps; il en attaqua un, et fit attaquer l'autre par d'Usson. Aucun des deux ne résista presque; ils furent surpris, et tout prit la fuite, et le vice-roi même tout en chemise. Les deux camps furent pillés, et pendant ce pillage quelque cavalerie ennemie prit le temps de se former et de venir tomber sur les pillards, mais on avoit prévu cet inconvénient, et cette cavalerie fut défaite ; on leur tua ou prit huit cents hommes et beaucoup d'officiers. Le secrétaire et la cassette du vice-roi furent pris avec ses papiers, et cinq mille pièces de quatre pistoles. Par cette action l'armée ennemie fut entièrement dissipée et hors d'état de rafraîchir la place ni de montrer de troupes nulle part. On ne songea plus qu'à presser le siége. Il y eut encore beaucoup d'actions fort vives. Enfin les mines ayant fait tout l'effet qu'on en avoit espéré, et l'assaut prêt à donner, M. de Vendôme envoya Barbezières leur parler. Pimentel s'approcha de lui. Il y eut des propositions sur l'état où la place se trouvoit réduite qui produisirent quelques allées et venues. Enfin ils entrèrent le 5 août en capitulation, qui ne fut conclue que le 8. Elle fut telle que le méritoient de si braves gens qui, par leur belle défense, s'étoient montrés vrais Espagnols et dignes de l'être. On leur accorda trente pièces de canon, quatre mortiers, des chariots couverts tant qu'ils voulurent, et la plus honorable composition, et à la ville tous ses priviléges, excepté l'inquisition que M. de Vendôme ne voulut pas souffrir. Ils s'étoient fait un point d'honneur de ne battre point la chamade. Il périt beaucoup de monde de part et d'autre à ce siége, mais personne de marque. Le vice-roi, don François de Velasco, fut mandé à Madrid pour rendre compte de sa conduite, et La Corzana fut fait vice-roi. Le Montjoui se rendit par la même capitulation de la place, sans avoir été attaqué.

Chemerault arriva le 15 août à Versailles, où Barbezieux ne se trouva point, avec cette agréable nouvelle. Saint-Pouange le mena au roi, et Lapara, qui, comme principal ingénieur, avoit conduit le siége où il avoit été légèrement blessé, vint après rendre compte du détail de ce qui s'y étoit passé. Lui et Chemerault étoient brigadiers. Le roi donna douze mille livres à Chemerault et les fit tous deux maréchaux de camp, et avec eux M. de Liancourt qui servoit en Flandre, et ne s'attendoit à rien moins. Ce fut une galanterie que le roi fit à M. de La Rochefoucauld. Il y eut suspension d'armes en Catalogne jusqu'au 1ᵉʳ septembre. Le Llobrégat servit de barrière pour la séparation des François et des Espagnols. Nous eûmes bien neuf mille hommes tués ou blessés, parmi lesquels six cents officiers; les ennemis y perdirent six mille hommes. Coigny, lieutenant général, et Nanclas sous lui, furent mis pour commander dans Barcelone. Pimentel, qui l'avoit défendue, eut du roi d'Espagne un titre de Castille, et prit le nom de marquis de La Floride. M. de Vendôme, quelques jours après, y fut reçu vice-roi en grande cérémonie. Le présent en pareille occasion est de cinquante mille écus.

J'arrivai à Landau sur la fin de mai, deux jours avant l'assemblée de l'armée. Ce fut à Lempsheim où le marquis de Chamilly demeura avec une partie de l'infanterie; le marquis d'Huxelles alla avec l'autre à Spire, et le maréchal de Choiseul, avec une brigade d'infanterie et toute la cavalerie, s'avança à Eppenheim pour la commodité des fourrages, où on fit la réjouissance de la prise d'Ath.

Pendant qu'on subsistoit ainsi tranquillement, tantôt dans un camp, tantôt dans un autre, suivant l'abondance, le maréchal n'étoit pas sans inquiétude que le prince Louis de Bade n'en voulût à Fribourg. Ce soupçon et le remuement de leurs bateaux qui l'empêcha de s'avancer davantage dans le Palatinat, quoique fort court de fourrages, le fit songer à passer le Rhin. Il le proposa à la cour, et il en reçut la permission, en même temps que Locmaria le joignit avec neuf escadrons et dix bataillons du Luxembourg. Le maréchal tint son dessein secret, partit dans sa chaise, suivi du duc de La Ferté, du comte du Bourg, de Mélac et de Praslin, d'une brigade de cavalerie et d'une de dragons, et s'en alla au fort Louis, où il arriva le dernier juin. Il y fut joint par la cavalerie la plus à portée, puis par toute son infanterie, le marquis d'Huxelles resté avec presque rien à Spire. Cependant il se hâta d'occuper les bois et les défilés de Stolhofen pour pouvoir déboucher par là. Le marquis de

Renti, avec toute la cavalerie, arriva le 3 juillet au fort Louis, où il passa le Rhin, et le même jour l'artillerie et les vivres joignirent aussi le maréchal de Choiseul assez près de la tête des chaussées. De toutes parts l'ordre et l'extrême diligence de l'exécution furent admirables. J'allai en arrivant voir le maréchal, qui ne m'en avoit dit qu'un mot léger à Ostoven, et qui m'en fit excuse sur ce qu'il n'avoit confié son projet qu'à ceux-là uniquement dont il ne se pouvoit passer pour l'exécution, dans la crainte que le prince de Bade ne portât quelques troupes dans la plaine de Stolhofen ; ce qui lui étoit bien aisé, et ce qui auroit empêché le passage du Rhin.

Pour tromper mieux M. de Bade, le marquis d'Huxelles, qui n'avoit à Spire que les troupes que Locmaria avoit amenées, et qu'il y avoit attendues absolument seul pendant vingt-quatre heures, fit passer le Rhin sur le pont de Philippsbourg à quelques troupes, et à force trompettes, cymbales et tambours, et persuada ainsi à l'ennemi que toute l'armée étoit là, ce qui le retint à trois lieues à Bruchsall où il étoit campé. Le maréchal, cependant, alla le 4 mettre son centre et son quartier général à Niederbühl, sa droite à Cupenheim, et sa gauche à Rastadt, la rivière de Murg coulant le long de la tête de son camp. Les bords de son côté en étoient hauts, et de l'autre ils étoient bas. On en rompit tous les gués, on retrancha bien la droite, on fit des redoutes, et de ces hauteurs on voyoit toute la plaine au delà de la Murg. On accommoda bien Rastadt, et on prit toutes les précautions nécessaires pour bien assurer le camp.

Le prince de Bade, enfin détrompé, vint le 7 se mettre à Muckensturm, à demi-lieue de notre quartier général ; de là, à la Murg. Au delà d'elle il y avoit une assez grande plaine, toute remplie de fourrages. On auroit pu l'enlever le 6 ; mais on aima mieux laisser reposer l'armée, et le 7 l'arrivée du prince de Bade empêcha d'y plus penser ; mais le 8 la débandade fut générale, quelque chose qu'on pût faire; tout courut fourrager cette plaine jusqu'entre les vedettes des ennemis, et à l'entière merci de leurs gardes et de leur camp. Ces débandés furent plus heureux que sages; leur extrême témérité fut leur salut. Les ennemis n'imaginèrent jamais que ce fût désobéissance et extravagance : ils la prirent pour un piége qu'on leur tendoit; jamais pas un d'eux ne branla. Tout le fourrage revint en abondance; il n'y eut pas un cheval de perdu, ni un homme à dire ni blessé. Je ne pense pas que jamais folie ait été en même temps et si générale et si heureuse.

Après qu'on se fut bien accommodé dans ce camp, il se trouva que les convois qu'on tiroit du fort Louis étoient incommodes et périlleux. On jeta donc à trois lieues du quartier général un pont de bateaux sur le Rhin, à l'endroit d'une île qui étoit séparée de notre bord par un bras étroit. Le chemin du pont au camp étoit couvert d'un marais; mais ce marais, cru impraticable, se le trouva si peu que nos convois suivirent toujours leur premier chemin, et que ce pont ne fut qu'une inquiétude de plus, que les ennemis ne vinssent le brûler de notre bord à l'île, ce qui en fit ôter les trois premiers bateaux toutes les nuits. Il servit seulement à l'abondance du camp par le commerce avec les paysans d'Alsace; et La Bretêsche, lieutenant général, fut chargé de tout ce côté-là. Chamilly fit un grand fourrage du côté de la montagne. Au retour il trouva force hussards soutenus par Vaubonne avec des troupes. Il y eut une petite action; Vaubonne fut chassé l'épée dans les reins jusqu'à un petit ruisseau, qui, avec les approches de la nuit, le délivra de la poursuite. Praslin s'y distingua fort; il y eut assez de gens des ennemis tués, et fort peu des nôtres.

M. le maréchal de Choiseul demeura seize jours dans ce camp; les fourrages vinrent à manquer tout à fait, il fallut songer à en sortir. On défit le pont de bateaux, et tout aussitôt le bruit se répandit qu'on alloit décamper. Pour l'apaiser, Saint-Frémont fut détaché le 18 avec presque tous les caissons de l'armée, sous prétexte d'aller querir un grand convoi au fort Louis. En effet il revint le même jour avec beaucoup de ces mêmes caissons. Cela trompa et fit croire qu'on séjourneroit encore quelque temps. Le maréchal m'avoit confié son dessein. Notre camp étoit disposé de manière que les ennemis le voyoient en entier, excepté quelques endroits interrompus par des avances de haies et de bois, et les deux brigades de cavalerie qui fermoient la gauche de la seconde ligne de dix-neuf escadrons, Horn et Ligondez dont j'étois, et deux régiments de dragons qui couvroient ce flanc; mais la gauche entière de la première ligne, qui étoit devant nous, étoit vue en plein. Le 19 juillet, sur les onze heures du matin, toute l'armée eut ordre de charger les gros bagages, une heure après les menus, avec défense de détendre et de rien remuer : à deux heures après midi, nos deux brigades et les dragons nos voisins, que les ennemis ne voyoient pas, comme je viens de l'expliquer, reçurent ordre de détendre et de marcher sur-le-champ sans bruit. La Bretesche, lieutenant général, et Montgommery, maréchal de camp, officiers généraux de la seconde ligne de cette aile, vinrent la prendre et la menèrent au delà des bois par lesquels nous étions arrivés, passer la nuit dans la plaine de Stolhofen, et cependant les gros et menus bagages, l'artillerie inutile et tous les caissons filèrent entre le Rhin et nous. La Bretesche avoit défenses expresses de branler, quelque combat qu'il entendît. La raison en étoit qu'il restoit assez de troupes pour combattre dans un lieu aussi étroit qu'étoit celui d'où on se retiroit; qu'il falloit une grosse escorte pour tous les bagages de l'armée; et qu'en cas de malheur, nos troupes se seroient trouvées toutes fraîches et en bon ordre dans la plaine, pour recevoir et soutenir tout ce qui déboucheroit les bois venant de notre camp.

Sur les six heures du soir, le maréchal monta sur cette hauteur retranchée de sa droite à laquelle il avoit fait travailler exprès tout le jour, et disposa toute son affaire avec tant de justesse, qu'avec le signal d'un bâton levé en l'air avec du blanc au bout de distance en distance, ce ne fut qu'une même chose que détendre, charger, monter à cheval, marcher, et quoique au petit pas, perdre les ennemis de vue. Comme il ne restoit nulle sorte d'équipage au camp, et que tout étoit sellé et bridé, cette grande armée disparut en un moment, en plein jour, aux yeux des ennemis. L'armée marcha sur deux colonnes. Le régiment colonel général de cavalerie fit l'arrière-garde de la gauche avec du canon, et le prince de Talmont ensuite avec les gardes ordinaires; enfin, un détachement de cavalerie, sous un lieutenant-colonel qui étoit commandé tous les jours à Rastadt. Le bonhomme Lafréselière, lieutenant général, conduisoit cette arrière-garde. Le maréchal fit celle de la droite avec la gendarmerie et quelques détachements derrière elle, et Chamarande fit avec tous les grenadiers de l'armée l'arrière-garde de tout. Montgon, qui par son poste devoit être avec nous, obtint du maréchal de demeurer auprès de lui. Avant la nuit noire, presque toute l'armée avoit débouché tous les bois et étoit entrée dans la plaine de Stolhofen. Ceux des généraux impériaux qui se trouvèrent à la promenade accoururent de toutes parts sur les bords de la Murg pour voir ce décampement, mais il fut si prompt qu'il ne leur donna pas loisir de faire la moindre contenance d'inquiéter cette retraite, l'une des plus belles qu'on ait vues.

Somières, capitaine de cavalerie au régiment de La Feuillade, avoit été pris à ce fourrage du marquis de Chamilly dont j'ai parlé, et fut renvoyé quelques jours après cette retraite. Il rapporta au maréchal de Choiseul, en ma présence, que les Impériaux, fondés sur ce convoi de Saint-Frémont, ne crurent point que notre armée marchât de quelques jours; que le 19 juillet, jour de cette belle retraite, le prince Louis de Bade rentroit de la promenade avec le duc de Lorraine, et venoit de mettre pied à terre, lorsqu'on le vint avertir à toutes jambes que nous décampions; qu'il répondit que cela n'étoit pas possible, fondé sur ce que lui-même venoit de voir un instant auparavant travailler encore sur cette hauteur de notre droite; qu'en même temps il lui vint un second avis semblable qui le fit aussitôt remonter à cheval et courir aux bords de la Murg, où ce capitaine prisonnier le suivit. Ils ne virent que l'arrière-garde se dérober à leurs yeux, ce qui remplit tellement le prince de Bade d'étonnement et d'admiration qu'il demanda à ce qui l'accompagnoit s'ils avoient jamais rien vu de pareil, et il ajouta que pour lui il n'avoit pas cru jusqu'alors qu'une armée si considérable et si nombreuse pût disparoître ainsi en un instant. Cette retraite en effet fut honorable et hardie, et en même temps sûre. Elle se fit en plein jour, mais si promptement que les ennemis n'en purent tirer aucun avantage; et, quoique en plein jour, si proche de la nuit, que l'obscurité la favorisa presque autant que si on l'eût faite dans les ténèbres. Elle fut fière, belle, bien entendue, savante, et digne enfin d'un général qui avoit si bien appris sous les plus grands maîtres.

Sa gloire en cette occasion eût été sans regret, sans un accident qui arriva. Blansac menoit une colonne d'infanterie et fut surpris de la nuit dans les bois. Un petit parti qu'il avoit sur son aile entendit quelque cavalerie marcher fort près de soi. Ce peu de cavalerie étoit des Impériaux égarés, qui, reconnoissant le péril où ils se trouvoient, au lieu de répondre au qui-vive, se dirent entre eux, en allemand : « Sauvons-nous. » Il n'en fallut pas davantage pour leur attirer une décharge du petit parti françois, à laquelle ils répondirent à coups de pistolet. Ce bruit fit faire, sans le commandement de personne, une décharge de ce côté-là à toute la colonne d'infanterie, et Blansac, voulant s'avancer pour savoir ce que ce pouvoit être, en essuya une seconde. Il eut le bonheur de n'en être point blessé, mais cinq pauvres capitaines furent tués et quelques subalternes blessés.

L'armée ne fut pourtant point troublée par cette escopetterie, et passa la nuit auprès de nos deux brigades dans la plaine de Stolhofen, comme chacun se trouva. Le lendemain 20, dès le matin, elle en passa le défilé, et campa, la droite et le quartier général à Lichtenau, la gauche peu éloignée de Stolhofen, l'abbaye de Schwartzals vers le centre, un gros ruisseau à la tête du camp, et le Rhin à trois quarts de lieue derrière nous. Nous y demeurâmes dix ou douze jours pour voir ce que deviendroit le prince Louis de Bade, qui demeura dans son même camp de Muckensturm. De là nous prîmes celui de Lings, puis celui de Wilstedt, si proche du fort de Kehl qu'il rendit notre pont de bateaux inutile, et que par le pont de Strasbourg la communication étoit libre, sans escorte, et continuelle entre l'armée et cette place.

Le comte du Bourg fut chargé là d'un grand fourrage; ce qui, joint à quelques autres bagatelles, brouilla le marquis de Renti avec le maréchal de Choiseul, son beau-frère. Renti étoit un très-galant homme, vaillant et homme de bien, mais avec cela épineux à l'excès. Le maréchal s'étoit fait une autre affaire avec Revel. C'étoit à lui à être de jour celui de la retraite et par conséquent à faire celle des deux arrière-gardes où le maréchal n'étoit pas. Le bonhomme Lafréselière, que toute l'armée aimoit et honoroit, et qui le méritoit, étoit lieutenant général aussi, et son retour tomboit immédiatement avant celui de Revel. Il étoit aussi lieutenant général de l'artillerie, il la commandoit, et par là il ne pouvoit prendre jour de lieutenant général dans l'armée, ni marcher à son tour qu'une fois dans la campagne. Il voulut prendre sa bisque d'être de jour à la retraite; le maréchal, qui l'aimoit et qui comptoit sur sa capacité, décida en sa faveur, et Revel fut outré. Du camp de Wilstedt nous allâmes prendre celui d'Offenbourg.

Cet été ne fut que pluies universelles, et débordements partout qui interrompoient le commerce. Paris et ses environs furent inondés, à ce qu'on nous mandoit, et ce que nous éprouvions ne nous donnoit pas de peine à le croire. Cela duroit depuis deux mois, et notre général en gémissoit dans l'impatience d'exécuter un projet qu'il avoit fait approuver à la cour : c'étoit d'aller attaquer des retranchements faits dès le commencement de la guerre pour garder les gorges qui sont à l'entrée de la Franconie, de la Souabe et de la Bavière. Schwartz et un comte de Fürstemberg gardoient ces lignes, qui, par leur étendue, étoient difficiles à conserver. Le maréchal de Choiseul mouroit d'envie de s'y faire un passage dans des pays abondants et qui depuis bien des années n'avoient point souffert des guerres, d'essayer à y prendre des quartiers d'hiver et de brûler un pont d'une structure particulière qui se jetoit en peu d'heures sur le Rhin, et qui, étant toujours là tout prêt, inquiétoit toutes les campagnes sitôt que notre armée descendoit le Rhin.

Le marquis d'Huxelles étoit resté à Spire, d'où il n'avoit bougé avec Locmaria et les troupes que ce dernier avoit amenées, depuis que l'armée avoit passé le Rhin, et ce passage n'avoit point été de son goût. Pendant que le maréchal méditoit l'exécution de son projet, et que le temps commençoit à lui faire espérer la possibilité de l'entreprendre, Huxelles fut averti par des paysans que les ennemis faisoient un pont à Guermersheim. C'est l'homme du monde qui aimoit le moins les entreprises, et qui craignoit le plus de se commettre. Sans approfondir davantage, il se retira à Guermersheim, entre Philippsbourg et Landau, en donna avis au maréchal de Choiseul, et, ne se croyant pas encore là en sûreté, s'alla mettre à Lauterbourg. Ce ne fut pas tout. Il dépêcha un courrier à Barbezieux à qui il communiqua toute sa peur pour l'Alsace. Le maréchal reçut l'avis du marquis d'Huxelles avec dépit, parce qu'il jugea la terreur panique, ou que le passage pouvoit être empêché par ce que d'Huxelles avoit de troupes et qu'il venoit d'être fortifié par un corps que Mélac lui avoit amené ; mais sa colère fut extrême lorsque toute sa disposition faite pour marcher aux retranchements le lendemain, et jusqu'à la munition distribuée aux troupes, il lui arriva sur le midi un courrier de Barbezieux, avec un ordre positif du roi de repasser le Rhin sur-le-champ, toutes choses, toutes raisons et toutes représentations cessantes, et sans délai d'un moment. Le maréchal qui m'avoit confié son projet me fit les plaintes les plus amères, à moi et aux généraux qui étoient du secret. Il ne douta pas que cet ordre ne lui eût été attiré par le marquis d'Huxelles, sur lequel, tout sage et tout mesuré qu'il étoit, il s'échappa entre Lafréselière, du Bourg, Praslin et moi. Il se voyoit arracher sa gloire et une exécution dont l'importance influoit si fort sur la paix qui se traitoit, ou si elle ne se concluoit pas, sur toute la suite de la guerre; mais il fallut obéir, et sans que le prince Louis de Bade eût songé à passer le Rhin, il nous fallut le repasser le lendemain sur le pont de Strasbourg à travers des eaux et des fanges inconcevables.

Je passai un jour entier dans la ville avec cinq ou six de mes amis, à nous reposer dans la maison de M. Rosen, qu'il me prêtoit toutes les campagnes. Il y eut quelques petites escarmouches à l'arrière-garde, que Villars, qui n'étoit chargé de rien, fit tout ce qu'il put pour tourner en combat où il n'avoit rien à perdre, et pouvoit gagner de l'honneur, parce que rien ne rouloit sur lui, et il fut enragé d'en être empêché par La Bretesche qui étoit de jour, et par Bartillac, lieutenant général de l'aile, qui avoient les plus expresses défenses du maréchal de laisser rien engager. L'armée campa sous Strasbourg, sans entrer dans la ville, puis traversa l'Alsace par lignes et par brigades, le plus légèrement qu'il se put, et s'alla remettre en front de bandière à Musbach qui étoit le camp du prince Louis de Bade, l'année précédente, lorsque notre armée étoit dans le Spirebach. Je l'y laisserai reposer, pour parler de l'affaire de Pologne et de M. le prince de Conti, dont nous apprîmes l'élection à Niederbühl. Comme nous y étions tout proche des ennemis, le maréchal de Choiseul eut la politesse d'envoyer un trompette au prince Louis de Bade, pour l'en avertir et qu'il ne fût pas surpris de la réjouissance que l'armée en devoit faire le soir.

CHAPITRE II.

Affaires de Pologne. — Le roi déclare l'élection du prince de Conti, qui refuse modestement le rang de roi de Pologne. — Départ du prince de Conti, conduit par mer par le célèbre Jean Bart. — Mouvements divers sur ce départ. — Électeur de Saxe couronné à Cracovie. — Prince de Conti arrive à la rade de Dantzick; est peu accueilli; la ville contre lui, et n'ose mettre pied à terre. — Retour du prince de Conti, qui voit à Copenhague le roi de Danemark incognito. — Hardie expédition de Pointis à Carthagène. — Situation du maréchal de Choiseul et du prince Louis de Bade, qui prend Eberbourg. — Suspension d'armes sur le Rhin. — Curieux sortilége. — Portland et ses conférences avec le maréchal de Boufflers à la tête des armées. — Paix signée à Ryswick. — Attention du roi pour le roi et la reine d'Angleterre. — Haine personnelle du roi du prince d'Orange, et sa cause.

L'abbé de Châteauneuf, arrivant en Pologne, trouva le prince Jacques réuni à la reine sa mère, et l'abbé de Polignac déclamant contre elle et contre tous les siens, sans aucun ménagement : qu'à bout d'espérance pour aucun de ses fils, elle s'étoit liée au parti de l'empereur, qui faute d'argent avoit abandonné le duc de Lorraine, et portoit ouvertement l'électeur de Saxe, qui étoit devenu le seul compétiteur du prince de Conti. Cet électeur avoit fait abjuration entre les mains du duc de Saxe-Zeitz, évêque de Javarin, qui étoit passionné Autrichien; il promit cent douze millions, l'entretien de beaucoup de troupes, et surtout d'infanterie, dont le besoin étoit le plus grand pour reprendre Caminieck, et il offrit de rejoindre la Silésie à la Pologne, et de se charger du consentement de l'empereur en le dédommageant par démembrement d'une partie de ses propres États. Il s'assura de l'appui des Moscovites et de n'être point troublé par les rois du Nord; et avec cela, il gagna l'évêque de Cujavie, quelques autres évêques, Jablonowski, grand général, le petit général de la couronne et le petit général de Lithuanie, avec quelques autres sénateurs et d'autres moindres seigneurs qui lui acquirent quatre palatinats. L'espérance du cardinalat lui dévoua Davia, nonce du pape, sous prétexte du grand intérêt de la religion à y réunir un puissant électeur, chef né des protestants d'Allemagne, et leur protecteur en titre; et tout cela se fit le plus secrètement qu'il se put. Sa partie faite, il marcha avec ses troupes en Silésie, sous prétexte d'aller joindre l'armée impériale en Hongrie, et d'en prendre le commandement, et s'approcha fort près des frontières de Pologne.

D'autre part, le cardinal Radziewski, chef de la république pendant l'interrègne, comme primat du royaume par son archevêché de Gnesne, le prince Sapiéha, grand général de Lithuanie, Bielinski, maréchal de la diète de l'élection, étoient à la tête du parti du prince de Conti, avec presque tous les sénateurs, les officiers de la couronne, l'armée à la tête de laquelle le grand veneur de la couronne s'étoit mis en l'absence des deux généraux, et vingt-huit palatinats.

L'élection commença le 27 juin, et s'acheva le même jour. L'évêque, le grand général Jablonowski, le petit général Potoski et leurs partisans, appuyés des palatinats de Cracovie, Cujavie, Siradie et Masovie, s'élevèrent contre, et l'évêque de Cracovie montra l'acte d'abjuration de l'électeur de Saxe, signé de l'évêque de Javarin, que le nonce Davia affirma être sa véritable signature; [ils] élurent ce prince contre toutes les formes, les lois et le droit du primat. L'évêque de Cujavie proclama l'électeur de Saxe roi de Pologne et grand-duc de Lithuanie dans le champ de l'élection, et y entonna le *Te Deum* que les siens chantèrent tout de suite. Le primat, de son côté, à la tête des siens et des vingt-huit autres palatinats, proclama le prince de Conti. Le prince Radziwil, voyant ce désordre, crut pouvoir ramener le palatinat de Masovie, où il avoit quantité de vassaux, et marcha droit à lui. On lui cria qu'on le tueroit s'il s'avançoit davantage; mais au lieu de s'intimider, il se hâta, et, saisissant l'enseigne plantée à leur tête, leur cria qu'il falloit donc le tuer ou le suivre, et tous le suivirent. Il marcha donc avec cette foule de sénateurs et de nonces à Varsovie, avec le primat, qui entra dans la cathédrale de Saint-Jean (car Varsovie est du diocèse de Posnanie), chanta le *Te Deum*, et fit tirer le canon dans l'arsenal, suivant les règles, les lois et les formes.

Galleran, secrétaire de l'abbé de Polignac, arriva le jeudi 11 juillet de bonne heure à Marly, avec cette bonne nouvelle; le roi la tint secrète, et envoya à Monseigneur et à M. le prince de Conti, que le courrier du roi trouva revenant de Meudon à Marly. Après la promenade où M. le prince de Conti l'alla trouver, et qui s'acheva sans parler de Pologne, le roi, rentré chez Mme de Maintenon, y fit appeler Torcy, et envoya chercher le prince de Conti, qui se jeta à ses genoux. Il y avoit par le courrier de l'abbé de Polignac une lettre de lui et une de l'abbé de Châteauneuf, toutes deux fort courtes, qui le traitoient de roi, avec le dessus à Sa Majesté Polonoise. Le roi, après avoir félicité le prince de Conti et reçu ses remercîments, voulut aussi le traiter en roi de Pologne; mais ce prince le supplia d'attendre que son élection fût plus certaine et hors de toute crainte de revers, pour n'être point embarrassé de lui, si, contre toute espérance, il arrivoit quelque révolution en faveur de l'électeur de Saxe. Cette modestie, qui venoit de désir, fut fort louée; le roi y consentit, et ne laissa pas de vouloir rendre la nouvelle publique. Il sortit donc de la chambre de Mme de Maintenon dans le grand cabinet, où il y avoit beaucoup de dames de celles qui avoient la privance d'y entrer, à qui le roi dit en leur montrant le prince de Conti : « Je vous amène un roi. » Aussitôt la nouvelle se répandit partout; le prince de Conti fut étouffé de compliments, et il alla à Saint-Germain la dire au roi et à la reine d'Angleterre, à qui le roi le manda aussi par le duc de La Trémoille, et l'envoya en même temps dire aussi à Monsieur à Saint-Cloud.

L'électrice de Brandebourg, zélée protestante, ne sut des desseins et des démarches de l'électeur que ce qu'il ne put cacher. Elle l'y traversa dans tout ce qu'elle en put apprendre, et lorsqu'elle sut qu'il s'étoit fait catholique, le jour de la Trinité, elle en fut outrée au point qu'elle s'en blessa, et en accoucha. Elle dépêcha au marquis de Brandebourg-Culbach, son père, de venir en Saxe pour en prendre l'administration, ce qu'il eut la sagesse de ne pas faire. L'électeur l'avoit donnée, en son absence, au mari de la princesse de Fürstemberg, que nous avons ici, et qui est catholique. Il en prit donc le gouvernement ; mais l'électrice ne voulut jamais souffrir qu'il fît célébrer la messe à Dresde. Pendant ce contraste domestique, l'électeur s'étoit avancé tout auprès de Cracovie avec cinq ou six mille hommes de ses troupes et force Polonois de son parti.

Malgré cela, celui du prince de Conti tenoit bon, et il en arriva le 30 août un courrier, avec des nouvelles qui furent la matière des résolutions prises le même jour et le lendemain, et d'une longue audience que le roi donna le surlendemain matin dimanche, 1ᵉʳ septembre, dans son cabinet à Versailles, à M. le prince de Conti, avant la messe. Il en sortit les larmes aux yeux, et on sut incontinent après qu'il s'en alloit en Pologne. Il pria le roi de ne point traiter Mme la princesse de Conti en reine jusqu'à ce qu'il eut nouvelle de son couronnement, pour éviter tout embarras en cas que l'affaire échouât et qu'il fût obligé de revenir. Le roi lui donna deux millions comptant, et quatre cent mille livres à emporter avec lui, et cent mille francs pour son équipage, outre toutes les remises faites en Pologne, que Samuel Bernard s'étoit chargé d'y faire payer, tant de l'argent du roi, que de celui de M. le prince de Conti. Ce prince passa le lundi, en partie à Paris, et le mardi, 3 septembre, en partit le soir, pour Dunkerque. Le célèbre Jean Bart répondit de le mener heureusement, malgré la flotte ennemie qui étoit devant ce port, et tint parole.

On vit des mouvements bien différents dans cette grande séparation. Le roi, ravi de se voir glorieusement délivré d'un prince à qui il n'avoit jamais pardonné le voyage de Hongrie, beaucoup moins l'éclat de son mérite et l'applaudissement général que jusque dans sa cour et sous ses yeux il n'avoit pu émousser par l'empressement même de lui plaire et la terreur de s'attirer son indignation, ne pouvoit cacher sa joie et son empressement de le voir éloigné pour toujours. On distinguoit aisément ce sentiment particulier de celui du foible avantage d'avoir un prince de son sang à la tête d'une nation qui figuroit peu parmi les autres du Nord, et qui laissoit encore moins figurer son roi. Tout vouloit le prince de Conti à la tête de nos armées. Cet événement ôtoit au roi l'importunité d'un désir et d'un jugement si universel, à son fils bien-aimé un si fâcheux contraste, et le délivroit du seul de sa maison, dont la pureté du sang ne fût point flétrie par le mélange de la bâtardise, et qui en même temps étoit l'unique dont l'entière nudité excitoit le murmure, pour n'en rien dire de plus, contre les immenses établissements de ceux qui étoient nés dans l'obscurité légale, et de ceux encore qui, étant du sang des rois, n'étoient revêtus qu'à titre de leurs mariages avec les enfants naturels.

Mme la princesse de Conti, qui sentoit le poids qui accabloit un mari qu'elle aimoit et dont elle partageoit la fortune, parut transportée de joie de se voir sur le point de régner. M. le Prince, plus sensible encore à la gloire d'une couronne pour un gendre qu'il estimoit et qu'il ne se pouvoit empêcher d'aimer, cachoit sous cette couverture la joie du repos de sa famille, et M. le Duc nageoit entre la rage de la jalousie d'un mérite si supérieur et récompensé comme tel par un choix si flatteur, et la satisfaction de se voir à l'abri du sentiment journalier des pointes de ce mérite, et d'autres encore plus sensibles à un mari de son humeur. Qui fut à plaindre? Ce fut Mme la Duchesse. Elle aimoit, elle étoit aimée, elle ne pouvoit douter qu'elle ne le fût plus que l'éclat d'une couronne. Il falloit prendre part à une gloire si proche, à la joie du roi, à celle de sa famille qui l'observoit dans tous les moments, qui voyoit clair, mais qui ne put mordre sur les bienséances. Monseigneur fut un peu touché, mais au bout, aise de la joie d'autrui, son apathie ne fut point émue. M. du Maine, transporté au fond de l'âme d'une délivrance si grande et si peu espérée, prit le visage et la contenance qu'il voulut et qu'il jugea la plus convenable, et le public demeura partagé entre la douleur de la perte de ses délices, et la joie de les voir couronnées. Monsieur et M. son fils furent assez aises. Mme de Maintenon triomphoit dans ses réduits; et les armées, n'espérant plus de le voir à leur tête, s'affligèrent moins qu'il fût tout à fait perdu pour elles, qu'elles ne prirent de part au royal établissement où il étoit appelé. Pour lui, noyé dans la douleur la plus profonde, à bout d'obstacles, de difficultés, de délais, il faut avouer qu'il soutint mal un si brillant choix, et qu'il ne put cacher ni son désir ni son espérance qu'à la fin il ne réussiroit pas.

Il étoit encore à Paris lorsque le roi reçut un courrier du primat, qui pressoit son départ, dont Torcy lui alla porter les lettres qui le traitoient de roi. Enfin, il partit de Paris le mardi 3, à onze heures du soir; il répandit deux mille louis par les chemins, d'une malle mal fermée, dont une partie fut rapportée à Paris, à l'hôtel de Conti. Il arriva le jeudi après midi à Dunkerque, où tout l'argent qui lui étoit destiné l'attendoit. Le vent contraire fit qu'il ne s'embarqua que le vendredi au soir, sur cinq frégates, avec cinquante personnes seulement pour sa suite. Le chevalier de Sillery, son premier écuyer, frère de Puysieux et de l'évêque de Soissons, le suivit, et avant de partir, épousa une Mlle Bigot, riche et de beaucoup d'esprit, avec qui il vivoit depuis fort longtemps.

M. le prince de Conti trouva neuf gros vaisseaux ennemis à l'embouchure de la Meuse, qui l'attendoient au passage. Un vent forcé les empêcha de l'atteindre, quoiqu'ils y fissent tous leurs efforts; cependant le roi reçut des nouvelles de plus en plus favorables de l'abbé de Polignac de l'assemblée de la noblesse à Varsovie. Cet ambassadeur attendoit le prince de Conti avec une grande confiance; il avoit été quarante-cinq jours sans recevoir aucune lettre d'ici. La reine de Pologne, retirée à Dantzick et logée chez le maître de la poste, les interceptoit toutes, et à la fin, pour se moquer de l'abbé de Polignac, lui en envoya toutes les enveloppes. Le prince de Conti passa le Sund sans obstacle, le roi de Danemark ayant voulu demeurer neutre. Il étoit avec la reine le 15 aux fenêtres du château de Cronenbourg à le voir passer. Bart, qui savoit que ce château ne rend point le salut, hésita s'il le feroit, et le donna pourtant de tout son canon; le château répondit de tout le sien, à cause du prince, qui fit redoubler un second salut, sur ce qu'il apprit de quelques bâtiments légers qui s'étoient approchés de ses frégates, que le roi et la reine de Danemark le regardoient passer. Le 17, il se trouva à la rade de Copenhague, où le comte de Guldenlew qui avoit été en France, et plusieurs seigneurs le vinrent saluer, que Bonrepos, ambassadeur de France en Danemark, lui présenta.

Pendant ce voyage, l'électeur de Saxe ne perdit pas son temps. Le primat lui avoit écrit pour le supplier de ne point troubler leur liberté, et de vouloir bien se retirer de Pologne, puisque le prince de Conti étoit élu et proclamé suivant les lois. L'assemblée de la noblesse de Varsovie avoit établi une garde auprès du corps du feu roi pour empêcher qu'on ne l'enlevât et qu'on ne le portât à Cracovie, où il est d'usage que la pompe funèbre et le couronnement du successeur se fassent dans la même cérémonie. L'électeur jugea que tout dépendoit de la force et de la promptitude : il reçut dans un château royal près de Cracovie l'hommage des principaux de son parti, qui lui firent jurer les *pacta conventa* qu'ils avoient dressés, lui firent livrer le château de Cracovie, et l'y menèrent loger. Dans ce château sont gardés la couronne et tous les ornements royaux dont il s'empara, après avoir fait enfoncer les portes du lieu où ils étoient. Ensuite, on dressa un catafalque dans l'église de Cracovie, comme si le corps du feu roi y eût été présent; on y fit les mêmes obsèques, et en même temps, l'évêque de Cujavie, assisté de quelques autres, couronna l'électeur de Saxe, en présence des principaux, et d'une multitude de son parti. Le primat, contre les droits duquel l'évêque de Cujavie attentoit en tant de façons, aussi bien que contre toutes les lois du royaume, publia un long manifeste contre lui et contre tous les partisans de Saxe, et en même temps des universaux (circulaires) pour convoquer les petites diètes préparatoires à la diète générale qui devoit décider sur la double élection.

Incontinent après, c'est-à-dire le 25 septembre, le prince de Conti arriva à la rade de Dantzick, où l'abbé de Châteauneuf qui l'attendoit alla le saluer. La ville s'étoit déclarée saxonne, et ne fit faire aucun compliment au prince de Conti. Peu de Polonois, et encore moins de marque, l'allèrent saluer à bord. Il y demeura à attendre l'ambassade dont on le flattoit, à la tête de laquelle le prince Lubomirski devoit être, et les troupes que le prince Sapiéha lui devoit mener. Cependant ceux de Dantzick refusèrent des vivres à nos frégates, et n'en voulurent laisser aucune dans leur port. A la fin, l'ambassade de la république vint saluer le prince de Conti sur sa frégate, l'évêque de Plosko à la tête. Lubomirski étoit avec la partie de l'armée de la couronne qui tenoit pour le prince de Conti, que force Polonois vinrent saluer, et parmi eux Primiski, échanson de la couronne, fort déclaré pour ce parti. L'évêque de Plosko donna un grand repas au prince de Conti, près de l'abbaye d'Oliva, avec tout ce qu'il y eut là de plus distingué des Polonois. Ils burent à la santé de leur roi, qui, n'acceptant pas encore ce titre, leur fit raison à la liberté de la république. Marége, qui étoit à M. le prince de Conti, gentilhomme gascon, et que son esprit et ses saillies avoient fort mêlé avec tout le monde, relevoit à peine d'une grande maladie, lorsqu'il s'embarqua avec son maître. Il étoit à ce repas, où on but à la polonoise. Il en fut fort pressé, et se défendoit du mieux qu'il pouvoit. M. le prince de Conti vint à son secours, et l'excusa sur ce qu'il étoit malade; mais ces Polonois, qui, pour se faire entendre, parloient tous latin, et fort mauvais latin, ne se payèrent point de cette excuse, et, le forçant à boire, s'écrièrent en furie : *Bibat et moriatur!* Marége, qui étoit fort plaisant et aussi fort colère, n'en sortoit point quand il le contoit à son retour, et faisoit beaucoup rire ceux qui lui en entendoient faire le récit.

Cependant les lettres de nos deux abbés faisoient tout espérer, et celle du prince de Conti tout craindre. Il trouvoit que dix millions ne l'acquitteroient pas des promesses que l'abbé de Polignac avoit faites. C'étoit là-dessus que l'abbé comptoit, et ceux qu'il avoit engagés par là vouloient voir des espèces à bon escient, avant de se comporter de même. Cela arrêta tout court le prince Sapiéha et l'armée de Lithuanie qui devoit venir joindre le prince de Conti, qui demeuroit toujours en rade et à bord, bien résolu de ne mettre pied à terre que lorsqu'il verroit des troupes à portée et prêtes à le recevoir; mais au lieu d'armée, qui ne fit pas une seule marche vers lui, il ne vit que des Polonois avides qui le pressoient d'acquitter les promesses immenses que l'abbé de Polignac leur avoit faites. Le désir de réussir dans cette grande affaire, dont il espéroit la pourpre, l'avoit aveuglé, et tiré de lui des engagements impossibles, de sorte que, trompé le premier en tout, il trompa le roi et le prince de Conti.

Quoique le primat tînt bon avec un parti et des troupes cantonnées dans son château de Lowitz, le manque de vivres, les glaces très-prochaines sur ces mers, ni corps d'armée, ni corps de noblesse en aucun mouvement pour venir recevoir M. le prince de Conti, force déserteurs considérables, faute d'acquitter les promesses de l'abbé de Polignac; c'en étoit plus qu'il ne falloit pour persuader le retour à un candidat plus empressé que n'étoit M. le prince de Conti, qui pour soi et pour la France faisoit un triste et humiliant personnage, accueilli de personne, aboyé de tous, et n'osant mettre pied à terre dans un parage ennemi qui lui refusoit des vivres, et ne vouloit laisser approcher aucun de ses bâtiments. Il manda donc au roi sa résolution et ses raisons. Le roi les loua tout haut à M. le Prince, et envoya Torcy faire compliment de sa part à Mme la princesse de Conti sur sa douleur de ce qu'elle ne seroit point reine et sur le plaisir de revoir bientôt M. le prince de Conti. On a vu plus haut ce qu'il en falloit croire de cette joie du roi; et en même temps il envoya ordre aux abbés de Polignac et de Châteauneuf de revenir. Un détachement de trois mille chevaux saxons vint secrètement autour de l'abbaye d'Oliva pour enlever M. le prince de Conti, espérant qu'il auroit mis pied à terre. L'abbé de Polignac s'en sauva à grand'peine, et vendu par ceux de Dantzick y perdit tout son équipage.

Bart mit à la voile le 6 novembre et ne put sortir de la rade de Dantzick que le 8; il prit, chemin faisant, cinq vaisseaux de Dantzick. Celui de M. le prince de Conti ayant touché le 15 sur un banc près de Copenhague, il y passa sur une chaloupe, et y coucha chez M. de Guldenlew. Il vit après le roi de Danemark incognito, sous le nom de comte d'Alais. Il se rembarqua le 19, laissant les cinq vaisseaux de Dantzick en dépôt au roi de Danemark. Il arriva le 10 décembre à Nieuport; il y débarqua, parce que la paix étoit faite, pour achever son voyage par terre; et le jeudi au soir 12, il arriva à Paris, où il se trouva plus à son gré qu'il n'eût fait roi à Varsovie. Le lendemain matin, vendredi 13, il salua le roi qui le reçut à merveille, au fond bien fâché de le revoir. Il essuya un mauvais temps continuel en ce retour, et ne vit point le primat. Primiski, dont il se loue le plus, lui dit sur son vaisseau : que s'il avoit su qu'il songeât à venir, il seroit accouru en France pour l'en empêcher, tant il y avoit peu d'apparence de succès.

Ce prince, qui n'avoit pu cacher sa douleur à son départ, ne put empêcher, à son retour, qu'on ne démêlât son contentement extrême. Il trouva que Mgr le duc de Bourgogne venoit d'épouser la princesse de Savoie. L'abbé de Polignac reçut en chemin ordre d'aller droit en son abbaye de Bonport, près du Pont-de-l'Arche en Normandie, sans approcher de la cour ni de Paris; et l'abbé de Châteauneuf reçut en même temps un pareil ordre d'exil. Le prince de Conti, tout mesuré qu'il est, se plaignit hautement de l'abbé de Polignac; il lui pardonnera difficilement la peur qu'il lui a donnée. J'ai voulu achever tout de suite tout ce qui regarde ce triste mais illustre voyage; il faut maintenant revenir sur nos pas.

Pointis, chef d'escadre, se rendit célèbre par son entreprise sur Carthagène. Il prit en passant des flibustiers à l'île de Saint-Domingue, dont Ducasse, qui avoit été longtemps avec eux, étoit devenu gouverneur à force de mérite. Avec ce secours il alla attaquer Carthagène qui ne s'y attendoit pas et se défendit fort mal. Il la pilla, et outre neuf millions en argent ou en barre, ce qui y fut pris en pierreries et en argenterie est inconcevable. Cette expédition, qui a tout à fait l'air d'un roman, fut conduite avec un jugement, et dans l'exécution avec une présence d'esprit égale à la valeur; les flibustiers eurent grand débat avec Pointis pour leur part, de la plus grande partie de laquelle ils se prétendoient fraudés. Comme ils virent qu'il se moquoit d'eux, ils retournèrent tout court à Carthagène, la pillèrent de nouveau, y firent un riche butin, et y trouvèrent encore beaucoup d'argent, puis envoyèrent ici Galifet, lieutenant de roi de Saint-Domingue, qui étoit à l'expédition, porter les plaintes de Ducasse et les leurs. Pointis fut poursuivi par vingt-deux vaisseaux anglois à qui il échappa. Ils prirent quelques bâtiments flibustiers, sur lesquels il n'y avoit presque rien, et le vaisseau de Pointis qui servoit d'hôpital, où il n'y avoit que des malades et quelques pestiférés. Galifet arriva à Versailles le 20 août, et presque en même temps Pointis à Brest, malgré six vaisseaux anglois qui l'attendoient à l'entrée. Il salua le roi à Fontainebleau, le 27 septembre, de qui il fut très-bien reçu et fort loué. Il sauva toute sa prise, et présenta au roi une émeraude grosse comme le poing, et se justifia fort contre Ducasse et les flibustiers. Peu de jours après il fut fait lieutenant général, et je pense qu'il s'est mis en état d'achever sa vie fort à son aise.

J'ai laissé M. le maréchal de Choiseul au camp de Musbach qui s'avança à Odernheim. Le prince Louis de Bade avoit passé le Rhin à Mayence presque en même temps que nous à Strasbourg, et il étoit à Creutznach sur la Nave où il s'étoit retranché. La Nave est une rivière guéable partout, mais assez large, fort rapide, avec de l'eau jusqu'au poitrail des chevaux, et quelquefois plus dans son milieu; son lit plein de gros cailloux roulants et glissants, fort incommodes; les bords du côté du Hundsrück élevés et escarpés. Ceux du côté de l'Alsace sont plats. Creutznach est un peu élevé, il est des deux côtés avec un pont qui les joint et qui enfile directement la rivière. Le prince Louis avoit bien fortifié le côté de Creutznach du côté de l'Alsace, tenoit toute cette petite ville et son pont, et avoit son armée le long de la Nave qui couloit à sa tête, et ses flancs couverts chacun d'un ruisseau. En cette posture, il fouettoit de son camp tout ce qui pouvoit s'approcher de la rivière, qui l'étoit elle-même du pont, et avec la hauteur de son côté voyoit fort loin du nôtre. Il demeura ainsi tranquillement plusieurs jours, amassant quantité de fourrages du Hundsrück par ses derrières, et toutes les provisions et munitions de Mayence par un pont de bateaux qu'il jeta à trois ou quatre lieues de Bingen, où aussi il établit ses fours. Dès qu'il eut tout à souhait, il attaqua le château d'Eberbourg par un détachement de son armée qui se relevoit tous les jours. Eberbourg est un pigeonnier sur une pointe de rochers, à demi-lieue de Creutznach dans la montagne. Sa situation ni celle du pays ne demandoient point d'investiture, ni plus d'une attaque, de manière que les Impériaux faisoient ce petit siège en pantoufles.

Le maréchal de Choiseul s'étoit approché d'eux, et le bruit de leur canon étoit une musique piquante à entendre. De secourir ce château rien ne le permettoit; d'attaquer le prince Louis, posté comme je viens de le représenter, parut entièrement impossible; restoit un troisième parti, c'étoit de s'aller placer sur une hauteur au deçà de la Nave qui commandoit leur attaque, et la faire cesser par nos batteries; mais en même temps il se trouva qu'il n'y avoit pas pour trois jours de fourrages, après quoi il faudroit se retirer. Ce dernier parti n'alloit donc qu'à leur faire suspendre, trois jours durant, leur siége pour leur laisser après toute liberté, et par cela même fut jugé ridicule. Ce que le maréchal de Choiseul fit de mieux, fut d'assembler tous les officiers généraux, de leur exposer l'état des choses, et de les obliger tous à dire leur avis l'un après l'autre tout haut et devant tous. Par ce moyen il coupa court à tous les propos qui pourroient se tenir et s'écrire, parce que chacun parlant tout haut devant tant de témoins, il n'y avoit plus de porte de derrière, et c'étoit ce que le maréchal s'étoit proposé. Dans cette espèce de conseil de guerre, chacun se regarda, et fut bien étonné d'avoir à dire si publiquement qu'il ne pût se dédire ou déguiser ce qu'il auroit dit. Aucun ne fut d'avis d'attaquer le prince Louis, sans exception, aucun ne fut d'avis d'aller sur cette hauteur pour ne faire que suspendre l'attaque d'Eberbourg et se retirer trois jours après, excepté Villars tout seul dont tous se moquèrent. Il fut donc résolu de se retirer quand il n'y auroit plus de fourrage; et cependant d'Arcy se rendit avec tous les honneurs de la guerre, excepté du canon, et fut traité par le prince Louis avec toutes sortes de politesses et les louanges que méritoit sa valeur et sa belle défense. Il avoit été capitaine dans Picardie[1]. Nous gagnâmes donc en deux marches le camp de Marcksheim, où, logé un peu à part avec quatre ou cinq de mes amis, je me délassai de la querelle des officiers généraux, dont je n'avois cessé d'être fatigué, surtout depuis que ce courrier du cabinet nous eut fait repasser le Rhin.

Ce fut en ce camp que nous reçûmes, par un courrier du cabinet, la nouvelle de la paix signée à Ryswick, excepté avec l'empereur et l'empire, mais la suspension d'armes avec eux. M. le maréchal de Choiseul envoya aussitôt un trompette à M. le prince Louis de Bade, et lui manda l'ordre qu'il venoit de recevoir. Le prince Louis caressa fort le trompette, et manda au maréchal qu'il avoit le même avis de la Haye par M. Straatman, un des ambassadeurs de l'empereur, mais qu'il n'avoit encore aucun ordre de Vienne; ce qui n'empêcheroit pas d'observer la suspension en attendant. Il défendit aussitôt tous actes d'hostilités et rappela tous les hussards et tous les partis qui étoient dehors. J'eus grande envie de prendre cette occasion d'aller voir Mayence; plusieurs y furent, mais je n'en pus jamais obtenir la permission du maréchal. Il se tint toujours à dire que j'étois trop marqué, et que, tout général d'armée qu'il étoit, il n'y avoit que le roi qui pût permettre à un duc et pair de sortir du royaume. Nous n'en fûmes pas longtemps à portée, mais ma curiosité n'en fut pas moins dépitée. La suspension étoit

---

1. Le régiment de Picardie, dont il s'agit ici, avait été le premier régiment organisé; il datait du règne d'Henri II.

jusqu'au 1er novembre, et laissoit à cette armée liberté de subsister en attendant en pays ennemi. Comme par la suspension il n'y avoit rien à craindre, et que les fourrages manquoient absolument, l'armée alla cantonner dans le pays de la Sarre, et le maréchal prit son quartier général aux Deux-Ponts. Un comte de Nassau-Hautveiller, voisin de là, y amena de fort bons chiens courants pour le lièvre, et cette honnêteté nous fit grand plaisir. L'ennui nous faisoit faire des promenades à pied de trois ou quatre lieues, et nous gagna à tel point plusieurs que nous étions, qu'il nous persuada une vraie équipée.

Du Bourg, lors maréchal de camp et directeur de la cavalerie, faisoit ses revues par les quartiers. Il nous conta plusieurs choses sérieuses d'une femme possédée, qu'il avoit apprises en passant à l'abbaye de Metloch, à deux lieues de Sarrelouis, qu'on y exorcisoit, et que pourtant il n'avoit point vue. Sur cela nous partîmes sept ou huit, moitié relais, moitié poste, pour faire dix-huit lieues. Au sortir de Sarrelouis, nous trouvâmes des gens qui en venoient, qui nous assurèrent que cette possédée n'étoit rien moins, mais ou une espèce de folle, ou une pauvre créature qui cherchoit à se faire nourrir. La honte, et le courrier qui portoit les quartiers d'hiver et l'ordre de la séparation de l'armée, que nous avions rencontré à deux lieues de là, nous empêchèrent de pousser plus loin. Nous tournâmes bride et revînmes tout de suite aux Deux-Ponts, où je trouvai le courrier du cabinet couché dans le lit de mon valet de chambre. Dès le lendemain matin je pris congé de M. le maréchal de Choiseul et je partis pour Paris.

Cette sottise me fait souvenir d'une histoire si extraordinaire et de telle nature, que, pour ne la pas oublier et pour n'en pas allonger ces Mémoires, je la mettrai parmi les Pièces[1], et ma raison la voici : j'avois lié une grande amitié

1. Voy. sur ces pièces justificatives qui n'ont pas été retrouvées. t. Ier, page 437, note.

dans les mousquetaires avec le marquis de Rochechouart-
Faudoas, qui y étoit aussi, quoique de plusieurs années plus
âgé que moi. C'étoit un homme de valeur, d'excellente compagnie, et de beaucoup d'esprit, de sens, de discernement
et de savoir. Il étoit riche et paresseux ; il ne trouva pas les
portes ouvertes pour s'avancer dans le service aussi promptement qu'il eût voulu, il se dépita contre M. de Barbezieux,
et quitta. Mme la duchesse de Mortemart et moi le voulû-
mes marier à une fille de M. le duc de Chevreuse qui épousa
ensuite M. de Lévi. M. de Chevreuse en mouroit d'envie,
mais il ne finissoit pas aisément une affaire. M. de Rochechouart s'en lassa, et il épousa une Chabannes, riche, fille
du marquis de Curton. Il ne vécut pas longtemps avec elle,
n'en eut point d'enfants, et mourut chez lui près de Toulouse fort brusquement. Sa femme en fut si touchée qu'elle
se fit religieuse aux Bénédictines de Montargis, où elle
vécut très-saintement. J'ai voulu expliquer quel étoit le
marquis de Rochechouart, parce qu'il a été témoin oculaire
de l'histoire dont il s'agit, qu'il vint tout droit à Paris du
lieu près de Toulouse où il en eut le spectacle, et me la
conta en arrivant. C'étoit en carême 1696 ; je lui en fis tant
de scrupule, qu'il alla au grand pénitencier. Par la dernière lettre que j'ai reçue de lui, de chez lui où il étoit
retourné en automne la même année, il me mandoit que la
même histoire, interrompue à sa vue la première fois,
recommençoit dans le même lieu avec le savant et l'homme
de Pampelune, et que dans peu de jours il m'en feroit
savoir le succès définitif. C'est en ce point qu'il mourut, et
je n'en ai pu apprendre de nouvelles, parce que, ayant promis le secret du nom de son ami et du lieu où cela se passoit, il ne me voulut jamais nommer ni l'un ni l'autre. Ce
marquis de Rochechouart fut une vraie perte, et je le
regrette encore tous les jours.

La campagne se passa fort tranquillement en Flandre
depuis la prise d'Ath par le maréchal Catinat. Il n'y fut

partout question que de s'observer et de subsister. La paix cependant se traitoit fort lentement à Ryswick, où il s'étoit perdu beaucoup de temps en cérémonial et en communications de pouvoirs. Les Hollandois, qui vouloient la paix, s'en lassoient et plus encore le prince d'Orange, qui avoit beaucoup perdu en Angleterre, et ne tiroit pas du parlement ce qu'il vouloit. Son grand point étoit d'être reconnu roi d'Angleterre par la France, et, s'il pouvoit, d'obliger le roi à faire sortir de son royaume le roi Jacques d'Angleterre et sa famille. L'empereur, fort embarrassé de sa guerre de Hongrie, des révoltes de cette année, des avantages considérables que les Turcs y avoient remportés, ne vouloit point de paix sur la mauvaise bouche. Il retenoit l'Espagne par cette raison, dans l'espérance d'événements qui le missent en meilleure posture et lui procurassent des conditions plus avantageuses. Tout cela arrêtoit la paix. Le prince d'Orange, bien informé du désir extrême que le roi avoit de la faire, jugea en devoir profiter pour tirer meilleur parti de l'opiniâtreté de la maison d'Autriche, et, sans avoir l'air de l'abandonner, après en avoir reçu une si utile protection contre les Stuarts et les catholiques pour son usurpation, faire une paix particulière, en stipulant pour cette maison, si elle vouloit y entrer, sinon conclure pour l'Angleterre et la Hollande, et s'en sauver en alléguant que cette république dont il recevoit ses principaux secours et de laquelle il étoit bien connu qu'il étoit maître plus que souverain, et l'Angleterre dont il ne l'étoit pas tant à beaucoup près, quoique roi, lui avoient forcé la main, et que tout ce qu'il avoit pu, dans une presse si peu volontaire, avoit été de prendre soin, autant qu'il avoit pu, de mettre à couvert les intérêts de l'empereur et de l'Espagne. Suivant cette idée, qu'il fit adopter secrètement aux Hollandois, Portland, par son ordre, fit demander tout à la fin de juin une conférence au maréchal de Boufflers, à la tête de leurs armées.

Portland étoit Hollandois, s'appeloit Bentinck, avoit été

beau et parfaitement bien fait, et en conservoit encore des restes ; il avoit été nourri page du prince d'Orange. Il s'étoit personnellement attaché à lui. Le prince d'Orange lui trouva de l'esprit, du sens, de l'entregent et propre à l'employer en beaucoup de choses. Il en fit son plus cher favori, et lui communiquoit ses secrets, autant qu'un homme aussi profond et aussi caché que l'étoit le prince d'Orange en étoit capable. Bentinck discret, secret, poli aux autres, fidèle à son maître, adroit en affaires, le servit très-utilement. Il eut la première confiance du projet et de l'exécution de la révolution d'Angleterre ; il y accompagna le prince d'Orange, l'y servit bien ; il en fut fait comte de Portland, chevalier de la Jarretière et fut comblé de biens ; il servoit de lieutenant général dans son armée. Il avoit eu commerce avec le maréchal de Boufflers, à sa sortie de Namur, et pendant qu'il fut arrêté.

Le prince d'Orange n'ignoroit ni le caractère ni le degré de confiance et de faveur auprès du roi, des généraux de ses armées. Il aima mieux traiter avec un homme droit, franc et libéral, tel qu'étoit Boufflers, qu'avec l'emphase, les grands airs et la vanité du maréchal de Villeroy. Il ne craignit pas plus l'esprit et les lumières de l'un que de l'autre, et il comprit que ce qui se passeroit par eux iroit droit au roi et reviendroit de même du roi à eux, mais que par Boufflers ce seroit avec plus de précision et de sûreté, parce qu'il n'y ajouteroit rien du sien, ni à informer le roi, ni à donner ses réponses. Boufflers répondit à un gentilhomme du pays chargé de cette proposition de Portland, qu'il en écriroit au roi par un courrier exprès, et ce courrier lui apporta fort promptement l'ordre d'accorder la conférence, et d'écouter ce qu'on lui voudroit dire. Elle se tint presqu'à la tête des gardes avancées de l'armée du maréchal de Boufflers. Il y mena peu de suite, Portland encore moins, qui ne s'approchèrent point, et demeurèrent à cheval chacune de son côté. Le maréchal et Portland s'avancèrent seuls avec quatre ou cinq personnes, et, après les premiers compliments, mirent pied à terre seuls et à distance de n'être point entendus. Ils conférèrent ainsi debout, en se promenant quelques pas. Il y en eut trois de la sorte dans le mois de juillet, après la première de la fin de juin. La dernière de ces quatre fut plus nombreuse en accompagnements, et les suites se mêlèrent et se parlèrent avec force civilités, comme ne doutant plus de la paix. Les ministres de l'empereur en firent des plaintes à ceux d'Angleterre à la Haye qui furent froidement reçues. A chaque conférence le maréchal de Boufflers en rendoit compte par un courrier. La cinquième se tint, le 1er août, au moulin de Zettick, entre les deux armées. Portland y fit présent de trois beaux chevaux anglois au maréchal de Boufflers, d'un au duc de Guiche, beau-frère du maréchal, et d'un autre à Pracomtal, lieutenant général, gendre de Montchevreuil, et extrêmement bien avec le maréchal de Boufflers qu'ils avoient suivi à cette conférence. La sixième fut extrêmement longue, et la dernière se tint dans une maison de Notre-Dame de Halle que Portland avoit fait meubler et où il avoit fait porter de quoi écrire. Lui et le maréchal furent enfermés longtemps dans une chambre, pendant que leur suite, pied à terre, nombreuse de part et d'autre et mêlée ensemble, fit la conversation d'une manière polie et fort amiable, comme ne doutant plus de la paix.

En effet ces conférences la pressèrent. Les ministres des alliés eurent peur que le maréchal de Boufflers et Portland ne vinssent au point de conclusion pour l'Angleterre, et que la Hollande n'y fût entraînée ; et la prise de Barcelone fut un nouvel aiguillon qui rendit effectif et sérieux à Ryswick ce qui jusqu'alors n'avoit été qu'un indécent pelotage. Je ne m'embarquerai pas ici dans le récit de cette paix. Elle aura vraisemblablement le sort de toutes les précédentes : des acteurs et des spectateurs curieux et instruits en écriront la forme et le fond ; je me contenterai de dire que tout le monde convint après, que les alliés n'eurent Luxembourg que de la grâce de M. d'Harlay, qui, malgré ses deux collègues, trancha du premier, quoique les deux autres aient beaucoup souffert de ses avis et de ses manières, et qu'ils aient eu la sagesse de n'en venir jamais à aucune brouillerie. J'ai ouï assurer ce fait souvent à Callières, qui ne s'en pouvoit consoler. L'empereur et l'empire à leur ordinaire ne voulurent pas signer avec les autres, mais autant valut, et leur paix se fit ensuite telle qu'elle avoit été projetée à Ryswick.

La première nouvelle qu'on eut de sa signature fut par un aide de camp du maréchal de Boufflers qui arriva le dimanche 22 septembre à Fontainebleau, dépêché par ce maréchal, sur ce que l'électeur de Bavière lui avoit mandé que la paix avoit été signée à Ryswick le vendredi précédent à minuit. Le lendemain matin il y arriva un autre courrier du même maréchal, accompagnant jusque-là celui que l'électeur envoyoit porter la même nouvelle en Espagne, et à quatre heures après midi du même lundi, un autre de don Bernard-François de Quiros, premier ambassadeur plénipotentiaire d'Espagne, pour y porter la même nouvelle. M. de Bavière eut la petitesse de faire écrire pour prier qu'on amusât ce courrier de l'ambassadeur, pour donner moyen au sien d'arriver avant lui à Madrid; et le plaisant est qu'on avoit beau jeu à l'amuser, il n'avoit pas un sou pour payer sa poste ni pour vivre, et le roi lui fit donner de l'argent. On sut par lui qu'il étoit six heures du matin du samedi quand la paix fut signée. Enfin, le jeudi 26 septembre, Celi, fils d'Harlay, arriva à cinq heures du matin à Fontainebleau, après s'être amusé en chemin avec une fille qu'il trouva à son gré et du vin qui lui parut bon. Il avoit fait toutes les sottises et toutes les impertinences dont un jeune fou et fort débauché et parfaitement gâté par son père s'étoit pu aviser, dont plusieurs même avoient été fort loin et importantes, qu'il couronna par ce beau délai; ainsi il n'apprit rien de nouveau.

Le roi et la reine d'Angleterre étoient à Fontainebleau, à qui la reconnoissance du prince d'Orange fut bien amère, mais ils en connoissoient la nécessité pour avoir la paix, et savoient bien aussi que cet article ne l'étoit guère moins au roi qu'à eux-mêmes, dont j'expliquerai tout présentement la raison. Ils se consolèrent comme ils purent, et parurent même fort obligés au roi, qui tint également ferme à ne vouloir pas souffrir qu'ils sortissent de France, ni qu'ils quittassent le séjour de Saint-Germain. Ces deux points avoient été vivement demandés; le dernier surtout dans l'impossibilité d'obtenir l'autre, tant à Ryswick que dans les conférences par Portland. Le roi eut l'attention de dire à Torcy, sur le point de la signature, que si le courrier qui en apporteroit la nouvelle arrivoit, un ou plusieurs, l'un après l'autre, il ne lui vînt point dire, s'il étoit alors avec le roi et la reine d'Angleterre, et il défendit aux musiciens de chanter rien qui eût rapport à la paix, jusqu'au départ de la cour d'Angleterre.

On sut en même temps que le prince Eugène avoit gagné une bataille considérable en Hongrie, qui y rétablit fort les affaires et la réputation de l'empereur, mais dont, faute d'argent, il ne put profiter, comme il eût été aisé de faire grandement. Pour achever de suite cette matière de la paix, les ratifications étant échangées, elle fut publiée le 22 octobre, à Paris, avec l'Angleterre et la Hollande, et huit jours après avec l'Espagne. Celi, qui étoit retourné, arriva à Versailles le 2 novembre portant la nouvelle de la signature de la paix avec l'empereur et presque tout l'empire; quelques protestants faisoient encore difficulté de la signer, sur ce que le roi insistoit que la religion catholique fût conservée dans les pays à eux rendus; et à la fin ils y passèrent. Celi, malgré sa conduite, eut douze mille livres de gratification. On peut juger que les *Te Deum* et les harangues de tous les corps furent la suite de cette paix, dans lesquelles il fut bien répété que le roi avoit bien voulu la donner à l'Europe. Retournons maintenant à beaucoup de choses laissées en arrière, pour n'avoir pas voulu interrompre le voyage de M. le prince de

Conti, et la conclusion de la paix. Ajoutons-y, auparavant de finir la guerre, que pendant la campagne, vers le fort des conférences du maréchal de Boufflers, M. le comte de Toulouse fut fait seul lieutenant général.

Je m'aperçois que j'oublie de tenir parole sur les raisons particulières qui rendoient au roi la reconnoissance du prince d'Orange pour roi d'Angleterre si amère; les voici : Le roi étoit bien éloigné, quand il eut des bâtards, des pensées qui, par degrés, crûrent toujours en lui pour leur élévation. La princesse de Conti, dont la naissance étoit la moins odieuse, étoit aussi la première; le roi la crut magnifiquement mariée au prince d'Orange, et la lui fit proposer, dans un temps où ses prospérités et son nom dans l'Europe lui persuadoient que cela seroit reçu comme le plus grand honneur et le plus grand avantage. Il se trompa : le prince d'Orange étoit fils d'une fille du roi d'Angleterre, Charles Ier, et sa grand'mère étoit fille de l'électeur de Brandebourg. Il s'en souvint avec tant de hauteur qu'il répondit nettement que les princes d'Orange étoient accoutumés à épouser des filles légitimes des grands rois, et non pas leurs bâtardes. Ce mot entra si profondément dans le cœur du roi qu'il ne l'oublia jamais, et qu'il prit à tâche, et souvent contre son plus palpable intérêt, de montrer combien l'indignation qu'il en avoit conçue étoit entrée profondément en son âme.

Il n'y eut rien d'omis de la part du prince d'Orange pour l'effacer : respects, soumissions, offices, patience dans les injures et les traverses personnelles, redoublement d'efforts, tout fut rejeté avec mépris. Les ministres du roi en Hollande eurent toujours un ordre exprès de traverser ce prince, non-seulement dans les affaires d'État, mais dans toutes les particulières et personnelles; de soulever tout ce qu'ils pourroient de gens des villes contre lui, de répandre de l'argent pour faire élire aux magistratures les personnes qui lui étoient les plus opposées, de protéger ouvertement ceux qui étoient déclarés contre lui, de ne le point voir; en un mot, de lui faire tout le mal et toutes les malhonnêtetés dont ils pourroient s'aviser. Jamais le prince, jusqu'à l'entrée de cette guerre, ne cessa, et publiquement, et par des voies plus sourdes, d'apaiser cette colère; jamais le roi ne s'en relâcha. Enfin, désespérant d'obtenir de rentrer dans les bonnes grâces du roi, et dans l'espérance de sa prochaine invasion de l'Angleterre, et de l'effet de la formidable ligue qu'il avoit formée contre la France, il dit tout haut qu'il avoit toute sa vie inutilement travaillé à obtenir les bontés du roi, mais qu'il espéroit du moins être plus heureux à mériter son estime. On peut juger ensuite quel triomphe ce fut pour lui que de forcer le roi à le reconnoître roi d'Angleterre, et tout ce que cette reconnoissance coûta au roi.

CHAPITRE III.

M. d'Orléans cardinal. — Mort du célèbre Santeuil, du baron de Beauvais, de La Chaise, de la duchesse de La Feuillade, du duc de Duras. — Époque des ducs-maréchaux de France de porter le nom de maréchal. — Retraite volontaire de Pelletier, ministre d'État. — Sa fortune et sa famille. — Les postes à M. de Pomponne. — Maximes du roi contre un premier ministre, et de ne mettre jamais aucun ecclésiastique dans le conseil. — Emplois au dehors. — Bonrepos et sa fortune. — Des Alleurs. — Du Héron. — Prince de Hesse-Darmstadt fait grand d'Espagne, et pourquoi. — Singulière retraite d'Aubigné, frère de Mme de Maintenon. — Cour et vie particulière de la princesse. — Tracasserie avec la duchesse du Lude. — Préparatifs du mariage de Mgr le duc de Bourgogne. — Goût du roi pour la magnificence de sa cour. — Ses égards.

Il [le roi] étoit au conseil à Marly le mardi dernier juillet, lorsque le courrier du cardinal de Janson arriva apportant la promotion des couronnes, et une heure après, celui du pape avec la calotte pour l'évêque d'Orléans, qui au sortir du conseil la lui présenta et la reçut baissé fort bas, de ses mains sur sa tête, avec beaucoup d'amitié. Pour achever de suite, le cardinal de Janson arriva le 8 septembre à Versailles, et avec lui l'abbé de Barrière, camérier du pape, avec la barrette du cardinal de Coislin, à qui le roi la donna le lendemain à sa messe. Quelques jours après, étant au lever du roi, il lui demanda si on le verroit à cette heure avec des habits d'invention : « Moi, sire, dit le nouveau cardinal, je me souviendrai toujours que je suis prêtre avant que d'être cardinal. » Il tint parole : il ne changea rien à la simplicité de sa maison et de sa table, il ne porta jamais que des soutanelles de drap ou d'étoffes légères, sans soie, et n'eut de rouge sur lui que sa calotte et le ruban de son chapeau. Le roi, qui s'en doutoit bien, loua fort sa réponse, et encore plus sa conduite qui le mit de plus en plus en vénération.

M. le Duc tint cette année les états de Bourgogne, en la place de M. le Prince, son père, qui n'y voulut pas aller. Il y donna un grand exemple de l'amitié des princes, et une belle leçon à ceux qui la recherchent. Santeuil, chanoine régulier de Saint-Victor, a été trop connu dans la république des lettres et dans le monde, pour que je m'amuse à m'étendre sur lui. C'étoit le plus grand poëte latin qui ait paru depuis plusieurs siècles ; plein d'esprit, de feu, de caprices les plus plaisants, qui le rendoient d'excellente compagnie ; bon convive surtout, aimant le vin et la bonne chère, mais sans débauche, quoique cela fût fort déplacé dans un homme de son état, et qui avec un esprit et des talents aussi peu propres au cloître, étoit pourtant au fond aussi bon religieux qu'avec un tel esprit il pouvoit l'être. M. le Prince l'avoit presque toujours à Chantilly quand il y alloit ; M. le Duc le mettoit de toutes ses parties ; en un mot, princes et princesses, c'étoit de toute la maison de Condé à qui l'aimoit le mieux, et des assauts continuels avec lui de pièces d'esprit en prose et en vers, et de toutes sortes d'amusements, de badinages et de plaisanteries, et il y avoit bien des années que cela duroit. M. le Duc voulut l'emmener à Dijon. Santeuil s'en excusa, allégua tout ce qu'il put; il fallut obéir, et le voilà chez M. le Duc établi pour le temps des états. C'étoient tous les soirs des soupers que M. le Duc donnoit ou recevoit, et toujours Santeuil à sa suite qui faisoit tout le plaisir de la table. Un soir que M. le Duc soupoit chez lui, il se divertit à pousser Santeuil de vin de Champagne, et de gaieté en gaieté, il trouva plaisant de verser sa tabatière pleine de tabac d'Espagne dans un grand verre de vin et de le faire boire à Santeuil pour voir ce qui en arriveroit. Il ne fut pas longtemps à en être éclairci : les vomissements et la fièvre le prirent, et en deux fois vingt-quatre heures, le malheureux mourut dans des douleurs de damné, mais dans les sentiments d'une grande pénitence, avec lesquels il reçut les sacrements et édifia autant qu'il fut regretté d'une compagnie peu portée à l'édification, mais qui détesta une si cruelle expérience.

D'autres morts suivirent de près : le baron de Beauvais d'apoplexie, duquel j'ai parlé ailleurs, que le roi regretta.

La Chaise, capitaine de la porte, et frère du P. de La Chaise, qui, d'écuyer de l'archevêque de Lyon dont il commandoit l'équipage de chasse, lui fit cette fortune. Ils ne s'y oublièrent ni l'un ni l'autre, tous deux firent toujours une profession ouverte de respect et d'attachement pour MM. de Villeroy, et La Chaise n'évitoit point de parler de l'archevêque de Lyon et de ses chasses. C'étoit un grand échalas, prodigieux en hauteur, et si mince, qu'on croyoit toujours qu'il alloit rompre, très-bon et honnête homme; il mourut en revenant de Bourbon, et son fils eut aussitôt sa charge, et deux jours après, le roi écrivit de sa main au P. de La Chaise qu'il donnoit à son neveu cent mille écus de brevet de retenue, qui étoit aussi un fort honnête garçon.

La duchesse de La Feuillade mourut à Paris fort jeune, de la poitrine, et ce fut dommage de toutes façons, et il n'y eut que son mari qui ne s'en soucia guère. Il avoit toujours très-mal vécu avec elle, quoiqu'elle ne méritât rien moins, et avec un parfait mépris pour sa famille qui avoit toujours fait merveilles pour lui. Il répondit une fois assez plaisamment à quelqu'un qui vouloit parler à son beau-père, et qui lui demanda ce qu'il faisoit, qu'il étoit à éplucher de la salade avec ses commis : en effet Châteauneuf n'avoit aucun département que des provinces[1]. Les huguenots étoient le département particulier de sa charge de secrétaire d'État, qui la rendoit importante lorsqu'ils faisoient un corps armé avec lequel il falloit compter, mais depuis la révocation de l'édit de Nantes, cette charge de secrétaire d'État étoit à peu près nulle, et Châteauneuf de son génie et de sa personne existoit encore moins, s'il se pouvoit. La Feuillade n'eut point d'enfants de ce mariage et n'avoit guère cherché à en avoir.

Le duc de Duras mourut de la petite vérole, et de beaucoup d'autres, en Flandre pendant la campagne. Il étoit

---

1. Les quatre secrétaires d'État, sous l'ancienne monarchie, se partageaient les provinces, parce qu'il n'y avait pas alors de ministère de l'intérieur. Voici le tableau des provinces qui dépendaient, en 1787, des divers secrétaires d'État, d'après Guyot (*Traité des Offices*, livre I, chap. LXXIX) : 1° le secrétaire d'État, chargé des affaires étrangères, avait, dans son département, la Guyenne, la Gascogne, la Normandie, la Champagne, la principauté de Dombes, le Berry ; 2° du secrétaire d'État de la maison du roi dépendaient la ville et généralité de Paris, le Languedoc, la Provence, la Bourgogne, la Bresse, le Bugey, le Valromey, le pays de Gex, la Bretagne, le comté de Foix, la Navarre, le Béarn, le Bigorre, la Picardie, le Boulonais, la Touraine, le Bourbonnais, l'Auvergne, le Nivernais, la Marche, le Limousin, l'Orléanais, le Poitou, l'Aunis et la Saintonge ; 3° les ports de mer et les colonies relevaient du ministre de la marine ; 4° le secrétaire d'État de la guerre avait dans son département, les Trois-Évêchés (Toul, Metz et Verdun), la Lorraine, l'Artois, la Flandre, l'Alsace, la Franche-Comté, le Dauphiné, le Roussillon et l'île de Corse. Le secrétaire d'État de la maison du roi (c'était le département de Châteauneuf dont parle Saint-Simon) était, comme on le voit, celui des ministres qui avait dans ses attributions le plus grand nombre de provinces.

brigadier de cavalerie avec distinction, et l'affaire de sa survivance de capitaine des gardes du corps étoit comme faite, ce qui augmenta fort la douleur de sa famille. Sa mère, sœur du duc de Ventadour, ne s'en est jamais consolée; elle l'aimoit uniquement. C'étoit un homme bien fait et d'une beauté singulière; le vin et les débauches l'avoient fort changé et rendu goutteux. C'étoit un fort honnête homme et fort aimé, brave, doux et voulant faire, mais sans aucun esprit. Son père l'avoit assez étrangement marié de tous points; il lui céda sa dignité en le mariant, le fit appeler le duc de Duras, et prit le nom de maréchal de Duras. Jusqu'alors on ne l'avoit jamais appelé que le duc de Duras, et c'est le premier duc-maréchal de France qui, par le défaut de terres à porter divers noms, et pour la distinction de l'un et de l'autre, se soit fait appeler maréchal. Jamais on n'a dit que le duc de Navailles, le duc de Vivonne, etc. Depuis, cet exemple a été suivi par la même convenance, et peu à peu a quelquefois prévalu sans cette raison. Le duc de Duras ne laissa que deux filles; il n'avoit qu'un frère beaucoup plus jeune que lui à qui le roi donna son régiment.

Le même jour de la nouvelle de cette mort, qui étoit un mercredi, 18 septembre, à Versailles, veille du départ du roi pour Fontainebleau, M. Pelletier, ministre d'État, prit congé du roi à la fin du conseil, et, sans en avoir parlé à qui que ce fût qu'au roi, monta tout de suite en carrosse, et se retira en sa maison de Villeneuve-le-Roi. Il avoit passé par les charges de conseiller au parlement et de président en la quatrième chambre des enquêtes; après il fut prévôt des marchands, et fit à Paris ce quai près de la Grève qui porte encore son nom. De là il devint conseiller d'État, qui est le débouché ordinaire des prévôts des marchands. Il fut connu de M. Le Tellier et de M. de Louvois qui le servirent pour ces places, et entra tellement dans leur confiance qu'il devint l'arbitre des affaires de leur famille et des débats particuliers du père et du fils, qu'ils eurent toujours le bon esprit de cacher sous le dernier secret. A la mort de M. Colbert, MM. Le Tellier et de Louvois, qui savoient ce que leur avoit coûté un habile contrôleur général leur ennemi, mirent tout leur crédit à faire donner cette place à Pelletier qui la craignit plus qu'il n'en eut de joie. Il y fut parfaitement reconnoissant pour ses bienfaiteurs. Après leur mort, il continua d'être l'arbitre des affaires de leur famille, à laquelle il demeura parfaitement attaché, et vécut toujours avec M. de Barbezieux dans une sorte de dépendance.

C'étoit un homme fort sage et fort modéré, fort doux et obligeant, très-modeste et d'une conscience timorée; d'ailleurs fort pédant et fort court de génie. Il y a un mot du premier maréchal de Villeroy sur lui admirable. Il donnoit un matin petite direction[1], chez lui; tout ce qui la devoit composer étoit arrivé, et on attendoit M. Pelletier qui étoit contrôleur général. Enfin, las d'attendre, le maréchal envoya chez lui, et à Versailles où ils étoient, il n'y avoit pas loin. On vint dire au maréchal de Villeroy qu'apparemment M. Pelletier avoit oublié la petite direction, et qu'il étoit allé courre le lièvre. « Par.... répondit le maréchal en colère, avec son ton de fausset, nous avons vu M. Colbert qui n'en couroit pas tant et qui en prenoit davantage. » On rit et on commença la petite direction. Lorsque ce contrôleur général vit venir la guerre de 1688, la confiance intime qui étoit entre M. de Louvois et lui lui en fit prévoir toutes les suites. C'étoit à lui à en porter tous le poids par les fonds extraordinaires, et ce poids l'épouvanta tellement, qu'il ne cessa d'importuner le roi jusqu'à ce qu'il lui permît de quitter sa place de contrôleur général. Outre que ce n'étoit pas le compte de M. de Louvois, qui avoit repris alors le premier crédit, le roi y eut une grande peine. Il aimoit et il estimoit

1. Voy. sur le conseil de finances appelé *petite direction*, la note à la fin du t. Ier, p. 445 et 446.

Pelletier, il se souvenoit toujours des embarras qu'il avoit essuyés des divisions de MM. de Louvois et Colbert, il en étoit à l'abri entre Louvois et Pelletier, et à la veille d'une grande guerre ce lui étoit un grand soulagement. N'ayant pu venir à bout de vaincre le contrôleur général après plusieurs mois de dispute, cette même convenance engagea le roi à lui proposer Pelletier de Sousy, son frère et intendant des finances, pour contrôleur général. Celui-ci avoit bien plus de lumières et de monde, mais son frère ne crut pas le devoir exposer aux tentations d'une place qu'il ne tient qu'à celui qui la remplit de rendre aussi lucrative qu'il veut, et il supplia le roi de n'y point penser. Le roi, plus plein d'estime encore par cette action pour Pelletier, mais plus embarrassé du choix, voulut qu'il le fît lui-même, et il proposa Pontchartrain dont j'aurai lieu de parler ailleurs, et qui fut contrôleur général. Pelletier demeura simple ministre d'État; et comme, hors de se trouver au conseil, il n'avoit aucune fonction, il demeura peu compté par le courtisan, qui l'appela le ministre Claude. Ils se souvenoient encore de celui de Charenton, et en effet Pelletier s'appeloit Claude.

Il eut l'administration des postes à la mort de M. de Louvois, et le roi le traita toujours avec tant de confiance et d'amitié qu'à une maladie que le chancelier Boucherat avoit eue l'année précédente, il s'étoit laissé assez entendre à Pelletier pour que celui-ci pût compter d'être son successeur. Pelletier étoit droit et vraiment homme de bien. Il fit ses réflexions. Il avoit toujours eu dessein de mettre un intervalle entre la vie et la mort, et il comprit qu'un chancelier ne pouvoit plus se retirer. Boucherat, plus qu'octogénaire, tomboit de jour en jour, cela fit peur à Pelletier; il voulut prévenir la vacance. L'affaire de la paix le retenoit. Il ne trouvoit pas séant de la laisser imparfaite, mais dès qu'il la vit assurée à peu près il demanda son congé. Ce fut un débat entre le roi et lui qui dura plus de deux mois; il ne l'arracha qu'à grand'peine. Au moins le roi exigea qu'il le viendroit voir tous les ans deux ou trois fois dans son cabinet par les derrières, et qu'il conservât toutes ses pensions qui alloient à quatre-vingt mille livres de rente. Il capitula : il s'engagea à venir voir le roi comme il le désiroit ; mais il se débattit tant sur les pensions qu'il n'en garda que vingt mille livres pour lui et six mille livres pour son fils, à qui il avoit remis, il y avoit déjà longtemps, une charge de président à mortier, qu'il avoit achetée étant contrôleur général. En entrant au conseil, d'où il partit pour sa retraite, il tira le duc de Beauvilliers dans une fenêtre et la lui confia. Il étoit fort son ami et de M. de Pomponne qui ne la sut que par l'événement, et qui s'écria qu'il l'avoit prévenu. Mais Pomponne n'étoit pas en même situation ; il étoit chargé des affaires étrangères dont Torcy, son gendre, n'avoit encore que le nom.

La famille de M. Pelletier fut également surprise et affligée, mais elle n'y perdit rien. Pelletier conserva tout son crédit, et fit plus pour elle de sa retraite qu'il n'avoit fait jusqu'alors à la cour ; il ne vit exactement personne à Villeneuve que sa plus étroite famille et quelques gens de bien. Il passa l'hiver à Paris avec son fils dans sa maison, et s'y élargit un peu davantage. Il étoit fort des amis de mon père, et il voulut bien me voir. J'en fus ravi, et j'admirai moins la sérénité tranquille et douce que je remarquai en lui, que son attention à rompre tous discours sur sa retraite et qui sentît l'encens. Il avoit lors soixante-six ans et une santé parfaite de corps et d'esprit. Il passa toujours les hivers à Paris, où je le voyois de temps en temps, et toujours avec plaisir et respect pour sa vertu, et tout le reste de l'année à Villeneuve, et soutint sa retraite avec une grande sagesse et une grande piété. Il avoit épousé une Fleuriau, veuve d'un président de Fourcy, qu'il avoit perdue il y avoit longtemps. Mme de Châteauneuf, femme du secrétaire d'État, étoit fille du premier mariage de sa femme, laquelle avoit un frère d'âge fort disproportionné d'elle qui étoit M. d'Armenonville. M. Pelletier le fit travailler sous lui, et lui procura une charge d'intendant des finances. Il a été fort connu dans le monde, et j'aurai occasion d'en parler.

M. Pelletier, outre son fils aîné, en eut deux autres et deux filles mariées à M. d'Argouges et à M. d'Aligre, maîtres des requêtes tous deux. De sa retraite il fit le premier conseiller d'État, l'autre, président à mortier, tous deux fort jeunes, et un de ses fils évêque d'Angers, puis d'Orléans, quoique éborgné jeune d'une fusée à une fenêtre de l'hôtel de ville au feu de la Saint-Jean. L'autre fut supérieur des séminaires de Saint-Sulpice. C'étoit un cafard qui en bannit la science et y mit tout en misérables minuties. Il usurpa du crédit à force de molinisme et eut souvent part aux grâces ecclésiastiques. Il étoit lourde dupe et dominoit fort le clergé. C'étoit un animal si plat et si glorieux qu'il disoit quelquefois à ses jeunes séminaristes qu'il malmenoit pour des riens : « Mais vous autres, à qui croyez-vous donc avoir affaire ? savez-vous que je suis fils d'un ministre d'État, et contrôleur général, et frère d'un évêque et d'un président à mortier ? » et avec cela il croyoit avoir tout dit.

Le roi ne remplit point la place de ministre et donna le soin des postes à M. de Pomponne. Peu de jours après, voyant au conseil des dépêches de Rome qui ne ressembloient pas à celles qu'il avoit accoutumé de recevoir du cardinal de Janson, qui après sept ans de séjour fort utile ne faisoit qu'en arriver, le roi se mit sur ses louanges, et ajouta qu'il regardoit comme un vrai malheur de ne pouvoir pas le faire ministre. Torcy, qui avoit porté les dépêches, mais sans s'asseoir ni opiner encore, crut faire sa cour de dire, entre haut et bas, qu'il n'y avoit personne plus propre que lui, et que dès qu'il avoit le bonheur d'en être estimé capable par le roi, il ne voyoit pas ce qui pouvoit l'empêcher de l'être. Le roi, qui l'entendit, répondit que lorsqu'à la mort du cardinal Mazarin il avoit pris le timon de ses affaires, il avoit en grande connoissance de cause bien résolu de n'admettre jamais aucun ecclésiastique dans son conseil, et moins encore les cardinaux que les autres; qu'il s'en étoit bien trouvé, et qu'il ne changeroit pas. Il ajouta qu'il étoit bien vrai qu'outre la capacité, le cardinal de Janson n'auroit pas les inconvénients des autres, mais que ce seroit un exemple; qu'il ne le vouloit pas faire; ce qui ne l'empêchoit pas de regretter de ne l'y pouvoir faire entrer. Je l'ai su de Torcy même, et longtemps auparavant, de M. de Beauvilliers et de M. de Pontchartrain père.

Le comte de Portland fut destiné à l'ambassade de France, le comte de Tallard à celle d'Angleterre, Bonrepos à celle de Hollande, qui fut relevé en Danemark par le comte de Chamilly, neveu du lieutenant général. Quelque temps après, Villars, commissaire général de la cavalerie, fils du chevalier de l'ordre, fut choisi pour envoyé à Vienne; Phélypeaux, maréchal de camp, à Cologne; des Alleurs, à Berlin; du Héron, colonel de dragons, à Wolfenbuttel; d'Iberville, à Mayence. Bonrepos se prétendoit gentilhomme du pays de Foix; il avoit passé sa vie dans les bureaux de la marine. M. de Seignelay s'en servoit avec confiance, et quoique l'oncle et le neveu ne fussent pas toujours d'accord, M. de Croissy lui donna aussi la sienne. Un traité de marine et de commerce que, pendant la paix précédente, il alla faire en Angleterre où il réussit fort bien, le fit connoître à Croissy. Il y demeura longtemps à reprises, et en homme d'esprit et de sens, se procuroit l'occasion de faire des voyages à la cour, où il fit valoir son travail. Cet emploi le décrassa. Il continua à travailler sous M. de Seignelay, puis sous M. de Pontchartrain, mais non plus sur le pied de premier commis. Il obtint permission d'acheter une charge de lecteur du roi, pour en avoir les entrées et un logement à Versailles; il s'y étoit fait des amis de ceux de M. de Seignelay, et d'autres encore. Il étoit honnête homme et fort bien reçu dans les maisons les plus distinguées de la cour. Tout cela l'aida à prendre un plus grand vol, et il y réussit toujours dans ses ambassades. C'étoit un très-petit homme, gros, d'une figure assez ridicule, avec un accent désagréable, mais qui parloit bien, et avec qui il y avoit à apprendre, et même à s'amuser. Quoiqu'il ne se fût pas donné pour un autre, il étoit sage et respectueux; il avoit fort gagné chez M. de Seignelay pendant la prospérité de la marine; il étoit riche et entendu, fort honorable et toutefois ménageoit très-bien son fait. Il étoit frère de d'Usson, lieutenant général qui n'étoit pas sans mérite à la guerre, où il a passé toute sa vie. Point mariés tous deux, ils prirent soin d'un fils de leur frère aîné qui étoit demeuré dans son pays de Foix, et dont on n'a jamais ouï parler. Ce neveu s'appeloit Bonac, dont j'aurai occasion de parler.

Des Alleurs étoit un Normand de fort peu de chose, fait à peindre, et de grande mine, qui lui avoit fort servi en sa jeunesse. Il avoit été longtemps capitaine aux gardes, et servit toute cette guerre de major général à l'armée du Rhin; et il l'étoit excellent. A la longue, il devint lieutenant général et grand-croix de Saint-Louis. C'étoit un matois doux, respectueux, affable à tout le monde, et qui le connoissoit bien; il avoit de la valeur et beaucoup d'esprit, du tour, de la finesse, avec un air toujours simple et aisé. Il s'amouracha à Strasbourg, où il étoit employé les hivers, de Mlle de Lutzbourg, belle, bien faite, et de fort bonne maison, laquelle avoit eu plus d'un amant, et qui, n'ayant rien vaillant que beaucoup d'esprit et d'adresse, voulut faire une fin comme les cochers, et fit si bien qu'elle l'épousa.

Du Héron étoit aussi Normand et peu de chose, fort bien fait aussi, mais d'une autre façon et bien plus jeune. C'étoit un très-bon officier et un des plus excellents sujets qu'on pût choisir à tous égards pour les négociations, et avec cela doux, modeste, appliqué et fort honnête homme. Iberville avoit été dans les bureaux de M. de Croissy, d'où on le prit pour Mayence. C'étoit encore un Normand et fort délié, et très-capable d'affaires. Des autres, j'aurai lieu d'en parler ailleurs ainsi que de Puysieux, qui alla relever Amelot, conseiller d'État, en Suisse, et d'Harcourt, en Espagne.

Ces emplois étrangers me font souvenir d'une anecdote étrangère qui mérite bien de n'être pas oubliée. J'ai remarqué en parlant du siége et de la prise de Barcelone par M. de Vendôme, que le prince de Darmstadt commandoit dans le Montjoui, qui en est comme la citadelle, quoiqu'un peu séparé. Le fil de la narration m'a emporté ailleurs, il faut revenir à ce prince. C'étoit un homme fort bien fait, de la maison de Hesse, parent de la reine d'Espagne, de ces cadets qui n'ont rien, qui servent où ils peuvent pour vivre, et qui vont cherchant fortune. On prétend qu'à un premier voyage qu'il fit en effet en Espagne, il ne déplut pas à la reine. Le reste de ce que je vais raconter, on le prétendit aussi, je n'en puis fournir d'autres garants, mais je l'ai ouï prétendre à des personnages qui n'étoient ni accusés ni en place de prétendre légèrement. On prétendit donc que le même conseil de Vienne qui, par raison d'État, ne se fit pas scrupule d'empoisonner la reine d'Espagne, fille de Monsieur, parce qu'elle n'avoit point d'enfants, et parce qu'elle avoit trop d'ascendant sur le cœur et sur l'esprit du roi son mari, et qui fit exécuter ce crime par la comtesse de Soissons, réfugiée en Espagne, sous la direction du comte de Mansfeld, ambassadeur de l'empereur à Madrid, ne fut pas plus scrupuleux sur un autre point.

Il avoit remarié le roi d'Espagne à la sœur de l'impératrice. C'étoit une princesse grande, majestueuse, très-bien faite, qui n'étoit pas sans beauté et sans esprit, et qui, conduite par les ministres de l'empereur et par le parti qu'il s'étoit de longue main formé à Madrid, prit un grand crédit sur le roi d'Espagne. C'étoit bien une partie principale de ce que le conseil de l'empereur s'étoit proposé; mais le plus important manquoit, c'étoit des enfants. Il en avoit espéré de ce second mariage, parce qu'il s'étoit leurré que l'empêchement venoit de la reine, dont ce conseil s'étoit défait. Ne pouvant plus se dissimuler au bout de quelques années de ce second mariage que le roi d'Espagne ne pouvoit avoir d'enfants, ce même conseil eut recours au prince de Darmstadt, et comme l'exécution n'étoit pas facile, et demandoit des occasions qui ne pouvoient être amenées que par un long temps, ils l'engagèrent à s'attacher tout à fait au service d'Espagne, et l'empereur et ses partisans l'appuyèrent de toutes leurs forces, non-seulement pour lui faire trouver tous les avantages qui pouvoient l'y fixer, mais tous les moyens encore de pouvoir demeurer à la cour, qui étoit tout leur but; c'est ce qui le fit gouverneur des armes en Catalogne après la perte de Barcelone, et la paix faite, c'est ce qui, à la fin de cette année, le fit faire grand d'Espagne à vie, pour qu'il pût demeurer à la cour et s'y insinuer à loisir, pour venir à bout du dessein de faire un enfant à la reine.

Les princes étrangers effectifs, c'est-à-dire souverains ou de maison actuellement souveraine, beaucoup moins les prétendus et les factices, ni ces seigneurs de francs-alleux qu'ils appellent un État, n'ont aucun rang ni aucune sorte de distinction en Espagne. Les grands de toutes classes ne font pas même aucune sorte de comparaison avec eux; ils y sont comme la noblesse ordinaire. C'est pour cela que lorsque les princes veulent s'attacher à cette cour, et que cette cour veut elle-même les y attacher, elle les fait grands à vie, mais de première classe, au moyen de quoi ils peuvent être de tout, et aller partout, parce qu'à ce titre de grands, ils ont le premier rang partout, et un rang parmi les autres grands, qui ne peut embarrasser leur chimère s'ils en avoient quelqu'une, parce que ce rang est égal pour tous les grands de même classe, et les traitements aussi, et tous très-distingués partout, et tous très-réglés et très-établis sans dispute, et qu'entre les grands ils affectent de marcher comme ils se trouvent, et de n'avoir aucune ancienneté parmi eux. Je ne dirai pas si la reine fut inaccessible de fait ou de volonté, je ne dirai pas non plus si elle-même, comme on l'a assuré, mais je crois sans le bien savoir, avoit un empêchement de devenir mère. Quoi qu'il en soit, M. de Darmstadt, grand d'Espagne, s'établit et se familiarisa à la cour de Madrid, fut des mieux avec le roi et la reine, arriva à des privances fort rares en ce pays-là; sans aucun fruit qui pût mettre la succession de la monarchie en sûreté contre les différentes prétentions, ni rassurer de ce côté le politique conseil de Vienne.

Revenons maintenant en France voir un assez petit événement, mais tout à fait singulier. Mme de Maintenon, dans ce prodige incroyable d'élévation où sa bassesse étoit si miraculeusement parvenue, ne laissoit pas d'avoir ses peines; son frère n'étoit pas une des moindres par ses incartades continuelles. On le nommoit le comte d'Aubigné; il n'avoit jamais été que capitaine d'infanterie, et parloit toujours de ses vieilles guerres comme un homme qui méritoit tout, et à qui on faisoit le plus grand tort du monde de ne l'avoir pas fait maréchal de France il y a longtemps; d'autres fois il disoit assez plaisamment qu'il avoit pris son bâton en argent. Il faisoit à Mme de Maintenon des sorties épouvantables de ce qu'elle ne le faisoit pas duc et pair, et sur tout ce qui lui passoit par la tête, et ne se trouvoit avoir rien que les gouvernements de Béfort, puis d'Aigues-Mortes, après de Cognac qu'il garda avec celui de Berry pour lequel il rendit Aigues-Mortes, et d'être chevalier de l'ordre. Il couroit les petites filles aux Tuileries et partout, en entretenoit toujours quelques-unes, et vivoit le plus ordinairement avec elles et leurs familles et des compagnies de leur portée où il mettoit beaucoup d'argent.

C'étoit un panier percé, fou à enfermer, mais plaisant avec de l'esprit et des saillies et des reparties auxquelles on ne se pouvoit attendre. Avec cela bon homme et honnête homme, poli, et sans rien de ce que la vanité de la situation de sa sœur eût pu mêler d'impertinent, mais d'ailleurs il l'étoit à merveille, et c'étoit un plaisir qu'on avoit souvent avec lui de l'entendre sur les temps de Scarron, et de l'hôtel d'Albret, quelquefois sur des temps antérieurs, et surtout ne se pas contraindre sur les aventures et les galanteries de sa sœur, en faire le parallèle avec sa dévotion et sa situation présente, et s'émerveiller d'une si prodigieuse fortune. Avec le divertissant, il y avoit beaucoup d'embarrassant à écouter tous ces propos qu'on n'arrêtoit pas où on vouloit, et qu'il ne faisoit pas entre deux ou trois amis, mais à table devant tout le monde, sur un banc des Tuileries, et fort librement encore dans la galerie de Versailles, où il ne se contraignoit pas non plus qu'ailleurs de prendre un ton goguenard, et de dire très-ordinairement *le beau-frère*, lorsqu'il vouloit parler du roi. J'ai entendu tout cela plusieurs fois, surtout chez mon père où il venoit plus souvent qu'il ne désiroit, et dîner aussi, et je riois souvent sous cape de l'embarras extrême de mon père et de ma mère, qui fort souvent ne savoient où se mettre.

Un homme de cette humeur, si peu capable de se refuser rien, et avec un esprit et une plaisanterie à assener d'autant mieux les choses qu'il n'en craignoit pour soi ni le ridicule ni les suites sérieuses, étoit un grand fardeau pour Mme de Maintenon. Dans un autre genre elle n'étoit pas mieux en belle-sœur. C'étoit la fille d'un nommé Picère, petit médecin, qui s'étoit fait procureur du roi de la ville de Paris, qu'Aubigné avoit épousée en 1678, que sa sœur étoit auprès des enfants de Mme de Montespan, qui crut lui faire une fortune par ce mariage. C'étoit une créature obscure, plus, s'il se pouvoit, que sa naissance, modeste, vertueuse, et qui, avec ce mari, avoit grand besoin de l'être ; sotte à merveille, de mine tout à fait basse, d'aucune sorte de mise, et qui embarrassoit également Mme de Maintenon à l'avoir avec elle et à ne l'avoir pas. Jamais elle ne put en rien faire, et elle se réduisit à ne la voir qu'en particulier. Des gens du monde, cette femme n'en voyoit point, et demeuroit dans la crasse de quelques commères de son quartier. C'étoient des plaintes trop fondées et fréquentes à Mme de Maintenon sur son mari, à qui cette reine, partout ailleurs si absolue, ne pouvoit jamais faire entendre raison, et qui la malmenoit très-souvent elle-même.

Enfin, à bout sur un frère si extravagant, elle fit tant par Saint-Sulpice que, comme c'étoit un homme tout de sauts et de bonds, et qui avoit toujours besoin d'argent, on lui persuada de quitter ses débauches, ses indécences et ses démêlés domestiques, de vivre à son aise, sa dépense entière payée tous les mois, et sa poche de plus garnie, et pour cela de se retirer dans une communauté qu'un M. Doyen avoit établie sous le clocher de Saint-Sulpice pour des gentilshommes, ou soi-disant, qui vivoient là en commun dans une espèce de retraite et d'exercices de piété, sous la direction de quelques prêtres de Saint-Sulpice. Mme d'Aubigné, pour avoir la paix, et plus encore, parce que Mme de Maintenon le voulut, se retira dans une communauté, et disoit tout bas à ses commères que cela étoit bien dur, et qu'elle s'en seroit fort bien passée. M. d'Aubigné ne laissa ignorer à personne que sa sœur se moquoit de lui de lui faire accroire qu'il étoit dévot, qu'on l'assiégeoit de prêtres, et qu'on le feroit mourir chez ce M. Doyen. Il n'y tint pas longtemps sans retourner aux filles, aux Tuileries, et partout où il put; mais on le rattrapa, et on lui donna pour gardien un des plus plats prêtres de Saint-Sulpice, qui le suivoit partout comme son ombre et qui le désoloit. Quelqu'un de meilleur aloi n'eût pas pris un si sot emploi. Mais ce Madot n'avoit rien de meilleur à faire, et n'avoit pas l'esprit de s'occuper ni même de s'ennuyer. Il remboursoit force sottises, mais il étoit payé pour cela, et gagnoit très-bien son salaire par une assiduité dont il n'y avoit peut-être que lui qui pût être capable. M. d'Aubigné n'avoit qu'une fille unique dont Mme de Maintenon avoit toujours pris soin, qui ne quittoit jamais son appartement partout, et qu'elle élevoit sous ses yeux comme sa propre fille.

J'arrivai à Paris avec la plupart de ce qui avoit servi en Flandre et en Allemagne, et j'allai tout aussitôt à Versailles où la cour ne faisoit guère qu'arriver de Fontainebleau. Mme de Saint-Simon y avoit été tout le voyage fort agréablement, et le roi me reçut avec toute sorte de bontés. Je trouvai une petite tracasserie domestique, que je ne dédaignerai pas de mettre ici, comme l'entrée à des choses plus considérables, dont on aime à se souvenir des échelons, et qui expliquera aussi la cour naissante de la princesse sur qui tout le monde avoit les yeux, parce qu'elle faisoit déjà beaucoup l'amusement du roi et de Mme de Maintenon. La cour ne la voyoit que deux fois la semaine à sa toilette. Elle étoit donc renfermée avec ses dames, et le roi y en joignit quelques autres pour qu'elle ne vît pas toujours les mêmes visages, et c'étoit une extrême faveur pour celles qui eurent cette privance. Les duègnes furent les duchesses de Chevreuse, de Beauvilliers et de Roquelaure, la princesse d'Harcourt et Mme de Soubise ; quatre entre deux âges, dont trois comme nièces de la duchesse du Lude, qui furent les duchesses d'Uzès, de Sully, et Mme de Boufflers, et Mme de Beringhen, et deux autres duègnes qui, sans être mandées, avoient liberté d'y aller tant qu'il leur plaisoit : c'étoient aussi des favorites, Mmes de Montchevreuil et d'Heudicourt ; les autres n'y venoient que mandées. Les jeunes étoient trois femmes de secrétaires d'État, Mmes de Maurepas, de Barbezieux et de Torcy, et trois filles qui ne paroissoient en nul autre lieu qu'en ce particulier et chez leurs mères, Mlle de Chevreuse, Mlle d'Ayen et Mlle d'Aubigné. Les vieilles étoient peu mandées, et s'excusoient souvent, et c'étoit plutôt une distinction qu'une compagnie ; les autres étoient pour l'amusement et surtout pour les promenades. Le roi et Mme de Maintenon n'y vouloient rien que du plus trayé dans leur goût, et le dessein étoit d'accoutumer ainsi la princesse par un petit nombre de tous âges, et de la former par la conversation et les manières des vieilles, et de la divertir par la compagnie des jeunes. On en demeura à ce nombre. Plusieurs essayèrent d'être admises qui furent refusées, entre autres la duchesse de Villeroy et les deux filles de M. le Grand, dont la duchesse du Lude fut fort mortifiée.

La figure, la modestie, le maintien de Mme de Saint-Simon avoit plu au roi à Fontainebleau : il s'en étoit expliqué plusieurs fois; cela donna lieu à la comtesse de Roucy, et ensuite à la maréchale de Rochefort, amie de Mme la maréchale de Lorges, de proposer à la duchesse du Lude de faire initier Mme de Saint-Simon chez la princesse. La duchesse du Lude, qui crut que la maréchale de Lorges les en avoit priées, vint chez elle. Elle y apprit d'elle-même qu'elle n'y avoit point pensé, et n'en avoit jamais parlé à ces dames; sur quoi la duchesse du Lude lui conta le refus que je viens de dire, et l'assura qu'elle faisoit sagement de n'avoir point d'empressement pour cela. Il arriva que la comtesse de Mailly, amie intime de Mme la maréchale de Lorges, et moi ami de famille et parent des Mailly, et ami intime de l'abbé de Mailly, son beau-frère, qui devint peu après archevêque d'Arles, avoit parlé de Mme de Saint-Simon à Mme de Maintenon sans que personne l'en eût priée; que Mme de Maintenon avoit répondu que cela devroit déjà être fait; que c'étoient des personnes comme Mme de Saint-Simon qu'il falloit approcher de la princesse, et lui ordonna de le dire de sa part à la duchesse du Lude; cela s'étoit passé la veille. La comtesse de Mailly n'en avoit voulu rien dire que la duchesse du Lude ne le sût. Le hasard fit qu'elle la rencontra comme elle remontoit de chez la maréchale de Lorges. La duchesse du Lude demeura fort étonnée de la chose, après les personnes de faveur qui avoient été refusées, et très-piquée de la manière, parce qu'elle ne douta pas que la maréchale de Lorges, sûre de son fait, ne se fût moquée d'elle; et voilà comme les choses très-apparentes se trouvent pourtant très-fausses. Dès le lendemain Mme de Saint-Simon fut mandée, et presque tous les jours le reste du voyage de Fontainebleau, et depuis très-souvent, avec une jalousie de toutes les autres et de leurs familles qu'il fallut laisser tomber.

Le roi, qui de plus en plus mettoit ses complaisances en la princesse qui surpassoit son âge sans mesure en art, en soins, en grâces pour les mériter, ne voulut pas perdre un jour au delà des douze ans pour faire célébrer son mariage, et l'avoit fixé au 7 décembre qui tomboit à un samedi. Il s'étoit expliqué qu'il seroit bien aise que la cour y fût magnifique, et lui-même, qui depuis longtemps ne portoit plus que des habits fort simples, en voulut des plus superbes. C'en fut assez pour qu'il ne fût plus question de consulter sa bourse ni presque son état pour tout ce qui n'étoit ni ecclésiastique ni de robe. Ce fut à qui se surpasseroit en richesse et en invention. L'or et l'argent suffirent à peine. Les boutiques des marchands se vidèrent en très-peu de jours; en un mot, le luxe le plus effréné domina la cour et la ville, car la fête eut une grande foule de spectateurs. Les choses allèrent à un point que le roi se repentit d'y avoir donné lieu, et dit qu'il ne comprenoit pas comment il y avoit des maris assez fous pour se laisser ruiner par les habits de leurs femmes; il pouvoit ajouter, et par les leurs; mais la bride étoit lâchée, il n'étoit plus temps d'y remédier, et au fond, je ne sais si le roi en eût été fort aise, car il se plut fort pendant les fêtes à considérer tous les habits. On vit aisément combien cette profusion de matières et ces recherches d'industrie lui plaisoient, avec quelle satisfaction il loua les plus superbes et les mieux entendus, et que le petit mot lâché de politique, il n'en parla plus, et fut ravi qu'il n'eût pas pris.

Ce n'est pas la dernière fois que la même chose lui est

arrivée. Il aimoit passionnément toute sorte de somptuosités à sa cour, et surtout aux occasions marquées, et qui s'y seroit tenu à ce qu'il avoit dit lui eût très-mal fait sa cour. Il n'y avoit donc pas moyen d'être sage parmi tant de folies. Il fallut plusieurs habits; entre Mme de Saint-Simon et moi, il nous en coûta vingt mille livres. Les ouvriers manquèrent pour mettre tant de richesses en œuvre. Mme la Duchesse s'avisa d'en envoyer enlever par des hoquetons de chez le duc de Rohan. Le roi le sut, le trouva très-mauvais, et fit sur-le-champ renvoyer ces ouvriers à l'hôtel de Rohan; et il faut remarquer que le duc de Rohan étoit un des hommes de France que le roi aimoit le moins, et pour lequel il se contraignoit le moins de le marquer. Il fit encore une autre chose bien honnête, et tout cela montroit bien le désir que tout le monde fût au plus magnifique : il choisit lui-même un dessin de broderie pour la princesse. Le brodeur lui dit qu'il alloit quitter tous ses ouvrages pour celui-là. Le roi ne le voulut pas. Il lui commanda bien précisément d'achever premièrement tout ce qu'il avoit entrepris, et de ne travailler à celui qu'il choisissoit qu'ensuite, et il ajouta que s'il n'étoit pas fait à temps, la princesse s'en passeroit.

On publia que les fêtes dureroient jusqu'à Noël, mais elles furent restreintes à deux bals, un opéra et un feu d'artifice, et de tout l'hiver après il n'y eut plus de bals. Le roi, pour éviter toutes disputes et toutes difficultés, supprima toutes cérémonies; il régla qu'il n'y auroit point de fiançailles dans son cabinet, mais qu'elles se feroient tout de suite avec le mariage à la chapelle pour éviter la queue qui ne seroit point portée en cérémonie, mais par l'exempt des gardes du corps en service auprès de la princesse, tout comme il la portoit tous les jours, et que le poêle seroit tenu par l'évêque nommé de Metz, premier aumônier en survivance de son oncle, et par l'aumônier du roi de quartier qui se trouveroit de jour, et ce fut l'abbé Morel; que

Mgr le duc de Bourgogne donneroit seul la main à la princesse, tant en allant qu'en revenant de la chapelle, et que, passé M. le Prince, aucun prince ne signeroit sur le livre du curé. On jugea que ce dernier point fut décidé en faveur des bâtards, qui, étant du festin royal par une grâce nouvelle qui avoit commencé au mariage de M. le duc de Chartres, et point de droit, puisqu'ils n'étoient pas princes du sang, auroient eu un dégoût de ne signer pas aussi sur le registre, à quoi aussi les princes du sang se seroient opposés; ainsi M. le Duc ne signa point. M. le prince de Conti n'étoit pas encore arrivé. Le roi avoit aussi précédemment réglé qu'il ne recevroit point le serment des officiers principaux de la maison de la princesse; qu'ils n'en prêteroient point jusqu'après son mariage, et qu'alors elle les recevroit; ce qui fut exécuté ainsi. Mme de Verneuil fut mandée au mariage, et eut la dernière place au festin royal, comme cela s'étoit fait au mariage de M. le duc de Chartres et de M. du Maine, mais elle n'y fut que le jour du mariage, et aussitôt après, elle s'en retourna à Paris. Aucune dame assise ne se trouva pas à un de ces festins, non pas même la duchesse du Lude. La duchesse d'Angoulême, veuve du bâtard de Charles IX, n'y fut point mandée, comme elle ne l'avoit point été aux mariages de M. le duc de Chartres et de M. du Maine, parce qu'elle n'avoit pas le rang de princesse du sang.

CHAPITRE IV.

Mariage de Mgr le duc de Bourgogne. — Mariage des deux filles du comte de Tessé. — Fortune et fin singulière du premier Varenne. — Prince de Vaudemont et sa fortune. — M. de Lorraine rétabli demande Mademoiselle et perd sa mère. — Abbé, depuis cardinal de Mailly, archevêque d'Arles. — Abbé de Castries aumônier ordinaire de Mme la duchesse de Bourgogne. — Mme Cantin première femme de chambre de Mme la duchesse de Bourgogne. — Fortune de Lavienne. — Mauresse, religieuse à Moret, fort énigmatique.

Le samedi matin 7 décembre, toute la cour alla de bonne heure chez Mgr le duc de Bourgogne, qui alla ensuite chez la princesse. Sa toilette finissoit, où il y avoit peu de dames, la plupart étant allées à la tribune ou sur les échafauds placés dans la chapelle pour voir la cérémonie. Toute la maison royale avoit déjà été chez la princesse, et attendoit chez le roi où les mariés arrivèrent un peu avant midi. Ils trouvèrent le roi dans le salon qui, un moment après, se mit en chemin de la chapelle. La marche et tout le reste se passa comme au mariage de M. le duc de Chartres que j'ai décrit, excepté que le cardinal de Coislin, en l'absence du cardinal de Bouillon grand aumônier, qui étoit à Rome, commença par les fiançailles, après lesquelles chacun fit à genoux une médiocre pause pour l'intervalle entre les fiançailles et le mariage. Le cardinal dit une messe basse, après laquelle le roi et la maison royale retourna comme elle étoit venue, et se mit tout de suite à table. La duchesse du Lude et les duchesses et princesses qui se trouvèrent en bas eurent leurs carreaux partout, et les ducs et princes en arrière du roi. La duchesse du Lude, Mmes de Mailly, Dangeau et Tessé, s'approchèrent de la princese, pendant la célébration des fiançailles et du mariage seulement, pendant laquelle Dangeau et Tessé soutenoient par en haut son bas de robe. Les dames du palais ne bougèrent de leurs places. Un courrier tout prêt à la porte de la chapelle partit pour Turin au moment que le mariage fut célébré. La journée se passa assez ennuyeusement. Sur les sept heures du soir le roi et la reine d'Angleterre arrivèrent, que le roi avoit été convier quelques jours auparavant. Il tint le portique, et sur les huit heures ils vinrent dans le salon du bout de la galerie joignant l'appartement de Mme la duchesse de Bourgogne, d'où, malgré la pluie, ils virent tirer un feu d'artifice sur la pièce des Suisses. On soupa ensuite comme on avoit dîné, le roi et la reine d'Angleterre de plus, la reine entre les deux rois. En sortant de table on fut coucher la mariée, de chez laquelle le roi fit sortir absolument tous les hommes. Toutes les dames y demeurèrent, et la reine d'Angleterre donna la chemise que la duchesse du Lude lui présenta. Mgr le duc de Bourgogne se déshabilla dans l'antichambre au milieu de toute la cour, assis sur un ployant. Le roi y étoit avec tous les princes. Le roi d'Angleterre donna la chemise qui lui fut présentée par le duc de Beauvilliers.

Dès que Mme la duchesse de Bourgogne fut au lit, Mgr le duc de Bourgogne entra, et se mit dans le lit à sa droite en présence des rois et de toute la cour, et aussitôt après le roi et la reine d'Angleterre s'en allèrent; le roi s'alla coucher, et tout le monde sortit de la chambre nuptiale, excepté Monseigneur, les dames de la princesse, et le duc de Beauvilliers qui demeura toujours au chevet du lit du côté de son pupille, et la duchesse du Lude de l'autre; Monseigneur y demeura un quart d'heure avec eux à causer, sans quoi ils eussent été assez empêchés de leurs personnes; ensuite il fit relever M. son fils, et auparavant lui fit embrasser la princesse malgré l'opposition de la duchesse du Lude. Il se trouva qu'elle n'avoit pas tort. Le roi le trouva mauvais, et dit qu'il ne vouloit pas que son petit-fils baisât le bout du doigt à sa femme jusqu'à ce qu'ils fussent tout à fait ensemble. Il se rhabilla dans l'antichambre à cause du froid, et s'alla coucher chez lui à l'ordinaire. Le petit duc de Berry, gaillard et résolu, trouva bien mauvaise la docilité de M. son frère, et assura qu'il seroit demeuré au lit.

Le dimanche il y eut cercle chez Mme la duchesse de

Bourgogne. Le feu roi qui les avoit vu tenir avec beaucoup de dignité à la reine sa mère, et les avoit vus tomber sur la fin de Mme la Dauphine-Bavière[1], voulut les rétablir. Ce premier fut magnifique par le prodigieux nombre de dames assises en cercle et d'autres debout derrière les tabourets et d'hommes derrière ces dames, et la beauté des habits. Il commença à six heures; le roi y vint à la fin, et mena toutes les dames dans le salon près de la chapelle, où elles trouvèrent une belle collation, puis à la musique, après quoi il tint le portique. A neuf heures il conduisit M. et Mme la duchesse de Bourgogne chez cette princesse, et tout fut fini pour la journée; elle continua à vivre comme avant d'être mariée, mais Mgr le duc de Bourgogne alla tous les jours chez elle, où les dames eurent ordre de ne les laisser jamais seuls, et souvent ils soupoient tête à tête chez Mme de Maintenon. Le mercredi 11 décembre le roi vint, sur les six heures, chez Mme la duchesse de Bourgogne, où il y avoit grosse cour. Il y attendit le roi et la reine d'Angleterre, puis entrèrent dans la galerie pleine d'échafauds et superbement ornée pour le bal. La tête y tourna au duc d'Aumont qui se mêla de toutes ces fêtes, à la place du duc de Beauvilliers qui étoit en année, mais qui ne les put ordonner à cause de ses fonctions auprès des enfants de France. Ce fut donc une foule et un désordre dont le roi même fut accablé. Monsieur fut battu et foulé dans la presse; on peut juger ce que devinrent les autres. Plus de place; tout de force et de nécessité; on se fourroit où on pouvoit. Cela dépara toute la fête. Il y eut un branle, et juste ce qu'il fallut de princes et de princesses du sang, avec M. le comte de Toulouse, pour le mener. Voici ce qui dansa, outre ces princes et princesses, de dames; d'hommes beaucoup davantage.

---

[1]. Marie-Anne-Christine-Victoire de Bavière, mariée le 28 janvier 1680 à Louis de France, Dauphin, morte le 20 avril 1690.

LES DUCHESSES DE

Sully;
Saint-Simon;
Albret;
Luxembourg;
Villeroy;
Lauzun;
Roquelaure;
Mlle d'Elbœuf;
Mlle d'Armagnac;
La princesse d'Espinoy.

MESDAMES DE

Villequier;
Châtillon, sa sœur;
Tonnerre;
La Porte;
Dangeau;
La Vieuville;
Goesbriant;
Barbezieux;
Montgon.

MESDEMOISELLES DE

Menetou,	fille de la duchesse de La Ferté;
Tourpes,	fille de la maréchale d'Estrées;
Fürstemberg,	nièce du cardinal de Fürstemberg;
Melun,	sœur du prince d'Espinoy;
Solre-Croy,	fille du comte de Solre, chevalier de l'ordre (le prince et la princesse d'Espinoy m'avoient prié de la mener);
Trois filles d'honneur de Madame;	
Rebénac,	fille du frère de M. de Feuquières, depuis Mme de Souvré;
Lussan,	fille de la dame d'honneur de Mme la Princesse. M. de Lussan, son père, étoit chevalier de l'ordre, et premier gentilhomme de la chambre de M. le Prince.

Sur les neuf heures, on porta sur des tables à la main une grande collation devant la reine, les rois et tout autour du bal, et sur les dix heures et demie on alla souper. Les princes du sang n'y furent plus admis, il n'y eut que les princesses du sang avec la famille royale. Il n'y eut rien jusqu'au samedi 14 décembre que fut le second bal. M. d'Aumont y eut sa revanche. Tout y fut dans le plus grand ordre du monde. A sept heures, le roi, le roi et la reine d'Angleterre, la famille royale, les princes du sang, les danseurs seulement en hommes, et toutes les dames vinrent chez Mme la duchesse de Bourgogne, d'où ils entrèrent dans la galerie, et ce bal fut admirable et tout entier en habits qui n'avoient pas encore paru. Le roi trouva celui de Mme de Saint-Simon si à son gré qu'il se tourna à M. le maréchal de Lorges en quartier de capitaine des gardes, derrière lui, et lui donna le prix sur tous les autres. Mgr le duc de Bourgogne se trouva libre à prendre à ce bal, après avoir rendu, ce qui ne s'étoit pas trouvé à l'autre, et prit la duchesse de Sully. Il se trouva encore libre une seconde fois, et prit Mlle d'Armagnac. M. le prince de Conti venoit d'arriver; il fut au bal, mais il ne voulut pas danser. On servit, comme l'autre fois, une grande collation, et, un peu après minuit, on alla faire *medianoche*, où les princes du sang ne furent point encore, après lequel le roi et la reine d'Angleterre s'en allèrent. Mme de Maintenon ne parut à rien, sinon aux deux bals qu'elle vit commencer assise derrière la reine d'Angleterre, et ne fut qu'une demi-heure à chacun. Le mardi 17 décembre, toute la cour alla sur les quatre heures à Trianon où on joua jusqu'à l'arrivée du roi et de la reine d'Angleterre. Le roi les mena dans une tribune où on montoit sur la salle de la comédie de chez Mme de Maintenon, qui y monta aussi avec Monseigneur et Mme la duchesse de Bourgogne, ses dames et celles de la reine. Monseigneur, Monsieur, Madame et tout le reste de la cour étoit en bas dans la salle. L'opéra d'*Issé* de Destouches, fort beau, y fut très-bien joué; l'opéra fini, chacun s'en retourna, et par ce spectacle finirent toutes les fêtes du mariage.

M. de Vendôme, voyant la trêve en Catalogne et la paix assurée, avoit demandé et obtenu son congé de bonne heure, mais il n'avoit fait que saluer le roi, et s'en étoit allé à Anet se mettre sans façon et sans mystère entre les mains des chirurgiens. Il en avoit un pressant besoin, mais ils le manquèrent. Sa naissance devenue si à la mode et les succès de Catalogne lui avoient donné une audace qui ne fit depuis que croître. Il reparut à la cour le jour du dernier bal, et fut très-bien reçu du roi, et par conséquent de toute la cour.

Tessé avoit marié, l'année précédente, sa fille aînée à La Varenne, moyennant la lieutenance générale d'Anjou, qui étoit dans sa famille depuis Henri IV, qui la donna avec la Flèche à ce La Varenne si connu dans tous les Mémoires de ces temps-là pour avoir eu l'esprit et l'adresse de devenir une espèce de personnage, de marmiton, puis de cuisinier, enfin de portemanteau d'Henri IV qu'il servoit dans ses plaisirs, et qu'il servit depuis dans ses affaires. Ce fut lui qui eut la principale part au retour des jésuites en France, et à ce magnifique établissement qu'ils ont à la Flèche dont il partagea la seigneurie avec eux. Il s'y retira, à la mort d'Henri IV, très-riche et vieux, et y vécut fort à son aise. C'étoit beaucoup la mode des oiseaux en ce temps-là, et il s'amusoit fort à voler. Une pie s'étant relaissée un jour dans un arbre, on ne pouvoit l'en faire sortir à coups de pierres et de bâton; le vieux La Varenne et tous les chasseurs étoient autour de l'arbre à tâcher de l'en faire partir, lorsque la pie, importunée de tout ce bruit, se mit à crier de toute sa force *au maquereau*, et le répéta sans fin. La Varenne, qui devoit toute sa fortune à ce métier, se mit tout d'un coup dans la tête que, par un miracle, comme le reproche que fit l'âne de Balaam à ce faux prophète, la pie lui reprochoit ses péchés. Il en fut si troublé qu'il ne put s'empêcher de le montrer, puis, agité de plus en plus, de le dire à la compagnie; elle en rit d'abord, mais, voyant ce bonhomme changer beaucoup, puis se trouver mal, on tâcha de lui faire entendre que cette pie avoit apparemment appris à parler dans quelque village voisin et à dire cette sottise, et qu'elle s'étoit échappée, et s'étoit trouvée là. Il n'y avoit en effet pas autre chose à en croire, mais La Varenne ne put jamais en être persuadé. Il fallut du pied de l'arbre le ramener chez lui; il y arriva avec la fièvre et toujours frappé de cette folle persuasion ; rien ne put le remettre, et il mourut en très-peu de jours. C'est l'aïeul paternel de tous ces La Varenne. Tessé avoit une autre fille fort jolie dont il fit le mariage avec Maulevrier, qui avoit quitté le petit collet lorsque son frère fut tué dans Namur ; il étoit fils de Maulevrier frère de M. Colbert et chevalier de l'ordre, qui mourut de douleur de n'avoir pas été maréchal de France, comme je l'ai raconté. Celui-ci avoit le régiment de Navarre, et me donnera lieu de parler de lui.

En même temps presque que le prince de Darmstadt s'établit en Espagne, comme je l'ai expliqué, il fut fait vice-roi de Catalogne par l'intrigue des serviteurs de l'empereur et l'appui de la reine d'Espagne, et par les mêmes chemins le prince de Vaudemont fut fait gouverneur général du Milanois. C'est un personnage sur lequel il faut s'arrêter, et dont je parlerai plus d'une fois dans les suites. Il étoit bâtard de Charles IV, duc de Lorraine, gendre du duc d'Elbœuf et beau-frère du comte de Lislebonne, frère du même duc d'Elbœuf. Il l'étoit aussi du duc de La Rochefoucauld. Détaillons tout ceci.

On connoît encore trop la vie et les diverses fortunes de Charles IV, duc de Lorraine, pour parler de son génie et des extrémités où il le jeta. Ami de tous les partis, fidèle à aucun, souvent dépouillé de ses États, et tantôt les abdiquant, puis les reprenant, tantôt en France avec les rebelles, puis à la cour, tantôt à la tête de ses troupes sans feu ni lieu qu'il faisoit subsister aux dépens d'autrui, et y vivant lui-même, d'autres fois au service de la France, puis de l'empereur, après de l'Espagne, souvent à Bruxelles, enfin enlevé et conduit prisonnier en Espagne ; toujours marié, et jamais avec la duchesse Nicole, héritière de Lorraine, sa cousine germaine, fille aînée d'Henri, duc de Lorraine, frère aîné de son père, qu'il avoit épousée en 1621, dont il n'eut point d'enfants et qu'il perdit en janvier 1657, ni avec Marie, fille unique de Charles, comte d'Apremont, qu'il épousa en 1665, et dont il n'eut point d'enfants encore, et qu'il laissa veuve en septembre 1675 qu'il mourut.

Charles IV étoit frère aîné du prince François qui fut cardinal, et qui, voyant le duc son frère sans enfants, quitta le chapeau pour épouser Claude-Françoise, seconde et dernière fille du duc Henri de Lorraine, frère aîné de son père, en sorte que les deux frères épousèrent les deux sœurs pour conserver par elles le duché de Lorraine qui, à défaut de Nicole, l'aîné sans enfants, tomboit à sa sœur Claude-Françoise, épouse du prince François. Ces princes étoient frères de la seconde femme de Gaston, duc d'Orléans, dont Louis XIII ne voulut jamais reconnoître le mariage clandestin, laquelle fut mère de Mme la grande-duchesse, mère du dernier grand-duc de Toscane et de Mme de Guise, mortes de nos jours.

Du mariage du prince François, qui avoit été cardinal, vint ce grand capitaine qui n'a jamais joui du duché de Lorraine, qui épousa la reine douairière de Pologne, sœur de l'empereur, et qui acquit tant de réputation à la tête des armées de l'empereur et de l'empire. Il laissa un fils qui fut rétabli par la paix de Ryswick, à qui nous allons voir faire hommage au roi du duché de Bar et épouser Mademoiselle. Cette généalogie expliquée, rapprochons-nous de ce qui m'y a fait écarter.

Charles IV, marié depuis longtemps à la duchesse Nicole, étoit à Bruxelles, amoureux de Mme de Cantecroix. Il aposta un courrier qui lui apporta la nouvelle de la mort de la duchesse Nicole. Il en donna part dans Bruxelles, prit le grand deuil, et quatorze jours après épousa Béatrix de Cusance, veuve du comte de Cantecroix, dans Besançon aux Minimes, arrivant de Bruxelles, en avril 1637, et en donna aussi part à toute la ville. Bientôt après la fourbe fut découverte, et on apprit de tous côtés que la duchesse Nicole étoit pleine de vie et de santé et n'avoit seulement pas été malade. Mme de Cantecroix, qui n'en avoit pas été la dupe, fit tout comme si elle l'eût été, mais elle étoit grosse; elle s'apaisa. Ils continuèrent de réputer la duchesse Nicole pour morte, et de vivre ensemble à la face du monde comme étant effectivement mariés, sans qu'il eût jamais été question de dissoudre le mariage de la duchesse Nicole, ni devant ni après, laquelle se réfugia à Paris. Le duc Charles eut donc de ce beau mariage prétendu par lui tout seul une fille d'abord, puis un fils, parfaitement bâtards l'un et l'autre, et universellement regardés comme tels. Ces deux enfants tinrent tout de leur père. Il maria la fille en octobre 1660 au comte de Lislebonne, frère puîné du duc d'Elbœuf, dont elle n'a eu que quatre enfants qui aient vécu : le prince de Commercy, qui servit toujours l'empereur et le prince Paul, tué à Neerwinden, dont j'eus le régiment, comme je l'ai dit en son temps, tous deux point mariés, et deux filles, Mlle de Lislebonne qui ne l'a point été non plus, et Mlle de Commercy qui épousa en 1691 le prince d'Espinoy, qui sont deux personnes dont j'aurai souvent occasion de parler.

Le fils est M. de Vaudemont dont il s'agit. Charles IV l'éleva auprès de lui, et, comme il le prétendoit toujours légitime, il le fit appeler le prince de Vaudemont, et le nom lui en est demeuré. La sœur et le frère sont pourtant nés du vivant de la duchesse Nicole, qui mourut à Paris longtemps après la naissance de l'une et de l'autre, en février 1657. M. de Vaudemont fut un des hommes des mieux faits de son temps. Un beau visage et grande mine, des yeux beaux et fort vifs, pleins de feu et d'esprit, aussi en avoit-il infiniment, soutenu d'autant de fourbe, d'intrigue et de manége qu'en avoit son père. Il le suivit partout dès sa jeunesse, dans toutes ses guerres, et en apprit bien le métier. Il le suivit aussi à Paris, où sa galanterie fit du bruit à la cour. Il y lia amitié avec le marquis, depuis maréchal de Villeroy, et avec plusieurs seigneurs distingués et qui approchoient plus du roi, surtout avec ceux de la maison de Lorraine dont il captoit fort la bienveillance. Son père le maria à Bar, en avril 1669, à une fille du duc d'Elbœuf, frère aîné de M. de Lislebonne et de sa première femme qui étoit Lannoy, et mère en premières noces de la femme du duc de La Rochefoucauld qui toute sa vie fut si bien avec le roi.

La liaison du duc Charles avec les Espagnols, et ses séjours en Franche-Comté qui lors étoit à eux, et à Bruxelles, attacha M. de Vaudemont à leur service, et la catastrophe de son père ne put l'en séparer parce qu'il y espéra des emplois dont il ne pouvoit se flatter ailleurs. Dix ans de guerre contre l'Espagne donnèrent occasion au prince de Vaudemont d'employer tous ses talents pour s'avancer, et il les employa utilement. La nouvelle liaison d'intérêt de l'Espagne avec la Hollande et le voisinage des Pays-Bas y forma des liaisons dont Vaudemont sut profiter. Il sut s'insinuer auprès du prince d'Orange, et peu à peu devint de ses amis jusqu'à être admis dans sa confidence. Il fit un voyage en Espagne chargé de diverses commissions secrètes. Il trouva cette cour dans le désespoir de ses pertes, fort animée contre la personne du roi. Le sang quoique illégitime qui couloit dans ses veines ni la liaison intime en laquelle il étoit parvenu auprès du prince d'Orange ne lui avoit pas appris à l'aimer. Il n'avoit rien à en attendre : il se lâcha donc en courtisan à Madrid contre la personne du roi avec une hardiesse égale à l'indécence. Retournant en Flandre il voulut voir l'Italie, et il s'arrêta à Rome, où il s'insinua tant qu'il put parmi la faction espagnole, et pour lui plaire en usa sur le roi comme il avoit fait à Madrid. Ce qui avoit été méprisé et tenu pour ignoré d'abord ne put plus l'être sur un théâtre tel que Rome, qui est la patrie commune de toutes les nations catholiques. Les serviteurs du roi s'offensèrent d'une insolence si publique et si soutenue, et en écrivirent, de façon que le roi fit prier le roi d'Espagne de mettre ordre à une conduite si éloignée du respect qui en tout temps est dû aux têtes couronnées, ou de n'être pas surpris s'il faisoit traiter et chasser de Rome M. de Vaudemont comme il le méritoit.

Cette démarche finit la scène que M. de Vaudemont donnoit avec tant de licence, et les mêmes partisans d'Autriche qui l'y soutenoient furent les plus ardents à le faire disparoître. Il regagna donc les Pays-Bas par le Tyrol et l'Allemagne, avec ce nouveau mérite envers l'Espagne et l'empereur, auquel le prince d'Orange ne fut pas le moins sensible, par cette haine personnelle du roi qu'il ne pouvoit émousser, ni M. de Lorraine indifférent par la situation où le roi continuoit à le tenir, bien qu'il ne se soit jamais échappé en la moindre chose à l'égard du roi. Il se faisoit honneur, au contraire, de lui porter un profond respect, et de supporter avec silence et toujours avec sagesse l'état auquel sa puissance l'avoit réduit; mais au fond de l'âme, les héros se sentent de l'humanité, et il ne voulut rien moins que du mal à M. de Vaudemont de cette conduite, quoique lui-même fût bien éloigné de la tenir. Vaudemont étoit son cousin germain bâtard, et M. de Lorraine étoit lors dans l'apogée de sa gloire et de son autorité dans le conseil et dans la cour de l'empereur.

Tout concourut donc après ce départ précipité de Rome à faire marcher M. de Vaudemont à pas de géant. La Toison d'or, grand d'Espagne, prince de l'empire, capitaine général, tout lui fondit rapidement sur la tête, et bientôt après le grand emploi de mestre de camp général[1], et enfin de gouverneur des armes aux Pays-Bas. Élevé de la sorte et payé à proportion, il vécut avec splendeur, et comme il avoit infiniment d'esprit et d'adresse, il vint à bout d'émousser l'envie, et de se faire presque autant aimer que considérer par son crédit et respecter par ses emplois. C'étoit un homme affable, prévenant, obligeant, attentif à plaire et à servir, et qui ambitionnoit l'amour du bourgeois et de l'artisan à proportion autant que des personnes les plus distinguées. L'oisiveté de la paix lui fit recourir les bonnes fortunes, où il ne

---

1. Cette dignité répondait à celle de colonel général de la cavalerie.

fut pas heureux. Il le fut encore moins en habiles gens, qui pensèrent le tuer dans le grand remède. Je lui ai ouï conter, non pas cela, mais qu'étant tombé dans l'état où en effet ce remède l'avoit mis, qu'il disoit être un rhumatisme goutteux universel qui le tint des années entières sans aucun usage de ses bras ni de ses jambes, un empirique, à qui à bout de remèdes il se livra, l'avoit rétabli comme il étoit, et mis en état de monter à cheval. Il marchoit peu et difficilement, s'asseyoit et se levoit avec peine, mais pourtant sans être nécessairement aidé en toutes ses actions, n'avoit plus d'os aux doigts des mains qui étoient comme entortillés les uns sur les autres. Avec cela une très-bonne santé, la tête parfaite, nul véritable régime de nécessité ni pour le manger ni pour veiller, la taille comme il l'avoit toujours eue, c'est-à-dire la plus belle du monde et fort haute, les jambes seulement tout d'une venue, et le plus grand air et la plus grande mine du monde, douce, majestueuse, spirituelle au dernier point. Je me suis étendu sur ces bagatelles pour des raisons qui se verront dans la suite.

La guerre de 1688 arrivée, le prince, qui vouloit être maître des troupes d'Espagne, mit tout son crédit à élever son ami au commandement des armées. Des emplois qu'il avoit jusque-là, il n'y avoit plus qu'un pas à faire. Le prince de Waldeck qui les commandoit étoit vieux, on fit en sorte qu'il se retirât, et que M. de Vaudemont fût mis en sa place sous l'électeur de Bavière, et en chef en son absence. La paix s'avançant, le prince d'Orange se fit une véritable affaire de procurer le gouvernement du Milanois à Vaudemont. Il y fit entrer l'empereur qui mit en mouvement tous ses serviteurs en Espagne et à la reine, et M. de Vaudemont se trouva placé dans le plus grand et le plus brillant emploi de la monarchie d'Espagne par la protection du nouveau roi d'Angleterre et de l'empereur. Je le répète, tout ce détail est important à retenir pour ce qui se trouvera dans les suites.

Par la paix de Ryswick, M. de Lorraine fut rétabli avec les mêmes conditions que son père n'avoit pas voulu admettre, et qui l'empêchèrent toute sa vie d'y rentrer, et en même temps son mariage fut arrêté avec Mademoiselle; sur quoi quelqu'un dit assez plaisamment de la feue reine d'Espagne, de Mme de Savoie et de celle-ci, que, de ses trois filles, Monsieur en avoit marié une à la cour, une autre à la ville, et la dernière à la campagne. Couronges, qui avoit été gouverneur de M. de Lorraine, qui étoit le principal de son conseil et grand maître de sa maison, vint tout à la fin de cette année en faire la demande, premièrement au roi, puis à Monsieur. La duchesse de Lorraine sa mère venoit de mourir. Elle étoit reine douairière de Pologne en premières noces sans enfants, et sœur de l'empereur; on l'appeloit la reine-duchesse.

L'année finit par la nomination des bénéfices : l'abbé de Mailly, aumônier du roi, et qui étoit fort de mes amis, eut l'archevêché d'Arles. Sa mère l'avoit fait prêtre à coups de bâton, et l'avoit laissé mourir de faim longues années à Saint-Victor. Elle en avoit fait autant à un autre de ses fils, qui, plus docile, s'étoit fait religieux de Saint-Victor. C'étoit un homme de bien, à qui le mariage de son frère avec la nièce de Mme de Maintenon valut l'évêché de Lavaur. Ce même mariage fit enfin mon ami archevêque d'Arles, qui n'avoit de sa vie eu d'autre vocation que celle de sa mère, qui ne s'étoit pas contraint pour l'étude, et d'ailleurs ce qu'il avoit fallu pour ne se pas perdre. Arles lui plut fort par le voisinage de Rome. Le cardinalat est une maladie bien commune, et qui prend les gens de bonne heure.

Le roi acheva enfin de nommer la maison de Mme la duchesse de Bourgogne, et l'abbé de Castries, neveu du cardinal Bonzi et beau-frère de la dame d'atours de Mme la duchesse de Chartres, obtint la charge d'aumônier ordinaire. C'étoit un homme extrêmement aimable dans la société, que le roi s'étoit capricé de ne point faire évêque, dont aussi il n'avoit pas trop pris le chemin. Il étoit fort honnête homme, et avoit beaucoup d'amis. Intimement lié avec son frère et sa belle-sœur, et logeant avec eux, il voulut ne les point quitter, demeurer honnêtement à la cour, et avoir un logement.

Cela me fait souvenir que j'ai oublié une bagatelle qui ne l'est rien moins chez ces princesses. C'est de parler de la première femme de chambre de Mme la duchesse de Bourgogne. Le roi choisit Mme Cantin, bien faite, polie, fort à sa place, douce, obligeante, et sachant fort le monde. Elle étoit femme de Cantin et belle-sœur de Lavienne. Ce Lavienne, qui avoit fait plus d'un métier, étoit devenu baigneur, et si à la mode, que le roi, du temps de ses amours, s'alloit baigner et parfumer chez lui; car jamais homme n'aima tant les odeurs, et ne les craignit tant après, à force d'en avoir abusé. On prétendoit que le roi, qui n'avoit pas de quoi fournir à tout ce qu'il désiroit, avoit trouvé chez Lavienne des confortatifs qui l'avoient rendu plus content de lui-même, et que cela, joint à la protection de Mme de Montespan, le fit enfin premier valet de chambre. Il conserva toute sa vie la confiance du roi. On en a vu un trait sur l'aventure de M. du Maine en Flandre, et de la gazette de Hollande. Lavienne, qui avoit passé sa vie avec les plus grands seigneurs, n'avoit jamais pu apprendre le moins du monde à vivre. C'étoit un gros homme, noir, frais, de bonne mine, qui gardoit encore sa moustache comme le vieux Villars, rustre, très-volontiers brutal, pair et compagnon avec tout le monde, et ce qui est plaisant, parce qu'il n'en savoit pas davantage (car il n'étoit point glorieux, et n'avoit d'impertinent que l'écorce), honnête homme, ni méchant ni malfaisant, même bon homme et serviable. Il avoit poussé son frère Cantin qu'il avoit fait barbier du roi, puis premier valet de garde-robe. Celui-ci étoit un bon homme qui se tenoit obscurément dans son état, et qu'on ne voyoit jamais qu'en fonction auprès du roi.

A propos de confiance du roi et de ses domestiques intimes, il faut réparer un autre oubli. On fut étonné à Fontainebleau cette année qu'à peine la princesse (car elle ne fut mariée qu'au retour) y fut arrivée, que Mme de Maintenon la fit aller à un petit couvent borgne de Moret où le lieu ne pouvoit l'amuser, ni aucune des religieuses dont il n'y en avoit pas une de connue. Elle y retourna plusieurs fois pendant le voyage, et cela réveilla la curiosité et les bruits. Mme de Maintenon y alloit souvent de Fontainebleau, et à la fin on s'y étoit accoutumé. Dans ce couvent étoit professe une Mauresse inconnue à tout le monde, et qu'on ne montroit à personne. Bontems, premier valet de chambre et gouverneur de Versailles, dont j'ai parlé, par qui les choses du secret domestique du roi passoient de tout temps, l'y avoit mise toute jeune, avoit payé une dot qui ne se disoit point, et de plus continuoit une grosse pension tous les ans. Il prenoit exactement soin qu'elle eût son nécessaire, et tout ce qui peut passer pour abondance à une religieuse, et que tout ce qu'elle pouvoit désirer de toute espèce de douceurs lui fût fourni. La feue reine y alloit souvent de Fontainebleau, et prenoit grand soin du bien-être du couvent, et Mme de Maintenon après elle. Ni l'une ni l'autre ne prenoient pas un soin direct de cette Mauresse qui pût se remarquer, mais elles n'y étoient pas moins attentives. Elles ne la voyoient pas toutes les fois qu'elles y alloient, mais souvent pourtant, et avec une grande attention à sa santé, à sa conduite et à celle de la supérieure à son égard. Monseigneur y a été quelquefois, et les princes ses enfants une ou deux fois, et tous ont demandé et vu la Mauresse avec bonté. Elle étoit là avec plus de considération que la personne la plus connue et la plus distinguée, et se prévaloit fort des soins qu'on prenoit d'elle et du mystère qu'on en faisoit, et quoiqu'elle vécût régulièrement, on s'apercevoit bien que la vocation avoit été aidée. Il lui échappa une fois, entendant Monseigneur chasser dans la forêt, de dire négligemment : « C'est mon frère qui chasse. » On prétendoit qu'elle étoit fille du roi et de la reine, que sa couleur l'avoit fait cacher et disparoître et publier que la reine avoit fait une fausse couche, et beaucoup de gens de la cour en étoient persuadés. Quoi qu'il en soit, la chose est demeurée une énigme.

CHAPITRE V.

1698. — Éclat et accommodement de l'archevêque de Reims et des jésuites. — Deux lourdes sottises de Sainctot, introducteur des ambassadeurs. — Mensonge d'une tapisserie du roi, etc., réformé. — Dispute de rang entre Mmes d'Elbœuf et de Lislebonne. — Mort du P. de Chevigny. — Mort de la duchesse de Berwick. — Mariage de M. de Lévi et de Mlle de Chevreuse. — Mariage du comte d'Estrées et d'une fille du duc de Noailles, faite dame du palais, avec la marquise de Lévi. — Mariage de Mortagne et de Mme de Quintin. — Bissy, évêque de Toul, depuis cardinal, refuse l'archevêché de Bordeaux. — Vaïni chevalier de l'ordre. — Chevaliers du Saint-Esprit romain en 1675 — L'ordre renvoyé en 1688 par le duc de Bracciano. — Électeur de Saxe pleinement roi de Pologne. — Mort de M. d'Hanovre. — Obrecht va à Ratisbonne pour les affaires de Madame avec l'électeur palatin.

L'année commença par l'accommodement que le premier président fit par ordre du roi des jésuites avec l'archevêque de Reims. Ce prélat, à l'occasion d'une ordonnance qu'il avoit faite sur la fin de l'année dernière dans son diocèse, s'y étoit exprimé sur la doctrine et sur la morale d'une manière qui déplut aux jésuites. Ils essayèrent de faire en sorte que l'archevêque s'expliquât d'une manière publique qui les mît hors d'intérêt. C'est ce qu'il ne voulut point faire, tellement que ces pères, peu accoutumés à trouver de la résistance nulle part, et à dominer les prélats les plus considérables, tout au moins à en être ménagés avec beaucoup de circonspection, éclatèrent contre celui-ci par un écrit qui ne le ménageoit pas, mais qui, à tout hasard, les laissoit libres, parce qu'il parut sans nom d'auteur. L'archevêque en porta ses plaintes au roi avec tant de menaces, que l'écrit fut supprimé autant qu'il le put être, et l'imprimeur sévèrement châtié. Cela ne contenta pas l'archevêque; ses menaces continuèrent. Les jésuites, déjà mortifiés de ce qui venoit d'arriver, se servirent de la porte de derrière qu'ils s'étoient ménagée, et protestèrent qu'ils ignoroient l'auteur de l'écrit. Avec une humiliation pour eux si nouvelle, ils espérèrent tout de leur crédit auprès du roi, et que l'archevêque à son tour se trouveroit heureux de leur désaveu; mais il se trouva qu'ils avoient affaire à un homme qui ne les aimoit, ni ne les craignoit, ni ne les ménageoit; qui dans le fond avoit raison; que son siége, ses richesses, son neveu, et sa doctrine rendoient considérables; qui étoit personnellement fort bien et dans la familiarité du roi; qui étoit soutenu par MM. de Paris, de Meaux, et même par M. de Chartres, les prélats alors les plus en faveur, et avec qui il s'étoit comme enrôlé contre M. de Cambrai. Les jésuites ne purent donc rien obtenir, sinon que le roi parleroit à M. de Reims pour qu'il ne les poussât point à bout par des écrits, et une interdiction dans son diocèse, mais qu'il vouloit qu'il fût content, et qu'il chargeroit le premier président de cette affaire.

Elle fut bientôt finie. L'archevêque n'osa pousser les choses à bout, et voulut faire sa cour, et les jésuites, au désespoir de s'être embourbés avec trop de confiance, ne cherchoient qu'à sortir de ce mauvais pas. Cela finit donc, de l'avis du premier président, par une visite à l'archevêque du provincial et des trois supérieurs des trois maisons de Paris, qui sans lui parler plus de son ordonnance, ne lui demandèrent autre chose que de vouloir être persuadé de la sincérité de leurs respects, et de la protestation qu'ils lui faisoient qu'aucun des leurs n'étoit capable d'avoir fait l'écrit dont il avoit lieu de se plaindre, qu'il avoit paru sans qu'ils en eussent eu la moindre connoissance, et qu'ils l'improuvoient de tout leur cœur, en le suppliant de les honorer du retour de sa bienveillance. L'archevêque les reçut et leur répondit assez cavalièrement. Ils ne s'en aimèrent pas mieux, mais de part et d'autre, ils n'osèrent plus s'escarmoucher.

Sainctot, introducteur des ambassadeurs, fit faire une sottise à la duchesse du Lude, qui pensa devenir embarrassante. Ferreiro, chevalier de l'Annonciade, et ambassadeur de Savoie, allant à une audience de cérémonie chez Mme la duchesse de Bourgogne, Sainctot dit à la duchesse du Lude qu'elle devoit aller le recevoir dans l'antichambre avec toutes les dames du palais. Celles-ci, jalouses de n'être point sous la charge de la dame d'honneur, ne l'y voulurent point accompagner; la duchesse du Lude allégua qu'elle ne se souvenoit point d'avoir vu les autres dames d'honneur de la reine, ni de Mme la Dauphine, aller recevoir les ambassadeurs. Sainctot lui maintint que cela se devoit, et l'entraîna à le faire. Le roi le trouva mauvais, et lava la tête le jour même à Sainctot; mais l'embarras fut qu'aucun autre ambassadeur ne voulut prendre cette même audience sans recevoir le même honneur. On eut toutes les peines du monde à leur faire entendre raison sur une nouveauté faite par une ignorance qui ne pouvoit tourner en usage et en règle, et ce ne fut qu'après une longue négociation et des courriers dépêchés à leurs maîtres et revenus plus d'une fois qu'ils se contentèrent chacun d'un écrit signé de Torcy, portant attestation que cela ne s'étoit jamais pratiqué pour aucun ambassadeur, que ce qui s'étoit passé à l'égard de Ferreiro étoit une ignorance, et que cette faute ne se commettroit plus. Avec cet écrit, ils prirent leur audience, la duchesse du Lude ne bougeant de sa place, auprès et en arrière de Mme la duchesse de Bourgogne.

A quelque temps de là, le même Sainctot en fit bien une autre. Heemskerke, ambassadeur de Hollande, avoit amené sa femme et sa fille. Sa femme eut son audience publique de Mme la duchesse de Bourgogne, assise au milieu du cercle, à la droite de la duchesse du Lude, chacune sur leur tabouret, comme c'est l'usage. En arrivant, reçue en dedans de la porte par la dame d'honneur, elle la mena par la main à Mme la duchesse de Bourgogne, à qui elle baisa le bas de la robe, et dont tout de suite elle fut baisée, comme cela est de droit pour toutes les femmes titrées. En même temps, elle présenta sa fille, qui l'avoit suivie avec Sainctot, dont c'est la charge. La fille baisa le bas de la robe, et tout aussitôt se présenta pour être baisée. Mme la duchesse de Bourgogne étonnée hésite, la duchesse du Lude fait signe de la tête que non ; Sainctot n'en fait pas à deux fois, et hardiment pousse la fille de la main, et dit à Mme la duchesse de Bourgogne : « Baisez, Madame, cela est dû. » A cela (et le tout fut fait en un tour de main), Mme la duchesse de Bourgogne, jeune, toute neuve, embarrassée de faire un affront, eut plus tôt fait de déférer à Sainctot, et sur sa périlleuse parole la baisa. Tout le cercle en murmura tout haut, et femmes assises, et dames debout, et courtisans. Le roi, qui survient toujours à ces sortes d'audiences pour faire l'honneur à l'ambassadrice de la saluer et ne la recevoir point chez lui, n'en sut rien dans cette foule. Au partir de là, l'ambassadrice alla chez Madame. Même cérémonie et même entreprise pour la fille. Madame, qui en avoit reçu tant et plus en sa vie, voyant la fille approcher son minois, se recula très-brusquement. Sainctot lui dit que Mme la duchesse de Bourgogne lui venoit de faire l'honneur de la baiser. « Tant pis ! répondit Madame fort haut, c'est une sottise que vous lui avez fait faire, que je ne suivrai pas. » Cela fit grand bruit ; le roi ne tarda pas à le savoir. Sur-le-champ, il envoya chercher Sainctot, et lui dit qu'il ne savoit qui le tenoit de ne le pas chasser et lui ôter sa charge; et de là lui lava la tête d'une manière plus fâcheuse qu'il ne lui étoit ordinaire quand il réprimandoit. De ceci, les ambassadeurs ne s'en émurent point : leur caractère qui se communique à leurs femmes, parce que mari et femme ne sont qu'un, ne va pas jusqu'à leurs enfants, et ils ne prétendirent rien là-dessus. Ce Sainctot étoit un homme qui faisoit ce qu'il vouloit, et favorisoit qui il lui plaisoit, au hasard d'être grondé si le cas y échéoit; ce qui n'arrivoit guère par l'ignorance et le peu de cas qu'il s'introduisit de faire des cérémonies.

Cela me fait souvenir d'une friponnerie insigne qu'il fit étant maître des cérémonies, charge qu'il vendit pour acheter celle d'introducteur des ambassadeurs, et que je découvris par le plus grand hasard du monde. Je ne ferai point ici une digression de la célèbre affaire des Corses à Rome et du duc de Créqui, ambassadeur de France, et du traité de Pise qui la termina en 1664, qui sont choses connues de tout le monde. Par ce traité, entre autres articles, il fut réglé que la satisfaction convenue et mise par écrit seroit faite au roi, et lue par le cardinal Chigi, neveu du pape et envoyé exprès légat *a latere*, en présence des grands du royaume. L'audience s'allant donner dans peu de jours, le roi envoya le grand maître des cérémonies avertir de sa part tous les ducs de s'y trouver. Les ducs demandèrent d'y être couverts. La reine mère, qui de tout temps favorisoit les princes étrangers, par amitié pour la comtesse d'Harcourt et la duchesse d'Épernon sa sœur qui en avoient le rang, et qui de tout temps avoient été ses favorites, crut faire beaucoup pour eux que faire décider que personne en cette audience ne seroit couvert que le légat seul. Cela ne faisoit rien à Monsieur ni aux princes du sang, qui ne s'y trouvèrent pas, parce que le légat eut un fauteuil, dans lequel il fit sa lecture et son compliment, et que Monsieur même n'auroit pu avoir un tabouret. Les comtes de Soissons et d'Harcourt, nommés pour mener le légat à l'audience, demandèrent à en être excusés puisqu'ils ne se couvriroient point. Ils furent refusés, ils le menèrent, demeurèrent tête nue à toute l'audience, et le ramenèrent. Ces faits n'ont jamais été contestés par les princes ni par personne.

Étant allé un matin faire ma cour au roi à Meudon, où il étoit libre aux courtisans d'aller, le hasard fit qu'après le lever du roi, j'allai m'asseoir dans une pièce par où le roi alloit passer pour aller à la messe, qu'on appeloit la chambre de Madame. Justement la tapisserie qui fut faite de cette audience avec les visages au naturel étoit tendue dans cette chambre. Je remarquai que les deux comtes de Soissons et d'Harcourt y étoient représentés couverts. Je me récriai sur cette faute. Chamlay, assis auprès de moi, répondit que MM. de Savoie et de Lorraine étoient couverts aux audiences. J'en convins, mais je lui appris la différence de celle-ci. Je sentis ou la ruse des princes de s'être dédommagés pour l'avenir par une tapisserie subsistante, ou la sottise de ceux qui l'avoient faite. J'en parlai aux ducs de Chaulnes, encore alors en pleine santé, de Chevreuse, de Coislin, qui avoient été à cette audience, et à d'autres encore. M. de Luxembourg, qui vivoit et qui s'y étoit trouvé, et qui avec MM. de Chaulnes et de Coislin s'étoit le plus remué lors de cette audience, entra dans cette méprise. Ils parlèrent à Sainctot qui étoit lors maître des cérémonies. Il convint tout d'abord qu'il étoit vrai que les deux comtes étoient demeurés découverts, et à toute l'audience, et que le légat seul y fut couvert. Ces messieurs lui proposèrent de faire une note sur son registre du mensonge de la tapisserie. Il renifla, et fit ce qu'il put pour leur persuader que cela n'étoit pas nécessaire, et on va voir pourquoi; mais comme il vit qu'ils s'échauffoient, et qu'ils parloient de le demander au roi, il n'osa plus résister. Ils allèrent donc avec lui chez Desgranges, maître des cérémonies. Il montra le registre, mais il se trouva qu'il ne portoit pas un mot qu'il y eût quelqu'un de couvert ou non, d'où il résultoit que les deux comtes l'avoient été, puisque, l'étant toujours, la différence de ne l'être pas cette fois-là valoit bien la peine d'être exprimée. Ces messieurs ne purent s'empêcher de montrer à Sainctot qu'ils sentoient vivement son infidélité ; lui aux excuses de la négligence et bien honteux. Il écrivit à la marge tout ce que ces messieurs lui dictèrent sur la tapisserie, et le signa ; mais cela fit que ces messieurs ne s'en contentèrent pas, et qu'ils se firent donner chacun un certificat par Sainctot, et de la vérité du fait, et du mensonge de la tapisserie, et du silence du registre, et de ce qui y avoit été mis en marge. Il les fournit dès le lendemain avec force compliments, et se tint heureux qu'on n'en fît pas plus de bruit. Et voilà comment les rangs sont entre les mains de gens de peu qui s'en croient les maîtres, et qui se croient en droit de faire plaisir à qui il leur plaît aux dépens de vérité et de justice. C'est une contagion qui a passé depuis aux grands maîtres et aux maîtres des cérémonies, et même à ceux du Saint-Esprit. Blainville, beau-frère de M. de Chevreuse, qui n'étoit pas duc en 1664, mais qui étoit à la cour, et fils du duc de Luynes, qui agit lors avec les autres, étoit grand maître des cérémonies, charge qu'il avoit eue de M. de Rhodes ; ainsi il ne fut question que du registre de Sainctot.

La révérence en mante, que les dames de Lorraine vinrent faire au roi sur la mort de la reine-duchesse, mère de M. de Lorraine, fit schisme entre elles. Mme de Lislebonne, par sa bâtardise cousine germaine du père de M. de Lorraine, prétendit comme la plus proche marcher la première, et par conséquent, Mlle de Lislebonne et Mlle d'Espinoy ses filles immédiatement après elle. Mme d'Elbœuf, veuve de l'aîné de la maison de Lorraine en France, s'en moqua et l'emporta, de sorte que Mme de Lislebonne ni ses filles n'y voulurent pas aller. Mme de Valentinois n'y fut point non plus. Je ne sais ce qu'on lui mit dans la tête.

Le P. de Chevigny de l'Oratoire mourut en ce temps-ci. C'étoit un gentilhomme de bon lieu, qui avoit servi longtemps avec réputation, et connu du roi. M. de Turenne l'aimoit fort, et tous les généraux de ces temps-là l'estimoient. Cela l'avoit fort mis dans le grand monde. Dieu le toucha et il se fit prêtre, se mit dans l'Oratoire, et le servit d'aussi bonne foi et d'aussi bon cœur qu'il avoit servi le roi et le monde. Il conserva d'illustres amis dans sa retraite dont il ne sortoit presque jamais. Il se trouva fort mêlé et lié avec tous les fameux jansénistes, et en butte à leurs persécuteurs. C'étoit un homme droit, franc, vrai, et d'une vertu simple, unie, militaire, mais grande, fidèle à Dieu, à ses amis et au parti qu'il croyoit le meilleur. Cela embarrassa les pères de l'Oratoire. Il étoit ami intime de M. et de Mme de Liancourt. Sans quitter l'Oratoire il se retira avec eux, et après leur mort, M. de La Rochefoucauld, tout ignorant et tout courtisan qu'il étoit, mais qui avoit un extrême respect pour la mémoire de M. et de Mme de Liancourt le pria tant de demeurer à Liancourt qu'il s'y fixa. Quand il y venoit compagnie avec M. de La Rochefoucauld, on ne le voyoit point, que M. de La Rochefoucauld, M. le maréchal de Lorges et quelques amis très-particuliers, et quand le roi y passoit, il se tapissoit dans un grenier. A un de ces voyages du roi, je ne sais qui en parla. Le roi le voulut voir. Le P. de Chevigny en fut surpris, car le jansénisme l'avoit fort barbouillé auprès de lui. Il fallut pourtant obéir, et M. de La Rochefoucauld l'amena. Le roi lui fit toutes sortes d'honnêtetés, et causa longtemps avec lui de ses anciennes guerres, puis de sa retraite. Le P. de Chevigny fut fort respectueux et mesuré, et point embarrassé. Ce fut à qui le verroit. Jamais il ne fut si aise qu'après que tout ce monde fut parti. Ce château, du temps de M. et de Mme de Liancourt, étoit le rendez-vous et l'asile des principaux jansénistes. Il le fut bien encore après. M. de La Rochefoucauld, qui les y avoit tous vus, les aima toujours. Ce qui en restoit y alloit voir le P. de Chevigny. Il y mourut saintement comme il y avoit vécu, sans cesse appliqué à la prière, à l'étude et à toutes sortes de bonnes œuvres, et toujours gaiement et avec liberté. M. de La Rochefoucauld, M. de Duras, M. le maréchal de Lorges en furent fort affligés, et grand nombre d'autres personnes.

Le duc de Berwick perdit en même temps une très-aimable femme, qu'il avoit épousée par amour, et qui avoit très-bien réussi à la cour et à Saint-Germain. Elle étoit fille de milord Lucan, tué à Neerwinden, lieutenant général et capitaine des gardes du roi Jacques. Elle étoit à la première fleur de son âge, belle, touchante, faite à peindre, une nymphe. Elle mourut de consomption à Montpellier, où son mari l'avoit menée pour la guérir par ce changement d'air. Elle lui laissa un fils.

Deux mariages amusèrent la cour au commencement de cette année. Celui de Mlle de Chevreuse avec le marquis de Lévi, qui en eut la lieutenance générale de Bourbonnois de son père où ils avoient leurs biens. C'étoit un jeune homme bien fait, tout militaire et fort débauché, qui n'avoit jamais eu la plus légère teinture d'éducation, et qui, avec cela, avoit de l'esprit, de la valeur, de l'honneur et beaucoup d'envie de faire. Son père étoit un homme de beaucoup d'esprit, sans aucunes mœurs, retiré chez lui, et fort obscur à Paris quand il y venoit; la mère une joueuse sans fin et partout, avare à l'excès, et faite et mise comme une porteuse d'eau. Tout cela cadroit mal avec les mœurs et le génie de M. et de Mme de Chevreuse. La légèreté de la dot et une naissance susceptible de tout les déterminèrent, avec une place de dame du palais qui attendoit Mlle de Chevreuse. Quand il fallut dresser le contrat de mariage, dont toutes les conditions étoient convenues, on fut arrêté sur le nom de baptême du marquis de Lévi. M. et Mme de Charlus se le demandèrent l'un à l'autre. Il se trouva qu'il n'en avoit point; de là on douta s'il avoit été baptisé. Tous trois l'ignoroient. Ils s'avisèrent que sa nourrice vivoit encore, et qu'elle étoit à Paris. Ce fut elle qu'ils consultèrent. Elle leur apprit que, portant leur enfant avec eux en Bourbonnois pour le faire tenir au vieux marquis de Lévi son grand-père, M. Colbert, évêque d'Auxerre, chez qui ils couchèrent, en peine du voyage d'un enfant si tendre sans baptême et n'ayant pu leur persuader de le laisser ondoyer, avoit le matin, avant qu'ils fussent éveillés, envoyé chercher la nourrice et l'enfant, et l'avoit ondoyé dans sa chapelle, et les laissa partir après sans leur en avoir parlé; qu'arrivés en Bourbonnois, le baptême se remit plusieurs fois par divers contre-temps, et que lorsqu'elle quitta la maison il n'avoit pas été fait, dont elle ne s'étoit pas mise en peine parce qu'elle le savoit ondoyé. Ce trait est si étrange que je le mets ici pour la curiosité, et parce qu'il sert plus que tout à caractériser des gens qui en sont capables. Il fallut donc en même jour faire au marquis de Lévi les cérémonies du baptême, lui faire faire sa première confession et sa première communion, et le soir à minuit, le marier à Paris à l'hôtel de Luynes.

Deux jours après, le comte d'Estrées épousa Mlle d'Ayen. Une vieille bourgeoise qui s'appeloit Mlle de Toisy, riche et sans enfants, qui voyoit bonne compagnie et fort au-dessus d'elle, amie du cardinal d'Estrées et fort ménagée par Mme de Noailles, donna une grande partie de la médiocre dot, et le cardinal d'Estrées, qui voyoit la faveur des Noailles, et qui en espéroit tout, acheva de sa bourse d'aplanir l'affaire. Il les maria et dit la messe à minuit dans la chapelle de Versailles, Mme la duchesse de Bourgogne et grand monde aux tribunes, et force conviés en bas, et la noce se fit chez M. de Noailles. Le lendemain la nouvelle marquise de Lévi et la nouvelle comtesse d'Estrées furent déclarées dames du palais.

Il s'en fit un troisième à Paris assez ridicule, de Mortagne avec Mme de Quintin. Elle et Montgommery, inspecteur de cavalerie dont j'ai parlé, étoient enfants des deux frères. Elle avoit épousé le comte de Quintin qui étoit un Goyon, de même maison que MM. de Matignon, qui étoit fils du marquis de La Moussaye et d'une fille du maréchal de Bouillon, laquelle étoit sœur de la duchesse de La Trémoille, de Mmes de Roucy et de Duras, et des ducs de Bouillon et maréchal de Turenne, tous huguenots. M. de La Moussaye avoit acheté la belle terre de Quintin en Bretagne du duc de La Trémoille son beau-frère, dont son fils porta le nom, qui étoit frère aîné de M. de La Moussaye, lieutenant général et attaché à M. le Prince, dans le parti duquel il mourut gouverneur de Stenay sans avoir été marié. Mme de Quintin avoit été fort jolie, parfaitement bien faite, fort du monde, veuve de bonne heure sans enfants, riche de ses reprises et de trente mille livres de rente que M. le maréchal de Lorges lui faisoit sa vie durant pour partie de l'acquisition de Quintin qu'il avoit faite de son mari. En cet état et avec beaucoup d'esprit, elle vit la meilleure compagnie de la cour, et comme elle avoit l'esprit galant et impérieux, elle devint une manière de fée qui dominoit sur les soupirants sans se laisser toucher le bout du doigt qu'à bonnes enseignes, et de là, sur tout ce qui venoit chez elle, toutefois avec jugement, et se fit une cour où on étoit en respect comme à la véritable, et aussi touché d'un regard et d'un mot qu'elle adressoit. Elle avoit un bon souper tous les soirs. Les grandes dames la voyoient comme les grands seigneurs. Elle s'étoit mise sur le pied de ne sortir jamais de chez elle, et de se lever de sa chaise pour fort peu de gens. Monsieur y alloit; elle étoit la reine de Saint-Cloud, où elle n'alloit qu'en bateau, et encore par grâce, et n'y faisoit que ce qu'il lui plaisoit. Elle y avoit apprivoisé jusqu'à Madame qui l'alloit voir aussi. Mme de Bouillon, autre reine de Paris, elle l'avoit subjuguée, l'avoit souvent chez elle, et le duc et le cardinal de Bouillon.

Le comte d'Auvergne fut longues années son esclave. M. de La Feuillade y venoit deux fois la semaine souper de Versailles, et retournoit au coucher du roi; et c'étoit une farce de la voir partager ses grâces entre lui et le comte d'Auvergne, qui rampoit devant elle, malgré sa roguerie, et mouroit à petit feu des airs et des préférences de l'autre. Le comte de Fiesque qui, avec beaucoup d'esprit, étoit une manière de cynique fort plaisant quelquefois, impatienté de cette fée, lui fit une chanson et mettre un matin sur sa porte en grosses lettres, comme les affiches d'indulgences aux églises : *Impertinence plénière*. Peu à peu la compagnie se mêla; le jeu prit un peu plus; l'avarice diminua la bonne chère. La Feuillade avoit enfin expulsé le comte d'Auvergne, puis étoit mort. Le tribunal existoit encore, et la décision souveraine sur tout ce qui se passoit, mais il ne florissoit plus tant. Mortagne, qui depuis vingt ans en étoit amoureux, et qui s'étoit fait la justice de n'oser le montrer que par une assiduité pleine de respect, et surtout de silence, parmi une si brillante cour, espéra alors que le moment étoit venu de couronner sa patience. Il osa soupirer tout haut et déclarer sa persévérance. Il étoit riche et capitaine de gendarmerie; de l'honneur, de la valeur, de la politesse, avec un esprit doux et médiocre. La fée fut touchée d'un amour si respectueux, si fidèle, si constant. Elle étoit vieille et devenue infirme; elle couronna son amour et l'épousa. Mortagne n'étoit rien; son nom étoit Collin. Il étoit des Pays-Bas voisins de celui de Liége. Son père ou son grand-père étoit homme d'affaires de la maison de Mortagne qui étoit ruinée. Il s'y étoit enrichi, en avoit acheté les terres, et celui-ci en portoit le nom. Il n'étoit rien moins que beau ni jeune; bien fait, mais un peu gras; engoncé et fort rouge. Pas un de ses valets ne l'avoit vu sans perruque, ni s'habiller ou se déshabiller, d'où on jugeoit qu'il avoit sur lui quelque chose qu'il ne vouloit pas montrer. Ce mariage surprit tout le monde, qui trouva Mortagne encore plus fou qu'elle de l'avoir fait. Cela leur diminua à tous deux l'estime et la considération du monde. La maison de Mme de Mortagne tomba fort ; ils s'en consolèrent par l'abondance et par filer ensemble le parfait amour.

La mort de l'archevêque de Bordeaux de la maison d'Anglure, frère de Bourlemont, qui avoit été auditeur de rote, fit donner cet archevêché à Bissy, évêque de Toul, qui, grand courtisan de Saint-Sulpice, avoit tellement capté l'évêque de Chartres, qu'il l'avoit fort prôné à Mme de Maintenon et au roi. Bissy, qu'on verra dans la suite faire une si grande fortune, ne crut pas le siége de Bordeaux propre à l'en approcher. Il en vouloit un plus voisin de la cour, d'où il pût intriguer à son aise, et non pas se confiner à Bordeaux, et se fit un honneur auprès de ses dupes de ne vouloir pas quitter sa première épouse pauvre et d'un gouvernement fort étendu, pour être archevêque d'un beau siége et dans une grande ville. Toul, en attendant mieux, convenoit plus à ses vues, et il y demeura. Bordeaux fut donné à Besons, évêque d'Aire, qui le remplit fort dignement. Son frère aîné étoit intendant de la province, et venoit d'être fait conseiller d'État. C'étoit un des intendants du royaume des plus accrédités.

Le cardinal de Bouillon donna en même temps la dernière marque de son crédit. Sa princerie étoit sa folie dominante. Il en avoit usurpé à Rome tous les avantages qu'il avoit pu. Il y prétendoit l'*altesse éminentissime*, qu'il se faisoit donner partout par ses valets ; personne autre à Rome ne voulut tâter de cette nouveauté. Il ne se rebuta point. Il trouva un gentilhomme romain fort à simple tonsure, qui, avec de l'argent, s'étoit fait faire prince par le pape ; et ces princes de pape sont à Rome même fort peu de chose. De sa personne, il étoit encore moins, mais bien fait, voyant les dames et avec de l'ambition. Il s'étoit attaché au cardinal de

Bouillon en ses précédents voyages; en celui-ci il s'y attacha de plus en plus. Le cardinal lui fit grande montre de son crédit, et lui laissa entrevoir l'ordre par sa protection; c'en fut assez pour obtenir de lui l'*altesse éminentissime*, et tout aussitôt voilà toutes les dépêches du cardinal de Bouillon remplies de la convenance d'envoyer l'ordre à quelque baron romain, qui fît honneur à la France par son attachement, et qui servît bien ses ministres par ses avis et par son crédit, comme de temps en temps on en avoit toujours honoré quelqu'un. Il vanta ensuite la naissance, l'esprit, la considération et le crédit de Vaïni à Rome, et les services qu'on en pourroit tirer, et fit tant enfin que le roi lui envoya l'ordre, c'est-à-dire le nomma à la Chandeleur, avec la permission, dès qu'il auroit fait ses preuves, de le porter, en attendant qu'il reçût le collier.

Si Vaïni en fut transporté d'aise, le cardinal de Bouillon le fut encore plus; mais tout Rome en fut étrangement scandalisé. Cette cour l'avoit supporté dans le duc Lanti par son alliance pontificale, et parce qu'il étoit beau-frère du duc de Bracciano, le premier laïque de Rome sans dispute d'aucun, parce qu'il étoit plus vieux que le connétable Colonne, et qu'entre ces deux, incontestablement les premiers et avec de grandes distinctions très-établies au-dessus de tous autres, ils ne se précèdent l'un l'autre que par l'âge. Le duc de Bracciano avoit longtemps porté le collier de l'ordre du Saint-Esprit, et c'étoient des Ursins, des Colonne, des Sforce qui l'avoient eu, bien différents en tout de Vaïni.

Je dis que le duc de Bracciano l'avoit porté longtemps. M. de Nevers, par commission du roi, le lui avoit donné à Rome, en septembre 1675, et le même jour au duc Sforce, veuf d'une Colonne, et lors gendre de Mme de Thianges, sœur de Mme de Montespan (et sa femme est la duchesse Sforce qu'après sa mort nous avons tant vue à la cour), et au prince de Sonnino qui étoit Colonne fils du connétable.

Tout cela n'étoit point des Vaïni. Lors de l'éclat entre Innocent XI et le roi pour les franchises du quartier des ambassadeurs à Rome, et que M. de Lavardin l'étoit en 1688, que ce pape ne voulut jamais voir et qu'il excommunia, le duc de Bracciano renvoya au roi le collier de son ordre, quoique marié à une Françoise, depuis la célèbre princesse des Ursins, et prit la Toison d'or du roi d'Espagne; c'est le premier depuis l'institution de l'ordre du Saint-Esprit qui l'ait renvoyé.

Parlant des pays étrangers, il est temps de dire que l'électeur de Saxe, de plus en plus établi en Pologne, s'étoit réconcilié presque tous les grands qui s'étoient opposés à lui, et le primat même, qui enfin l'avoit reconnu. Il étoit à Varsovie, et toutes les puissances de l'Europe l'avoient félicité comme roi de Pologne. Le nonce Davia l'avoit fort utilement servi à Rome, mais tous ces exemples ne purent encore rien sur le roi qui ne pouvoit voir le prince de Conti, sans un grand déplaisir de n'avoir pu s'en défaire honnêtement par une couronne.

Madame, qui pleuroit tous ses parents selon le degré de parenté, comme les autres en portent le deuil, fut très-affligée de la mort du nouvel et premier électeur d'Hanovre. Il avoit épousé Sophie, fille d'une fille du malheureux roi d'Angleterre, Charles Ier, et de l'électeur palatin qui se fit roi de Bohême, et qui perdit ses États et mourut proscrit. Quoique Madame n'eût jamais guère vu cette tante, elle lui écrivoit fidèlement des volumes deux et trois fois la semaine, depuis qu'elle étoit en France. Le roi l'alla voir sur cette mort. Ses affaires ne finissoient point avec l'électeur palatin, qui avoit à payer, et qui différoit toujours sur toutes sortes de prétextes. Le roi voulut envoyer pour cela à Ratisbonne Crécy qui entendoit bien les affaires d'Allemagne; mais celle-ci étoit une affaire de droit et un procès dont Crécy aima mieux se débarrasser sur un autre, et il proposa Obrecht qui y fut envoyé. C'étoit le préteur royal de Strasbourg, un génie fort au-dessus de son état, et l'homme d'Allemagne qui en possédoit le mieux les lois et les coutumes. M. de Louvois le sut gagner; et lui sut mettre les troupes du roi dans Strasbourg en pleine paix, sans coup férir, qui nous est demeuré depuis.

CHAPITRE VI.

Le czar et ses voyages. — Saint-Albans envoyé, et Portland ambassadeur d'Angleterre, à Paris. — Premiers princes de Parme et de Toscane incognito en France; le dernier distingué. — Distraction du cardinal d'Estrées. — Mlles de Soissons enlevées, et à Bruxelles. — Le comte de Soissons errant. — Abbé de Caudelet fait et défait évêque de Poitiers. — Mort du président Talon et sa dépouille. — Mort de Mme de Sillery. — Mort de Villars, chevalier de l'ordre; pourquoi dit Orondat. — Castries chevalier d'honneur de Mme la duchesse de Chartres. — Mort de Brienne. — Mort du duc de Bracciano.

Le czar[1] avoit déjà commencé ses voyages. Il a tant et si justement fait de bruit dans le monde, que je serai succinct sur un prince si grand et si connu, et qui le sera sans doute de la postérité la plus reculée, pour avoir rendu redoutable à toute l'Europe, et mêlé nécessairement à l'avenir dans les affaires de toute cette partie du monde, une cour qui n'en avoit jamais été une, et une nation méprisée et entièrement ignorée pour sa barbarie. Ce prince étoit en Hollande à apprendre lui-même et à pratiquer la construction des vaisseaux. Bien qu'incognito, suivant sa pointe, et ne voulant point s'incommoder de sa grandeur ni de personne, il se

---

1. Pierre le Grand, souverain de Russie, de 1689 à 1725.

faisoit pourtant tout rendre, mais à sa mode et à sa façon.

Il trouva sourdement mauvais que l'Angleterre ne s'étoit pas assez pressée de lui envoyer une ambassade dans ce proche voisinage, d'autant que, sans se commettre, il avoit fort envie de lier avec elle pour le commerce. Enfin l'ambassade arriva : il différa de lui donner audience, puis donna le jour et l'heure, mais à bord d'un gros vaisseau hollandois qu'il devoit aller examiner. Il y avoit deux ambassadeurs qui trouvèrent le lieu sauvage, mais il fallut bien y passer. Ce fut bien pis quand ils furent arrivés à bord. Le czar leur fit dire qu'il étoit à la hune, et que c'étoit là qu'il les verroit. Les ambassadeurs qui n'avoient pas le pied assez marin pour hasarder les échelles de corde, s'excusèrent d'y monter; le czar insista, et les ambassadeurs fort troublés d'une proposition si étrange et si opiniâtre; à la fin, à quelques réponses brusques aux derniers messages, ils sentirent bien qu'il falloit sauter ce fâcheux bâton, et ils montèrent. Dans ce terrain si serré et si fort au milieu des airs, le czar les reçut avec la même majesté que s'il eût été sur son trône; il écouta la harangue, répondit obligeamment pour le roi et la nation, puis se moqua de la peur qui étoit peinte sur le visage des ambassadeurs, et leur fit sentir en riant que c'étoit la punition d'être arrivés auprès de lui trop tard.

Le roi Guillaume, de son côté, avoit déjà compris les grandes qualités de ce prince, et fit de sa part tout ce qu'il put pour être bien avec lui. Tant fut procédé entre eux qu'enfin le czar, curieux de tout voir et de tout apprendre, passa en Angleterre, toujours incognito, mais à sa façon. Il y fut reçu en monarque qu'on veut gagner, et, après avoir bien satisfait ses vues, repassa en Hollande. Il avoit dessein d'aller à Venise et à Rome et dans toute l'Italie, surtout de voir le roi et la France. Il fit sonder le roi là-dessus, et le czar fut mortifié de ce que le roi déclina honnêtement sa visite, de laquelle il ne voulut point s'embarrasser. Peu après en avoir perdu l'espérance, il se résolut de voyager en Allemagne, et d'aller jusqu'à Vienne. L'empereur le reçut à la Favorite, accompagné seulement de deux de ses grands officiers, et le czar du seul général Le Fort, qui lui servoit d'interprète et à la suite duquel il paroissoit être comme de l'ambassadeur de Moscovie. Il monta par l'escalier secret, et trouva l'empereur à la porte de son antichambre la plus éloignée de la chambre. Après les premiers compliments l'empereur se couvrit. Le czar voulut demeurer découvert à cause de l'incognito ; ce qui fit découvrir l'empereur. Au bout de trois semaines, le czar fut averti d'une grande conspiration en Moscovie, et partit précipitamment pour s'y rendre. En passant en Pologne il en vit le roi, et ce fut là que furent jetés les premiers fondements de leur amitié et de leur alliance.

En arrivant chez lui, il trouva la conspiration fort étendue, et sa propre sœur à la tête. Il l'avoit toujours fort aimée et bien traitée, mais il ne l'avoit point mariée. La nation en gros étoit outrée de ce qu'il lui avoit fait couper sa barbe, rogné ses habits longs, ôté force coutumes barbares, et de ce qu'il mettoit des étrangers dans les premières places et dans sa confiance ; et pour cela il s'étoit formé une grande conspiration qui étoit sur le point d'éclater par une révolution. Il pardonna à sa sœur qu'il mit en prison, et fit pendre aux grilles de ses fenêtres les principaux coupables, tant qu'il en put tenir par jour. J'ai écrit de suite ce qui le regarde pour cette année, pour ne pas sautiller sans cesse d'une matière à l'autre. C'est ce que je vais faire par même raison sur celle qui va suivre.

Le roi d'Angleterre étoit au comble de satisfaction de se voir enfin reconnu par le roi, et paisible sur ce trône ; mais un usurpateur n'est jamais tranquille et content. Il étoit blessé du séjour du roi légitime et de sa famille à Saint-Germain. C'étoit trop à portée du roi, et trop près d'Angleterre pour le laisser sans inquiétude. Il avoit fait tous ses efforts, tant à Ryswick que dans les conférences de Portland et du maréchal de Boufflers, pour obtenir leur sortie du royaume, tout au moins leur éloignement de la cour. Il avoit trouvé le roi inflexible; il voulut essayer tout, et voir si, n'en faisant plus une condition, puisqu'il avoit passé carrière, et comblant le roi de prévenances et de respects, il ne pourroit pas obtenir ce fruit de ses souplesses. Dans cette vue il envoya le duc de Saint-Albans, chevalier de la Jarretière, complimenter le roi sur le mariage de Mgr le duc de Bourgogne. Il ne pouvoit choisir un homme plus marqué pour une simple commission; on fut surpris même qu'il l'eût acceptée. Il étoit bâtard de Charles II, frère aîné du roi Jacques II, et c'étoit bien encore là une raison pour Saint-Albans de s'en excuser. Il voulut même prétendre quelques distinctions, mais on tint poliment ferme à ne le traiter que comme un simple envoyé d'Angleterre. Les ducs de ce pays-là n'ont aucun rang ici, non plus que ceux d'ici en Angleterre. Le roi avoit fait la duchesse de Portsmouth et le duc de Richemont, son fils, duc et duchesse à brevet, et accordé un tabouret de grâce en passant à la duchesse de Cleveland, maîtresse de Charles II, son ami. La duchesse de La Force, retirée en Angleterre pour la religion, et, avant elle, la duchesse Mazarin, fugitive de son mari, et fixée en Angleterre, y avoient obtenu le rang des duchesses; mais ce sont des grâces particulières qui ne tirent point à conséquence pour le général.

Ce duc de Saint-Albans fut le précurseur du comte de Portland, à l'arrivée duquel il prit congé. J'ai déjà assez parlé de ce favori pour n'avoir pas besoin d'y rien ajouter. Les mêmes raisons qui l'avoient fait choisir pour conférer avec le maréchal de Boufflers le firent préférer à tout autre pour cette ambassade. On n'en pouvoit nommer un plus distingué. Sa suite fut nombreuse et superbe, et sa dépense extrêmement magnifique en table, en chevaux, en livrées, en équipages, en meubles, en habits, en vaisselle et en tout, et avec une recherche et une délicatesse exquise. Tout arriva presque au même temps, parce que le comte vint de Calais dans son carrosse à journées, et reçut partout toutes sortes d'honneurs militaires et civils. Il étoit en chemin lorsque le feu prit à White-Hall, le plus vaste et le plus vilain palais de l'Europe, qui fut presque entièrement brûlé, et qui n'a pas été rétabli depuis, de sorte que les rois se sont logés et assez mal au palais de Saint-James. Portland eut sa première audience particulière du roi, le 4 février, et fut quatre mois en France. Il arriva avant que Tallard fût parti, ni aucun autre de la part du roi, pour Londres. Portland parut avec un éclat personnel, une politesse, un air de monde et de cour, une galanterie et des grâces qui surprirent. Avec cela, beaucoup de dignité, même de hauteur, mais avec discernement, et un jugement prompt, sans rien de hasardé. Les François qui courent à la nouveauté, au bon accueil, à la bonne chère, à la magnificence, en furent charmés. Il se les attira, mais avec choix, et en homme instruit de notre cour, et qui ne vouloit que bonne compagnie et distinguée. Bientôt il devint à la mode de le voir, de lui donner des fêtes, et de recevoir de lui des festins. Ce qui est étonnant, c'est que le roi, qui au fond n'étoit que plus outré contre le roi Guillaume, y donna lieu lui-même, en faisant pour cet ambassadeur ce qui n'a jamais été fait pour aucun autre. Aussi fit toute la cour pour lui à l'envi : peut-être le roi voulut-il compenser par là le chagrin qu'il eut en arrivant de voir, dès le premier jour, sa véritable mission échouée.

Dès la première fois qu'il vit Torcy avant d'aller à Versailles, il lui parla du renvoi, à tout le moins, de l'éloignement du roi Jacques et de sa famille. Torcy sagement n'en fit point à deux fois, et lui barra tout aussitôt la veine. Il lui répondit que ce point, tant de fois proposé dans ses conférences avec le maréchal de Boufflers, et sous tant de diverses formes débattu à Ryswick, avoit été constamment et nettement rejeté partout; que c'étoit une chose réglée et entièrement finie; qu'il savoit que le roi, non-seulement ne se laisseroit jamais entamer là-dessus le moins du monde, mais qu'il seroit extrêmement blessé d'en ouïr parler davantage; qu'il pouvoit l'assurer de la disposition du roi à correspondre en tout, avec toutes sortes de soins, à la liaison qui se formoit entre lui et le roi d'Angleterre, et personnellement à le traiter lui avec toutes sortes de distinctions; qu'un mot dit par lui sur Saint-Germain seroit capable de gâter de si utiles dispositions, et de rendre son ambassade triste et languissante; et que, s'il étoit capable de lui donner un conseil, c'étoit celui de ne rien gâter, et de ne pas dire un seul mot au roi, ni davantage à aucun de ses ministres, sur un point convenu, et sur lequel le roi avoit pris son parti. Portland le crut, et s'en trouva bien; mais on verra bientôt que ce ne fut pas sans dépit, et le roi approuva extrêmement que Torcy lui eût dès l'abord fermé la bouche sur cet article. On prit un grand soin de faire en sorte qu'aucun Anglois de Saint-Germain ne se trouvât à Versailles ni à Paris, à aucune portée de ceux de l'ambassadeur, et cela fut très-exactement exécuté.

Portland fit un trait au milieu de son séjour qui donna fort à penser, mais qu'il soutint avec audace sans faire semblant de s'apercevoir qu'on l'eût même remarqué. Vaudemont passoit des Pays-Bas à Milan, sans approcher de la cour. Soit affaires, soit galanterie pour l'ami intime de son maître qu'il voulut ménager, il partit de Paris, et s'en alla à Notre-Dame-de-Liesse, auprès de Laon, voir Vaudemont qui y passoit. Le marquis de Bedmar passa bientôt après d'Espagne aux Pays-Bas, pour y remplir la place qu'y avoit Vaudemont de gouverneur des armes. Il n'avoit pas les mêmes exclusions personnelles que Vaudemont avoit méritées. Il vint à Paris et à la cour, où Monsieur à cause de la feue reine sa fille le présenta au roi, de qui il fut fort bien reçu. Portland suivit Monseigneur à la chasse. Deux fois il alla de Paris à Meudon pour courre le loup, et toutes les deux fois Monseigneur le retint à souper avec lui. Le roi lui donna un soir le bougeoir à son coucher, qui est une faveur qui ne se fait qu'aux gens les plus considérables et que le roi veut distinguer. Rarement les ambassadeurs se familiarisent à faire leur cour à ces heures, et s'il y en vient, il n'arrive presque jamais qu'ils reçoivent cet agrément.

Celui-ci prit son audience de congé le 20 mai, comblé de tous les honneurs, de toutes les fêtes, de tous les empressements possibles. Le maréchal de Villeroy eut ordre du roi de le mener voir Marly, et de lui en faire les honneurs. Il voulut voir tout ce qu'il y a de curieux et surtout Fontainebleau, dont il fut plus content que d'aucune autre maison royale. Quoiqu'il eût pris congé, il alla faire sa cour au roi, qui prenoit médecine. Le roi le fit entrer après l'avoir prise, ce qui étoit une distinction fort grande, et pour la combler, il le fit entrer dans le balustre de son lit, où jamais étranger, de quelque rang et de quelque caractère qu'il fût, n'étoit entré, à l'exception de l'audience de cérémonie des ambassadeurs. Au sortir de là Portland alla trouver Monseigneur à la chasse qui le ramena pour la troisième fois souper avec lui à Meudon. Le grand prieur s'y mit au-dessus de lui avec quelque affectation, dont l'autre, quoique ayant pris congé, s'offensa fort, et le lendemain matin alla fièrement dire au roi que s'il avoit donné le rang de princes du sang à MM. de Vendôme, il ne leur disputeroit pas, mais que, s'ils ne l'avoient pas, il croyoit que le grand prieur devoit avoir pour lui les honnêtetés qu'il n'avoit pas eues. Le roi lui répondit qu'il n'avoit point donné ce rang à MM. de Vendôme, et qu'il manderoit à Monseigneur qui étoit encore à Meudon de faire que cela n'arrivât plus. Monsieur lui voulut faire voir Saint-Cloud lui-même. Madame exprès n'y alla pas, et Monsieur lui donna un grand repas où Monseigneur se trouva et grande compagnie. Ce fut encore là un honneur fort distingué.

Mais parmi tant de fleurs, il ne laissa pas d'essuyer quelques épines, et de sentir la présence du légitime roi d'Angleterre en France. Il étoit allé une autre fois à Meudon pour suivre Monseigneur à la chasse. On alloit partir et Portland se bottoit, lorsque Monseigneur fut averti que le roi d'Angleterre se trouveroit au rendez-vous. A l'instant il le manda à Portland, et qu'il le prioit de remettre à une autre fois. Il fallut se débotter et revenir tout de suite à Paris.

Il étoit grand chasseur. Soit envie de voir faire la meute du roi, soit surprise de ne recevoir aucune autre civilité du duc de La Rochefoucauld que la simple révérence lorsqu'ils se rencontroient, il dit et répéta souvent qu'il mouroit d'envie de chasser avec les chiens du roi. Il le dit tant et devant tant de gens qu'il jugea impossible que cela ne fût revenu à M. de La Rochefoucauld, et cependant sans aucune suite. Lassé de cette obscurité il la voulut percer, et au sortir d'un lever du roi aborda franchement le grand veneur, et lui dit son désir. L'autre ne s'en embarrassa point. Il lui répondit assez sèchement qu'à la vérité il avoit l'honneur d'être grand veneur, mais qu'il ne disposoit point des chasses; que c'étoit le roi d'Angleterre dont il prenoit les ordres; qu'il y venoit très-souvent, mais qu'il ne savoit jamais qu'au moment de partir quand il ne venoit pas au rendez-vous, et tout de suite la révérence, et laissa là Portland dans un grand dépit, et toutefois sans se pouvoir plaindre. M. de La Rochefoucauld fut le seul grand seigneur distingué de la cour qui n'approcha jamais Portland. Ce qu'il lui répondit étoit pure générosité pour le roi d'Angleterre. Ce prince, à la vérité, disposoit quand il vouloit de la meute du roi, mais il y avoit bien des temps qu'il ne chassoit point, et jamais à toutes les chasses. Il ne tenoit donc qu'à M. de La Rochefoucauld d'en donner à Portland tant qu'il auroit voulu, à coup sûr, mais piqué de la prostitution publique à la vue de la cour de Saint-Germain, il ne put se refuser cette mortification au triomphant ambassadeur de l'usurpateur qui avoit attaché à son char jusqu'à M. de Lauzun, malgré ses engagements et son attachement au roi et à la reine d'Angleterre, et sans y pouvoir gagner que de la honte, pour suivre la mode et croire faire sa cour au roi.

Enfin Portland, comblé en toutes les manières possibles, se résolut au départ. La faveur naissante du duc d'Albemarle l'inquiétoit et le hâta. M. le Prince le pria de passer à Chantilly, et il lui donna une fête magnifique avec ce goût exquis qui, en ce genre, est l'apanage particulier aux Condé. De là Portland continua son chemin par la Flandre; non-seulement il eut la permission du roi d'y voir toutes les places qu'il voudroit, mais il le fit accompagner par des ingénieurs avec ordre de les lui bien montrer. Il fut reçu partout avec les plus grands honneurs, et eut toujours un capitaine et cinquante hommes de garde. Le bout d'un si brillant voyage fut de trouver à sa cour un jeune et nouveau compétiteur qui prit bientôt le dessus, et qui ne lui laissa que les restes de l'ancienne confiance, et le regret d'une absence qui l'avoit laissé établir. Sur son départ de Paris, il avoit affecté de répandre que tant que le roi Jacques seroit à Saint-Germain la reine d'Angleterre ne seroit point payée du douaire qui lui avoit été accordé à la paix, et il tint parole.

Avant de quitter les étrangers, je ferai une courte mention du voyage que vinrent faire en France, les premiers mois de cette année, le frère du duc de Parme qui y fut incognito, et quelque temps après le prince Gaston, second fils du grand-duc, par la singularité qu'ils furent tous deux les deux derniers ducs de Parme et de Toscane. Ce dernier garda aussi l'incognito, mais ce nonobstant le roi voulut le distinguer, et qu'il baisât Mme la duchesse de Bourgogne; il étoit fils de Mme la grande-duchesse, cousine germaine du roi, et la vit fort, tant qu'il fut à Paris. Le roi prit même quelque soin de sa conduite. Il chargea Albergotti, à cause du pays, de se tenir presque toujours auprès de lui, et de prendre garde à lui faire voir bonne compagnie. Il demeura peu en ce pays-ci, d'où il passa en Allemagne chez la princesse de Saxe-Lauenbourg, son épouse, avec laquelle il se brouilla depuis à ne se jamais revoir. Le frère du duc de Parme demeura presque toute l'année.

Je me souviens qu'à Fontainebleau, où on se donne plus qu'ailleurs de grands repas les uns aux autres, le cardinal d'Estrées, logé à la chancellerie, lui en voulut donner un où il pria beaucoup de gens distingués de la cour. Il me pria aussi, et j'y trouvai de plus ce qu'il avoit lors de sa plus proche famille, pour lui aider à faire les honneurs au prince de Parme; mais il arriva que nous fîmes le festin sans lui. Le cardinal qui allant et venant avoit prié depuis plusieurs jours les gens qu'il voulut à mesure qu'il les avoit rencontrés, n'avoit oublié que le prince de Parme. Le matin du repas le souvenir lui en vint; il demanda quel de ses gens l'avoit été inviter de sa part, il se trouva qu'il n'en avoit chargé aucun. Il y envoya vitement, mais il arriva que le prince de Parme étoit engagé et pour plusieurs jours. On plaisanta beaucoup le cardinal pendant le repas de cette rare distraction. Il en avoit souvent de pareilles.

Le roi, à la prière de M. de Savoie, envoya enlever Mlle de Carignan par un lieutenant de ses gardes du corps à l'hôtel de Soissons, qui la mena aux Filles de Sainte-Marie dans un carrosse de l'ambassadeur de Savoie. En même temps l'électeur de Bavière en fit autant à Bruxelles, où il fit conduire dans un couvent Mlle de Soissons de chez sa mère. Leur conduite étoit depuis longtemps tellement indécente, et leur débauche si prostituée que M. de Savoie ne put plus supporter ce qu'il en apprenoit. Quelque temps après il envoya une dame de Savoie ici où Mlle de Soissons se devoit rendre, pour les conduire toutes deux dans ses

États où il comptoit de les resserrer fort dans un couvent, mais à la fin elles obtinrent, l'une de retourner chez sa mère à Bruxelles, l'autre de l'y aller trouver d'ici. Pendant ce temps-là le comte de Soissons, leur frère aîné, qui étoit sorti d'ici depuis quelques années, quoique comblé des grâces et des bontés du roi, continuoit à courir l'Europe pour chercher du service et du pain. On n'en avoit voulu, ni en Angleterre, ni en Allemagne, ni à Venise. Il s'en alla chercher fortune en Espagne, qu'il n'y trouva non plus qu'ailleurs. Il eut peine à obtenir permission de passer à Turin, où M. de Savoie ne le vouloit point voir. Sa femme y étoit dans un couvent, fort pauvre et fort retirée.

L'évêque de Poitiers étoit mort au commencement de cette année. Il avoit été longtemps prêtre de l'Oratoire sous le nom de P. Saillans, et il étoit de ces Baglioni qui ont tant figuré dans les guerres d'Italie. Ses sermons l'avoient fait évêque de Tréguier, où il avoit appris le bas-breton pour pouvoir entendre et prêcher les peuples de ce diocèse. De là il passa à Poitiers. C'étoit un excellent évêque, qui venoit peu à Paris. Il ressembloit parfaitement à tous les portraits de saint François de Sales. J'en fus très-fâché; il étoit ami intime de mon père et de ma mère. Son évêché fut donné à Pâques à l'abbé de Caudelet. C'étoit un bon gentilhomme de Bretagne, frère d'un capitaine aux gardes, fort estropié, et qui avoit bien servi. Ils étoient parents de la maréchale de Créqui, et souvent chez elle. L'envie de lui voir un si bel évêché et la rage de n'en avoir point firent aller au P. de La Chaise les plus noires calomnies contre l'abbé de Caudelet qui avoit toujours passé pour un fort honnête homme et de très-bonnes mœurs, et qui l'étoit en effet, et entre autres impostures, qu'il avoit passé au jeu tout le vendredi saint, veille du jour de sa nomination à Poitiers. La vérité étoit qu'ayant assisté à tous les offices de la journée, il alla sur le soir voir la maréchale de Créqui qui étoit seule et fatiguée des dévotions. Elle aimoit à jouer;

elle proposa à l'abbé de l'amuser une heure au piquet. Il le fit par complaisance, fit collation avec elle et puis se retira. Cela fut bien vérifié ensuite. Le P. de La Chaise, épouvanté de ce qu'il recevoit sur son compte, le dit au roi qui lui ôta sur-le-champ Poitiers. L'éclat fut grand : le pauvre abbé, accablé de l'affront, se cacha longtemps, puis fut trouvé dans la Chartreuse de Rouen, où, sans prendre l'habit, il vécut longtemps comme les chartreux. Au bout de quelques années il s'en alla en Bretagne, où il a passé le reste de sa vie dans la même solitude et dans la même piété, sans s'en être dérangé un moment, ni [avoir] jamais fait la moindre démarche pour avoir quoi que ce soit.

Son frère cependant éclaircit la scélératesse, et prouva si nettement la fausseté de tous les allégués, que le P. de La Chaise, qui étoit bon et droit, fit tout ce qu'il put pour obtenir un gros évêché à l'abbé de Caudelet; mais le roi tint ferme, jusque-là qu'ils en eurent des prises lui et son confesseur, à qui il reprocha qu'il étoit trop bon, et l'autre, au roi, qu'il étoit trop dur et qu'il ne revenoit jamais. Il ne se rebuta point, et tant qu'il a vécu, il a souvent fait de nouveaux efforts, mais tous aussi inutiles.

On sut aussi qui étoit le faux délateur, et qui avoit fait et envoyé ces calomnies atroces. C'étoit l'abbé de La Châtre, frère du gendre du marquis de Lavardin. Il étoit aumônier du roi depuis longtemps, et il enrageoit de n'être point évêque, et contre tous ceux qui le devenoient. C'étoit un homme qui ne manquoit pas d'esprit, mais pointu, désagréable, pointilleux, fort ignorant parce qu'il n'avoit jamais voulu rien faire, et si perdu de mœurs, que je lui vis dire la messe à la chapelle un mercredi des cendres, après avoir passé la nuit masqué au bal, faisant et disant les dernières ordures, à ce que vit et entendit M. de La Vrillière devant qui il se démasqua, et qui me le conta le lendemain matin une demi-heure avant que je le rencontrasse habillé allant à l'autel. D'autres aventures l'avoient déjà perdu auprès du roi pour être évêque. Il étoit fort connu et fort méprisé. Il ne porta pas loin le châtiment de son dernier crime, et la vengeance du pauvre abbé de Caudelet qui fut plaint de tout le monde.

Le président Talon alla aussi en l'autre monde voir s'il est permis de souffler le froid et le chaud comme M. de Luxembourg le lui avoit fait faire. Lamoignon eut sa charge de président à mortier, et Portail eut la sienne d'avocat général où il brilla plus que lui, et s'y fit beaucoup de réputation d'éloquence et d'équité. Ce n'est pas qu'il ne fût fils de notre rapporteur, plus que très-favorable à M. de Luxembourg, mais il faut dire la vérité.

Mme de Sillery mourut à Liancourt, où elle étoit retirée depuis un grand nombre d'années. Elle étoit sœur du père de M. de La Rochefoucauld, qui avoit tant figuré avec Mme de Longueville dans le parti de M. le Prince, et qui eut tant d'esprit et d'amis. Sa sœur en avoit aussi beaucoup, mais rien vaillant; ce qui fit son mariage. Elle se trouva mal mariée, et ne parut point à la cour. M. de Sillery avoit aussi beaucoup d'esprit, mais nulle conduite, et se ruina en fils de ministre, sans guerre ni cour. Il ne laissoit pas d'être fort dans le monde et désiré par la bonne compagnie. Il alloit à pied partout faute d'équipage, et ne bougeoit de l'hôtel de La Rochefoucauld ou de Liancourt avec sa femme, qui s'y retira dans le désordre de ses affaires, longtemps avant la mort de son mari. Elle étoit fort considérée de ses neveux, et assistée de tout. Puysieux, qu'on vient de voir ambassadeur en Suisse, le chevalier de Sillery, écuyer de M. le prince de Conti, et l'évêque de Soissons, étoient ses enfants. Sillery, leur père, étoit petit-fils du chancelier de Sillery et fils de Puysieux, secrétaire d'État, chassé avec le chancelier dès 1640, et mort en disgrâce, et de cette fameuse Mme de Puysieux si bien avec la reine mère, si comptée et si impérieuse avec le monde, et qui mangea à belles dents, pour s'amuser, pour cinquante mille écus de point de Gênes à ses manchettes et à ses collets, qui étoit lors la grande mode. Elle étoit Étampes, et commença la ruine de son fils.

Le vieux Villars mourut en même temps à Paris en deux jours, à plus de quatre-vingts ans. J'aurois assez parlé de lui lorsqu'il fut chevalier d'honneur de Mme la duchesse de Chartres à son mariage, si je ne me souvenois à cette heure de l'origine de son nom d'Orondat, qu'on lui donnoit toujours, et qui ne lui déplaisoit pas. La voici : la comtesse de Fiesque, si intime de Mademoiselle, avoit amené de Normandie avec elle Mlle d'Outrelaise, et la logeoit chez elle. C'étoit une fille de beaucoup d'esprit, qui se fit beaucoup d'amis qui l'appelèrent la Divine, nom qu'elle communiqua depuis à Mme de Frontenac, avec qui elle alla demeurer depuis à l'Arsenal, et avec qui elle passa inséparablement sa vie, autre personne d'esprit et d'empire, et de toutes les bonnes compagnies de son temps. On ne les appeloit que les Divines. Pour en revenir donc à l'Orondat, Mme de Choisy, autre personne du grand monde, alla voir la comtesse de Fiesque, et y trouva grande compagnie. L'envie de pisser la prit ; elle dit qu'elle alloit monter en haut chez la Divine, qui étoit Mlle d'Outrelaise. Elle monte brusquement, y trouve Mlle de Bellefonds, tante paternelle du maréchal, jeune et extrêmement jolie, et voit un homme qui se sauve et qu'elle ne put connoître. La figure de cet homme parfaitement bien fait la frappa tant, que, de retour à la compagnie, et contant son aventure, elle dit que ce ne pouvoit être qu'Orondat. La plupart de la compagnie savoit que Villars étoit en haut, où il étoit allé voir Mlle de Bellefonds dont il étoit fort amoureux, qui n'avoit rien, et qu'il épousa fort peu après. Ils rirent fort de l'aventure et de l'Orondat. Maintenant qu'on s'est heureusement défait de la lecture des romans, il faut dire qu'Orondat est un personnage du *Cyrus*, célèbre par sa taille et sa bonne mine, qui charmoit toutes les héroïnes de ce roman alors fort à la mode. Mme la duchesse d'Orléans souhaita fort que M. de Castries, mari de sa dame d'atours, eût la place qu'avoit Villars auprès d'elle; Monsieur, qui a toujours fort aimé Mme de Montespan, y consentit, et M. du Maine acheva l'affaire auprès du roi.

Quelque temps après mourut M. de Brienne, l'homme de la plus grande espérance de son temps en son genre, le plus savant, et qui possédoit à fond toutes les langues savantes et celles de l'Europe. Il eut de très-bonne heure la survivance de son père, qui avoit eu la charge de secrétaire d'État du département des affaires étrangères, lorsque Chavigny fut chassé. Loménie qui vouloit rendre son fils capable de la bien exercer, et qui n'avoit que seize ou dix-sept ans, l'envoya voyager en Italie, en Allemagne, en Pologne, et par tout le Nord jusqu'en Laponie. Il brilla fort, et profita encore plus dans tous ces pays, où il conversa avec les ministres et ce qu'il y trouva de gens plus considérables, et en rapporta une excellente relation latine. Revenu à la cour, il y réussit admirablement, et dans son ministère, jusqu'en 1664 qu'il perdit sa femme, fille de ce même Chavigny, et sœur de M. de Troyes, de la retraite duquel j'ai parlé, de la maréchale Clérembault, etc. Il l'avoit épousée quatre ans après la mort de Chavigny. Il fut tellement affligé de cette perte, que rien ne put le retenir. Il se jeta dans les pères de l'Oratoire et s'y fit prêtre. Dans les suites il s'en repentit. Il écrivit des lettres, des élégies, des sonnets beaux et pleins d'esprit, et tenta tout ce qu'il put pour rentrer à la cour et en charge. Cela ne lui réussit pas; la tête se troubla, il sortit de sa retraite et se remit à voyager. Il lui échappa beaucoup de messéances à son état passé et à celui qu'il avoit embrassé depuis. On le fit revenir en France, où, bientôt après, on l'enferma dans l'abbaye de Château-Landon. Sa folie ne l'empêcha pas d'y écrire beaucoup de poésies latines et françoises, parfaitement belles et fort touchantes, sur ses malheurs[1]. Il laissa un fils qui est aussi mort enfermé, et deux filles. Sa sœur et sa fille aînée épousèrent MM. de Gamaches, père et fils; et l'autre fille, M. de Poigny-Angennes; ainsi ont fini les Loménie. M. de Lyonne eut la charge de M. de Brienne. Sa famille a encore moins duré, et n'a pas fini plus heureusement; tel est d'ordinaire le sort des ministres.

En même temps mourut à Rome le duc de Bracciano, à soixante-dix-huit ans, dont tout le mérite consista en sa naissance et en ses grands biens. C'étoit, comme je l'ai dit, le premier laïque de Rome, grand d'Espagne, prince du Soglio du pape, et chef de la maison des Ursins. La sœur de son père étoit la fameuse duchesse de Montmorency, qui, après la mort tragique de son mari en 1632, se retira à Moulins, où elle se fit fille de Sainte-Marie.

CHAPITRE VII.

Duchesse de Bracciano; ses premières aventures; prend le nom de princesse des Ursins. — Étrange et hardie tentative du cardinal de Bouillon de faire l'abbé d'Auvergne cardinal. — Mariages de Souvré avec Mlle de Rebénac; du vieux Seissac avec une sœur du duc de Chevreuse; du comte d'Ayen avec Mlle d'Aubigné. — Le roi paye les dettes de M. de La Rochefoucauld. — Mort de l'abbé de Marsillac. — Le roi prend le deuil d'un enfant de M. le prince de Conti, et pourquoi. — Mort de Fervaques; sa dépouille et son testament. — Duc de Lesdiguières accommodé, par ordre du roi, par le maréchal de Duras seul, son beau-père, avec Lambert. — M. de Lorraine en Lorraine, où le duc d'Elbœuf revient mal avec lui. — Camp de Compiègne résolu et déclaré.

M. de Bracciano, veuf d'une Ludovisio sans enfants,

---

1. Louis-Henri de Loménie, comte de Brienne, a laissé des Mémoires sur les règnes de Louis XIII et de Louis XIV. Ils ont été publiés, en 1828, par M. Fs. Barrière (Paris, Ponthieu, 2 vol. in-8).

épousa, en février 1675, Anne-Marie de La Trémoille, fille de M. de Noirmoutiers, qui figura assez dans les troubles de la minorité de Louis XIV pour se faire faire duc à brevet. Elle avoit épousé Blaise de Talleyrand, qui se faisoit appeler le prince de Chalais, et qui fut de ce fameux duel contre MM. de La Frette, où le frère aîné du duc de Beauvilliers fut tué, et qui fit sortir les autres du royaume. Mme de Chalais alla joindre son mari en Espagne, d'où ils passèrent en Italie. Elle alla toujours devant à Rome, où la mort empêcha son mari de l'aller trouver. Elle étoit jeune, belle, de beaucoup d'esprit avec beaucoup de monde, de grâces et de langage; elle eut recours à Rome aux cardinaux de Bouillon et d'Estrées, qui en prirent soin en faveur du nom et de la nation, et bientôt après pour des raisons plus touchantes. Le désir de la retenir à Rome, où ils étoient pour du temps, leur fit naître celui de l'y établir. Elle n'avoit point d'enfants, et presque point de bien. Ils écrivirent à la cour qu'un homme de la considération dont étoit à Rome le duc de Bracciano étoit bon à acquérir au roi, et que le moyen de le lui attacher étoit de lui faire épouser Mme de Chalais. La pensée fut approuvée et suivie. M. de Bracciano, tonnelé par les deux cardinaux, se persuada qu'il étoit amoureux de Mme de Chalais; il n'avoit point d'enfants, le mariage se fit, et la même année il fut fait chevalier de l'ordre. Mme de Bracciano étala tout son esprit et tous ses charmes à Rome, et fit bientôt du palais des Ursins une espèce de cour où se rassembloit tout ce qu'il y avoit de plus grand et de meilleure compagnie en hommes et en femmes : c'étoit la mode d'y aller, et être sur un pied de distinction d'y être reçu. Le mari cependant étoit compté pour peu de chose. Le ménage ne fut pas toujours concordant, mais sans brouillerie ouverte : ils furent quelquefois bien aises de se séparer. C'est ce qui donna lieu à la duchesse de Bracciano de faire deux voyages en France, au dernier desquels elle passa quatre ou cinq ans. C'est celui où je la connus, et où je puis dire que je fis avec elle une amitié particulière à l'occasion de celle qui étoit entre elle et ma mère, dès son précédent voyage. Elle deviendra bientôt un personnage si grandement singulier, que je me suis volontiers étendu sur elle.

Le cardinal de Bouillon, qui étoit lors à Rome en grande splendeur, lui rendit le service d'empêcher, par l'autorité du pape, que les créanciers très-nombreux ne fussent reçus à mettre le scellé. M. de Bracciano n'avoit point d'enfants; sa femme, depuis son retour, l'avoit tout à fait regagné. Il l'avoit faite, comme il est permis à Rome, sa légataire universelle, et ses meubles, son argenterie, ses bijoux et ses pierreries étoient infinis. Il n'y eut donc que ses terres qui purent servir à payer les dettes. Don Livio Odescalchi, neveu d'Innocent XI, extraordinairement riche, acheta pour près de deux millions le duché de Bracciano, mais avec la condition expresse que Mme de Bracciano en quitteroit le nom, et c'est ce qui lui fit prendre celui de princesse des Ursins, sous lequel elle est devenue fameuse.

Le cardinal de Bouillon, après ce service rendu pour le scellé, se brouilla avec elle, mais aux couteaux tirés, et ne se sont jamais revus. Mme de Bracciano, car elle en portoit encore le nom, prétendit tendre son palais de violet par un privilége particulier aux aînés de la maison Ursine. Le cardinal de Bouillon, lors sous-doyen du sacré collége, prit l'affirmative pour la faire tendre en noir, et avec tant d'aigreur et de hauteur, que c'en a été pour le reste de leur vie. Il en eut avec cela le dégoût tout entier; le pape le condamna et donna gain de cause à Mme de Bracciano, qui ne tarda pas à le rendre au cardinal de Bouillon.

Il venoit de faire, par le pape, son neveu, l'abbé d'Auvergne, grand prévôt du chapitre de Strasbourg, et lui-même s'en fit faire chanoine. Il commençoit, sans s'en apercevoir encore, à n'être plus si bien à la cour. L'affaire de M. de Cambrai s'examinoit fort sérieusement à Rome.

Il y avoit ses gens, et ses antagonistes les leurs, avec le jeune abbé Bossuet, neveu de M. de Meaux qui prit cette occasion de le former et de le faire connoître. Le cardinal de Bouillon étoit de la congrégation où cette affaire se jugeoit; il se contint dans les commencements, et se contenta de toutes les voies sourdes par lesquelles il put servir un ami, auquel il avoit de si puissants intérêts, comme je les ai expliqués en leur temps; mais peu à peu le pied lui glissa, et ses manéges, que MM. de Paris, de Meaux et de Chartres avoient tant de raisons de ne pas cacher au roi, lui furent clairement démontrés. Le parti fut pris de n'en pas faire semblant pour en découvrir davantage, et le mettre après, à coup sûr, hors de combat pour la défense de son ami, et en user cependant avec lui, du côté de la cour, avec toutes les apparences de la distinction et de la confiance ordinaire.

Il étoit dans cette position lorsqu'il imagina un trait qui commença et qui avança bien sa perte. L'empereur n'avoit point de serviteur plus zélé ni plus attaché entre les princes de l'empire que le duc de Saxe-Zeitz, évêque de Javarin, et travailloit à Rome depuis assez longtemps à le faire cardinal seul, et hors le temps de la promotion des couronnes. Par la même raison, le roi s'y opposoit de toutes ses forces, et en avoit fait mettre un article exprès dans les instructions du cardinal de Bouillon. Vint l'abjuration de l'électeur de Saxe entre les mains de l'évêque de Javarin pour se rendre éligible en Pologne. L'évêque passa pour l'avoir converti. L'empereur fit sonner le plus haut qu'il put à Rome le service d'avoir ramené à sa communion un électeur de l'empire, chef et protecteur né de tous les protestants d'Allemagne, et renouvela d'ardeur et d'instances à cette occasion pour la promotion de l'évêque. Cette conjoncture parut d'autant plus favorable au cardinal de Bouillon qu'il voyoit le pape fort incliné à accorder à l'empereur sa demande, et que le pape traitoit le cardinal de Bouillon avec beaucoup de ménagement; il crut donc qu'il n'y avoit pas un moment à perdre pour en profiter.

Il écrivit au roi tout ce qu'il put de plus exagéré sur les engagements du pape à l'empereur, et sur la promotion de l'évêque de Javarin comme instante, que, dans cette extrémité, tout ce qu'il avoit pu faire pour parer l'affront de voir donner un cardinal seul et *motu proprio* aux instances de l'empereur, malgré toutes celles du roi, avoit été de trouver moyen que la France en eût un en même temps; qu'il avoit eu toutes les peines imaginables à y réussir, mais à condition que ce François seroit choisi par le pape, et que, pour éviter qu'il n'en prît quelqu'un qui ne fût pas agréable au roi, il avoit fait effort de tout son crédit auprès du pape pour lui en faire accepter un, le plus attaché au roi, et qui pût être en état et en âge de le servir longtemps; que c'étoit l'abbé d'Auvergne, excepté lequel, le pape lui avoit déclaré qu'il n'en feroit aucun autre. Il joignit à cela tout ce qu'il crut capable de faire avaler au roi, comme un service aussi adroit que signalé, un mensonge qui pouvoit passer pour unique en son genre. En même temps, il dit au pape tout ce qu'il put pour lui persuader que, dans la presse et le désir où il étoit de contenter l'empereur, il croyoit avoir obtenu de la bonté et de l'amitié dont le roi vouloit bien l'honorer, le plus grand point qu'il eût pu se proposer pour tirer Sa Sainteté de la situation forcée où elle se trouvoit, qui étoit de faire condescendre le roi à la promotion de l'évêque de Javarin, en faisant en même temps un François, chose où, jusque-là, on n'avoit pu parvenir à amener le roi, mais qu'en même temps Sa Majesté n'y vouloit consentir que pour son neveu l'abbé d'Auvergne; que c'étoit tout ce qu'il avoit pu tirer du roi, et qu'il croyoit par là avoir rendu un grand service au roi et au pape, en le mettant en état de satisfaire l'empereur sans se brouiller avec le roi, en faisant à la fois l'évêque de Javarin et l'abbé d'Auvergne.

Il arriva, pour le malheur du cardinal de Bouillon, qu'un hameçon si adroitement préparé n'eut pas l'effet qu'il s'étoit promis de sa hardiesse. Le pape, qui, par les offices pressants qu'il recevoit d'ailleurs que du cardinal de Bouillon, de la part du roi, contre M. de Cambrai, et qui étoit en même temps bien informé de la conduite de ce cardinal tout en faveur du même prélat, quoique l'homme du roi à Rome, ne pouvoit ajuster deux choses si contradictoires. Il soupçonna de la profondeur dans l'arrangement du discours et de la proposition du cardinal de Bouillon, et surtout dans l'empressement qui lui échappa de brusquer la promotion de l'évêque et de l'abbé, et cela lui fit prendre le parti d'attendre d'ailleurs des nouvelles de France. D'autre part, le roi fut surpris au dernier point de la dépêche du cardinal de Bouillon, et comme il n'avoit eu que trop d'occasions en sa vie de le connoître, il ne douta point qu'il n'eût suggéré au pape un expédient si flatteur à la vanité des Bouillon, mais si destructif de l'intérêt et des ordres du roi contre la promotion de l'évêque de Javarin. Il entra en colère, et en même temps en crainte que cette promotion se précipitât, et il fit dépêcher un courrier au cardinal de Bouillon, par lequel, sans entrer en aucun raisonnement, il réitéra ses ordres contre la promotion de l'évêque de Javarin, et ajouta en même temps que, si contre toute attente, et malgré toute représentation, le pape se déterminoit à passer outre, il s'opposoit à ce qu'aucun François, et particulièrement l'abbé d'Auvergne, fût fait cardinal, à qui il défendoit de l'accepter même s'il étoit fait, sous peine de désobéissance. Outre cette dépêche au cardinal de Bouillon, le courrier étoit chargé d'une autre portant mêmes ordres au principal agent des évêques opposés à M. de Cambrai, avec commandement de plus de l'aller tout sur-le-champ montrer au pape; ce qui fut exécuté. Le pape alors se sut bon gré des soupçons qui l'avoient fait différer, et le cardinal de Bouillon pensa mourir de honte, de dépit et de rage. Le pape qui, en effet, étoit pressé de faire l'évêque de Javarin, ne l'étoit pas au point où le cardinal de Bouillon l'avoit mandé pour faire agréer l'expédient qu'il avançoit, et qui, plus françois en son âme qu'impérial, voyoit l'extrême répugnance du roi pour cet évêque, temporisa si bien qu'il mourut sans le faire cardinal, et manifesta de plus en plus par cette conduite l'audacieux mensonge du cardinal de Bouillon, que ce pape avoit fait mander aussi au roi.

Trois mariages se suivirent de près à la fin de février et au commencement de mars : Souvré, frère de Barbezieux et maître de la garde-robe du roi, épousa la fille unique du feu marquis de Rebénac, frère du marquis de Feuquières, à condition d'en porter les armes, et de prendre le nom de Pas, dans les actes, qui est celui de MM. de Feuquières. Il en eut beaucoup de biens, et la lieutenance générale du gouvernement de Béarn et basse Navarre. Rebénac étoit fort honnête homme, et fort employé et distingué dans les négociations.

Le vieux Seissac épousa la dernière sœur du second lit du duc de Chevreuse, jeune et jolie, qui, avec peu de bien, le voulut malgré la disproportion d'âge, dans l'espérance d'être bientôt veuve, et de jouir des grands avantages de son contrat de mariage. C'étoit un homme de grande qualité et de beaucoup d'esprit, que démentoient toutes les qualités de l'âme. Il avoit eu la charge de maître de la garde-robe du roi de M. de Guitry, lorsque le roi fit pour lui la nouvelle charge de grand maître de la garde-robe. Seissac étoit fort riche, fort gascon, gros joueur et beaucoup du grand monde, mais peu estimé, et on se défioit fort de son adresse au jeu.

Le roi, dans ces temps-là, jouoit aussi fort gros jeu et c'étoit le brelan qui étoit à la mode. Un soir que Seissac étoit de la partie du roi, M. de Louvois vint lui parler à l'oreille. Un moment après le roi donna son jeu à M. de Lorges, à qui il dit de le tenir, et de continuer pour lui jusqu'à ce qu'il fût revenu, et s'en alla dans son cabinet avec M. de Louvois; dans cet intervalle Seissac fit une tenue à M. de Lorges, qu'il jugea contre toutes les règles du jeu, puis un va-tout qu'il gagna ne portant quasi rien. Le coup étoit fort gros. Le soir M. de Lorges se crut obligé d'avertir le roi de ce qui s'étoit passé. Le roi fit arrêter sans bruit le garçon bleu qui tenoit le panier des cartes et le cartier. Les cartes se trouvèrent pipées, et le cartier, pour avoir grâce, avoua que c'étoit Seissac qui les lui avoit fait faire, et l'avoit mis de part avec lui.

Le lendemain Seissac eut ordre de se défaire de sa charge et de s'en aller chez lui. Au bout de quelques années il obtint la permission d'aller en Angleterre. Il y joua plusieurs années, et gagna extrêmement. A son retour il eut liberté de se tenir où il voudroit, hors de se présenter devant le roi. Il s'établit à Paris où il tint grand jeu chez lui. Après, Monsieur, à qui tout étoit bon pour le jeu, demanda permission au roi pour que Seissac pût jouer avec lui à Paris et à Saint-Cloud. Monseigneur, à la prière de Monsieur, obtint la même permission pour Meudon, et de l'un à l'autre ces deux princes se le firent accorder pour jouer à Versailles et de là à Marly, où, sur le pied de joueur, il étoit à la fin de presque tous les voyages. C'étoit un homme très-singulier, qui comptoit le mépris et les avanies pour rien, et qui avoit encore la fantaisie de ne porter le deuil de personne. Il disoit que cela l'attristoit et n'étoit bon à rien, et le soutint ainsi de ses plus proches toute sa vie. Ils le lui rendirent; car lorsqu'il mourut, M. de Chevreuse ni pas un parent ne portèrent le deuil de lui. Son nom, maintenant éteint, étoit Castelnau, non pas des Castelnau du maréchal de France, mais il portoit celui de Clermont-Lodève, d'une héritière de cette maison anciennement éteinte, qui en avoit apporté les biens dans la sienne.

Le troisième mariage fut plus brillant et mieux assorti pour les âges. Ce fut celui du comte d'Ayen avec Mlle d'Aubigné. Le roi avoit eu grande envie de la faire épouser au prince de Marsillac, petit-fils de M. de La Rochefoucauld. Lui et Mme de Maintenon ne s'aimoient point, et ne s'étoient jamais aimés. Il avoit été toujours fort bien avec Mme de Montespan, et surtout avec Mme de Thianges dont il aimoit encore les enfants. Le roi s'en apercevoit; il ne laissoit pas de désirer que cela fût autrement entre eux. Comme ils n'avoient jamais été brouillés, et qu'ils n'avoient aucun rapport ensemble, l'embarras étoit la façon de les mettre sur un autre pied, d'autant qu'il n'y avoit rien à l'extérieur, et qu'ils en savoient trop tous deux pour s'attaquer, et n'avoir pas tous les ménagements possibles. M. de La Rochefoucauld, à qui le roi en parla, n'y consentit que par respect et complaisance. Mme de Maintenon, qui avoit ses raisons pour un autre choix, répondit au roi froidement. Tant de glaces des deux côtés rebutèrent le roi qui n'en parla plus que foiblement à Mme de Maintenon, pour lui demander à qui elle pouvoit donner la préférence sur un homme de la naissance, des biens et des charges qu'auroit le prince de Marsillac. Elle lui proposa le comte d'Ayen. A son tour le roi ne répondit pas comme Mme de Maintenon l'eût désiré. Il n'aimoit point Mme de Noailles; elle avoit trop d'esprit pour lui, et trop entrante et trop intrigante; c'étoit la mettre dans leur sanctuaire intime, et le roi avoit peine à s'y résoudre. Mme de Maintenon qui se vouloit entièrement attacher M. de Paris, et à l'appui de l'affaire de M. de Cambrai se frayer un chemin d'avoir part aux affaires de l'Église et aux bénéfices surtout, qu'elle n'avoit jamais pu entamer au P. de La Chaise, tourna si bien le roi qui aimoit M. de Noailles, et à le rassurer sur ce qu'elle écarteroit Mme de Noailles de leurs particuliers, que le mariage fut agréé et tout aussitôt conclu.

Mme de Maintenon assura six cent mille livres sur son bien après elle; elle en avoit beaucoup plus, et point d'autre héritière. Le roi donna trois cent mille livres comptant, cinq cent mille livres sur l'hôtel de ville, pour cent mille livres de pierreries, avec les survivances du gouvernement de Roussillon, Perpignan, etc., de M. de Noailles de trente-huit mille livres de rente au soleil, et de celui de Berry de M. d'Aubigné de trente mille livres de rente, et sur le tout une place de dame du palais. La déclaration s'en fit le mardi 11 mars. Le lendemain Mme de Maintenon se mit sur son lit au sortir de table, et les portes furent ouvertes aux compliments de toute la cour. Mme la duchesse de Bourgogne, tout habillée, y passa la journée tenant Mlle d'Aubigné auprès d'elle, et faisant les honneurs comme une particulière chez une autre. On peut juger si personne s'en dispensa, à commencer par Monseigneur. On y accourut de Paris, et Monsieur qui y étoit vint exprès. Le mardi, dernier mars, ils furent fiancés le soir à la chapelle, Mme la duchesse de Bourgogne et toute la cour aux tribunes, et la noce en bas. Tout ce qui en étoit avoit vu le roi chez Mme de Maintenon avant son souper. Le lendemain tard dans la matinée, Mme de Maintenon vint avec toute la noce à la paroisse, où M. de Paris dit la messe et les maria, d'où ils allèrent tous dîner chez M. de Noailles, dans l'appartement de M. le comte de Toulouse, qu'il lui avoit prêté. L'après-dînée, Mme de Maintenon, sur son lit, et la comtesse d'Ayen, sur un autre dans une autre pièce joignante, reçurent encore toute la cour. On s'y portoit, tant la foule y étoit grande, mais la foule du plus distingué. Le soir on soupa chez Mme de Maintenon avec elle et Mme la duchesse de Bourgogne, et les hommes dans une autre chambre. Après souper, on coucha les mariés dans le même appartement. Le roi donna la chemise au comte d'Ayen, et Mme la duchesse de Bourgogne à la mariée. Le roi les vit au lit avec toute la noce, il tira lui-même leur rideau, et leur dit pour bonsoir qu'il leur donnoit à chacun huit mille livres de pension. Le roi en même temps paya les dettes de M. de La Rochefoucauld, qui se montoient fort haut; ainsi il ne perdit pas tout au mariage de Mlle d'Aubigné, auquel j'ai oublié de remarquer que M. et Mme d'Aubigné se trouvèrent et furent à tout.

La joie de M. de La Rochefoucauld fut un peu troublée par la perte qu'il fit de son frère l'abbé de Marsillac ; je dis un peu, parce que l'amitié n'étoit pas bien vive quoique bienséante. L'esprit, le bon sens, le goût de la bonne compagnie et la considération dégagée de celle de la naissance, de la faveur et des places, étoient devenus dans cette famille un apanage de cadets. Celui-ci et le feu chevalier de La Rochefoucauld son frère, qui étoient tendrement unis, avoient pleinement joui de ces avantages et de la douceur de beaucoup d'amis particuliers dont ils furent fort regrettés. Ils étoient fort goutteux, et on ne les voyoit jamais à la cour. Ceux qui ont vu M. de La Rochefoucauld père prétendoient que l'abbé de Marsillac en faisoit fort souvenir dans ses manières et dans la conversation. Ce même apanage se maintint dans la deuxième génération : M. de Liancourt le recueillit tout entier, et il ne passa plus outre. Les abbayes de l'abbé de Marsillac furent sur-le-champ données à l'abbé de La Rochefoucauld, qui en avoit déjà beaucoup. Il étoit oncle paternel de M. de La Rochefoucauld, et toutefois de son même âge. Il aimoit tant la chasse, que le nom d'abbé Tayaut lui en étoit demeuré. M. de La Rochefoucauld, à qui dans leur temps de misère il avoit donné tout le sien, l'aimoit avec une extrême tendresse et une grande considération. Il le logeoit et l'avoit toujours partout avec lui à la cour. C'étoit le meilleur homme, mais le plus court et le plus simple qui fût sur terre, et de la meilleure santé. Ni lui ni l'abbé de Marsillac n'étoient point dans les ordres.

M. le prince de Conti perdit son fils, le prince de La Roche-sur-Yon, qui n'avoit que quatre ans. Le roi en prit le deuil en noir. Il ne portoit point le deuil des enfants au-dessous de sept ans, et on ne l'avoit pas porté de ceux de lui et de la reine, mais il avoit voulu faire cet honneur-là à M. du Maine pour un des siens, et n'osa pas après cela ne le pas prendre de ceux des princes du sang. Il alla voir M. le prince et Mme la princesse de Conti. Les princes du sang s'y trouvèrent, et le reconduisirent jusque chez Mme de Maintenon.

Fervaques mourut en ce même temps, en revenant de Bourbon. C'étoit un vieux garçon, honnête homme, toujours galant, qui n'avoit jamais été marié, et qui avoit acheté, il y a longtemps, du grand prévôt, le gouvernement du Maine et du Perche qui vaut quatorze mille livres de rente. Il étoit riche, quoique frère cadet de Bullion. Leur mère étoit sœur aînée de la maréchale de La Mothe, qui vint demander au roi le gouvernement pour Bullion, qui en offroit deux cent mille livres pour celui qu'il lui plairoit gratifier. Sur-le-champ il l'accorda, donna à la maréchale douze mille livres d'augmentation de pension, et fit mander à Rosen qui étoit à Paris qu'il lui donnoit les deux cent mille livres de Bullion. La paix lui avoit fait perdre une assez bonne confiscation que le roi lui avoit donnée.

Il se trouva un testament de Fervaques par lequel, entre autres legs, il donnoit à la duchesse de Ventadour la jouissance, sa vie durant, d'une terre de quatorze mille livres de rente, et malgré ces legs il revenoit fort gros à Bullion. Il avoit été conseiller au parlement de Metz, après avoir éprouvé à un siége qu'il n'étoit pas propre à la guerre, sans avoir pourtant rien fait de malhonnête. On s'aperçut à un repas à la tranchée qu'il ne mangeoit point; on l'en pressa, il répondit plaisamment qu'il ne mangeoit jamais qu'il ne fût sûr de la digestion. Il avoua franchement sa peur sans la témoigner autrement que par ses paroles. Il quitta à la fin de la campagne et n'en fut pas moins estimé.

Son père étoit fils de Bullion, surintendant des finances et président à mortier. Il fut président à mortier en survivance, et se laissa persuader d'en donner la démission pour une place de conseiller d'honneur et la charge de greffier de l'ordre. Son fils dont je parlois tout à l'heure ne prit une charge de conseiller au parlement de Metz qu'en passant. Il acheta la charge de prévôt de Paris, à l'ombre de laquelle il reprit l'épée, et parut ainsi dans le monde et à Versailles. Sa femme, qui étoit une Rouillé, sœur de la marquise de Noailles puis duchesse de Richelieu, enrageoit de voir sa sœur femme de qualité. Elle et son mari, sous prétexte de rendre des devoirs à la maréchale de La Mothe et à la duchesse de Ventadour, sa fille, de chez qui ils ne bougeoient, se fourroient tant qu'ils pouvoient partout. Mme de Bullion étoit altière, glorieuse, impérieuse, et ne supportoit qu'avec peine d'être à la cour, parce qu'elle y vouloit aller, sans parvenir à être de la cour. De bien meilleures qu'elles ne songeoient pas à manger ni à entrer dans les carrosses. Enfin, après de longues douleurs, elle offrit si gros à Mme de Ventadour, dame d'honneur de Madame, pour entrer dans son carrosse, que, tentée de la somme, elle le dit franchement à Monsieur et à Madame qui, par considération pour elle, y consentirent. Mme de Bullion entra donc ainsi dans le carrosse de Madame, et soupa une fois avec elle et Monsieur à Saint-Cloud, dont elle pensa mourir de joie; mais elle en demeura là, et le roi n'en voulut jamais ouïr parler pour manger, ni pour les carrosses de Mme la Dauphine. Un gouvernement de province, quelque petit qu'il fût, étoit donc bien peu de convenance à Bullion; et si son frère l'avoit eu, au moins avoit-il servi, été capitaine d'une des compagnies de gendarmerie de la reine, et n'avoit jamais été de robe. Bullion et sa femme devoient donc tout à la maréchale de La Mothe, et à Mme de Ventadour chez lesquelles ils passoient leur vie. Malgré cela, Mme de Bullion, aussi avare que riche et glorieuse, et c'est beaucoup dire, et qui traitoit son mari comme un petit garçon, lui fit attaquer le testament de son frère, et faire un procès directement à Mme de Ventadour sur l'usufruit que Fervaques lui avoit laissé. Cette infamie, et faite le lendemain du gouvernement du Maine et du Perche, souleva contre elle et la cour et la ville à n'oser plus se montrer nulle part. Elle soutint la gageure, se brouilla avec ses protectrices, et perdit son procès avec toutes les sauces et avec une acclamation générale. Question fut après de se raccommoder, et de sortir par là de la sorte d'excommunication générale où elle étoit tombée avec tout le monde. Cela dura quelques mois. A force de soumissions qui lui coûtèrent bien cher, Mme de Ventadour fut assez bonne pour lui pardonner, et peu à peu il n'y parut plus.

Le duc de Lesdiguières, qui étoit fort jeune et fort doux, et qui ne tarda pas à montrer qu'il étoit aussi fort brave, eut quelques paroles en sortant de la comédie avec Lambert, colonel d'infanterie, jeune homme très-suffisant, qui voulut porter ses plaintes aux maréchaux de France, et qui ne savoit apparemment pas que les ducs ne les reconnoissent point. Le roi le sut, et ordonna à M. de Duras, beau-père de M. de Lesdiguières, d'accommoder seul cette affaire, qui n'alla pas plus loin.

M. de Lorraine arriva à Strasbourg allant en Lorraine. Le marquis d'Huxelles, commandant d'Alsace, l'y reçut moins comme un duc de Lorraine qu'en neveu du roi qu'il alloit être. M. d'Elbœuf se hâta de l'aller voir. Il tint en revenant des propos peu mesurés qui revinrent et déplurent fort à M. de Lorraine. Il en fut embarrassé, et essaya de s'en justifier auprès du roi, à qui cela ne faisoit pas grand'chose. Quelque temps après il voulut retourner en Lorraine pour montrer qu'il étoit bien en ce pays-là, malgré ce qui s'en étoit débité. Il n'osa pourtant s'y hasarder sans en parler au roi, qui ne le lui conseilla pas. C'étoit un homme audacieux et qui ne vouloit pas avoir le démenti d'un voyage qu'il avoit annoncé; mais il l'eut tout du long.

M. de Lorraine, qui en fut averti, en fit parler au roi qui au conseil fit succéder la défense, et M. d'Elbœuf demeura tout court. Bouzols, beau-frère de Torcy, fut complimenter de la part du roi M. de Lorraine à son arrivée.

Le roi désormais en pleine paix voulut étonner l'Europe par une montre de sa puissance qu'elle croyoit avoir épuisée par une guerre aussi générale et aussi longue, et en même temps se donner, et plus encore à Mme de Maintenon, un superbe spectacle sous le nom de Mgr le duc de Bourgogne. Ce fut donc sous le prétexte de lui faire voir une image de la guerre, et de lui en donner les premières leçons, autant qu'un temps de paix le pouvoit permettre, qu'il déclara un camp à Compiègne qui seroit commandé par le maréchal de Boufflers sous ce jeune prince. Les troupes qui en grand nombre le devoient composer furent nommées, et les officiers généraux choisis pour y servir. Le roi fixa aussi en même temps celui qu'il comptoit d'aller à Compiègne, et fit entendre qu'il seroit bien aise d'y avoir une fort grosse cour. Je remets au temps de ce voyage à en parler plus particulièrement.

CHAPITRE VIII.

P. La Combe à la Bastille. — Orage contre les ducs de Chevreuse et de Beauvilliers, et les attachés à M. de Cambrai. — Sainte magnanimité du duc de Beauvilliers. — Grande et prodigieuse action de l'archevêque de Paris. — Quatre domestiques principaux des enfants de France chassés et remplacés, et le frère de M. de Cambrai cassé. — M. de Meaux consulte M. de la Trappe sur M. de Cambrai, publie [sa lettre] à son insu, et le brouille pour toujours avec cet archevêque et avec ses amis. — Duchesse de Béthune principale amie de Mme Guyon. — Complaisance des ducs de Chevreuse et de Beauvilliers pour moi sur M. de la Trappe. — Plaisante et fort singulière aventure entre le duc de Charost et moi sur M. de Cambrai et M. de la Trappe. — Caretti, empirique, devient grand seigneur.

Cependant l'affaire de M. de Cambrai étoit à la cour dans une grande effervescence ; les écrits de part et d'autre se multiplioient. Le P. La Combe fut mis à la Bastille, duquel on publia qu'on découvrit d'étranges choses. Mme de Maintenon avoit levé le masque, et conféroit continuellement avec MM. de Paris, de Meaux et de Chartres. Ce dernier ne pouvoit pardonner à M. de Cambrai le projet bien avéré de lui avoir voulu enlever Mme de Maintenon jusque dans son retranchement de Saint-Cyr; et les Noailles, si nouvellement unis à elle par leur mariage, avoient auprès d'elle les grâces de la nouveauté auxquelles elle ne résistoit jamais. Son dessein de porter M. de Paris dans la confiance de la distribution des bénéfices, pour énerver le P. de La Chaise qu'elle n'aimoit ni sa société, et de s'introduire dans ce nouveau crédit à l'appui de celui de l'archevêque, lui faisoit embrasser tout ce qui pouvoit l'y porter, et par conséquent une cause dont il étoit une des parties principales, et la rendoit ennemie de tout ce qui la pouvoit contre-balancer auprès du roi. Les ducs de Chevreuse et de Beauvilliers, et leurs femmes, tenoient directement à lui par une faveur ancienne qui avoit fait naître la confiance, et qui étoit fondée sur l'estime et sur une continuelle expérience de leur vertu. Cette habitude, qui jusqu'alors les avoit rendus les plus florissants et les plus considérés de la cour, avoit contenu l'envie.

Il étoit question d'un effort pour déprendre le roi d'eux. Mme de Maintenon, entraînée par M. de Chartres, et piquée de la conduite indépendante d'elle des deux ducs sur les *Maximes des saints*, que l'un avoit corrigées chez l'imprimeur, l'autre directement présentées au roi en particulier, consentoit à leur perte, et le duc de Noailles, qui songeoit à s'assurer la dépouille de M. de Beauvilliers, poussoit incessamment à la roue. Il ne vouloit pas moins que la charge de gouverneur des enfants de France, celle de chef du conseil des finances, et celle de ministre d'État. Il sentoit que si le roi pouvoit se laisser persuader, sous prétexte du danger de la doctrine et de la confiance, d'ôter ses petits-fils à Beauvilliers, il n'étoit plus possible qu'il pût demeurer à la cour, et que, par nécessité, les deux autres places seroient en même temps vacantes, et que toutes trois ne pouvoient guère que le regarder, dans l'heureuse et nouvelle position où il se trouvoit. Les difficultés qui se rencontroient et qui se multiplioient à Rome sur la condamnation de M. de Cambrai, et la conduite qu'y tenoit le cardinal de Bouillon, malgré des ordres si contraires, aigrissoit la cabale au dernier point, et devint enfin le moyen qu'elle mit en œuvre pour culbuter les ducs de Chevreuse et de Beauvilliers.

Mme de Maintenon la proposa au roi comme un moyen auquel il étoit obligé en conscience, pour le succès de la bonne cause, et ôter à la mauvaise les appuis qu'elle faisoit valoir à Rome, où on ne pouvoit croire que, s'il étoit aussi convaincu qu'il vouloit qu'on le crût des opinions de MM. de Paris, de Meaux et de Chartres, contre celle de M. de Cambrai, il ne laisseroit pas le plus grand protecteur et le plus déclaré de la dernière, dans les places de son conseil, beaucoup moins dans celle de gouverneur de ses petits-fils, avec un nombre de subalternes qu'il y avoit mis, et qui étoient tous dans cette même doctrine; que cette apparence si plausible, soutenue des démarches du cardinal de Bouillon, donnoit un poids à Rome, qui embarrassoit le pape; qu'il en répondroit devant Dieu s'il laissoit plus longtemps un si grand obstacle, et qu'il étoit temps de le renverser, et de montrer au pape par cet exemple qu'il n'avoit aucune sorte de ménagement à garder.

Tout jeune que j'étois, je fus assez instruit pour tout

craindre. Mme de Maintenon étoit pleine jusqu'à répandre. Il lui échappoit des imprudences dans les particuliers; elle en lâchoit à Mme la duchesse de Bourgogne, et quelquefois devant des dames du palais. Elle savoit que la comtesse de Roucy n'avoit jamais pardonné à M. de Beauvilliers d'avoir été pour M. d'Ambres contre elle dans un procès où il y alloit de tout pour sa mère et pour elle, et qu'elle gagna. L'orage grondoit; les courtisans s'en aperçurent; les envieux osèrent pour la première fois lever la tête : Mme de Roucy, âpre à la vengeance, et plus encore à faire bassement sa cour à Mme de Maintenon, ne perdoit point de moments particuliers, et en remportoit toujours quelque chose, et elle en triomphoit assez pour avoir l'imprudence de me le confier, quoiqu'elle n'ignorât pas ma liaison intime, tant la haine a d'aveuglement. Je recueillois tout avec soin; je le conférois en moi-même avec d'autres connoissances; j'en raisonnois avec Louville à qui Pomponne, ami intime des deux ducs, se déploroit ouvertement, et apprenoit tout ce qu'il découvroit. Louville, à ma prière, avoit plus d'une fois parlé à M. de Beauvilliers; M. de Pomponne, de son côté, ne s'y étoit pas oublié, et tout avoit été inutile. Il ignoroit ce dernier et extrême danger; personne n'avoit osé lui en montrer le détail; il ne le voyoit qu'en gros. Je me résolus donc à le lui faire toucher, et à ne lui rien cacher de tout ce que j'avois découvert et que je viens d'écrire.

J'allai donc le trouver; j'exécutai mon dessein dans toute son étendue, et j'ajoutai, comme il étoit vrai, que le roi étoit fort ébranlé. Il m'écouta sans m'interrompre et avec beaucoup d'attention. Après m'avoir remercié avec tendresse, il m'avoua que lui, son beau-frère et leurs femmes s'apercevoient depuis longtemps de l'entier changement de Mme de Maintenon, de celui de la cour, et même de l'entraînement du roi. J'en pris occasion de le presser d'avoir moins d'attachement, au moins en apparence, pour ce qui l'exposoit si fort, de montrer plus de complaisance, et de parler au roi.

Il fut inébranlable : il me répondit sans la moindre émotion qu'à tout ce qu'il lui revenoit de plusieurs côtés, il ne doutoit point qu'il ne fût dans le péril que je venois de lui représenter ; mais qu'il n'avoit jamais souhaité aucune place ; que Dieu l'avoit mis en celles où il étoit ; que quand il les lui voudroit ôter, il étoit tout prêt de les lui remettre ; qu'il n'y avoit d'attachement que pour le bien qu'il y pouvoit faire ; que, n'en pouvant plus procurer, il seroit plus que content de n'avoir plus de compte à en rendre à Dieu, et de n'avoir plus qu'à le prier dans la retraite où il n'auroit à penser qu'à son salut ; que ses sentiments n'étoient point opiniâtreté ; qu'il les croyoit bons, et que les pensant tels, il n'avoit qu'à attendre la volonté de Dieu, en paix et avec soumission, et se garder surtout de faire la moindre chose qui pût lui donner du scrupule en mourant. Il m'embrassa avec tendresse, et je m'en allai si pénétré de ces sentiments si chrétiens, si élevés et si rares, que je n'en ai jamais oublié les paroles, tant elles me frappèrent, et que si je les racontois à cent fois différentes, je crois que je les redirois toutes et dans le même arrangement que je les entendis.

Cependant l'orage arriva au point de maturité, et en même temps un autre prodige. Les Noailles se servoient bien de M. de Paris pour persuader au roi par conscience un éclat qui retentît jusqu'à Rome, et d'ôter d'auprès des princes tout mauvais levain ; mais ni le mari ni la femme n'osèrent jamais lui confier leur but : il étoit trop homme de bien ; ils le connoissoient : ils auroient craint de lui égarer la bouche, et Dieu permit qu'il en devînt l'arbitre. Le roi, poussé par les trois évêques sur le gros de l'affaire, et pressé en détail par Mme de Maintenon qui, serrant la mesure, lui avoit proposé le duc de Noailles pour toutes places du duc de Beauvilliers, ne tenoit plus à ce dernier que par un filet d'ancienne estime et d'habitude, qui cependant le retenoit assez pour le peiner. Dans ce tiraillement, il ne put se décider lui-même, et voulut consulter un des trois prélats. Qu'il ne choisît pas l'évêque de Chartres, sa défiance sur son attachement personnel à Mme de Maintenon, qui le feroit penser tout comme elle, put aisément l'en détourner. Mais M. de Meaux n'avoit pas le même inconvénient à craindre. Il étoit accoutumé à lui ouvrir son cœur sur ses pensées de conscience, et de son domestique intérieur les plus secrètes. M. de Meaux avoit conservé les entrées et la confiance que lui avoit données sa place de précepteur de Monseigneur. Il avoit été le seul témoin des différents combats, et à différentes reprises, qui avoient séparé le roi de Mme de Montespan. M. de Meaux seul en avoit eu le secret, et y avoit porté tous les coups. Malgré tant d'avances, tant d'habitudes, tant d'estime, on ne sait ce qui put l'exclure de la préférence de cette importante consultation, et ce qui la fit donner à celui des trois qui portoit son exclusion naturelle par être frère de celui à qui, si M. de Beauvilliers étoit perdu, toute sa dépouille étoit dès lors destinée. Néanmoins, quoique de connoissance plus nouvelle même que M. de Chartres, puisqu'il n'avoit jamais approché du roi que depuis qu'il étoit archevêque de Paris, ce fut lui que le roi préféra. Il se trouva dans ces temps où l'impression de tout ce qui avoit été dit au roi pour le faire archevêque de Paris, et tout ce qu'il en avoit remarqué depuis, l'avoit puissamment frappé d'une estime qui lui ouvroit le cœur pour tout ce qui regardoit la conscience, qu'il ne répandoit alors plus volontiers que dans son sein. Aucune réflexion sur ce qu'il étoit à M. de Noailles ne le retint. Il lui fit sa consultation si entière, qu'elle alla jusqu'à lui dire qu'en cas qu'il se défît de M. de Beauvilliers, c'étoit au duc de Noailles à qui il s'étoit déterminé de donner toutes ses places.

Si M. de Paris y eût consenti, dans l'instant même, la perte de l'un et l'élévation de l'autre étoit déclarée. Mais si la vertu et le détachement de M. de Beauvilliers m'avoient pénétré d'admiration et de surprise, celles de l'archevêque de Paris furent, s'il se peut, encore plus admirables, puisqu'il y a peut-être moins à faire pour s'abandonner humblement à la chute, et ne s'en vouloir garantir par rien de peur de s'opposer à la volonté de Dieu, qu'il n'y a à prendre sur soi pour conserver dans les plus grandes places le protecteur de son adversaire, et d'une cause qu'on a si solennellement entrepris de faire condamner, et devenir sciemment l'obstacle de la plus grande fortune d'un frère avec qui on est parfaitement uni, et des établissements de sa maison les plus éclatants et les plus solides. C'est là pourtant ce que sans balancer fit l'archevêque de Paris. Il s'écria sur la pensée du roi comme passant le but, lui représenta avec force la vertu, la candeur, la droiture de M. de Beauvilliers, la sécurité où le roi devoit être à son égard pour ses petits-fils, le tort extrême que cette chute feroit à sa réputation, [au point d']attirer dans Rome un dangereux blâme à la bonne cause, par celui qu'y encourroient ceux qui seroient si naturellement soupçonnés de l'avoir opérée. Il conclut à ôter d'auprès des princes quelques subalternes dont on n'étoit pas si sûr et dont la disgrâce feroit voir à Rome la partialité et les soins du roi, sans faire un éclat aussi préjudiciable et aussi scandaleux que seroit celui d'ôter M. de Beauvilliers.

Ce fut ce qui le sauva, et le roi en fut fort aise : le fond d'estime et la force de l'habitude n'avoit pu être arraché par tous les soins que Mme de Maintenon avoit pris d'en venir à bout, et par elle-même et par tout ce qu'elle avoit pu y employer d'ailleurs. Il en fut de même à divers degrés du duc de Chevreuse que la chute de M. de Beauvilliers eût entraîné, et que sa conservation raffermit; et le roi, rassuré sur le point de la conscience par un homme en qui sur ce point il avoit mis sa confiance, et qui de plus s'y trouvoit aussi puissamment intéressé, respira et devint inaccessible aux coups qu'à l'appui de cette affaire on voulut leur porter désormais. Mais l'orage tomba sur les autres sans que M. de Beauvilliers trop suspect à leur égard les pût sauver.

Ce fut pourtant avec lui-même que le roi décida leur disgrâce. Il fut longtemps seul avec lui le matin du lundi 2 [juin] avant le conseil, et l'après-dînée on sut que l'abbé de Beaumont, sous-précepteur; l'abbé de Langeron, lecteur; Dupuis et L'Échelle, gentilshommes de la manche de Mgr le duc de Bourgogne, étoient chassés sans aucune conservation pécuniaire, et Fénelon, exempt des gardes du corps, cassé, sans autre faute que le malheur d'être frère de M. de Cambrai. On apprit tout de suite que M. de Beauvilliers avoit ordre de présenter au roi un mémoire des sujets qu'il croiroit propres à remplir les quatre places auprès des princes.

Rien ne marqua plus la rage de la cabale que Fénelon cassé, qui, par son emploi, n'approchoit point des princes, et dont la doctrine assurément étoit nulle. Aussi Mme de Maintenon fut-elle outrée de s'être vue toucher au but, pour n'avoir plus d'espérance contre des gens qui, échappés de ce naufrage, ne pouvoient plus être attaqués, ni donner sur eux aucune prise. Aussi ne leur pardonna-t-elle jamais; mais, en habile femme, elle sut prendre son parti, ployer sous le joug du roi, et vivre peu à peu, à l'extérieur au moins, honnêtement avec d'anciens amis, puisqu'elle n'avoit pu les perdre. M. de Noailles fut encore plus outré qu'elle et fut longtemps en grand froid avec son frère. Mme de Noailles n'en étoit pas moins affligée, mais elle en savoit trop pour ne pas sentir les conséquences de cette brouillerie domestique. Elle mit donc tous ses soins d'abord pour empêcher le plus qu'elle put qu'on ne s'en aperçût, ensuite pour les raccommoder, à quoi il fallut bien que son mari en vînt. Le maréchal de Villeroy, M. de La Rochefoucauld, un gros d'envieux qui chacun à sa façon avoit poussé à la roue, et qui, ravis de la chute des deux beaux-frères, auroient encore été plus piqués d'en voir profiter M. de Noailles, furent désolés d'un si grand coup manqué, et par leur jalousie, et par leur espérance sur la dépouille. Mme la duchesse de Bourgogne qui, à force de n'être occupée qu'à plaire au roi et à Mme de Maintenon, prenoit, en jeune personne, toutes les impressions que lui donnoit cette tante si factice, et qui ne cachoit pas toujours celles qu'elle avoit prises, parut [avoir] depuis cette époque un grand éloignement pour MM. et Mmes de Chevreuse et de Beauvilliers, à travers tous les ménagements que le goût du roi lui imposoit, et plus encore l'amitié tendre et toute l'intime confiance de Mgr le duc de Bourgogne pour eux.

Ce qui acheva d'ôter toute espérance à la cabale qui les avoit voulu perdre fut de voir deux jours après les quatre places vacantes chez les princes remplies de quatre hommes proposés par M. de Beauvilliers, les abbés Le Fèvre et Vittement, Puységur et Montriel. Vittement dut ce choix à son mérite, et à la beauté de la harangue qu'il avoit faite au roi sur la paix, à la tête de l'Université dont il étoit alors recteur, et qui fut universellement admirée. Louville conseilla au duc de Beauvilliers les deux gentilshommes de la manche. Il avoit été avec eux dans le régiment d'infanterie du roi, capitaine. Puységur en étoit lieutenant-colonel, et par là fort connu du roi. Il l'étoit extrêmement de tout le monde parce qu'il avoit été l'âme de toutes les campagnes de M. de Luxembourg toute la dernière guerre. Outre ces fonctions de maréchal des logis de l'armée qu'il faisoit avec grande étendue et grande supériorité, il soulageoit M. de Luxembourg pour tous les autres ordres de l'armée, il avoit la principale part à ses projets de campagne et à leur exécution, et la confiance en lui étoit telle que M. de Luxembourg ne se cachoit pas de ne rien penser et de ne rien faire pour la guerre sans lui. Montriel, ancien capitaine au même régiment, étoit fort attaché à Puységur, et tous deux fort amis de Louville et très-propres à cet emploi auprès d'un prince dont l'âge demandoit désormais plus d'application pour les choses du monde, et surtout de la guerre que pour celles de l'étude.

En même temps que ces amis de M. de Cambrai furent chassés, Mme Guyon fut transférée de Vincennes, où étoit le P. La Combe, à la Bastille, et sur ce qu'on lui mit auprès d'elle deux femmes pour la servir, peut-être pour l'espionner, on crut qu'elle étoit là pour sa vie. Cet éclat ne laissa pas de porter fortement sur les ducs de Chevreuse et de Beauvilliers, et sur leurs épouses. A Versailles où ils vivoient fort peu avec le monde, cela ne parut guère. Mais le jeudi suivant, octave de la Fête-Dieu, c'est-à-dire le quatrième jour après l'éclat, le roi alla à Marly; ils essuyèrent une désertion presque générale; M. de Beauvilliers, qui étoit en année, servoit jusqu'au dîner inclus, et le marquis de Gesvres achevoit toujours les journées.

Tout étoit local : à Versailles, le service étoit précis et réglé, et les grandes entrées attendoient dans les cabinets quand ils avoient à attendre. A Marly, où le roi n'en avoit que deux, et encore à peine, nulle grande entrée n'y mettoit le pied. Il falloit attendre dans la chambre du roi, ou dans les salons, mêlé avec tout le courtisan, et cette attente prenoit une grande partie de la matinée, lorsqu'il n'y avoit pas conseil qui y étoit bien moins fréquent qu'à Versailles. Pour les dames, les plus retirées partout ailleurs ne le pouvoient guère être à Marly. Elles s'assembloient pour le dîner, presque jusqu'au souper elles demeuroient dans le salon, et par-ci par-là, les distinguées dans la première pièce de l'appartement de Mme de Maintenon, où elle ni le roi ne se tenoient pas, mais où elles le voyoient passer plus à leur aise, et mieux remarquées.

Mmes de Chevreuse et de Beauvilliers, accoutumées à voir l'élite des dames se ramasser autour d'elles partout, se trouvèrent tout ce voyage-là et quelques autres ensuite fort esseulées. Personne ne les approcha celui-ci, et si le hasard, ou quelque soin, en amenoit auprès d'elles, c'étoit sur des épines, et elles ne cherchoient qu'à se dissiper, ce qui arrivoit bientôt après. Cela parut bien nouveau et assez amer aux deux sœurs; mais, semblables à leurs maris en vertus et en bienséances, elles ne coururent après personne, se tinrent tranquilles, virent sans dédain ce flux de la cour, mais sans paroître embarrassées, reçurent bien le peu et le rare qui leur vint, mais sans empressement, et à leur façon ordinaire, et surtout sans rien chercher, et ne laissèrent pas de bien remarquer et distinguer les différentes allures, et tous les degrés de crainte, de politique ou d'éloignement. Leurs maris aussi courtisés, et encore plus environnés qu'elles, éprouvèrent encore plus d'abandon, et ne s'en émurent pas davantage. Tout cela eut un temps, et peu à peu, on se rapprocha d'eux et d'elles, parce qu'on vit le roi les traiter avec la même distinction, et que la même politique qui avoit éloigné d'eux le gros du monde l'en rapprocha dans les suites, et que l'envie, lasse de bouder inutilement, fit enfin comme les autres.

Pendant ces dégoûts, La Reynie interrogea plusieurs fois Mme Guyon et le P. La Combe. Il se répandit que ce barnabite disoit beaucoup, mais que Mme Guyon se défendoit avec beaucoup d'esprit et de réserve. Les écrits continuoient. Le roi loua publiquement l'histoire de toute cette affaire, que M. de Meaux lui avoit présentée, et dit qu'il n'y avoit pas avancé un mot qui ne fût vrai. M. de Meaux étoit ce voyage-là fort brillant à Marly, et le roi avoit chargé le nonce d'envoyer ce livre au pape. Rome fut agitée de tout cet éclat. L'affaire qui dormoit un peu à la congrégation du Saint-Office, où elle avoit été renvoyée, reprit couleur, et couleur qui commença à devenir fort louche pour M. de Cambrai.

Dans ces entrefaites, il arriva une chose qui ne laissa pas de m'importuner. M. de Meaux étoit anciennement ami de M. de la Trappe : il l'étoit allé voir quelquefois, et ils s'écrivoient de temps en temps; ils s'aimoient et ils s'estimoient encore davantage. M. de Meaux, dans les premières crises de la dispute, lui envoya ses premiers écrits, ceux que M. de Cambrai publia d'abord, et en même temps les *Maximes des saints*; il le pria d'examiner ces différents ouvrages, et, sans en faire un lui-même dont il n'avoit ni le temps ni la santé, de lui mander franchement, et en amitié, ce qu'il en pensoit. M. de la Trappe lut attentivement tout ce que M. de Meaux lui avoit envoyé. Tout savant et grand théologien qu'il fût, le livre des *Maximes des saints* l'étonna et le scandalisa beaucoup. Plus il l'étudia, et plus ces mêmes sentiments le pénétrèrent. Il fallut enfin répondre après avoir bien examiné. Il crut répondre en particulier et à son ami; il compta qu'il n'écrivoit qu'à lui, et que sa lettre ne seroit vue de personne. Il ne la mesura donc point comme on fait un jugement, et il manda tout net à M. de Meaux, après une dissertation fort courte, que si M. de Cambrai avoit raison, il falloit brûler l'Évangile, et se plaindre de Jésus-Christ, qui n'étoit venu au monde que pour nous tromper. La force terrible de cette expression étoit si effrayante, que M. de Meaux la crut digne d'être montrée à Mme de Maintenon, et Mme de Maintenon, qui ne cherchoit qu'à accabler M. de Cambrai de toutes les autorités possibles, voulut absolument qu'on imprimât cette réponse de M. de la Trappe à M. de Meaux.

On peut imaginer quel triomphe d'une part, et quels cris perçants de l'autre. M. de Cambrai et ses amis n'eurent pas assez de voix ni de plumes pour se plaindre, et pour tomber sur M. de la Trappe, qui de son désert osoit anathématiser un évêque, et juger de son autorité, et de la manière la plus violente et la plus cruelle, une question qui étoit déférée au pape, et qui étoit actuellement sous son examen. Ils en firent même faire des reproches amers à M. de la Trappe; et de là, éclatèrent contre lui.

M. de la Trappe fut très-affligé de l'impression de sa lettre, et de se voir sur la scène, au moment qu'il s'en étoit le moins défié. Il prit le parti d'écrire une seconde lettre à M. de Meaux, et en même temps de la publier. Il lui faisoit des reproches, mais comme un ami, d'avoir communiqué sa réponse sur sa dispute avec M. de Cambrai, qu'il lui avoit écrite avec ouverture de cœur, dans sa confiance accoutumée de leur commerce de lettres, que celle-ci seroit brûlée aussitôt qu'elle auroit été lue ; qu'il étoit affligé avec amertume de la peine qu'il apprenoit de toutes parts qu'elle causoit à des personnes dont il avoit toujours particulièrement honoré les vertus, les places et les personnes ; qu'il l'étoit encore davantage du bruit qu'il lui revenoit que faisoit sa réponse, lui qui depuis tant d'années ne cherchoit qu'à être oublié, qui dans aucun temps n'étoit entré dans aucune affaire de l'Église, et qui, en les évitant toutes, ne s'étoit vu forcé, qu'avec un très-grand déplaisir, à se défendre sur des questions monastiques de son état qui l'avoient conduit plus loin qu'il n'auroit voulu, mais qu'il n'avoit pu abandonner en conscience ; qu'il étoit vrai que ce qu'il lui avoit mandé sur M. de Cambrai, il l'avoit pensé, et qu'il le penseroit toujours ; mais que, sans penser autrement ni chercher le moins du monde à se déguiser, surtout sur des points de doctrine, où il se seroit tu s'il avoit pu craindre de se voir imprimer, parce que son partage étoit la retraite et le silence, ou, s'il avoit été forcé à s'expliquer, il l'auroit fait au moins dans des termes mesurés, convenables à être publiés, et propres à répondre à sa vénération pour l'épiscopat, et en particulier au respect qu'il avoit pour la personne, la vertu et le savoir de M. de Cambrai, et que l'entière différence de sentiment où il étoit de lui ne devoit pas altérer pour sa dignité dans l'Église, ni pour sa personne. C'étoit là dire, ce semble, tout ce qu'il étoit possible de plus satisfaisant, et c'étoit à M. de Meaux, et plus encore à Mme de Maintenon, qu'il s'en falloit prendre, qui avoient commis une si grande infidélité pour exciter tout ce fracas. Mais M. de Cambrai et ses amis, à bout de colère contre leur persécutrice, et d'écrits faits et à faire au fond contre M. de Meaux, ne se contentèrent de rien, et ne le pardonnèrent de leur vie à M. de la Trappe.

Il arrive quelquefois aux plus gens de bien de diviniser certaines passions, et telle est la foiblesse de l'homme. J'étois passionnément attaché à M. de la Trappe; je l'étois intimement à M. de Beauvilliers, et fort à M. de Chevreuse; ils ne se cachoient de rien devant moi, et quelquefois il leur échappoit des amertumes sur M. de la Trappe, que j'aurois voulu ne pas entendre. Je me souviens qu'ayant dîné en particulier chez M. de Beauvilliers, il nous proposa à M. de Chevreuse, au duc de Béthune et à moi, une promenade en carrosse autour du canal de Fontainebleau. La duchesse de Béthune étoit la grande âme du petit troupeau, l'amie de tous les temps de Mme Guyon, et celle devant qui M. de Cambrai étoit en respect et en admiration, et tous ses amis en vénération profonde. Le petit troupeau avoit donc réuni dans une liaison intime la fille de M. Fouquet et les filles de M. Colbert; et le duc de Béthune, qui n'alloit pas en ce genre à la cheville du pied de sa femme, étoit, à cause d'elle, fort recueilli des deux ducs et des deux duchesses. A peine fûmes-nous vers le canal, que le bonhomme Béthune mit la conversation sur M. de la Trappe à propos de M. de Cambrai, dont on parloit; les deux autres suivirent, et tous trois se lâchèrent tant et si bien, qu'après avoir un peu répondu, puis gardé le silence pour ne les pas exciter encore davantage, je sentis que je ne pouvois plus supporter leurs propos. Je leur dis donc naïvement que je sentois bien que ce n'étoit pas à moi, à mon âge, à exiger qu'ils se tussent, mais qu'à tout âge on pouvoit sortir d'un carrosse; que je les assurois que je ne les en aimerois et ne les en verrois pas moins, en ajoutant que c'étoit pour moi la dernière épreuve où mon attachement pût être mis, mais que je leur demandois l'amitié d'avoir aussi égard à ma foiblesse s'ils vouloient l'appeler ainsi, et de me mettre pied à terre, après quoi ils diroient tout ce qu'ils voudroient en pleine liberté. MM. de Chevreuse et de Beauvilliers sourirent. « Eh bien! dirent-ils, nous avons raison, mais nous n'en parlerons plus, » et firent taire le duc de Béthune, qui vouloit toujours bavarder. J'insistai, et sans fâcherie, à sortir pour les laisser à leur aise. Jamais ils ne le voulurent souffrir, et ils eurent cette amitié pour moi que jamais depuis je ne leur en ai ouï dire un mot. Pour le bonhomme Béthune il n'étoit pas si maître de lui, mais comme aussi je ne m'en contraignois pas comme pour les deux autres, je lui répondois de façon que c'en étoit pour longtemps.

Encore ce mot pour sa singularité : le duc de Charost, son fils, ne bougeoit de chez moi, et étoit intimement de mes amis ; il étoit aussi un des premiers tenants du petit troupeau, et, comme tel, protégé des ducs de Chevreuse et de Beauvilliers, qui nous avoient liés ensemble, mais qui ne lui parloient jamais de quoi que ce soit, que des affaires de leur communion. Par même raison Charost étoit infatué à l'excès de M. de Cambrai, et fort aliéné de M. de la Trappe. Nous badinions et plaisantions fort ordinairement ensemble, et de temps en temps il se licencioit avec moi sur M. de la Trappe. Je l'avertis plusieurs fois de laisser ce chapitre, que tout autre je l'abandonnois à tout ce qu'il voudroit dire, et en badinerois avec lui, mais que celui-là étoit plus fort que moi, et que je le conjurois d'épargner ma patience et les sorties que je ne pourrois retenir. Malgré ces avis très-souvent réitérés, il se mit sur ce chapitre à Marly dans la chambre de Mme de Saint-Simon où nous avions dîné et où il n'étoit resté que Mmes du Châtelet et de Nogaret avec nous. Je parai d'abord, je le fis souvenir après de ce que je lui avois tant de fois répété ; il poussa toujours sa pointe, et de propos en propos de plaisanterie fort aigre, et où il ne se retenoit plus, il me lâcha avec un air de mépris pour M. de la Trappe que c'étoit mon patriarche devant qui tout autre n'étoit rien. Ce mot enfin combla la mesure. « Il est vrai, répondis-je d'un air animé, que ce l'est, mais vous et moi avons chacun le nôtre, et la différence qu'il y a entre les deux, c'est que le mien n'a jamais été repris de justice. » Il y avoit déjà longtemps que M. de Cambrai avoit été condamné à Rome. A ce mot, voilà Charost qui chancelle (nous étions debout), qui veut répondre, et qui balbutie; la gorge s'enfle, les yeux lui sortent de la tête, et la langue de la bouche. Mme de Nogaret s'écrie, Mme du Châtelet saute à sa cravate qu'elle lui défait et le col de sa chemise, Mme de Saint-Simon court à un pot d'eau, lui en jette et tâche de l'asseoir et de lui en faire avaler. Moi, immobile, je considérois le changement si subit qu'opère un excès de colère et un comble d'infatuation, sans toutefois pouvoir être mécontent de ma réponse. Il fut plus de trois ou quatre paters à se remettre, puis sa première parole fut que ce n'étoit rien, qu'il étoit bien, et de remercier les dames. Alors je lui fis excuse, et le fis souvenir que je le lui avois bien dit. Il voulut répondre, les dames interrompirent. On parla de toute autre chose, et Charost se raccoutra, et s'en alla peu après. Nous n'en fûmes pas un instant moins bien ni moins librement ensemble, et dès la même journée; mais ce que j'y gagnai, c'est qu'il ne se commit jamais plus à quoi que ce soit sur M. de la Trappe. Quand il fut sorti, les dames me grondèrent, et se mirent toutes trois sur moi; je ne fis qu'en rire. Pour elles, elles ne pouvoient revenir de l'étonnement et de l'effroi de ce qu'elles avoient vu, et nous convînmes, pour la chose et pour l'amour de Charost, de n'en parler à personne; et en effet, qui que ce soit ne l'a su.

Un événement singulier, que le grand-duc manda à Monsieur, surprit extrêmement tout ce qui à Paris et à la cour avoit connu Caretti. C'étoit un Italien qui s'y étoit arrêté longtemps, et qui gagnoit de l'argent en faisant l'empirique. Ses remèdes eurent quelque succès. Les médecins, jaloux à leur ordinaire, lui firent toutes sortes de querelles, puis de tours, pour le faire échouer, et s'avantagèrent tant qu'ils purent des mauvais succès qui lui arrivoient. Les meilleurs remèdes et les plus habiles échouent à bien des maladies; à plus forte raison ces sortes de gens qui donnent le même remède, tout au plus déguisé, à toutes sortes de maux, et qui, à tout hasard, entreprennent les plus désespérés, et des gens à l'agonie à qui les médecins ne peuvent plus rien faire, dans l'espérance que, si ces malades viennent à réchapper, on criera au miracle du remède, et qu'on courra après eux, et que, s'ils ne réussissent pas, ils auront une excuse bien légitime par l'extrémité que ces malades ont attendue avant de les appeler. Caretti vécut ainsi assez longtemps, et n'avoit d'autre subsistance que son industrie. Il avoit de l'esprit, du langage, de la conduite; il réussit assez pour se mettre en quelque réputation. Caderousse, alors fort du monde, et depuis longtemps désespéré de la poitrine, se mit entre ses mains, et guérit parfaitement. Cela le mit sur un grand pied qui fut soutenu par d'autres fort belles cures.

La plus singulière fut celle de M. de La Feuillade, abandonné solennellement des médecins, qui le signèrent, et que Caretti ne voulut pas entreprendre sans cette formalité. Il se mouroit d'avoir depuis quelque temps quitté une canule, qu'il portoit depuis une grande blessure qu'il avoit eue autrefois à travers du corps. Caretti le guérit parfaitement et en peu de temps. Il étoit fort cher pour ces sortes d'entreprises, et faisoit consigner gros.

Enrichi et en honneur, en dépit des médecins, et avec des amis considérables, il se mit à faire l'homme de qualité, et à se dire de la maison Caretti, héritier de la maison Savoli; que d'autres héritiers plus puissants que son père lui avoient enlevé cette riche succession et son propre bien, et l'avoient réduit à la misère et au métier qu'il faisoit pour vivre. On se moqua de lui et ses protecteurs mêmes; personne n'en voulut rien croire; il le maintint toujours, et se trouvant enfin assez à son aise, il dit qu'il s'en alloit tâcher de faire voir qu'il avoit raison, et il obtint de Monsieur une recommandation de sa personne et de ses intérêts pour le grand-duc. Il fit, après, quelques voyages à Bruxelles et quelques cures aux Pays-Bas, et repassa ici allant effectivement en Italie. Au bout de quatre ou cinq ans, il gagna son procès à Florence, et le grand-duc manda à Monsieur que sa naissance et son droit avoient été reconnus; qu'il lui avoit été adjugé cent mille livres de rente dans l'État ecclésiastique, et qu'il croyoit que le pape l'en alloit faire mettre en possession. En effet, cet empirique vécut encore longtemps grand seigneur.

La beauté de Mme de Soubise avoit achevé ce que les intrigues de la Fronde et la faveur de la fameuse duchesse de Chevreuse et de sa belle-sœur[1], la belle Mme de Montbazon, avoient commencé. Je l'expliquerai le plus courtement qu'il me sera possible.

CHAPITRE IX.

Curiosités sur la maison de Rohan. — Ses grandes alliances. — Juveigneurs, ou cadets de Rohan, décidés n'avoir rien que de commun en tout et partout avec tous autres juveigneurs nobles et libres de Bretagne. — Vicomtes de Rohan décidés alterner avec les comtes de Laval-Montfort jusqu'à ce que ces derniers eussent la propriété du lieu de Vitré. — Le parlement, par égards, non par rang, aux obsèques de l'archevêque de Lyon, fils du maréchal de Gié. — Mlle de La Garnache; son aventure; duchesse de Loudun à vie seulement. — Henri de Rohan fait duc et pair; son mariage et celui de son unique héritière; enfants de celle-ci. — Benjamin de Rohan, sieur de Soubise, duc à brevet ou non vérifié. — M. de Sully obtient un tabouret de grâce aux deux sœurs du duc de Rohan, son gendre, non mariées. — Dispute de préséance au

---

1. La duchesse de Montbazon n'était pas belle-sœur, mais belle-mère de la duchesse de Chevreuse. Voy. p. 149 de ce volume.

premier mariage de M. Gaston, entre les duchesses d'Halluyn et de Rohan, décidée en faveur de la première. — Louis, puis Hercule de Rohan, faits l'un après l'autre ducs et pairs de Montbazon; famille de ce dernier.

Jamais aucun de la maison de Rohan n'avoit imaginé d'être prince; jamais de souveraineté chez eux, jamais en Bretagne ni en France; depuis qu'ils y furent venus sous Louis XI, aucune autre distinction que celle des établissements que méritoient leurs grandes possessions de terre, leurs hautes alliances et une naissance qui, sans avoir d'autre origine que celle de la noblesse, ni avoir jamais été distinguée de ce corps, étoit pourtant fort au-dessus de la noblesse ordinaire, et se pouvoit dire de la plus haute qualité. Ils avoient par leur baronnie le second rang en Bretagne, et puis ils l'alternèrent avec les barons de Vitré, mais cela n'influoit point sur leurs cadets; quoique sortis de plus d'une sœur des ducs de Bretagne, ils ne purent obtenir aucune préférence sur les autres puînés nobles de Bretagne, et Alain VI, vicomte de Rohan, fut obligé vers 1300 par Jean II, duc de Bretagne, de reconnoître que, selon la coutume de cette province, tous les juveigneurs[1] de Rohan devoient être hommes liges[2] du duc de Bretagne, et qu'il avoit droit de retirer de leurs terres tous les émoluments et profits de fief qu'il pouvoir retirer de celles de ses autres sujets libres. C'est ce duc de Bretagne qui fut écrasé par la chute d'une muraille à Lyon, à l'entrée du pape Clément V, où il accompagnoit Philippe le Bel qui l'avoit fait duc et pair en 1297, et il mourut à Lyon le 18 novembre 1305, quatre jours après la chute de ce mur. Cela n'a point varié depuis. Ainsi, pour les cadets, nulle préférence sur ceux des autres maisons nobles de Bretagne. Voici maintenant pour les aînés :

1. Fils cadets de maisons nobles, du latin *juniores*.
2. On appelait *homme lige* un vassal lié à son seigneur par des obligations plus étroites que les autres vassaux. Voy. notes à la fin du volume.

Alain IX, vicomte de Rohan, est sans doute celui qui par ses grands biens, ses hautes alliances et celles de ses enfants, a fait le plus d'honneur à la maison, dont il étoit le chef. Sa mère étoit fille du connétable de Clisson; sa première femme, dont il ne vint point de postérité masculine, étoit fille de Jean V, duc de Bretagne, et de Jeanne fille de Charles le Mauvais, roi de Navarre. La seconde femme du même Alain, qui étoit Lorraine-Vaudemont, continua la postérité à laquelle je reviendrai. Du premier lit il maria sa seconde fille à Jean d'Orléans, comte d'Angoulême, deuxième fils du duc d'Orléans, frère de Charles VI, assassiné par ordre du duc de Bourgogne, et cette Rohan fut mère de Charles d'Orléans, comte d'Angoulême, père du roi François I*er*. Certainement voilà de la grandeur, et qui fut soutenue par les emplois et la figure que cet Alain IX, vicomte de Rohan, fit toute sa vie. Néanmoins Pierre, duc de Bretagne, fils de Jean VI, duc de Bretagne, frère de la femme défunte alors de ce même vicomte de Rohan, ordonna le 25 mai 1451, en pleins états, à Vannes, que ledit Alain IX, vicomte de Rohan, auroit séance le premier jour, à la première place au côté gauche, après les seigneurs de son sang; que le second jour cette place seroit occupée par Guy, comte de Laval, et ainsi à l'alternative jusqu'à ce que ce dernier ou ses successeurs fussent propriétaires du lieu de Vitré.

Cela fut exécuté de la sorte, et c'est-à-dire que la possession levoit l'alternative, et que le vicomte de Rohan n'en pouvoit pas prétendre avec le baron de Vitré qui le devoit toujours précéder. Il faut remarquer que ce comte de Laval dont il s'agit ici étoit de la maison de Montfort en Bretagne depuis longtemps éteinte, et fondue par une héritière dans celle de La Trémoille qui en a eu Vitré et Laval, que ces Montfort avoient eu de même par une héritière de la branche aînée de Laval-Montmorency.

Voilà donc l'aîné de la maison de Rohan et vicomte de Rohan, et au plus haut point de toute sorte de splendeur, en alternative décidée et subie avec le comte de Laval, lequel, devenant propriétaire du lieu de Vitré, le devoit toujours précéder, et les juveigneurs ou cadets de la maison de Rohan semblables en tout et par tout aux juveigneurs de toutes les autres maisons nobles de Bretagne, et cela par les deux décisions que je viens de rapporter, qui ont toujours depuis été exécutées.

Jean II, fils d'Alain IX que je viens d'expliquer et de Marie de Lorraine-Vaudemont, sa seconde femme, épousa, en 1461, Marie, fille de François Ier, duc de Bretagne, et d'Isabelle Stuart, fille de Jacques Ier, roi d'Écosse. Cette vicomtesse de Rohan n'eut point de frère, mais une sœur qui fut première femme sans enfants de François II, dernier duc de Bretagne, qui, d'une Grailly-Foix, dont la mère étoit Éléonore de Navarre, eut Anne, duchesse héritière de Bretagne, deux fois reine de France, et par qui la Bretagne a été réunie à la couronne, c'est-à-dire depuis sa mort. Ce vicomte de Rohan n'eut point de mâles qui aient eu postérité : et deux filles qui se marièrent dans leur maison, l'aînée au fils du maréchal de Gié, la cadette au seigneur de Guéméné.

Ainsi nuls mâles sortis des filles de Bretagne, et jusqu'ici rien qui sente les princes. Retournons sur nos pas.

Jean Ier, vicomte de Rohan, grand-père d'Alain IX, vicomte de Rohan, duquel j'ai parlé d'abord, étoit fils d'une Rostrenan, et figura fort dans le parti de Charles de Blois, c'est-à-dire de Châtillon, contre celui de Montfort, c'est-à-dire des cadets de la maison de Bretagne compétiteurs pour ce duché que le dernier emporta. Ce vicomte de Rohan épousa l'héritière de Léon dont il eut Alain VIII, père d'Alain IX, vicomtes de Rohan, puis en secondes noces, en 1377, Jeanne la jeune, dernière fille de Philippe III, comte d'Évreux, fils d'un fils puîné du roi Philippe III le

Hardi et devenu roi de Navarre par son mariage avec l'héritière de Navarre, fille du roi Louis X le Hutin. Ainsi cette vicomtesse de Rohan étoit sœur de Charles le Mauvais, roi de Navarre, de Blanche, seconde femme du roi Philippe de Valois, de Marie, première femme de Pierre IV, roi d'Aragon, et d'Agnès, femme de Gaston-Phœbus, comte de Foix, si célèbre dans Froissart. Aussi faut-il remarquer que Philippe III, roi de Navarre, étoit mort en 1343, Jeanne de France, sa femme, en 1349.

Charles le Mauvais ne mourut qu'en 1385, mais en quel état et depuis combien d'années! Philippe de Valois étoit mort en 1350; Blanche de Navarre, sa seconde femme, ne mourut qu'en 1398, et n'eut qu'une fille qui ne fut point mariée. La reine d'Aragon mourut en 1346, et la comtesse de Foix ne laissa point d'enfants. Il se voit donc par ces dates que le père, la mère, les sœurs, hors une veuve sans enfants et retirée, les beaux-frères, hors le comte de Foix, tout étoit mort avant le mariage de cette vicomtesse de Rohan; et si on y regarde, il ne se trouvera point de postérité, si ce n'est de Charles le Mauvais qui survécut de ce mariage, qui toutefois fut extrêmement grand. Il n'en vint qu'un fils, dont le fils fut père de Louis de Rohan, seigneur de Guéméné, qui épousa la fille aînée du dernier vicomte de Rohan, et le maréchal de Gié dont le second fils épousa l'autre fille du dernier vicomte de Rohan, comme je l'ai dit.

Quoique la branche de Guéméné soit l'aînée par l'extinction de celle des vicomtes directs, et par le mariage de la fille aînée du dernier vicomte, parlons d'abord de celle de Gié quoique cadette, parce qu'il s'y trouvera plutôt matière que dans l'autre, et parce qu'elle est éteinte.

Le maréchal de Gié a trop figuré pour avoir rien à en dire; mais parmi tous ses emplois et ses alliances, et de son fils aîné à deux filles d'Armagnac qui leur apportèrent le comté de Guise, il y eut si peu de princerie en son fait que le parlement, ayant eu ordre d'assister aux obsèques de l'archevêque de Lyon son fils, mort à Paris en 1536, pendant une assemblée que François Ier y avoit convoquée, le parlement répondit que la cour, en considération des mérites du feu maréchal de Gié et de son fils, lui rendroit volontiers l'honneur qu'elle avoit coutume de rendre aux princes et aux grands du royaume. Or, si ce prélat avoit été

rang à recevoir cet honneur, le parlement le lui auroit rendu tout de suite sans répondre; et on voit qu'il ne répondit que pour montrer que c'étoit, non par rang, mais en considération des mérites du père et du fils qu'il iroit à ses obsèques.

Outre cet archevêque qui fit fort parler de lui dans le clergé, le maréchal de Gié eut deux autres fils; la branche de l'aîné finit à son petit-fils, sur tous lesquels il n'y a rien à remarquer. Les sœurs de ce dernier épousèrent, l'aînée un Beauvilliers, dont le duc de Beauvilliers est descendu; la cadette, le marquis de Rothelin, frère et oncle des ducs de Longueville; et de ce mariage vint Léonor, duc de Longueville, d'où sont sortis tous les autres depuis, et que sa mère et sa femme firent tant valoir. C'est de ce marquis de Rothelin que les Rothelin d'aujourd'hui sont bâtards.

Le second fils du maréchal de Gié, gendre cadet du dernier vicomte de Rohan, n'eut qu'un fils qui fit un grand mariage. Il épousa Isabelle, fille de Jean, sire d'Albret, et de Catherine de Grailly, dite de Foix, reine de Navarre. C'est ce qu'il faut expliquer.

Elle étoit fille de Gaston, prince de Viane, et de Madeleine de France, sœur puînée de Louis XI; et le prince de Viane étoit Grailly, dit de Foix, dont l'héritière étoit tombée dans sa maison avec les comtés de Foix, de Bigorre et de Béarn qu'ils possédoient; [il] étoit fils de Gaston IV, comte de Foix, etc., que Charles VII fit comte-pair de France en 1458, et d'Éléonore, fille de Jean II, roi d'Aragon, et de sa seconde femme Blanche, reine héritière de Navarre. Éléonore en hérita, survécut Gaston, son fils, et mourut quarante-deux jours après son couronnement à Pampelune.

Gaston, son fils, prince de Viane, n'avoit laissé qu'un fils et une fille : le fils fut couronné à Pampelune, et mourut trois mois après à Pau en 1482, empoisonné tout jeune, et sans alliance. Catherine, sa sœur unique, lui succéda, et fut aussi couronnée à Pampelune avec Jean d'Albret, son mari, en 1494. Ils se brouillèrent et furent chassés de leur royaume en 1512, par Ferdinand le Catholique, roi d'Aragon, qui s'en empara, et depuis la Navarre est demeurée à l'Espagne. Ils en moururent tous deux de douleur, lui en 1516, elle en 1517, et ne laissèrent d'enfants qui parurent que Henri d'Albret, roi de Navarre, une comtesse d'Astarac-Grailly-Foix, morte sans enfants, et Isabelle, mariée en 1534 à René Ier de Rohan, fils du second fils du maréchal de Gié, tellement que, par l'événement, René Ier de Rohan épousa la sœur du père de Jeanne d'Albret, mère de notre roi Henri IV.

Avec ce détail, je pense au moins qu'on ne m'accusera pas d'avoir dissimulé rien des grandeurs de la maison de Rohan.

De ce mariage de René Ier de Rohan et d'Isabelle d'Albret, [sortirent] des fils qui ne parurent point, et une fille qui ne parut que trop. Mais par cela même fatal en bonheur suivi de branche en branche et de génération en génération à la maison de Rohan, [ce mariage] eut la première distinction qui ait été accordée à cette maison.

M. de Nemours, dont l'esprit, la gentillesse et la galanterie ont été si célébrés, fit un enfant à cette fille de Rohan, qu'on appeloit Mlle de La Garnache, sous promesse de mariage; en même temps il étoit bien avec Mme de Guise. Toutes ces aventures-là me mèneroient trop loin; c'étoit Anne d'Este, dont la mère étoit seconde fille de Louis XII. M. de Guise fut tué par Poltrot; Mme de Guise, après avoir gardé les bienséances, voulut épouser M. de Nemours. Lui ne demandoit pas mieux, et cependant amusoit Mlle de La Garnache. Enfin, l'amusement fut si long qu'elle s'en impatienta, et qu'elle en découvrit la cause. La voilà aux hauts cris, et Mme de Guise sur le haut ton que lui faisoient prendre la splendeur de sa mère et la puissance de la maison de Guise dont elle disposoit, et qui, pour ses grandes vues, trouvoit son compte dans ce second mariage. Il n'en falloit pas tant pour émouvoir la reine de Navarre, Jeanne d'Albret, et tout ce qui tenoit à son parti et aux princes de Bourbon contre les Guise.

La reine de Navarre protesta avec tout cet appui qu'elle ne souffriroit pas que M. de Nemours fît cet affront à une fille qui avoit l'honneur d'être sa nièce ; et le pauvre M. de Nemours étoit bien embarrassé. Personne des intéressés ne faisoit là un beau personnage. Mme de Guise vouloit enlever M. de Nemours à sa parole de haute lutte. M. de Nemours convenoit de l'avoir donnée ; il n'osoit y manquer, et pourtant ne la vouloit point tenir. La bonne La Garnache demeuroit abusée, et en attendant ce qui arriveroit de son mariage, faisoit de sa turpitude la principale pièce de son sac, et toute la force des cris de ceux qui la protégeoient.

La fin de tout cela fut qu'elle en fut pour sa honte, et ses protecteurs pour leurs cris, et que M. de Nemours épousa Mme de Guise en 1566. Mlle de La Garnache disparut et alla élever son poupon dans l'obscurité, où il vécut et mourut. Après plusieurs années, comme la suite infatigable et le talent de savoir se retourner est encore un apanage spécial de la maison de Rohan, Mlle de La Garnache se remontra à demi, essaya de faire pitié à Mme de Nemours, et d'obtenir quelque dédommagement par elle. Elle la toucha enfin, et Mme de Nemours obtint personnellement pour elle, et sans aucune suite après elle, l'érection de la seigneurie de Loudun en duché sans pairie, en 1576.

Mlle de La Garnache alors reparut tout à fait sous le nom

de duchesse de Loudun, et jouit du rang de duchesse, qui fut éteint avec ce duché par sa mort. Telle est la première époque d'un rang dans la maison, et non à la maison de Rohan, qui, avec toutes ces alliances si grandes et si immédiates, n'en avoit jamais eu, et n'y avoit jamais prétendu.

René II de Rohan, frère de la duchesse de Loudun, et fils comme elle d'Isabelle de Navarre, ne figura point, non plus que ses autres frères, mais ils n'eurent point de postérité, et il en eut. Ses deux fils et ses deux filles firent tous parler d'eux; et comme leur père qui s'étoit fait huguenot, et encore plus comme leur mère qui fut une héroïne de ce parti, ils l'embrassèrent. Elle étoit veuve de Charles de Quellenec, baron du Pont, qui périt à la Saint-Barthélemy, et fille et héritière de Jean Larchevêque, seigneur de Soubise, et d'une Bouchard-Aubeterre. Elle et ses deux filles se sont rendues fameuses dans la Rochelle, où elles soutinrent les dernières extrémités, jusqu'à manger les cuirs de leurs carrosses, pendant le siége que Louis XIII y mit.

Sa fille aînée, plus opiniâtre s'il se pouvoit qu'elle, mourut de regret de sa prise fort peu après au château du Parc en Poitou, où elles avoient été reléguées en sortant de la Rochelle. La mère y mourut deux ans après en 1631, et l'autre fille les survécut jusqu'en 1646, toutes les deux point mariées. Elles avoient une autre sœur entre elles deux, qui fut la première femme d'un prince palatin des Deux-Ponts, en 1604, et qui mourut en 1607.

Leurs deux frères furent Henri et Benjamin de Rohan, seigneur de Soubise. Henri fut le dernier chef des huguenots en France. Le duc de Sully, surintendant des finances, et si bien avec Henri IV, et huguenot aussi, le favorisa fort auprès d'Henri IV dans la haine du maréchal de Bouillon. Henri IV le fit duc et pair en 1603, et moins de deux ans après, M. de Sully lui donna sa fille en mariage.

C'est ce grand homme qui se signala tant à la tête d'un

parti abattu, et qui, réconcilié avec la cour, s'illustra encore davantage par les négociations dont il fut chargé en Suisse, et par ses belles actions à la tête de l'armée du roi en Valteline, où il mourut de ses blessures en 1638, avec la réputation d'un grand capitaine et d'un grand homme de cabinet. Il ne laissa qu'une fille, unique héritière, qui porta tous ses grands biens en mariage en 1645, malgré sa mère, à Henri Chabot, à condition de porter lui et leur postérité le nom et les armes de Rohan; et [Chabot] fut fait duc et pair, comme on sait, par lettres nouvelles et avec rang du jour de sa réception au parlement. La mère, qui étoit huguenote, ne vouloit point ce mariage, et la fille, qui étoit catholique, soutenue de M. Gaston et de M. le Prince, se moqua d'elle.

De ce mariage vint le duc de Rohan, la seconde femme de M. de Soubise, la seconde femme du prince d'Espinoy, et Mme de Coetquen que nous avons tous vus.

M. de Soubise, frère de ce grand-duc de Rohan, ne fit parler de lui que par l'audace et l'opiniâtreté de ses continuelles défections, quoiqu'à la paix que le roi donna en 1626 aux huguenots il l'eût fait duc à brevet. On n'en ouït plus parler en France, depuis la prise de la Rochelle, et il mourut en Angleterre, sans considération, où il s'étoit retiré, sans avoir été marié, vers 1641.

Voilà donc une duchesse à vie, un duc et pair et un duc à brevet dans la maison de Rohan. Mais cette génération commence à montrer autre chose. M. de Sully, en faisant le mariage de sa fille, représenta si bien à Henri IV l'honneur que cette branche de Rohan avoit de lui appartenir de fort près, et d'être même l'héritière de la Navarre, s'il n'avoit point d'enfants, par Isabelle de Navarre, sa grand'tante et leur grand'mère, qu'il obtint un tabouret de grâce aux deux sœurs de son gendre, l'autre étant déjà mariée, mais en leur déclarant bien que ce n'étoit que par cette unique considération de la proche parenté de Navarre; que cette distinction ne regardoit point la maison de Rohan, et ne passeroit pas même au delà de ces deux filles. C'est la première époque de rang, ou plutôt d'honneurs sans dignité dans la maison de Rohan, et non à cette maison.

Aux fiançailles et mariage de M. Gaston avec Mlle de Montpensier, princes ni grands n'eurent point de rang, marchèrent entre eux en confusion, et se placèrent comme ils purent. Les dames ne furent pas d'avis de faire de même, et voulurent marcher en rang. C'étoit à Nantes, et le cardinal de Richelieu faisoit la cérémonie. La duchesse de Rohan qui suivoit la duchesse d'Halluyn, qu'on a aussi quelquefois appelée la maréchale de Schomberg, voulut la précéder. L'autre s'en défendit; la contestation s'échauffa; des paroles, elles en vinrent aux poussades et aux égratignures. Le scandale ne fut pas long, et sur-le-champ, la dispute fut jugée et décidée en faveur de Mme d'Halluyn, comme l'ancienne de Mme de Rohan, qui subit le jugement.

Voilà la première époque de prétention, et la prétention fut malheureuse : encore n'est-il rien moins que clair qu'elle roulât sur la maison de Rohan, qui jusqu'alors et bien longtemps depuis n'en avoit aucune; mais bien sur l'ancienneté entre duchesses, car on voit que Mme de Rohan ne disputa pas à une autre. Mme d'Halluyn étoit fille de M. de Pienne, tué du vivant de son père par ordre du duc de Mayenne, dans la Fère, dont il étoit gouverneur en 1592, et son père avoit été fait duc et pair au commencement de 1588. Il avoit marié M. de Pienne, son fils, à une fille du maréchal de Retz, qui n'en eut qu'un fils, mort tout jeune, en 1598, et Mme d'Halluyn, dont il s'agit ici. Elle épousa le fils aîné du duc d'Épernon, et en faveur de ce mariage, le duché-pairie d'Halluyn fut de nouveau érigé pour eux, mais avec l'ancien rang du grand-père de la mariée. Ils se brouillèrent, se démarièrent, et n'eurent point d'enfants.

En 1620, Mme d'Halluyn épousa M. de Schomberg avec des lettres en continuation de pairie, tellement que

Mme de Rohan, dont l'érection étoit antérieure aux deux continuations de pairie qu'avoit obtenues Mme d'Halluyn à tous ses deux mariages, pouvoit bien n'avoir pas grand tort d'être fâchée de la voir remonter à la première érection de son grand-père, antérieure à celle de Rohan. On ne voit pas d'ailleurs que cette duchesse de Rohan, qui étoit la fille de M. de Sully, et mère de l'héritière qui épousa le Chabot, ait jamais rien prétendu ni disputé, excepté cette ridicule aventure que j'ai voulu expliquer afin de ne rien omettre. Passons maintenant à la branche de Guéméné.

Louis de Rohan, seigneur de Guéméné, frère aîné du maréchal de Gié, dont je viens d'épuiser la branche, ne fournit rien à remarquer, non plus que ses trois générations suivantes. La quatrième fut Louis VI de Rohan, qui fit ériger la seigneurie de Montbazon en comté et celle de Guéméné en principauté en 1547 et 1549.

Il y a nombre de ces principautés d'érection en France, dont pas une n'a jamais donné et ne donne encore aucune espèce de distinction à la terre, que le nom, ni à celui qui en a obtenu l'érection non plus, ni à ses successeurs. Aussi, ce Louis de Rohan a-t-il vécu, et est-il mort sans aucun rang ni honneurs, non plus que ses pères, et sans la moindre prétention. Mais désormais il faut prendre garde à tout ce qui sortira de lui. Il épousa la fille aînée du dernier Rohan de la branche de Gié, qui étoit frère de Mmes de Beauvilliers et de Rothelin-Longueville, comme je l'ai dit ci-dessus, et qui fut ambassadeur à Rome en 1548, lequel en secondes noces épousa la sœur de son gendre, dont il n'eut point d'enfants.

De ce Louis VI de Rohan et de Léonore Rohan-Gié, quatre fils et cinq filles, qui comme les précédentes de leur maison, et même plusieurs veuves de seigneurs de Rohan, épousèrent des seigneurs, et même des gentilshommes particuliers.

Les quatre fils furent : Louis, en faveur de qui Henri III érigea le duché de Montbazon en duché-pairie, en 1588 ; il mourut un an après sans enfants ; Pierre, prince de Guéméné, qui d'une Lenoncourt[1], ne laissa qu'une fille, Anne de Rohan, qui épousa le fils de son frère qui va suivre, et d'elle son cousin germain ; Hercule, duc et pair de Montbazon par une érection nouvelle par Henri IV, en 1595, avec rang de cette nouvelle érection ; et Alexandre, marquis de Marigny, et qui mourut sans enfants, ayant pris le nom de comte de Rochefort, duquel il se faut souvenir.

Hercule susdit, duc de Montbazon, fut grand veneur, gouverneur de Paris et de l'Ile-de-France, chevalier du Saint-Esprit en son rang de duc, en 1597 ; homme de tête et d'esprit, qui figura fort, et sa femme et leurs enfants encore davantage. Lassé de leurs intrigues, qui suivant l'étoile de la maison de Rohan, étoient utiles à cette maison, mais qui lui faisoient peu d'honneur, il les laissa faire et se retira en Touraine, où il demeura longues années, et y mourut à quatre-vingt-six ans, en 1654, sans s'être démis de son duché. Il avoit épousé en 1628, en secondes noces, Marie, fille de Claude d'Avaugour et de Catherine Fouquet de La Varenne. Le trisaïeul de père en fils de ce Claude d'Avaugour étoit le bâtard du dernier duc de Bretagne, et le grand-père paternel du comte de Vertus d'aujourd'hui.

Du premier lit : M. de Montbazon (Louis, prince de Guéméné, depuis duc de Montbazon), et la connétable de Luynes, mère du duc de Luynes, qui épousa en secondes noces, en 1622, le duc de Chevreuse, dernier fils du duc de Guise, tué à Blois, laquelle devint si fameuse sous ce dernier nom.

Du second lit : M. de Soubise, que nous avons tous vu, père du prince et du cardinal de Rohan, et Anne de Rohan, qui a été la seconde femme du duc de Luynes, fils de sa sœur, dont elle a eu le comte d'Albert, le chevalier de Luynes et plusieurs filles, toutes mariées.

Le prince de Guéméné étoit un homme de beaucoup d'es-

---

1. La mère d'Anne de Rohan fut Madeleine de Rieux-Châteauneuf. Ce fut Hercule de Rohan qui épousa en premières noces Marie de Lenoncourt.

prit, et encore plus Anne de Rohan sa femme, fille de Pierre, prince de Guéméné, frère aîné de son père. Lui, elle et Mme de Chevreuse, toute leur vie, ne furent qu'un, et avec eux, en quatrième, leur belle-mère, seconde femme de leur père, qui avoit autant d'esprit et d'intrigue qu'eux; et, ce qui peut passer pour un miracle, toutes trois parfaitement belles et fort galantes, sans que leur beauté ni leur galanterie ait jamais formé le moindre nuage de galanterie ni de brouillerie entre elles.

Le prince de Guéméné, non-seulement voyoit trop clair pour ignorer ce qui se passoit dans sa maison, mais il y trouvoit son compte, et dès là, non-seulement il le trouvoit fort bon, mais il étoit des confidences sans en faire semblant au dehors. Leçon utile à la grandeur d'une maison, quand il y a des beautés qui savent faire usage de leurs charmes, heureusement fatale à la maison de Rohan, pour le répéter encore, et que M. de Soubise a si exactement et si utilement suivie.

CHAPITRE X.

M. de Luynes fait asseoir pour une fois seulement Mlle de Montbazon, depuis duchesse de Chevreuse, la veille de leurs noces; obtient dispense d'âge et la première place après les ducs pour le prince de Guéméné, son beau-frère, en la promotion de 1619. — M. de Marigny, frère du duc de Montbazon, le cinquante-cinquième parmi les gentilshommes en la promotion de 1619. — Art et degrés qui procurent le tabouret à la princesse de Guéméné. — Autre tabouret de grâce en même temps. — Tous ôtés, puis rendus. — M. de Soubise et ses deux femmes, la première debout; la seconde assise, belle, le fait prince, etc. — Mmes de Guéméné assises (1678 et 1679), puis Mme de Montauban (1682). — MM. de Soubise et comte d'Auvergne s'excluent de l'ordre à la promotion de 1688; colère du roi; fausseté insigne sur les registres de l'ordre. — Distinction de ceux qui ont rang de princes étrangers étant en licence. — Abbé de Bouillon devenu cardinal par le hasard des coadjutoreries de Langres, puis de Reims, tombées sur l'abbé Le Tellier, est le premier qui ait eu ces distinctions en Sorbonne. — Abbé de Soubise, depuis cardinal de Rohan, obtient, par ordre du roi, les mêmes distinctions en Sorbonne. — Fiançailles du prince de Montbazon et de la fille du duc de Bouillon dans le cabinet du roi.

Le connétable de Luynes, qui ne l'étoit pas encore, mais que je nomme ainsi pour le distinguer de son fils, voulut entrer agréablement dans la maison du duc de Montbazon, en épousant sa fille, en septembre 1617, et faire en même temps éclater sa faveur par une distinction extraordinaire. Il obtint que Mlle de Montbazon seroit assise dès la veille de son mariage avec lui, grâce qui se terminoit là, sans influer sur le reste de la famille. C'étoit en un mot un tabouret de grâce, et pour une seule fois, pour faire briller la faveur du favori, et témoigner à M. de Montbazon combien ce mariage étoit agréable au roi.

A la promotion de 1619, M. de Luynes obtint une dispense d'âge pour le frère de sa femme, qui n'avoit que vingt et un ans, et qu'on appeloit alors le comte de Rochefort, qui prit après le nom de prince de Guéméné, jusqu'à la mort de son père. M. de Luynes obtint encore pour lui qu'il marcheroit le premier des gentilshommes de cette promotion, c'est-à-dire immédiatement après lui-même, qui en étoit le dernier duc. Mais cela n'empêcha pas que, jusqu'à ce qu'il le fût devenu lui-même par la mort de son père, trente-cinq ans après, il n'ait toujours été précédé par tous les gentilshommes, plus anciens chevaliers de l'ordre que lui, sans difficulté aucune, ni réclamation de sa part.

Le marquis de Marigny, frère de son père, qui pour combler la famille de la femme du favori fut aussi de cette même promotion, y marcha le cinquante-cinquième parmi les gentilshommes, et n'en eut que quatre de toute la promotion après lui. Ainsi, avec toute la faveur de M. de Luynes, qui se déploya toujours tout entière sur la maison de sa femme, avec un emploi aussi important qu'étoit pour lors le gouvernement de Paris et de l'Ile-de-France, avec une charge aussi favorable que celle de grand veneur auprès d'un jeune roi passionné pour la chasse, au point qu'étoit Louis XIII, et dont le fils avoit la survivance du père, avec l'exemple des tabourets de grâce des deux sœurs du célèbre duc de Rohan, et l'avancement d'un jour de celui de Mme de Luynes, on voit que MM. de Rohan n'avoient pas encore imaginé devoir avoir des honneurs et des distinctions au-dessus des gens de qualité non titrés, beaucoup moins à être princes.

Mais voici le commencement. Mme de Chevreuse avoit été de tout temps dans la plus intime confidence de la reine. Elle en fut chassée plus d'une fois par Louis XIII, et de l'aventure du Val-de-Grâce, où la reine fut fouillée et visitée jusque dans son sein par le chancelier Séguier, qui pourtant en acquit ses bonnes grâces pour le reste de sa vie par la manière dont il s'y conduisit, Mmes de Chevreuse et Beringhen se sauvèrent hors du royaume, et plusieurs autres furent chassés et perdus, que la reine fit revenir et récompensa tout aussitôt qu'elle fut régente.

Mme de Chevreuse étoit encore alors en Flandre, et quoiqu'elle se trouvât trompée à son retour dans l'opinion qu'elle avoit conçue d'être absolument maîtresse de l'esprit de la reine et du gouvernement, elle ne laissa pas de conserver toute sa faveur, malgré le cardinal Mazarin. Les histoires et les Mémoires de ces temps-là sont pleins de tout ce que fit la Fronde, qui domina la cour et l'État, et à qui M. le Prince dut sa prison, puis sa délivrance, et le cardinal Mazarin, son apparente ruine, par deux fois.

Ces mêmes histoires dépeignent l'hôtel de Chevreuse et l'hôtel de Guéméné comme le centre de tous les conseils de la Fronde, où M. de Beaufort et le coadjuteur, depuis cardinal de Retz, étoient en adoration, et disposoient du parlement de Paris et de tout le parti. Mme de Chevreuse, qui dans des intérêts souvent si opposés à ceux du cardinal Mazarin conservoit toujours sa place dans le cœur de la reine, et son ascendant sur son esprit timide, défiant, incertain et variable, avoit introduit dans son amitié la princesse de Guéméné sa belle-sœur, et la duchesse de Montbazon leur belle-mère, mais surtout Mme de Guéméné avoit plu infiniment à la reine par le liant, les grâces et l'artifice caché de son esprit. Cela fut cultivé d'une part et protégé de l'autre avec tant de soin par Mme de Chevreuse, que Mme de Guéméné fut de tous les particuliers, et la reine l'approchoit d'autant plus d'elle, qu'elle en apprenoit tout ce que l'autre vouloit bien à la vérité lui dire d'une cabale où elle étoit de tout, et dont elle ne disoit à la reine que ce qui étoit utile à leurs desseins.

Dans ces conversations, ou seule avec la reine, ou en tiers avec elle et Mme de Chevreuse, la reine la faisoit asseoir. C'étoit une commodité pour causer plus longtemps, qu'elle accordoit bien seule ainsi à d'autres, et même au commandeur de Jars, qui sans façon se mettoit dans un fauteuil. La reine alloit souvent au Val-de-Grâce, Mme de Guéméné l'y alloit voir. D'autres dames y étoient quelquefois reçues, et y trouvoient Mme de Guéméné assise, qui se levoit, puis se rasseyoit sans façon, tellement que le Val-de-Grâce devenant peu à peu plus étendu, elle accoutuma imperceptiblement et poliment ces demi-particuliers à son tabouret. A la fin, la belle-mère et les belles-sœurs crurent qu'il étoit temps d'aller plus loin. Mme de Guéméné n'alla plus au Palais-Royal que de loin à loin, et à mesure que la reine se plaignoit de son absence; puis elle la laissa demander pourquoi elle ne la voyoit point, et cessa enfin tout à fait d'y aller. La reine en parloit souvent à Mme de Montbazon et à Mme de Chevreuse. Les excuses s'épuisèrent, et Mme de Chevreuse prit son temps de dire franchement à la reine à quoi il tenoit. La reine surprise voulut se défendre d'accorder ce qui n'avoit eu lieu que comme bonté et familiarité ignorée et sans conséquence. Mme de Chevreuse répondit que tout le monde savoit qu'elle étoit assise, et l'y voyoit au Val-de-Grâce, qui ne pouvoit plus s'appeler un particulier, au nombre de gens où ce particulier s'étoit étendu; qu'elle ne voyoit point de différence entre le Val-de-Grâce et le Palais-Royal, ni pourquoi sa belle-sœur, assise devant toute la cour de la reine en un lieu, elle seroit debout en un autre; et moitié figue, moitié raisin, avec la fraude en croupe, elle arracha le tabouret en plein partout, pour la princesse de Guéméné. Ce tabouret ne passa pas plus avant pour lors dans la maison de Rohan, et n'y produisit point d'autres distinctions.

En même temps la reine fit la même grâce à la marquise de Sencey, sa dame d'honneur, chassée pour elle, et à qui, en arrivant à la régence, elle avoit rendu sa charge qui lui avoit été ôtée, et récompensé de la survivance à la comtesse de Fleix, sa fille, toutes deux veuves, qui ont aussi le tabouret. Elles en jouirent quelques années, jusqu'à ce que plusieurs personnes de qualité, excitées par M. Gaston et M. le prince, s'assemblèrent en grand nombre, invitèrent les ducs de se joindre à eux, et sous le nom de la noblesse, demandèrent la suppression de ces tabourets, et des honneurs accordés à MM. de Bouillon pour l'échange de Sedan, que le parlement n'avoit pas voulu enregistrer avec ces articles et quelques autres qui ne le sont pas encore aujourd'hui.

Ces assemblées, dont les princes vouloient effrayer la cour pour d'autres vues, durèrent assez de semaines pour l'inquiéter par des demandes plus embarrassantes, qui l'engagèrent à s'accommoder avec Monsieur et M. le Prince. Les tabourets furent supprimés, et quelques autres légères demandes accordées, avec quoi ces assemblées finirent absolument.

Assez longtemps après, la cour prit tout à fait le dessus pour toujours, et blessée alors des suppressions extorquées, elle rendit les tabourets.

M. de Soubise né, comme il le disoit lui-même, mais bien bas à ses amis particuliers, en riant et s'applaudissant de sa bonne fortune et de sa sage politique, né gentilhomme avec quatre mille livres de rente, et devenu prince à la fin avec quatre cent mille livres de rente, avoit épousé une riche veuve qui n'étoit rien d'elle ni de son premier mari dont elle n'avoit point d'enfants, qui lui donna tout son bien par le contrat de mariage. Elle ne fut point assise, et M. de Soubise ni pas un des siens n'imagina de le prétendre. Cette femme mourut en 1660. Avec ce bien demeuré à M. de Soubise, on songea dans sa famille à le remarier et à en tirer parti.

Mme de Chevreuse, toujours la mieux avec la reine, et d'autant plus que les troubles étoient bien disparus, et que le cardinal Mazarin étoit mort en 1661, qui eût été obstacle aux vues élevées de Mme de Chevreuse, imagina d'unir son crédit à celui de Mme de Rohan, qui sans faveur comme elle, étoit fort considérée, pour faire le mariage de sa fille aînée en lui faisant donner le tabouret. C'étoit en 1663. M. de Louvois étoit encore trop petit garçon, et son père trop fin et trop politique pour oser branler devant M. de Turenne, comme il s'y éleva longtemps depuis, et ce grand capitaine étoit dans l'apogée de sa faveur et de sa considération personnelle, avec un crédit que rien ne balançoit ; il étoit lors fort huguenot, Mme de Rohan encore davantage. Cet intérêt et la figure qu'ils faisoient dans leur religion, les avoit intimement unis, il ne bougeoit de chez elle ; et quand ses filles alloient au bal ou en quelque autre partie où la bienséance de ce temps-là vouloit que des hommes de nom les accompagnassent, Mme de Rohan, à cause de M. de Turenne, ne les confioit jamais qu'à MM. de Duras ou de Lorges ses neveux, qui étoient chez elle comme les enfants de la maison, et j'ai vu cette intimité de mon beau-père avec ces trois dames exister la même depuis un si grand nombre d'années.

M. de Turenne entra donc dans cette affaire comme dans la sienne propre; Mme de Rohan la poursuivit comme une grâce qu'elle demandoit instamment; Mme de Chevreuse y mit tout son crédit et toutes ses anciennes liaisons avec la reine, et ils l'emportèrent. Ils obtinrent presque en même temps de faire Mme de Soubise dame du palais, et une fois à la cour, sa beauté fit le reste. Le roi ne fut pas longtemps sans en être épris. Tout s'use : l'humeur de Mme de Montespan le fatiguoit; au plus fort même de sa faveur il avoit eu des passades ailleurs, et lui avoit même donné des rivales. Celle-ci sut bien se conduire : Bontems porta les paroles; le secret extrême fut exigé, et la frayeur de M. de Soubise fort exagérée. La maréchale de Rochefort, accoutumée au métier, fut choisie pour confidente. Elle donnoit les rendez-vous chez elle, où Bontems les venoit avertir, et toutes deux, bien seules et bien affublées, se rendoient par des derrières chez le roi.

La maréchale de Rochefort m'a conté qu'elle avoit pensé mourir une fois d'embarras : il y eut du mécompte. Bontems arriva mal à propos; il fallut, sous divers prétextes, se défaire de la compagnie qu'on avoit laissée entrer, parce qu'on ne comptoit sur rien ce jour-là, et toutefois garder Mme de Soubise pour la conduire après où elle étoit attendue, et ne pas faire perdre du temps à un amant dont toutes les heures étoient compassées. Au bout d'un temps assez considérable, le pénétrant courtisan s'aperçut; mais ne se le dit qu'à l'oreille, et d'oreille en oreille personne n'en douta plus.

M. de Soubise, instruit à l'école de son père et d'un frère aîné, infiniment plus âgé que lui, ne prit pas le parti le plus honnête, mais le plus utile. Il se tint toute sa vie rarement à la cour, se renferma dans le gouvernement de ses affaires domestiques, ne fit jamais semblant de se douter de rien, et sa femme évita avec grand soin tout ce qui pouvoit trop marquer; mais assidue à la cour, imposant à tout ce qui la composoit, dominant les ministres, et ayant tant qu'elle vouloit des audiences du roi dans son cabinet, quand il s'agissoit de grâces ou de choses qui devoient avoir des suites. Afin qu'il ne parût pas qu'elle les eût obtenues dans des moments plus secrets, elle se mettoit tout habillée aux heures publiques de cour, à la porte du cabinet. Dès que le roi l'y voyoit, il alloit toujours à elle avec un air plus qu'ouvert, mais en quelque sorte respectueux. Si ce qu'elle vouloit dire étoit court, l'audience se passoit ainsi à l'oreille devant tout le monde; s'il y en avoit pour plus longtemps, elle demandoit d'entrer. Le roi la menoit dans le fond du premier cabinet, joignant la pièce où étoit tout le monde, les battants de la porte du cabinet demeuroient ouverts jusqu'à ce qu'elle sortît de ce même côté, et de celui des autres cabinets, et cela s'est toujours passé de la sorte.

Mais le plaisant, c'est que ces portes ne demeuroient ouvertes que pour elle, et se fermoient toujours quand le roi donnoit audience à d'autres dames. Depuis qu'il n'y eut plus rien entre eux, l'amitié et la même considération subsistèrent, et les mêmes précautions de bienséance. Elle écrivoit très-souvent au roi et de Versailles à Versailles. Le roi lui répondoit toujours de sa main, et c'étoient Bontems ou Bloin qui les rendoient au roi et faisoient passer ses réponses. C'est de la sorte qu'elle fit M. de Soubise prince par degrés et par occasions, et que peu à peu elle en obtint tout le rang.

Ce fut pourtant Monsieur dont ils se servirent pour faire asseoir la Bautru, veuve de M. de Rannes, que le prince de Montauban, frère du prince de Guéméné, épousa en 1681. Elle jouoit fort chez Monsieur. M. de Montauban n'avoit point de rang, quoique sa belle-sœur fût assise, leur père vivant et point démis par le crédit de Mme de Soubise, sur le même exemple de la belle-sœur de Mme de Chevreuse. Le roi disoit toujours que Monsieur lui avoit escroqué ce tabouret; et du tabouret, les deux frères devinrent princes comme M. de Soubise. M. de Guéméné se maria la première fois en 1678, puis en 1679; M. de Montauban, son frère, en 1682, et n'a point laissé d'enfants.

Il est néanmoins vrai que Mme de Soubise, qui jamais ne fut refusée de rien, ne put pourtant venir à bout d'une seule chose. A la promotion de 1688, le duc de Montbazon, fou depuis longtemps, étoit enfermé à Liége. Il étoit fils du frère aîné de M. de Soubise, ce prince de Guéméné, chevalier de l'ordre en 1619, dont j'ai parlé ci-dessus. Il ne s'étoit point démis de son duché; il étoit interdit, et par conséquent hors d'état de s'en démettre comme de faire tout autre acte. M. de Bouillon étoit exilé.

Cette promotion fut la première où le roi fit passer les ducs à brevet, les maréchaux de France et les grands officiers de sa maison avant les gentilshommes de cette même promotion, mais les gentilshommes dès lors chevaliers de l'ordre continuant à les précéder. Le comte d'Auvergne et M. de Soubise furent mis sur la liste du roi. Ils demandèrent de précéder les ducs à brevet et les maréchaux de France de cette même promotion, et Mme de Soubise, que le prince de Guéméné qui n'en étoit pas en fût mis, et y tînt le rang de duc de Montbazon.

Elle en savoit trop pour l'espérer, mais elle compta d'obtenir l'autre demande en compensation du refus de celle-ci. Pour cette fois elle se trompa; non-seulement le roi tint ferme, mais il se fâcha jusqu'à ordonner à Châteauneuf, greffier de l'ordre, en plein chapitre, de mettre sur son registre que MM. de Soubise et comte d'Auvergne s'excusoient d'être de la promotion pour ne vouloir pas prendre l'ordre dans le rang où leurs pères et leurs prédécesseurs s'étoient tenus honorés de le recevoir.

Cela fit grand bruit, et la mortification fut cuisante. Mais

Mme de Soubise y sut pourvoir; elle amadoua et intimida si bien Châteauneuf, qui étoit de ses amis et un fort pauvre homme, qu'elle lui fit écrire sur ses registres que ces messieurs n'avoient pas pris l'ordre pour n'avoir pas voulu céder à des cadets de la maison de Lorraine.

Ils n'avoient jamais osé parler d'eux ni des ducs; il ne s'étoit agi que de passer après le dernier duc et devant le premier des ducs à brevet, et des maréchaux de France qui n'avoient jamais été mis les premiers des gentilshommes d'une promotion, et qui encore alors et depuis n'avoient aucun rang dans l'ordre que de leur ancienneté de promotion, et dans celle où ils étoient reçus, celui où avec les gentilshommes ils se trouvoient écrits dans la liste du roi, qui dans celle-ci les avoit écrits les premiers.

Ainsi l'adresse, pour ne rien dire de plus, substitua à une vérité fâcheuse à leurs idées une fausseté à devenir preuve d'une prétention de préséance qu'ils n'avoient jamais imaginée. Cela ne fut su que bien des années après, et le rare est qu'il n'en a été autre chose. Pour MM. de Bouillon, aucun d'eux jusque-là n'avoit été à portée de l'ordre dans aucune promotion jusqu'à celle-ci.

Le père du maréchal de Bouillon étoit, comme tous les siens, sans prétention, et il mourut de ses blessures en 1557, qu'il avoit reçues auprès de Saint-Quentin, longtemps avant l'institution de l'ordre. Le maréchal de Bouillon vécut et mourut huguenot en 1623. Le duc de Bouillon ne se fit catholique qu'en 1667, et mourut en 1652 sans promotion entre-deux, et M. de Turenne son frère ne se convertit qu'en 1668 et fut tué en 1675, aussi sans promotion entre-deux. Ce n'étoit que depuis la possession des biens de l'héritière de Sedan que le maréchal de Bouillon, et ses enfants encore plus que lui, avoient commencé à hasarder quelques prétentions, et le frère puîné du père de cette héritière, et qui, par transaction toujours exécutée, précéda toute sa vie en tous actes, lieux et occasions le maréchal de Bouillon, fut le vingt-quatrième parmi les gentilshommes dans la première promotion, et son fils le cinquante et unième dans celle de 1619, la même où le marquis de Marigny dont j'ai parlé fut le cinquante-cinquième.

Voilà une longue parenthèse avant de venir au fait qui l'a engagée, mais dont la curiosité pourra dédommager. Il faut pourtant en essuyer une autre dont on ne peut passer le récit pour bien entendre le fait dont il s'agit cette année.

Je ne sais où s'est prise l'origine du traitement si distingué que reçoivent en Sorbonne les princes ou ceux qui en ont le rang pendant leur licence. Ce ne peut être de la maison de Lorraine. Sa puissance a bien pu dominer cette célèbre école au point de lui faire commettre l'attentat de dégrader Henri III, et de le déclarer, sans droit ni autorité quelconque, déchu de la couronne après l'exécution de Blois de la fin de 1588, et après sa mort, Henri IV exclu de la couronne. Cette même puissance auroit donc bien pu imaginer ces honneurs et se les faire rendre; mais elle-même ne les prétendoit pas alors, au moins le principal, et qui emporte les autres distinctions qui ne sont que locales. Elles consistent en celles-ci :

Le prince, ou celui qui en a le rang, qui soutient une thèse, a des gants dans ses mains, et son bonnet sur la tête pendant toute l'action, et il est traité de *sérénissime prince* tant par ceux qui argumentent contre lui, que par celui qui préside à la thèse. Il l'est aussi d'*altesse sérénissime*, et le proviseur de Sorbonne la lui donne dans ses lettres de doctorat. Quelque grands et puissants qu'aient été ceux de la maison de Lorraine en France, depuis qu'ils s'y vinrent établir sous François Ier jusqu'à la destruction de la Ligue sous Henri IV, aucun d'eux n'a été traité d'altesse que le duc de Lorraine souverain, et l'aîné ou le chef de leur maison.

De ceux qui ont pour ainsi dire régné en France parmi les troubles qu'ils y formèrent, nul n'a été plus respecté ni plus grandement traité par le duc de Mayenne, qui, pendant sa gestion de lieutenant général de l'État et de couronne de France, n'omit aucune de celles qui sont réservées à la personne et à l'autorité de nos rois. Il fit, en son propre nom, des déclarations et des délits qui furent enregistrés au parlement; il fit des maréchaux de France qui en exercèrent les offices, et dont quelques-uns les conservèrent en faisant leur traité avec Henri IV; il punit de mort et d'exil, et donna grâce de la vie; il disposa en roi des charges, des emplois, des bénéfices de toutes les sortes, et grand nombre de ses pourvus gardèrent leurs places à la paix.

On ne peut donc pas croire qu'au temps de l'exercice de l'autorité et de la puissance royale qu'il exerça en plein dans son parti qui étoit presque toute la France et Paris surtout, personne de ce parti lui eût osé ni voulu même refuser aucun des honneurs et des distinctions, même nouvelles, qu'il eût voulu s'arroger. Les histoires et les Mémoires de ces malheureux temps rapportent une infinité d'actes de M. de Mayenne, et de lettres de toutes sortes de personnes à lui écrites. Dans pas une de ces pièces il ne se trouve d'*altesse*. C'est *vous* partout, et jusqu'à son propre secrétaire ne lui écrit jamais autrement. Il est donc vrai qu'il n'imaginoit pas de prétendre ce traitement, comme alors ni le duc de Lorraine ni aucun autre souverain qui se faisoient donner l'*altesse*, n'imaginoient pas le *sérénissime*.

Ce superlatif ne leur est venu dans la tête et dans l'usage que longtemps depuis, lorsque leurs cadets se sont fait traiter d'*altesse*, pour se distinguer d'eux, et cette distinction a été de courte durée. Les mêmes qui s'étoient fait donner l'*altesse* comme les souverains, ont pris aussi le *sérénissime* presque aussitôt qu'ils l'ont vu inventer, et de là est venue de nos jours l'*altesse royale* qui n'étoit que pour les enfants de nos rois, descendue au leur, et à cause de cela Monsieur et Madame de le quitter, et M. de Savoie, M. le grand-duc de

Toscane, et longtemps après M. de Lorraine, la prendre sous prétexte d'avoir épousé des petites-filles de France qui en étoient traitées, tandis que les ducs de Lorraine et de Savoie, gendres de nos rois et leurs beaux-frères, s'étoient contentés de la simple *altesse*.

Depuis M. de Mayenne, aucun de sa maison n'a été sur les bancs de Sorbonne jusqu'à un fils de M. le Grand, et longtemps après, un autre, tous deux de nos jours, et qui trouvèrent ces distinctions établies en Sorbonne pour beaucoup moins qu'eux, et qui les ont eues.

Le cardinal de Guise, archevêque de Reims, mort à la suite de Louis XIII, pendant le siége de Saint-Jean-d'Angély, n'a jamais été que sous-diacre, et n'avoit jamais songé à entrer en licence, beaucoup moins M. de Guise de Naples, archevêque de Reims, aussi dans son enfance, et qui ne l'a jamais été que commendataire[1]. D'autres maisons souveraines, aucun n'a été prélat en France, ni été en Sorbonne, et toutes ces choses sont des faits certains.

Il faut donc dire que le cardinal de Bouillon est celui en faveur duquel ils ont été inventés. Il étoit né en août 1643, et fut cardinal en août 1669. Il avoit donc vingt-six ans quand il le fut, et c'est dans cet intervalle qu'il obtint ces honneurs en Sorbonne. La façon dont il fut cardinal montrera toute seule comment ces distinctions lui furent déférées en Sorbonne. M. de Turenne fut fait maréchal général des camps et armées de France, le 7 avril 1660, la cour étant à Montpellier. Son neveu avoit alors dix-sept ans. Cette époque marque donc bien en quelle situation étoit M. de Turenne. Elle ne déchut pas depuis, et personne n'ignore le degré de faveur, de crédit, d'autorité, où a toujours été ce grand homme, depuis qu'après tant d'écarts il se fut sincèrement attaché au roi et au gouvernement la dernière fois. Il seroit

---

1. Le commendataire percevait les revenus et avait les droits honorifiques attachés à une dignité ecclésiastique, sans être chargé de la discipline et souvent même sans être engagé dans les ordres.

aussi difficile de ne savoir pas l'attachement extrême qu'il eut pour la grandeur et les distinctions de sa maison, qui toute sa vie le conduisit et fut sa passion dominante, et tous les avantages qu'il sut lui procurer par toutes sortes d'occasions et de moyens.

Il regarda son neveu comme y pouvant beaucoup contribuer en le poussant dans l'Église, et M. de Péréfixe, archevêque de Paris, dans la confiance et le crédit où il étoit à la cour, comme un instrument très-propre à l'avancer. Il étoit son ami, et ce prélat s'en faisoit un grand honneur. Il lui recommanda fort son neveu, qui eut l'esprit de lui faire une cour assidue, et de le gagner aussi personnellement. Il arriva que M. de Louvois, déjà considérable par soi, aussi bien que par son père, et qui n'avoit ni sa modestie ni sa retenue, imagina de capter si bien l'évêque de Langres, qu'il fit l'abbé Le Tellier, son frère, son coadjuteur. Ce prélat étoit ce fameux abbé de La Rivière, qui avoit si longtemps gouverné M. Gaston, qui par là avoit tant figuré pendant les troubles de la minorité du roi, qui étoit devenu ministre, qui avoit tant fait compter tous les partis avec lui, qui avoit eu la nomination au cardinalat, et qui tout homme de rien qu'il étoit, et enfin perdu, eut en dédommagement de ce qu'il avoit été et prétendu cet évêché, duché-pairie et force bénéfices. Il savoit par expérience active et passive ce que peuvent les ministres. Il fut ravi de s'acquérir M. de Louvois et son père, et alla avec les deux frères dire sa résolution à M. Le Tellier. Celui-ci fut épouvanté d'un siége de cette dignité; mais l'affaire étoit faite, il ne put s'empêcher de se joindre à eux pour la faire agréer au roi.

Le bruit qu'elle fit réveilla le cardinal Antoine Barberin, archevêque-duc de Reims; sa puissance et sa chute à Rome, la protection que le cardinal Mazarin lui avoit accordée et à sa famille fugitive en France, ne lui avoit pas donné moins d'expérience et d'instruction qu'à La Rivière, touchant les ministres. Il accourut dès le lendemain chez Le Tellier, où il envoya chercher ses fils, leur fit de grands reproches de s'être adressés à M. de Langres plutôt qu'à lui, et de ce pas alla demander au roi la coadjutorerie de Reims pour l'abbé Le Tellier, et l'obtint sur-le-champ.

Une si prodigieuse fortune pour un homme de l'état et de l'âge de l'abbé Le Tellier, qui n'avoit pas encore vingt-sept ans entièrement accomplis, fit un grand bruit dans le monde, et surprit jusqu'à sa famille et jusqu'à lui-même. M. de Turenne qui n'aimoit pas M. de Louvois, ni guère mieux M. Le Tellier, en fut piqué au dernier point. C'étoit de plus un morceau unique qu'il convoitoit pour son neveu, qui déjà plein d'ambition fut enragé de se le voir ôter, et par l'abbé Le Tellier. Ils imaginèrent la coadjutorerie de Paris, et avec les avances d'amitié intime qu'ils avoient avec M. de Péréfixe, ils le lui persuadèrent si bien et sitôt, qu'il ne le désira pas moins passionnément qu'eux. Il la demanda au roi, et fut bien étonné d'y trouver de la résistance. Il ne se rebuta point; M. de Turenne vint au secours, qui s'y mit tout entier comme pour un coup de partie. Le roi dans l'embarras du refus à M. de Péréfixe qu'il aimoit et qu'il considéroit fort, et encore plus à M. de Turenne dans la posture où il étoit, et qui étoit pourtant résolu de ne hasarder pas de faire un second coadjuteur de Retz, en sortit par proposer à M. de Turenne sa nomination au cardinalat au lieu de la coadjutorerie, et se trouva heureux et obligé à M. de Turenne de ce qu'il voulut bien l'accepter. La promotion des couronnes étoit instante, ainsi ils n'attendirent pas, et se dépiquèrent ainsi de la coadjutorerie de l'abbé Le Tellier.

M. de Péréfixe étoit proviseur de Sorbonne, et en étoit d'autant plus le maître, qu'il s'étoit plus que prêté à toutes les volontés de la cour, contre M. Arnauld et ses amis, et qu'il avoit fait main basse sur la Sorbonne, et répandu grand nombre de lettres de cachet. D'autre part, le jeune abbé s'étoit dévoué aux jésuites, auxquels il a été toute sa vie abandonné, et dont il a tiré de grands services. Avec ces secours, M. de Turenne put prétendre pour lui toutes les nouveautés qu'il voulut; elles s'exécutèrent plus tôt que personne ne s'en fut avisé, et une fois faites et sans disputes ni plaintes, la cour n'en dit rien aussi, et ne voulut pas courre après, et donner ce dégoût amer à M. de Turenne[1]. N'est-ce point là voler un peu sur les grands chemins? Si on examine bien tout ce rang de prince étranger, même dans ceux qui le sont par naissance, on le trouvera tout composé de pareils brigandages.

Sur cet exemple, l'abbé de Soubise prétendit les mêmes distinctions. Il y trouva de la résistance. Mme de Soubise n'eut pas peine à la vaincre. Le roi a toujours regardé celui-ci avec d'autres yeux que les autres enfants de Mme de Soubise, lui et un plus jeune qu'on appeloit le prince Maximilien; car depuis elle, tout fut et se nomma prince dans cette maison. Mais ce prince Maximilien fut tué de fort bonne heure, et n'eut pas le temps comme l'abbé de profiter de l'affection particulière du roi. Il commanda au proviseur et à la Sorbonne, et l'abbé de Soubise fut traité comme l'avoit été le cardinal de Bouillon. La suite naturelle étoit que tout finît de même. Il avoit été prieur de Sorbonne pour briller et capter cette école irritée des ordres du roi à son égard. Il en fallut venir à ses lettres de doctorat, et c'est le point qui a causé toute cette digression pour l'entendre. M. de Reims n'y voulut point mettre d'*altesse sérénissime*. Il étoit proviseur de Sorbonne, et alléguoit que M. de Péréfixe qui les avoit données avec ce traitement à M. de Bouillon, depuis cardinal, n'étoit pas duc et pair. Mme de Soubise en vint à bout aussi aisément que du reste. Le roi l'ordonna à l'archevêque de Reims, et lui dit pour toute raison qu'il ne donnoit pas ces lettres comme archevêque de Reims, mais comme provi-

---

[1]. Il y a ici quelques difficultés de dates que l'on trouvera éclaircies dans les notes à la fin du volume.

seur de Sorbonne, et qu'il le vouloit ainsi ; on peut juger qu'il fut bientôt obéi.

Presque aussitôt après, le prince de Montbazon, second fils du prince de Guéméné (car l'aîné étoit enfermé dans une abbaye), épousa une fille du duc de Bouillon. Mme de Soubise obtint que les fiançailles se feroient dans le cabinet du roi.

Avant de quitter cette maison, il faut dire que le prince de Guéméné, mort duc de Montbazon, en février 1667, et frère de M. de Soubise, avoit trente-un an plus que lui, et Mme de Chevreuse, morte en 1679, leur sœur, suivoit le siècle. La princesse de Guéméné, morte duchesse de Montbazon en 1657, mère de M. de Soubise, étoit cette belle Mme de Montbazon dont on a fait ce conte qui a trouvé croyance : que l'abbé de Rancé, depuis ce célèbre abbé de la Trappe, en étoit fort amoureux et bien traité ; qu'il la quitta à Paris, se portant fort bien, pour aller faire un tour à la campagne ; que bientôt après, y ayant appris qu'elle étoit tombée malade, il étoit accouru, et qu'étant entré brusquement dans son appartement, le premier objet qui y étoit tombé sous ses yeux avoit été sa tête, que les chirurgiens, en l'ouvrant, avoit séparée ; qu'il n'avoit appris sa mort que par là, et que la surprise et l'horreur de ce spectacle joint à la douleur d'un homme passionné et heureux, l'avoit converti, jeté dans la retraite, et de là dans l'ordre de Saint-Bernard et dans sa réforme. Il n'y a rien de vrai en cela, mais seulement des choses qui ont donné cours à cette fiction. Je l'ai demandé franchement à M. de la Trappe, non pas grossièrement l'amour et beaucoup moins le bonheur, mais le fait, et voici ce que j'en ai appris : il étoit intimement de ses amis, ne bougeoit de l'hôtel de Montbazon, et ami de tous les personnages de la Fronde, de M. de Châteauneuf, de Mme de Chevreuse, de M. de Montrésor et de ce qui s'appeloit alors les Importants, mais plus particulièrement de M. de Beaufort avec qui il faisoit très-souvent des parties de chasse, et dans la dernière intimité avec le cardinal de Retz et qui a duré jusqu'à sa mort. Mme de Montbazon mourut de la rougeole en fort peu de jours. M. de Rancé étoit auprès d'elle, ne la quitta point, lui vit recevoir les sacrements, et fut présent à sa mort. La vérité est que, déjà touché et tiraillé entre Dieu et le monde, méditant déjà depuis quelque temps une retraite, les réflexions que cette mort si prompte fit faire à son cœur et à son esprit achevèrent de le déterminer, et peu après il s'en alla en sa maison de Véretz en Touraine, qui fut le commencement de sa séparation du monde.

La princesse de Guéméné, si initiée auprès de la reine mère par Mme de Chevreuse, sœur de son mari et de M. de Soubise, et qui attrapa le tabouret par les bricoles des particuliers et du Val-de-Grâce, mourut duchesse de Montbazon, en 1685, à quatre-vingt-un ans. Elle étoit mère du duc de Montbazon, mort fou en 1699, enfermé depuis longues années à Liége, et du chevalier de Rohan, décapité pour crime de lèse-majesté, 17 novembre 1674, quelque temps après avoir vendu à M. de Soyecourt sa charge de grand veneur, qu'il avoit eue en survivance de son père et que M. de La Rochefoucauld eut à la mort de Soyecourt.

CHAPITRE XI.

Mariages du fils du duc de La Force et de Mlle de Bosmelet; de La Vallière et d'une fille du duc de Noailles; de La Carte et d'une fille du duc de La Ferté; de Sassenage avec une fille du duc de Chevreuse, veuve de Morstein. — Cent vingt mille livres à M. le Grand, et soixante mille livres au chevalier de Lorraine. — Charnacé arrêté pour fausse monnoie, etc.; il déplace plaisamment une maison de paysan qui l'offusquoit. — Carrosse de la duchesse de Verneuil exclu des entrées des ambassadeurs. — Querelle de M. le prince de Conti et du grand prieur qui est mis à la Bastille et n'en sort qu'en allant demander pardon en propres termes à M. le prince de Conti. — L'électeur de Saxe reconnu roi de Pologne par le roi. — Naissance de mon fils aîné. — Éclat entre le duc de Bouillon et le duc d'Albret, son fils. — Curé de Seurre, ami de Mme Guyon, brûlé à Dijon. — Réponse de M. de Cambrai à M. de Meaux. — Mort de la duchesse de Richelieu; de la princesse d'Espinoy, douairière; ses enfants; ses progrès. — Entreprise de Mlle de Melun qui frise de près l'affront. — Mort du duc d'Estrées et sa dépouille. — Mort du duc de Chaulnes. — Mort de la duchesse de Choiseul.

Plusieurs mariages suivirent de près celui de M. de Montbazon. M. de La Force maria son fils aîné à Mlle de Bosmelet, fille unique, extrêmement riche, d'un président à mortier du parlement de Rouen, et d'une fille de Chavigny, secrétaire d'État, sœur de la maréchale de Clérembault, de l'ancien évêque de Troyes, etc.

La Vallière épousa une fille du duc de Noailles. Mme la princesse de Conti, cousine germaine de La Vallière et qui l'aimoit fort, parla libéralement dans le contrat, et fit la noce en sa belle maison dans l'avenue de Versailles. Ce fut une espèce de fête où Monseigneur se trouva.

Il s'en fit un autre assez bizarre : La Carte, gentilhomme de Poitou, fort mince et fort pauvre, s'attacha à Monsieur qui prit pour lui un goût, que sa figure des plus communes ne méritoit pas de celui de ce prince qui s'en entêta extraordinairement, et qui de charge en charge chez lui, le fit rapidement monter à celle de premier gentilhomme de sa chambre, et lui fit beaucoup de grâces pécuniaires. A la fin il le voulut marier. La duchesse de La Ferté avoit encore une fille qui avoit un peu rôti le balai, et qui commençoit à monter en graine. Elle étoit fort bien avec Monsieur qui lui proposa ce mariage : elle se fit prier, et elle voulut que La Carte prît les livrées et les armes de sa fille et le nom de marquis de La Ferté. Cela l'honoroit trop pour n'y pas consentir avec joie. Mais le duc de La Ferté, de tout temps brouillé avec sa femme, et non sans cause, séparé d'elle et qui ne la voyoit point, se fit tenir à quatre, et les Saint-Nectaire encore plus, qui s'opposèrent en forme à la prostitution de leur nom et de leurs armes. Après bien du vacarme et des propos fâcheux, Monsieur apaisa tout avec de l'argent. Tous consentirent, et la duchesse de La Ferté donna une fête à Monsieur en faisant la noce.

Sassenage, autre premier gentilhomme de la chambre de Monsieur, épousa la veuve de Morstein, fille du duc de Chevreuse. C'étoit une âme d'élite du petit troupeau de Mme Guyon et de M. de Cambrai, qui avec toute la profondeur de cette dévotion voulut se remarier. Ce gendre n'étoit pas plus fait pour cette famille que M. de Lévi, et beaucoup moins pour une femme si mystique; il a pourtant très-bien vécu avec eux tous.

Le roi, qui venoit de payer les dettes de M. de La Rochefoucauld, et qui aimoit fort aussi M. le Grand, ne voulut apparemment pas faire de jalousie entre ces deux émules en cas que son présent fût éventé; il en fit un de quarante mille écus à M. le Grand, et un autre de vingt mille écus au chevalier de Lorraine.

Il fit arrêter Charnacé en province où, déjà fort mécontent de sa conduite en Anjou où il étoit retiré chez lui, il l'avoit relégué ailleurs, et de là conduire à Montauban, fort accusé de beaucoup de méchantes choses, surtout de fausse monnoie. C'étoit un garçon d'esprit qui avoit été page du roi et officier dans ses gardes du corps, fort du monde, et puis retiré chez lui où il avoit souvent fait bien des fredaines, mais il avoit toujours trouvé bonté et protection dans le roi. Il en fit une entre autres pleine d'esprit et dont on ne put que rire.

Il avoit une très-longue et parfaitement belle avenue devant sa maison en Anjou, dans laquelle étoit placée une maison de paysan et son petit jardin qui s'y étoit apparemment trouvée lorsqu'elle fut plantée, et que jamais

Charnacé ni son père n'avoient pu réduire ce paysan à la leur vendre, quelque avantage qu'ils lui en eussent offert, et c'est une opiniâtreté dont quantité de petits propriétaires se piquent, pour faire enrager des gens à la convenance et quelquefois à la nécessité desquels ils sont. Charnacé ne sachant plus qu'y faire avoit laissé cela là depuis fort longtemps sans en plus parler. Enfin, fatigué de cette chaumine qui lui bouchoit tout l'agrément de son avenue, il imagina un tour de passe-passe. Le paysan qui y demeuroit, et à qui elle appartenoit, étoit tailleur de son métier quand il trouvoit à l'exercer, et il étoit chez lui tout seul, sans femme ni enfants. Charnacé l'envoie chercher, lui dit qu'il est mandé à la cour pour un emploi de conséquence, qu'il est pressé de s'y rendre, mais qu'il lui faut une livrée. Ils font marché comptant; mais Charnacé stipule qu'il ne veut point se fier à ses délais, et que, moyennant quelque chose de plus, il ne veut point qu'il sorte de chez lui que sa livrée ne soit faite, et qu'il le couchera, le nourrira et le payera avant de le renvoyer. Le tailleur s'y accorde et se met à travailler. Pendant qu'il y est occupé, Charnacé fait prendre avec la dernière exactitude le plan et les dimensions de sa maison et de son jardin, des pièces de l'intérieur, jusque de la position des ustensiles et du petit meuble, fait démonter la maison et emporter tout ce qui y étoit, remonte la maison telle qu'elle étoit au juste dedans et dehors, à quatre portées de mousquet, à côté de son avenue, replace tous les meubles et ustensiles dans la même position en laquelle on les avoit trouvés, et rétablit le petit jardin de même, en même temps fait aplanir et nettoyer l'endroit de l'avenue où elle étoit, en sorte qu'il n'y parut pas.

Tout cela fut exécuté encore plus tôt que la livrée faite, et cependant le tailleur doucement gardé à vue de peur de quelque indiscrétion. Enfin la besogne achevée de part et d'autre, Charnacé amuse son homme jusqu'à la nuit bien noire, le paye et le renvoie content. Le voilà qui enfile l'avenue. Bientôt il la trouve longue, après il va aux arbres et n'en trouve plus. Il s'aperçoit qu'il a passé le bout et revient à tâtons chercher les arbres. Il les suit à l'estime, puis croise et ne trouve point sa maison. Il ne comprend point cette aventure. La nuit se passe dans cet exercice, le jour arrive et devient bientôt assez clair pour aviser sa maison. Il ne voit rien, il se frotte les yeux, il cherche d'autres objets pour découvrir si c'est la faute de sa vue. Enfin il croit que le diable s'en mêle, et qu'il a emporté sa maison. A force d'aller, de venir, et de porter sa vue de tous côtés, il aperçoit, à une assez grande distance de l'avenue, une maison qui ressemble à la sienne comme deux gouttes d'eau. Il ne peut croire que cela soit; mais la curiosité le fait aller où elle est, et où il n'a jamais vu de maison. Plus il approche, plus il reconnoît que c'est la sienne. Pour s'assurer mieux de ce qui lui tourne la tête, il présente sa clef, elle ouvre, il entre, il retrouve tout ce qu'il y avoit laissé, et précisément dans la même place. Il est prêt à en pâmer, et il demeure convaincu que c'est un tour de sorcier. La journée ne fut pas bien avancée que la risée du château et du village l'instruisit de la vérité du sortilège, et le mit en furie. Il veut plaider; il veut demander justice à l'intendant; et partout on s'en moque. Le roi le sut qui en rit aussi, et Charnacé eut son avenue libre. S'il n'avoit jamais fait pis il auroit conservé sa réputation et sa liberté.

Comme presque tout ce que j'ai écrit depuis que j'ai parlé de la brillante ambassade de milord Portland s'est passé pendant qu'il étoit ici, je ne ferai point de difficulté d'ajouter en cet endroit un oubli que j'ai fait sur son entrée, dont je n'ai rien dit, parce qu'à la magnificence près, elle se passa comme toutes les autres; mais il y eut une difficulté. Depuis que Mme de Verneuil fut, à sa grande surprise à elle-même, devenue princesse du sang, elle avoit envoyé son carrosse aux entrées des ambassadeurs qui n'y avoient pas pris garde. Portland attentif à tout en fut averti, et déclara qu'il ne souffriroit pas que ce carrosse passât devant le sien; que si d'autres ambassadeurs l'avoient souffert, c'étoit leur affaire; mais qu'il ne feroit point d'entrée bien résolûment, plutôt qu'endurer une nouveauté sans exemple avec des ambassadeurs d'Angleterre, ou qu'il en écriroit si on vouloit, et en attendoit les ordres là-dessus, qui étoit tout ce qu'il pouvoit faire. Il se fit des allées et des venues qui n'ébranlèrent point la fermeté de Portland; sur quoi on aima mieux que le carrosse de Mme de Verneuil ne se présentât point, que d'insister davantage ou de se commettre à la réponse d'un pays où les bâtards des rois sont ce qu'ils ont été partout, et ce qu'ils devroient toujours être, c'est-à-dire des néants sans état et sans nom, si ce n'est par les charges et par les dignités qui les en tirent, et qui les mettent au rang exact de celles dont ils sont revêtus. Heemskerke, réveillé pour son entrée par cette aventure, forma la même difficulté que Portland, et eut le même succès.

Il arriva à Meudon une scène fort étrange : on jouoit après souper, et Monseigneur s'alla coucher; assez de courtisans demeurèrent à jouer ou à voir jouer. M. le prince de Conti et le grand prieur étoient des acteurs. Il y eut un coup qui fit une dispute. On a déjà vu en plus d'un endroit que ce prince et MM. de Vendôme ne s'aimoient pas, et d'une manière même assez déclarée. La faveur de M. de Vendôme qui ne l'étoit pas moins, sa préférence sur les princes du sang pour le commandement des armées, ses rangs et ses distinctions, crûs à pas de géant, touchant presque le niveau des princes du sang, avoient tellement augmenté l'audace du grand prieur qu'il lui échappa dans la dispute une aigreur et des propos qui eussent été trop forts dans un égal, et qui lui attirèrent une cruelle repartie, où le prince de Conti tançoit à bout portant et sa fidélité au jeu, et son courage à la guerre, l'un et l'autre à la vérité fort peu nets.

Là-dessus le grand prieur s'emporte, jette les cartes, et lui demande satisfaction, l'épée à la main, de cette insulte. Le prince de Conti, d'un sourire de mépris, l'avertit qu'il lui manquoit de respect, mais qu'en même temps il étoit facile à rencontrer, parce qu'il alloit partout et tout seul. L'arrivée de Monseigneur tout nu en robe de chambre, que quelqu'un alla avertir, imposa à tous deux. Il ordonna au marquis de Gesvres qui s'y trouva d'aller rendre compte au roi de ce qu'il venoit d'arriver, et chacun s'en alla se coucher. Le marquis de Gesvres, au réveil du roi, s'acquitta de sa commission, sur quoi le roi manda à Monseigneur d'envoyer, par l'exempt des gardes servant auprès de lui, le grand prieur à la Bastille. Celui-ci étoit déjà venu de Meudon pour parler au roi de son affaire, et fit demander audience par Lavienne. Le roi lui manda qu'il lui défendoit de se présenter devant lui, et lui ordonna de s'en aller sur-le-champ à la Bastille, où il trouveroit ordre de le recevoir. Il fallut obéir. Un moment après arriva M. le prince de Conti qui entretint le roi en particulier dans son cabinet.

Le lendemain 30 juillet, M. de Vendôme arriva d'Anet, eut audience du roi, et de là alla chez M. le prince de Conti. Ce fut un grand émoi à la cour. Les princes du sang prirent l'affaire fort haut, et les bâtards [furent] si embarrassés, que le 2 août, M. du Maine et M. le comte de Toulouse allèrent voir M. le prince de Conti. Enfin l'affaire s'accommoda à Marly, le 6 août le matin; Monseigneur pria le roi de vouloir bien pardonner au grand prieur et le faire sortir de la Bastille, et l'assura que M. le prince de Conti lui pardonnoit aussi. Là-dessus le roi envoya chercher M. de Vendôme. Il lui dit qu'il alloit faire expédier l'ordre pour faire sortir son frère de la Bastille ; qu'il pourroit le lendemain l'amener à Marly, où d'abord il vouloit qu'il allât demander pardon à M. le prince de Conti, après à Monseigneur; qu'il le verroit ensuite, et que de là il s'en retourneroit à Paris. Il ajouta qu'au retour à Versailles, le grand prieur pourroit y venir. La chose fut exécutée de point en point de la sorte le lendemain jeudi 7 août, les deux pardons demandés et en propres termes, et M. de Vendôme présent avec son frère. Ce ne fut pas sans que nature pâtît cruellement en tous les deux ; mais il fallut avaler le calice, et calmer les princes du sang, qui étoient extrêmement animés.

Pendant les jours de cette querelle, un envoyé de l'électeur de Saxe qui venoit d'arriver à Paris eut audience du roi, et son maître fut publiquement reconnu ici roi de Pologne.

Presque en même temps, c'est-à-dire le 29 mai dans la matinée, Mme de Saint-Simon accoucha fort heureusement, et Dieu nous fit la grâce de nous donner un fils. Il porta, comme j'avois fait, le nom de vidame de Chartres. Je ne sais pourquoi on a la fantaisie des noms singuliers ; mais ils séduisent en toutes nations, et ceux même qui en sentent le foible les imitent. Il est vrai que les titres de comte et de marquis sont tombés dans la poussière par la quantité de gens de rien et même sans terre qui les usurpent, et par là tombés dans le néant, si bien même que les gens de qualité qui sont marquis ou comtes (qu'ils me permettent de le dire), ont le ridicule d'être blessés qu'on leur donne ces titres en parlant à eux. Il reste pourtant vrai que ces titres émanent d'une érection de terre et d'une grâce du roi, et quoique cela n'ait plus de distinction, ces titres dans leur origine, et bien longtemps depuis, ont eu des fonctions, et que leurs distinctions ont duré bien au delà de ces fonctions. Les vidames, au contraire, ne sont que les premiers officiers de la maison de certains évêques par un fief inféodé d'eux, et à titre de leurs premiers vassaux conduisoient tous leurs autres vassaux à la guerre, du temps qu'elle se faisoit ainsi entre les seigneurs les uns contre les autres, ou dans les armées que nos rois assembloient contre leurs ennemis, avant qu'ils eussent établi leur milice sur le pied que peu à peu elle a été mise, et que peu à peu ils ont anéanti le service avec le besoin des vassaux, et toute la puissance et l'autorité des seigneurs. Il n'y eut donc jamais de comparaison entre le titre de vidame, qui ne marque que le vassal et l'officier d'un évêque, et les titres qui par fief émanent des rois. Mais comme on n'a guère connu de vidames que ceux de Laon, d'Amiens, du Mans et de Chartres, et que entre ceux-là un Montoire, dont la maison avoit pris le nom de Vendôme pour en avoir épousé l'héritière dont les Montoire relevoient; parce que, dis-je, ce Vendôme s'illustra par sa gentillesse, ses galanteries, ses grands biens, sa magnificence et la splendeur du tournoi qu'il donna, et par les intrigues et les grandes affaires où il n'eut que trop de part, puisqu'elles le firent périr dans la Bastille, ce nom de vidame de Chartres a paru beau, et ce fief ayant toujours appartenu aux mêmes qui avoient la terre de la Ferté-Arnaud, qui de ce Vendôme tomba par sa sœur aux Ferrières, et de ceux-ci encore par une sœur aux La Fin, Louis XIII l'ayant fait acheter à mon père, parce qu'il n'y a que vingt lieues de là à Versailles, il acheta en même temps ce fief dans Chartres qui en est le vidamé, et m'en fit porter le nom, que j'ai fait après porter à mon fils.

Un peu devant le voyage de Compiègne, M. de Bouillon et le duc d'Albret, son fils aîné, se brouillèrent avec éclat; il y avoit quelque temps que, de l'agrément du père, le fils avoit fait un voyage à Turenne, pour en rapporter le présent qui se faisoit aux fils aînés du seigneur de Turenne, la première fois qu'il y alloit. Le duc d'Albret y avoit mené des gens d'affaires qui y trouvèrent un testament du maréchal de Bouillon, portant, à ce qu'ils prétendirent, une substitution dûment faite et insinuée partout où il appartenoit, qui assuroit tout d'aîné en aîné, et qui, par conséquent, lioit les mains à M. de Bouillon sur tout avantage à ses cadets, et le mettoit de plus hors d'état de payer ses créanciers personnels, que sur les revenus pendant sa vie.

Au retour de M. d'Albret, ce feu couva sous la cendre. On tourna M. de Bouillon, on n'osoit tout dire ; à la fin on vint au fait, et M. d'Albret porta le testament au lieutenant civil. A quelques semaines de là, M. de Bouillon étant allé à Évreux, son fils y envoya lui signifier un exploit par un huissier à la chaîne, qui sont ceux qui peuvent exploiter indifféremment partout et que chacun qui veut emploie, quand on veut faire une signification délicate et forte, parce que ceux-là sont toujours fort respectés et instrumentent avec une grosse chaîne d'or au cou, d'où pend une médaille du roi. Ils sont en même temps huissiers du conseil, et y servent avec cette chaîne. Cette démarche causa un grand vacarme : M. de Bouillon jeta les hauts cris, fit ses plaintes au roi, et lui en dit, dans sa colère, tout ce qu'il put de pis, et il exigea de sa plus proche famille et de ses amis de ne point voir le duc d'Albret. Le roi s'expliqua assez partialement en faveur de M. de Bouillon pour mettre toute la cour de son côté, et ce procédé du fils y mit presque tout le monde, indépendamment de l'esprit courtisan. M. d'Albret, assez gauche et assez empêtré de son naturel, n'osa presque plus se montrer, quoique fort soutenu de M. de La Trémoille, son beau-père, et cette affaire le renferma fort dans l'obscurité et dans la mauvaise compagnie, quoiqu'il eût beaucoup d'esprit, et même fort orné, mais avec cela peu agréable.

Un arrêt du parlement de Dijon fit en même temps un grand bruit. Il fit brûler le curé de Seurre, convaincu de beaucoup d'abominations, en suite des erreurs de Molinos et fort des amis de Mme Guyon. Cela vint fort mal à propos en cadence avec la réponse de M. de Cambrai aux *États d'oraison* de M. de Meaux, qui n'eut rien moins que le succès et l'applaudissement qu'avoit eus ce livre, et qu'il conserva toujours. M. de Paris avoit, quelque temps auparavant, fait une visite aux ducs de Chevreuse et de Beauvilliers. Ils avoient su la belle action qu'il avoit faite à l'égard du dernier, et qui portoit sur tous les deux. Ils se séparèrent donc fort contents de part et d'autre, et ils firent depuis, dans toutes les suites de cette affaire, une grande différence de lui aux deux autres prélats.

La duchesse de Richelieu mourut d'une longue, cruelle et bien étrange maladie. On lui trouva tous les os de la tête cariés jusqu'au cou, et tout le reste parfaitement sain. Elle étoit Acigné, de très-bonne maison de Bretagne, et fort proche parente de ma mère, qui étoit issue de germaine de sa mère, et fort de ses amies. C'est la seule dont M. de Richelieu ait eu des enfants.

La princesse d'Espinoy la mère mourut la veille ou le même jour plus tristement encore. Elle étoit du voyage de Compiègne, et vouloit être de celui de Marly qui le précédoit immédiatement. Allant à Versailles pour se présenter le soir même pour Marly, elle vint à six chevaux chez Mme de Saint-Simon dont la porte étoit encore fermée de sa couche, mais qui lui fut ouverte par l'amitié intime d'elle et de ses sœurs avec MM. de Duras et de Lorges dont j'ai parlé. Quoiqu'elle mît beaucoup de rouge, elle la parut tant partout où on n'en met point, et les veines si grosses, que Mme de Saint-Simon ne put s'empêcher de lui dire qu'elle feroit mieux de se faire saigner que d'aller à Versailles. Mme d'Espinoy répondit qu'elle en avoit été fort tentée par le grand besoin qu'elle s'en sentoit, mais qu'elle n'en avoit pas eu le temps à tout ce qu'elle avoit eu à faire avant Compiègne; qu'il falloit qu'elle allât à Marly, et que là elle se feroit saigner. Du logis elle alla débarquer tout droit chez M. de Barbezieux, à Versailles; elle entra chez lui en bonne santé; l'instant d'après elle se trouva mal; on ne fit que la jeter sur le lit de Barbezieux; elle étoit morte. On lui trouva la tête noyée de sang. Ce fut une vraie perte pour sa famille et pour ses amis, et elle en avoit beaucoup. C'étoit une femme d'esprit et de grand sens, bonne et aussi vraie et sûre que sa sœur de Soubise étoit fausse;

noble, généreuse, bonne et utile amie, accorte, qui aimoit passionnément ses enfants et qui, excepté ses amis, ne faisoit guère de choses sans vues. Le prince d'Espinoy, qui l'avoit épousée en secondes noces, avoit obtenu un tabouret de grâce par son premier mariage avec une fille du vieux Charost, dont une seule fille, première femme du petit-fils de ce bonhomme.

Mme d'Espinoy étoit demeurée veuve avec deux fils et deux filles. M. d'Espinoy avoit été chevalier de l'ordre de la promotion de 1661, et y avoit marché le vingt-neuvième, c'est-à-dire le dix-huitième des gentilshommes, entre le comte de Tonnerre et le maréchal d'Albret, et n'imaginoit pas être prince quoique de grande, ancienne et illustre maison. Il étoit mort en 1679, et n'avoit jamais fait aucune figure. Mme d'Espinoy, fort laide, étoit sœur du duc de Rohan-Chabot et de deux beautés, Mme de Soubise de qui j'ai parlé il n'y a pas longtemps, et assez pour n'en plus rien dire, et Mme de Coetquen, célèbre par le secret du siége de Gand, que M. de Turenne amoureux d'elle ne lui put cacher, et qui transpira par elle, en sorte que le roi, qui ne l'avoit dit qu'à M. de Louvois et à lui, leur en parla à tous deux, et que M. de Turenne eut la bonne foi d'avouer sa faute. Entre une déesse et une nymphe, cette troisième sœur n'étoit qu'une mortelle qui vivoit avec Mme de Soubise dans l'accortise et la subordination de sa beauté et de sa faveur, et dans l'amertume de lui avoir vu faire pièce à pièce MM. de Rohan princes, tandis qu'elle ne savoit pas même si elle obtiendroit la continuation du tabouret de grâce pour son fils. Tous les biens de ses enfants étoient en Flandre, cela l'avoit engagée à y faire de longs séjours. M. Pelletier de Sousy y étoit intendant; lui et son frère, le contrôleur général, étoient créatures de M. de Louvois, par conséquent il étoit le maître en Flandre. Le besoin que Mme d'Espinoy en eut, et les services qu'il lui rendit, les lièrent d'une amitié si intime qu'elle dura toute leur vie, et passa réciproquement à leurs enfants, quoiqu'ils eussent fait tout ce qu'il falloit pour l'éteindre; car M. Pelletier ayant perdu sa femme, Mme d'Espinoy l'épousa, et quoique ce mariage n'ait jamais été déclaré, il ne fut pourtant ignoré de personne.

C'est cette première liaison avec Pelletier qui forma la sienne avec M. de Louvois qui devint son intime ami. Il la trouva propre au monde et à la cour. Il lui conseilla de s'y mettre, elle le crut, elle s'y introduisit par le gros jeu et par Monsieur, et soutenue par Louvois, elle fut bientôt de tout; ce fut par lui qu'elle obtint le tabouret de grâce pour son fils qui n'étoit pas encore dans le monde; l'autre fils mourut en y entrant. Le désir de rendre ce tabouret plus solide lui fit briguer le mariage de Mlle de Commercy, dès lors dans toute la confiance déclarée de Monseigneur, ainsi que Mme et Mlle de Lislebonne, sa mère et sa sœur aînée. Cette raison, et dans une fille de la maison de Lorraine, fort belle et fort bien faite, la fit passer sur plusieurs années plus que n'avoit son fils, et sur la médiocrité du bien qui étoit nul, et qui alors ne paroissoit pas pouvoir augmenter. Le mariage se fit, et la belle-mère et la belle-fille vécurent toujours dans la plus étroite amitié. Avec ce surcroît de princes vrais et faux dont son fils étoit environné de si près, bien leur fâchoit de ne l'être pas aussi. Elle étoit intrigante, et le fut assez pour introduire ses filles à la cour, et en même temps faire en sorte qu'elles ne se trouvassent presque jamais dans les temps où on s'asseyoit, quoiqu'il n'y en eût guère d'autres de faire sa cour à Versailles, où pourtant j'ai été au souper du roi derrière toutes les deux (mais cela étoit extrêmement rare) et bientôt après qu'elles eurent gagné Marly, où le salon et le manger avec le roi mettoit à l'aise sur les tabourets, elles ne s'y trouvèrent plus, mais avec un entregent, une politesse à tout le monde qu'on voyoit toute tendue à obtenir tolérance et silence. L'aînée paroissoit peu, la cadette étoit de tout; elle se fourra chez Mme la princesse de Conti, encore plus chez Mme la Duchesse, et tant qu'elle pouvoit par elle et par le jeu, dans les parties de Monseigneur. Sa mère qui savoit se conduire la tenoit souple et mesurée, et fort en arrière avec tout le monde. Quand elle l'eut perdue elle hasarda. A une musique où le roi étoit, à Versailles, Mlle de Melun, qui s'accoutumoit à n'être plus si polie, se trouva la première après la dernière duchesse. Bientôt après il en arriva une autre qui alla pour se placer, et à qui tout fit place, en se baissant comme cela se faisoit toujours. Mlle de Melun ne branla pas, et ne fit que se lever et se rasseoir. C'étoit la première fois que femme ou fille non titrée, même maréchale de France, n'eût pas donné sa place en ces lieux-là aux duchesses et aux princesses étrangères ou en ayant rang. Le roi qui le vit rougit, le montra à Monsieur, et comme il se tournoit de l'autre côté où étoit Mlle de Melun en levant la voix, Monsieur l'interrompit, et le prenant par le genou, se leva et lui demanda tout effrayé ce qu'il alloit faire. « La faire ôter de là, » dit le roi en colère. Monsieur redoubla d'instances pour éviter l'affront, et se donna pour caution que cela n'arriveroit jamais. Le roi eut peine à se contenir le reste de la musique. Tout ce qui y étoit voyoit bien de quoi il étoit question, et la fille entre deux duchesses se pâmoit de honte et de frayeur jusqu'à perdre toute contenance. Au sortir de là Monsieur lui lava bien la tête et la rendit sage pour l'avenir. C'étoit l'hiver devant la mort de Monsieur; mais j'ai voulu l'ajouter ici tout de suite.

J'anticiperai aussi Compiègne pour parler de deux morts arrivées pendant que le roi y étoit, de M. de Chaulnes et du duc d'Estrées. Ce dernier périt avant cinquante ans, de l'opération de la taille. Il avoit refusé l'ambassade de Rome que son père exerçoit quand il mourut, et qui y avoit tellement gâté ses affaires, que son fils ne voulut pas continuer la même ruine, dont le roi fut un peu fâché; il laissa un fils fort mal à son aise, de sa première femme, fille du fameux

Lyonne, ministre et secrétaire d'État, et n'eut point d'enfants de sa seconde femme qui étoit Bautru, sœur de l'abbé de Vaubrun. Le cardinal d'Estrées obtint du roi le gouvernement de l'Ile-de-France, etc., pour son petit-neveu, et de Monsieur, qui s'en fit honneur, la capitainerie de Villers-Cotterets que MM. d'Estrées avoient toujours eue par la bienséance de leur petit gouvernement de Soissons.

M. de Chaulnes mourut enfin de douleur de l'échange forcé de son gouvernement de Bretagne, où il étoit adoré, et qui lui donna jusqu'au bout, et corps et particuliers, les marques les plus continuelles de sa vénération, de son attachement et de ses regrets. On eut grande peine à obtenir de lui la démission du gouvernement de Guyenne, dont on lui avoit d'abord expédié les provisions pour l'échange. Cette démission étoit nécessaire pour expédier les mêmes provisions au duc de Chevreuse, et en même temps la survivance au duc de Chaulnes, mais avec le commandement et les appointements privativement au duc de Chevreuse. C'est ainsi que depuis que le roi s'étoit fait une règle de ne plus accorder de survivances, il les donnoit, en effet, mais sous une autre forme, et comme à l'envers, mais fort rarement. Ce ne fut qu'environ deux mois avant la mort de M. de Chaulnes qu'il y consentit enfin, mais sans un vrai retour, ni de lui ni de la duchesse de Chaulnes, pour M. ni Mme de Chevreuse, et sans avoir jamais voulu ouïr parler de Guyenne, ni de quoi que ce fût qui eût rapport à ce gouvernement.

J'ai assez parlé de ce seigneur pour n'avoir rien à y ajouter, si ce n'est que ce fut une grande perte pour ses amis, et il en avoit beaucoup. Il fut regretté de tout le monde, et, en Bretagne, ce fut un deuil général. Il ne laissa point d'enfants, mais force dettes. Tous deux étoient fort magnifiques, et ne s'étoient jamais souciés de laisser grand'chose au duc de Chevreuse, leur héritier substitué, ou plutôt son second fils par son mariage. Les profits immenses du droit d'amirauté de Bretagne, attachés au gouvernement de cette province, et qui pendant les guerres avoient été fort hauts, avoient fait croire qu'il laisseroit beaucoup de richesses. Il se trouva qu'il avoit tout dépensé, et qu'il avoit disposé par un testament en legs pieux et de domestiques, et en quarante mille livres à son ami intime le chancelier, de tout ce qui lui restoit à donner. M. de Chevreuse en eut cent dix mille livres de rente du gouvernement, et son second fils, beaucoup de meubles précieux et d'argenterie avec Chaulnes et Picquigny en payant les dettes.

La duchesse du Choiseul, sœur de La Vallière, mourut aussi en même temps, pulmonique, belle et faite au tour, avec un esprit charmant, et à la plus belle fleur de son âge, mais d'une conduite si déplorable, qu'elle en étoit tombée jusque dans le mépris de ses amants. J'en ai suffisamment parlé ailleurs. Son mari, amoureux et crédule, jusqu'à en avoir quitté le bâton de maréchal de France, comme je l'ai raconté, brouillé et séparé après coup, ne voulut pas même la voir à sa mort.

CHAPITRE XII.

Camp de Compiègne superbe; magnificence inouïe du maréchal de Boufflers. — Dames s'entassent pour Compiègne. — Ducs couplés à Compiègne. — Ambassadeurs prétendent *le pour*. — Distinction du *pour*. — Logements à la suite du roi. — Voyage et camp de Compiègne. — Plaisante malice du duc de Lauzun au comte de Tessé. — Spectacle singulier. — Retour de Compiègne.

Il n'étoit question que de Compiègne, où soixante mille hommes venoient former un camp. Il en fut en ce genre comme du mariage de Mgr le duc de Bourgogne au sien. Le roi témoigna qu'il comptoit que les troupes seroient belles, et que chacun s'y piqueroit d'émulation ; c'en fut assez pour exciter une telle émulation qu'on eut après tout lieu de s'en repentir. Non-seulement il n'y eut rien de si parfaitement beau que toutes les troupes, et toutes à tel point, qu'on ne sut à quels corps en donner le prix, mais leurs commandants ajoutèrent, à la beauté majestueuse et guerrière des hommes, des armes, des chevaux, les parures et la magnificence de la cour, et les officiers s'épuisèrent encore par des uniformes qui auroient pu orner des fêtes.

Les colonels et jusqu'à beaucoup de simples capitaines eurent des tables abondantes et délicates, six lieutenants généraux et quatorze maréchaux de camp employés s'y distinguèrent par une grande dépense, mais le maréchal de Boufflers étonna par sa dépense et par l'ordre surprenant d'une abondance et d'une recherche de goût, de magnificence et de politesse, qui dans l'ordinaire de la durée de tout le camp, et à toutes les heures de la nuit et du jour, put apprendre au roi même ce que c'étoit que donner une fête vraiment magnifique et superbe, et à M. le Prince, dont l'art et le goût y surpassoit tout le monde, ce que c'étoit que l'élégance, le nouveau et l'exquis. Jamais spectacle si éclatant, si éblouissant, il le faut dire, si effrayant, et en même temps rien de si tranquille que lui et toute sa maison dans ce traitement universel, de si sourd que tous les préparatifs, de si coulant de source que le prodige de l'exécution, de si simple, de si modeste, de si dégagé de tout soin, que ce général qui néanmoins avoit tout ordonné et ordonnoit sans cesse, tandis qu'il ne paroissoit occupé que des soins du commandement de cette armée. Les tables sans nombre, et toujours neuves, et à tous les moments servies à mesure qu'il se présentoit ou officiers, ou courtisans, ou spectateurs; jusqu'aux bayeurs les plus inconnus, tout étoit retenu, invité et comme forcé par l'attention, la civilité et la promptitude du nombre infini de ses officiers, et pareillement toutes sortes de liqueurs chaudes et froides, et tout ce qui peut être le plus vastement et le plus splendidement compris dans le genre de rafraîchissements; les vins françois, étrangers, ceux de liqueur les plus rares, y étoient comme abandonnés à profusion, et les mesures y étoient si bien prises que l'abondance de gibier et de venaison arrivoit de tous côtés, et que les mers de Normandie, de Hollande, d'Angleterre, de Bretagne, et jusqu'à la Méditerranée, fournissoient tout ce qu'elles avoient de plus monstrueux et de plus exquis à jour et point nommés, avec un ordre inimitable, et un nombre de courriers et de petites voitures de poste prodigieux. Enfin jusqu'à l'eau, qui fut soupçonnée de se troubler ou de s'épuiser par le grand nombre de bouches, arrivoit de Sainte-Reine, de la Seine et des sources les plus estimées, et il n'est possible d'imaginer rien en aucun genre qui ne fût là sous la main, et pour le dernier survenant de paille comme pour l'homme le plus principal et le plus attendu. Des maisons de bois meublées comme les maisons de Paris les plus superbes, et tout en neuf et fait exprès, avec un goût et une galanterie singulière, et des tentes immenses, magnifiques, et dont le nombre pouvoit seul former un camp. Les cuisines, les divers lieux, et les divers officiers pour cette suite sans interruption de tables et pour tous leurs différents services, les sommelleries, les offices, tout cela formoit un spectacle dont l'ordre, le silence, l'exactitude, la diligence et la parfaite propreté ravissoit de surprise et d'admiration.

Ce voyage fut le premier où les dames traitèrent d'ancienne délicatesse ce qu'on n'eût osé leur proposer; il y en eut tant qui s'empressèrent à être du voyage, que le roi lâcha la main, et permit à celles qui voudroient de venir à Compiègne. Mais ce n'étoit pas où elles tendoient : elles vouloient toutes être nommées, et la nécessité, non la liberté du voyage, et c'est ce qui leur fit sauter le bâton de s'entasser dans les carrosses des princesses. Jusqu'alors, tous les voyages que le roi avoit faits, il avoit nommé des dames pour suivre la reine ou Mme la Dauphine dans les carrosses de ces premières princesses. Ce qu'on appela les princesses, qui étoient les bâtardes du roi, avoient leurs amies et leur compagnie pour elles, qu'elles faisoient agréer au roi, et qui alloient dans leurs carrosses à chacune, mais qui le trouvoient bon et qui marchoient sur ce pied-là. En ce voyage-ci tout fut bon pourvu qu'on allât. Il n'y en eut aucune dans le carrosse du roi que la duchesse du Lude avec les princesses. Monsieur et Madame demeurèrent à Saint-Cloud et à Paris.

La cour en hommes fut extrêmement nombreuse, et tellement que pour la première fois, à Compiègne, les ducs furent couplés. J'échus avec le duc de Rohan dans une belle et grande maison du sieur Chambaudon, où nous fûmes nous et nos gens fort à notre aise. J'allai avec M. de La Trémoille et le duc d'Albret, qui me reprochèrent un peu que j'en avois fait une honnêteté à M. de Bouillon, qui en fut fort touché. Mais je crus la devoir à ce qu'il étoit, et plus encore à l'amitié intime qui étoit entre lui et M. le maréchal de Lorges, et qui en outre étoient cousins germains.

Les ambassadeurs furent conviés d'aller à Compiègne. Le vieux Ferreiro, qui l'étoit de Savoie, leur mit dans la tête de prétendre *le pour*. Il assura qu'il l'avoit eu autrefois à sa première ambassade en France. Celui de Portugal allégua que Monsieur, le menant à Montargis, le lui avoit fait donner par ses maréchaux des logis, ce qui, disoit-il, ne s'étoit fait que sur l'exemple de ceux du roi; et le nonce maintint que le nonce Cavallerini l'avoit eu avant d'être cardinal. Pomponne, Torcy, les introducteurs des ambassadeurs, Cavoye protestèrent tous que cela ne pouvoit être, et que jamais ambassadeur ne l'avoit prétendu, et il n'y en avoit pas un mot sur les registres; mais on a vu quelle foi les registres peuvent porter. Le fait étoit que les ambassadeurs sentirent l'envie que le roi avoit de leur étaler la magnificence de ce camp, et qu'ils crurent en pouvoir profiter pour obtenir une chose nouvelle. Le roi tint ferme ; les allées et venues se poussèrent jusque dans les commencements du voyage, et ils finirent par n'y point aller. Le roi en fut si piqué que lui, si modéré et si silencieux, je lui entendis dire à son souper, à Compiègne, que s'il faisoit bien il les réduiroit à ne venir à la cour que par audience, comme il se pratiquoit partout ailleurs.

Le pour est une distinction dont j'ignore l'origine, mais qui en effet n'est qu'une sottise : elle consiste à écrire en craie sur les logis *pour* M. un tel, ou simplement écrire M. un tel. Les maréchaux des logis qui marquent ainsi tous les logements dans les voyages mettent ce *pour* aux princes du sang, aux cardinaux et aux princes étrangers. M. de La Trémoille l'a aussi obtenu, et la duchesse de Braeciano, depuis princesse des Ursins. Ce qui me fait appeler cette distinction une sottise, c'est qu'elle n'emporte ni primauté ni préférence de logement : les cardinaux, les princes étrangers et les ducs sont logés également entre eux sans distinction quelconque qui est toute renfermée dans ce mot *pour*, et n'opère d'ailleurs quoi que ce soit. Ainsi ducs, princes, étrangers, cardinaux sont logés sans autre différence entre eux après les charges du service nécessaire, après eux les maréchaux de France, ensuite les charges considérables, et puis le reste des courtisans. Cela est de même dans les places ; mais quand le roi est à l'armée, son quartier est partagé, et la cour est d'un côté et le militaire de l'autre, sans avoir rien de commun ; et s'il se trouve à la suite du roi des maréchaux de France sans commandement dans l'armée, ils ne laissent pas d'être logés du côté militaire et d'y avoir les premiers logements.

Le jeudi 28 août, la cour partit pour Compiègne, le roi passa à Saint-Cloud, coucha à Chantilly, y demeura un jour et arriva le samedi à Compiègne. Le quartier général étoit au village de Coudun, où le maréchal de Boufflers avoit des maisons outre ses tentes. Le roi y mena Mgr le duc de Bourgogne et Mme la duchesse de Bourgogne, etc., qui y firent une collation magnifique, et qui y virent les ordonnances, dont j'ai parlé ci-dessus, avec tant de surprise, qu'au retour de Compiègne, le roi dit à Livry, qui par son ordre avoit préparé des tables au camp pour Mgr le duc de Bourgogne, qu'il ne falloit point que ce prince en tînt, que, quoi qu'il pût faire, ce ne seroit rien en comparaison de ce qu'il venoit de voir, et que, quand son petit-fils iroit à l'avenir au camp, il dîneroit chez le maréchal de Boufflers. Le roi s'amusa fort à voir et à faire voir les troupes aux dames, leur arrivée, leur campement, leurs distributions, en un mot, tous les détails d'un camp, des détachements, des marches, des fourrages, des exercices, de petits combats, des convois. Mme la duchesse de Bourgogne, les princesses, Monseigneur, firent souvent collation chez le maréchal, où la maréchale de Boufflers leur faisoit les honneurs. Monseigneur y dîna quelquefois, et le roi y mena dîner le roi d'Angleterre, qui vint passer trois ou quatre jours au camp. Il y avoit longues années que le roi n'avoit fait cet honneur à personne, et la singularité de traiter deux rois ensemble fut grande. Monseigneur et les trois princesses enfants y dînèrent aussi, et dix ou douze hommes des principaux de la cour et de l'armée. Le roi pressa fort le maréchal de se mettre à table, il ne voulut jamais, il servit le roi et le roi d'Angleterre, et le duc de Grammont, son beau-père, servit Monseigneur. Ils avoient vu, en y allant, les troupes à pied, à la tête de leurs camps; et en revenant, ils virent faire l'exercice à toute l'infanterie, les deux lignes face à face l'une de l'autre. La veille, le roi avoit mené le roi d'Angleterre à la revue de l'armée. Mme la duchesse de Bourgogne la vit dans son carrosse. Elle y avoit Mme la Duchesse, Mme la princesse de Conti et toutes les dames titrées. Deux autres de ses carrosses la suivirent, remplis de toutes les autres dames.

Il arriva sur cette revue une plaisante aventure au comte de Tessé. Il étoit colonel général des dragons. M. de Lauzun lui demanda deux jours auparavant, avec cet air de bonté, de douceur et de simplicité qu'il prenoit presque toujours, s'il avoit songé à ce qu'il lui falloit pour saluer le roi à la tête des dragons, et là-dessus, entrèrent en récit du cheval, de l'habit et de l'équipage. Après les louanges, « mais le chapeau, lui dit bonnement Lauzun, je ne vous en entends point parler? — Mais non, répondit l'autre, je compte d'avoir un bonnet. — Un bonnet! reprit Lauzun, mais y pensez-vous! un bonnet! cela est bon pour tous les autres, mais le colonel général avoir un bonnet! monsieur le comte, vous n'y pensez pas. — Comment donc? lui dit Tessé, qu'aurois-je donc? » Lauzun le fit douter, et se fit prier longtemps, et lui faisant accroire qu'il savoit mieux qu'il ne disoit; enfin, vaincu par ses prières, il lui dit qu'il ne lui vouloit pas laisser commettre une si lourde faute, que cette charge ayant été créée pour lui, il en savoit bien toutes les distinctions dont une des principales étoit, lorsque le roi voyoit les dragons, d'avoir un chapeau gris. Tessé surpris avoue son ignorance, et, dans l'effroi de la sottise où il seroit tombé sans cet avis si à propos, se répand en actions de grâces, et s'en va vite chez lui dépêcher un de ses gens à Paris pour lui rapporter un chapeau gris. Le duc de Lauzun avoit bien pris garde à tirer adroitement Tessé à part pour lui donner cette instruction, et qu'elle ne fût entendue de personne; il se doutoit bien que Tessé dans la honte de son ignorance ne s'en vanteroit à personne, et lui aussi se garda bien d'en parler.

Le matin de la revue, j'allai au lever du roi, et contre sa coutume, j'y vis M. de Lauzun y demeurer, qui avec ses grandes entrées s'en alloit toujours quand les courtisans entroient. J'y vis aussi Tessé avec un chapeau gris, une plume noire et une grosse cocarde, qui piaffoit et se pavanoit de son chapeau. Cela qui me parut extraordinaire et la couleur du chapeau que le roi avoit en aversion, et dont personne ne portoit plus depuis bien des années, me frappa et me le fit regarder, car il étoit presque vis-à-vis de moi, et M. de Lauzun assez près de lui, un peu en arrière. Le roi, après s'être chaussé et [avoir] parlé à quelques-uns, avise enfin ce chapeau. Dans la surprise où il en fut, il demanda à Tessé où il l'avoit pris. L'autre, s'applaudissant, répondit qu'il lui étoit arrivé de Paris. « Et pourquoi faire ? dit le roi. — Sire, répondit l'autre, c'est que Votre Majesté nous fait l'honneur de nous voir aujourd'hui. — Eh bien ! reprit le roi de plus en plus surpris, que fait cela pour un chapeau gris ? — Sire, dit Tessé que cette réponse commençoit à embarrasser, c'est que le privilége du colonel général est d'avoir ce jour-là un chapeau gris. — Un chapeau gris ! reprit le roi, où diable avez-vous pris cela ? — [C'est] M. de Lauzun, sire, pour qui vous avez créé la charge, qui me l'a dit; » et à l'instant, le bon duc à pouffer de rire et s'éclipser. « Lauzun s'est moqué de vous, répondit le roi un peu vivement, et croyez-moi, envoyez tout à l'heure ce chapeau au général des Prémontrés. » Jamais je ne vis homme plus confondu que Tessé. Il demeura les yeux baissés et regardant ce chapeau avec une tristesse et une honte qui rendit la scène parfaite. Aucun des spectateurs ne se contraignit de rire, ni des plus familiers avec le roi d'en dire son mot. Enfin Tessé reprit assez ses sens pour s'en aller, mais toute la cour lui en dit sa pensée et lui demanda s'il ne connoissoit point encore M. de Lauzun, qui en rioit sous cape, quand on lui en parloit. Avec tout cela, Tessé n'osa s'en fâcher, et la chose, quoique un peu forte, demeura en plaisanterie, dont Tessé fut longtemps tourmenté et bien honteux.

Presque tous les jours, les enfants de France dînoient chez le maréchal de Boufflers ; quelquefois Mme la duchesse de Bourgogne, les princesses et les dames, mais très-souvent des collations. La beauté et la profusion de la vaisselle pour fournir à tout, et toute marquée aux armes du maréchal, fut immense et incroyable ; ce qui ne le fut pas moins, ce fut l'exactitude des heures et des moments de tout service partout. Rien d'attendu, rien de languissant, pas plus pour les bayeurs du peuple, et jusqu'à des laquais, que pour les premiers seigneurs, à toutes heures et à tous venants. A quatre lieues autour de Compiègne, les villages et les fermes étoient remplis de monde, et François et étrangers, à ne pouvoir plus contenir personne, et cependant tout se passa sans désordre. Ce qu'il y avoit de gentilshommes et de valets de chambre chez le maréchal étoit un monde, tous plus polis et plus attentifs les uns que les autres à leurs fonctions de retenir tout ce qui paroissoit, et les faire servir depuis cinq heures du matin jusqu'à dix et onze heures du soir, sans cesse et à mesure, et à faire les honneurs, et une livrée prodigieuse avec grand nombre de pages. J'y reviens malgré moi, parce que quiconque l'a vu ne le peut oublier ni cesser d'en être dans l'admiration et l'étonnement et de l'abondance et de la somptuosité, et de l'ordre qui ne se démentit jamais d'un seul moment ni d'un seul point.

Le roi voulut montrer des images de tout ce qui se fait à la guerre ; on fit donc le siége de Compiègne dans les formes, mais fort abrégées : lignes, tranchées, batteries, sapes, etc. Crenan défendoit la place. Un ancien rempart tournoit du côté de la campagne autour du château ; il étoit de plain-pied à l'appartement du roi, et par conséquent élevé, et dominoit toute la campagne. Il y avoit au pied une vieille muraille et un moulin à vent, un peu au delà de l'appartement du roi, sur le rempart qui n'avoit ni banquette ni mur d'appui. Le samedi 13 septembre fut destiné à l'assaut ; le roi, suivi de toutes les dames, et par le plus beau temps du monde, alla sur ce rempart, force courtisans, et tout ce qu'il y avoit d'étrangers considérables. De là, on découvroit toute la plaine et la disposition de toutes les troupes. J'étois dans le demi-cercle, fort près du roi, à trois pas au plus, et personne devant moi. C'étoit le plus beau coup d'œil qu'on pût imaginer que toute cette armée, et ce nombre prodigieux de curieux de toutes conditions, à cheval et à pied, à distance des troupes pour ne les point embarrasser, et ce jeu des attaquants et des défendants à découvert, parce que, n'y ayant rien de sérieux que la montre, il n'y avoit de précautions à prendre pour les uns et les autres que la justesse des mouvements. Mais un spectacle d'une autre sorte, et que je peindrois dans quarante ans comme aujourd'hui, tant il me frappa, fut celui que, du haut de ce rempart, le roi donna à toute son armée, et à cette innombrable foule d'assistants de tous états, tant dans la plaine que dessus le rempart même.

Mme de Maintenon y étoit en face de la plaine et des troupes, dans sa chaise à porteurs, entre ses trois glaces, et ses porteurs retirés. Sur le bâton de devant, à gauche, étoit assise Mme la duchesse de Bourgogne, du même côté, en arrière et en demi-cercle, debout, Mme la Duchesse, Mme la princesse de Conti, et toutes les dames, et derrière elles des hommes. A la glace droite de la chaise, le roi, debout, et un peu en arrière un demi-cercle de ce qu'il y avoit en hommes de plus distingué. Le roi étoit presque toujours découvert, et à tous moments se baissoit dans la glace pour parler à Mme de Maintenon, pour lui expliquer tout ce qu'elle voyoit et les raisons de chaque chose. A chaque fois, elle avoit l'honnêteté d'ouvrir sa glace de quatre ou cinq doigts, jamais de la moitié, car j'y pris garde, et j'avoue que je fus plus attentif à ce spectacle qu'à celui des troupes. Quelquefois elle ouvroit pour quelques questions au roi, mais presque toujours c'étoit lui qui, sans attendre qu'elle lui parlât, se baissoit tout à fait pour l'instruire, et quelquefois qu'elle n'y prenoit pas garde, il frappoit contre la glace pour la faire ouvrir. Jamais il ne parla qu'à elle, hors pour donner des ordres en peu de mots et rarement, et quelques réponses à Mme la duchesse de Bourgogne qui tâchoit de se faire parler, et à qui Mme de Maintenon montroit et parloit par signes de temps en temps, sans ouvrir la glace de devant, à travers laquelle la jeune princesse lui crioit quelques mots. J'examinois fort les contenances : toutes marquoient une surprise honteuse, timide, dérobée ; et tout ce qui étoit derrière la chaise et les demi-cercles avoit plus les yeux sur elle que sur l'armée, et tout, dans un respect de crainte et d'embarras. Le roi mit souvent son chapeau sur le haut de la chaise, pour parler dedans, et cet exercice si continuel lui devoit fort lasser les reins. Monseigneur étoit à cheval dans la plaine, avec les princes ses cadets ; et Mgr le duc de Bourgogne, comme à tous les autres mouvements de l'armée, avec le maréchal de Boufflers, en fonctions de général. C'étoit sur les cinq heures de l'après-dînée, par le plus beau temps du monde, et le plus à souhait.

Il y avoit, vis-à-vis la chaise à porteurs, un sentier taillé en marches roides, qu'on ne voyoit point d'en haut, et une ouverture au bout, qu'on avoit faite dans cette vieille muraille pour pouvoir aller prendre les ordres du roi d'en bas, s'il en étoit besoin. Le cas arriva : Crenan envoya Canillac, colonel de Rouergue, qui étoit un des régiments qui défendoient, pour prendre l'ordre du roi sur je ne sais quoi. Canillac se met à monter, et dépasse jusqu'un peu plus que les épaules. Je le vois d'ici aussi distinctement qu'alors. A mesure que la tête dépassoit, il avisoit cette chaise, le roi et toute cette assistance qu'il n'avoit point vue ni imaginée, parce que son poste étoit en bas, au pied du rempart, d'où on ne pouvoit découvrir ce qui étoit dessus. Ce spectacle le frappa d'un tel étonnement qu'il demeura court à regarder la bouche ouverte, les yeux fixes et le visage sur lequel le plus grand étonnement étoit peint. Il n'y eut personne qui ne le remarquât, et le roi le vit si bien, qu'il lui dit avec émotion : « Eh bien ! Canillac, montez donc. » Canillac demeuroit, le roi reprit : « Montez donc ; qu'est-ce qu'il y a ? » Il acheva donc de monter ; et vint au roi, à pas lents, tremblants et passant les yeux à droite et à gauche, avec un air éperdu. Je l'ai déjà dit : j'étois à trois pas du roi, Canillac passa devant moi, et balbutia fort bas quelque chose. « Comment dites-vous? dit le roi; mais parlez donc. » Jamais il ne put se remettre; il tira de soi ce qu'il put. Le roi, qui n'y comprit pas grand'chose, vit bien qu'il n'en tireroit rien de mieux, répondit aussi ce qu'il put, et ajouta d'un air chagrin : « Allez, monsieur. » Canillac ne se le fit pas dire deux fois, et regagna son escalier et disparut. A peine étoit-il dedans, que le roi, regardant autour de lui : « Je ne sais pas ce qu'a Canillac, dit-il; mais il a perdu la tramontane, et n'a plus su ce qu'il me vouloit dire. » Personne ne répondit.

Vers le moment de la capitulation, Mme de Maintenon apparemment demanda permission de s'en aller, le roi cria : « Les porteurs de madame! » Ils vinrent et l'emportèrent; moins d'un quart d'heure après, le roi se retira, suivi de Mme la duchesse de Bourgogne et de presque tout ce qui étoit là. Plusieurs se parlèrent des yeux et du coude en se retirant, et puis à l'oreille bien bas. On ne pouvoit revenir de ce qu'on venoit de voir. Ce fut le même effet parmi tout ce qui étoit dans la plaine. Jusqu'aux soldats demandoient ce que c'étoit que cette chaise à porteurs, et le roi à tout moment baissé dedans; il fallut doucement faire taire les officiers et les questions des troupes. On peut juger de ce qu'en dirent les étrangers, et de l'effet que fit sur eux un tel spectacle. Il fit du bruit par toute l'Europe, et y fut aussi répandu que le camp même de Compiègne avec toute sa pompe et sa prodigieuse splendeur. Du reste Mme de Maintenon se produisit fort peu au camp, et toujours dans son carrosse avec trois ou quatre familières, et alla voir une fois ou deux le maréchal de Boufflers et les merveilles du prodige de sa magnificence.

Le dernier grand acte de cette scène fut l'image d'une bataille entre la première et la seconde ligne entières, l'une contre l'autre. M. Rosen, le premier des lieutenants généraux du camp, la commanda ce jour-là contre le maréchal de Boufflers, auprès duquel étoit Mgr le duc de Bourgogne comme le général. Le roi, Mme la duchesse de Bourgogne, les princes, les dames, toute la cour et un monde de curieux assistèrent à ce spectacle, le roi et tous les hommes à cheval, les dames en carrosse. L'exécution en fut parfaite en toutes ses parties et dura longtemps. Mais quand ce fut à la seconde ligne à ployer et à faire retraite, Rosen ne s'y pouvoit résoudre, et c'est ce qui allongea fort l'action. M. de Boufflers lui manda plusieurs fois de la part de Mgr le duc de Bourgogne qu'il étoit temps. Rosen en entroit en colère et n'obéissoit point. Le roi en rit fort qui avoit tout réglé, et qui voyoit aller et venir les aides de camp et la longueur de tout ce manége, et dit : « Rosen n'aime point à faire le personnage de battu. » A la fin il lui manda lui-même de finir et de se retirer. Rosen obéit, mais fort mal volontiers, et brusqua un peu le porteur d'ordre. Ce fut la conversation du retour et de tout le soir.

Enfin après des attaques de retranchements et toutes sortes d'images de ce qui se fait à la guerre et des revues infinies, le roi partit de Compiègne le lundi 22 septembre, et s'en alla avec sa même carrossée à Chantilly, y demeura le mardi, et arriva le mercredi à Versailles, avec autant de joie de toutes les dames qu'elles avoient eu d'empressement à être du voyage. Elles ne mangèrent point avec le roi à Compiègne, et y virent Mme la duchesse de Bourgogne aussi peu qu'à Versailles. Il falloit aller au camp tous les jours et la fatigue leur parut plus grande que le plaisir, et encore plus que la distinction qu'elles s'en étoient proposée. Le roi extrêmement content de la beauté des troupes, qui toutes avoient habillé, et avec tous les ornements que leurs chefs avoient pu imaginer, fit donner en partant six cents livres de gratification à chaque capitaine de cavalerie et de dragons, et trois cents livres à chaque capitaine d'infanterie. Il en fit donner autant aux majors de tous les régiments, et distribua quelques grâces dans sa maison. Il fit au maréchal de Boufflers un présent de cent mille francs [1]. Tout cela ensemble coûta beaucoup; mais pour chacun ce fut une goutte d'eau. Il n'y eut point de régiment qui n'en fût ruiné pour bien des années, corps et officiers, et pour le maréchal de Boufflers, je laisse à penser ce que ce fut que cent mille livres à la magnificence incroyable, à qui l'a vue, dont il épouvanta toute l'Europe par les relations des étrangers qui en furent témoins, et qui tous les jours n'en pouvoient croire leurs yeux.

CHAPITRE XIII.

La belle-fille de Pontchartrain et son intime liaison avec Mme de Saint-Simon. — Amitié intime entre Pontchartrain et moi. — Amitié intime entre l'évêque de Chartres et moi. — Le Charmel; ma liaison avec lui. — Méprise de M. de la Trappe au choix d'un abbé, et son insigne vertu. — Changement d'abbé à la Trappe.

L'intervalle est si court entre le retour du roi le 24 septembre de Compiègne, et son départ le 2 octobre pour Fontainebleau, que je placerai ici une chose qui fut entamée avant le premier de ces deux voyages, et qui ne fut consommée qu'au retour du second. Elle semblera peu intéressante parmi tout ce qui l'a précédée et la suivra, mais j'y pris trop de part pour l'omettre, et je ne la puis bien expliquer sans rappeler ma situation avec quelques personnes. La première me fait trop d'honneur pour n'être pas embarrassé à la rapporter; mais, outre que la vérité doit l'emporter sur toute autre considération, c'est qu'elle a influé depuis sur tant de choses importantes qu'il n'est pas possible de l'omettre.

1. Le manuscrit porte ici *francs* et non *livres*. Saint-Simon se sert des deux mots indifféremment.

On a vu en son temps le mariage du fils unique de M. de Pontchartrain avec une sœur du comte de Roucy, cousine germaine de Mme de Saint-Simon. Ils ne l'avoient désirée que pour l'alliance, et par la façon dont ils en usèrent pour tous ses proches, toutefois en trayant, ils firent tout ce qu'il falloit pour en profiter. Il n'y en eut point qu'ils recherchassent autant que Mme de Saint-Simon, et qu'ils désirassent tant lier avec leur belle-fille. Elle se trouva très-heureusement née, avec beaucoup de vertu, de douceur et d'esprit, toute Roucy qu'elle étoit, beaucoup de sens et de crainte de se méprendre et de mal faire, ce qui lui donnoit une timidité bienséante à son âge. Avec cela, pour peu qu'elle fût en quelque liberté, toutes les grâces, tout le sel, et tout ce qui peut rendre une femme aimable et charmante, et avec le temps une conduite, une connoissance des gens et des choses, un discernement fort au-dessus d'une personne nourrie dans une abbaye à Soissons, et tombée dans une maison où dans les commencements elle fut gardée à vue, ce qu'elle eut le bon esprit d'aimer, et de s'attacher de cœur à tout ce à quoi elle le devoit être. La sympathie de vertus, de goûts, d'esprits, forma bientôt entre elle et Mme de Saint-Simon une amitié qui devint enfin la plus intime, et la confiance la plus sans réserve qui pût être entre deux sœurs. M. et Mme de Pontchartrain en étoient ravis. Je ne sais si cette raison détermina M. de Pontchartrain; mais sur la fin de l'hiver de cette année, l'étant allé voir dans son cabinet, comme depuis ce mariage j'y allois quelquefois mais pas fort souvent à ces heures-là de solitude, après un entretien fort court et fort ordinaire, il me dit qu'il avoit une grâce à me demander, mais qui lui tenoit au cœur de façon à n'en vouloir pas être refusé. Je répondis comme je devois à un ministre alors dans le premier crédit et dans les premières places de son état. Il redoubla, avec cette vivacité et cette grâce pleine d'esprit et de feu qu'il mettoit à tout quand il vouloit, que tout ce que je lui répondois étoit des compliments, que ce n'étoit point cela qu'il lui falloit, c'étoit parler franchement, et nettement lui accorder ce qu'il désiroit passionnément et qu'il me demandoit instamment ; et tout de suite il ajouta : « L'honneur de votre amitié, et que j'y puisse compter comme je vous prie de compter sur la mienne, car vous êtes très-vrai, et si vous me l'accordez, je sais que j'en puis être assuré. » Ma surprise fut extrême à mon âge, et je me rabattis sur l'honneur et la disproportion d'âge et d'emplois. Il m'interrompit, et me serrant de plus en plus près, il me dit que je voyois avec quelle franchise il me parloit, que c'étoit tout de bon et de tout son cœur qu'il désiroit et me demandoit mon amitié, et qu'il me demandoit réponse précise. Je supprime les choses honnêtes dont cela fut accompagné. Je sentis en effet qu'il me parloit fort sérieusement, et que c'étoit un engagement que nous allions prendre ensemble ; je pris mon parti, et après un mot de reconnoissance, d'honneur, de désir, je lui dis que pour lui répondre nettement il falloit lui avouer que j'avois une amitié qui passeroit toujours devant toute autre, que c'étoit celle qui me lioit intimement à M. de Beauvilliers, dont je savois qu'il n'étoit pas ami ; mais que s'il vouloit encore de mon amitié à cette condition, je serois ravi de la lui donner, et comblé d'avoir la sienne. Dans l'instant il m'embrassa, me dit que c'étoit là parler de bonne foi, qu'il m'en estimoit davantage, qu'il n'en désiroit que plus ardemment mon amitié, et nous nous la promîmes l'un à l'autre. Nous nous sommes réciproquement tenu parole plénièrement. Elle a réciproquement duré jusqu'à sa mort dans la plus grande intimité et dans la confiance la plus entière. Au sortir de chez lui, ému encore d'une chose qui m'avoit autant surpris, j'allai le dire à M. de Beauvilliers qui m'embrassa tendrement, et qui m'assura qu'il n'étoit pas surpris du désir de M. de Pontchartrain, et beaucoup moins de ma conduite sur lui-même. Le rare est que Pontchartrain n'en dit rien à son fils ni à sa belle-fille, ni moi non plus, et personne à la cour ne se douta d'une chose si singulière qu'à la longue, c'est-à-dire de l'amitié intime entre deux hommes si inégaux en tout.

J'avois encore un autre ami fort singulier à mon âge. C'étoit l'évêque de Chartres. Il étoit mon diocésain à la Ferté. Cela avoit fait qu'il étoit venu chez moi, d'abord avec un vieil ami de mon père qui s'appeloit l'abbé Bailly. Peu à peu l'amitié se mit entre nous, et la confiance. Dans la situation où il étoit avec Mme de Maintenon, jamais je ne l'employai à rien qu'une seule fois, et bien légère, qui se trouvera en son temps. Je le voyois souvent chez lui et chez moi à Paris, et j'étois avec lui à portée de tout.

Un autre encore avec qui je liai amitié fut du Charmel que j'avois vu plusieurs fois à la Trappe. C'étoit un gentilhomme tout simple de Champagne, qui s'étoit introduit à la cour par le jeu, qui y gagna beaucoup et longtemps, sans jamais avoir été soupçonné le plus légèrement du monde. Il prêtoit volontiers, mais avec choix, et il se fit beaucoup d'amis considérables. M. de Créqui le prit tout à fait sous sa protection. Il lui fit acheter du maréchal d'Humières une des deux compagnies des cent gentilshommes de la maison du roi au bec de corbin. Cela n'avoit plus que le nom. M. de Créqui, fort bien avec le roi alors, et avec un air d'autorité à la cour, étoit premier gentilhomme de la chambre; lui fit avoir des entrées sous ce prétexte de sa charge; le roi le traitoit bien et lui parloit souvent; il étoit de tous ses voyages, et au milieu de la meilleure compagnie de la cour. Tout lui rioit : l'âge, la santé, le bien, la fortune, la cour; les amis, même les dames, et des plus importantes, qui l'avoient trouvé à leur gré. Dieu le toucha par la lecture d'Abbadie : *De la vérité de la religion chrétienne*; il ne balança ni ne disputa, et se retira dans une maison joignant l'institution de l'Oratoire. Le roi eut peine à le laisser aller. « Quoi, lui dit-il, Charmel, vous ne me verrez jamais?

— Non, sire, répondit-il, je n'y pourrois résister, je retournerois en arrière, il faut faire le sacrifice entier et s'enfuir. » Il passoit sa vie dans toutes sortes de bonnes œuvres, dans une pénitence dure jusqu'à l'indiscrétion, et alloit le carnaval tous les ans à la Trappe ; il y demeuroit jusqu'à Pâques, où, excepté le travail des mains, il menoit en tout la même vie que les religieux.

C'étoit un homme d'une grande dureté pour soi, d'un esprit au-dessous du médiocre, qui s'entêtoit aisément et qui ne revenoit pas de même, de beaucoup de zèle qui n'étoit pas toujours réglé, mais d'une grande fidélité à sa pénitence, à ses œuvres, et qui se jetoit la tête la première dans tout ce qu'il croyoit de meilleur. Avant sa retraite fort honnête homme et fort sûr, très-capable d'amitié, doux et bon homme. On le connoîtra encore mieux en ajoutant qu'il avoit une sœur mariée en Lorraine à un Beauvau, avec qui il étoit fort uni, et que son neveu, fils de ce mariage, épousa une nièce de Couronges, que nous allons voir venir conclure le mariage de M. de Lorraine avec la dernière fille de Monsieur. [C'est] cette nièce, qui, sous le nom de Mme de Craon que portoit son mari, fut dame d'honneur de Mme la duchesse de Lorraine, et fit, par le crédit qu'elle prit auprès de M. de Lorraine, une si riche maison et son mari grand d'Espagne, puis prince de l'empire, qui a eu depuis l'administration de la Toscane et la Toison de l'empereur, que j'ai fort connu par rapport à son oncle et qui est demeuré depuis toujours de mes amis.

Tout cela dit, venons à ce qui m'a engagé à l'écrire. On a vu en son temps que M. de la Trappe avoit obtenu du roi un abbé régulier de sa maison et de son choix, auquel il s'étoit démis pour ne plus penser qu'à son propre salut après avoir si longtemps contribué à celui de tant d'autres. On a vu aussi que cet abbé mourut fort promptement après, et que le roi agréa celui qui lui fut proposé par M. de la Trappe pour en remplir la place. Mais pour saints, pour éclairés et pour sages que soient les hommes, ils ne sont pas infaillibles. Un carme déchaussé s'étoit jeté à la Trappe depuis peu d'années. Il avoit de l'esprit, de la science, de l'éloquence. Il avoit prêché avec réputation. Il savoit fort le monde, et il paroissoit exceller en régularité dans tous les pénibles exercices de la vie de la Trappe. Il s'appeloit D. François-Gervaise, et il avoit un frère trésorier de Saint-Martin de Tours, qui étoit homme de mérite, et qui se consacra depuis aux missions, et fut tué en Afrique évêque *in partibus*. Ce carme étoit connu de M. de Meaux, dans le diocèse duquel il avoit prêché. M. de la Trappe, son ami, le consulta; M. de Meaux l'assura qu'il ne pouvoit faire un meilleur choix.

C'étoit un homme de quarante ans et d'une santé à faire espérer une longue vie et un long exemple; ses talents, sa piété, sa modestie, son amour de la pénitence séduisirent M. de la Trappe, et le témoignage de M. de Meaux acheva de le déterminer. Ce fut donc lui qui, à la prière de M. de la Trappe, fut nommé par le roi pour succéder à celui qu'il venoit de perdre. Ce nouvel abbé ne tarda pas à se faire mieux connoître après qu'il eut eu ses bulles; il se crut un personnage, chercha à se faire un nom, à paroître et à n'être pas inférieur au grand homme à qui il devoit sa place et à qui il succédoit. Au lieu de le consulter il en devint jaloux, chercha à lui ôter la confiance des religieux, et n'en pouvant venir à bout, à l'en tenir séparé. Il fit l'abbé avec lui plus qu'avec nul autre; il le tint dans la dépendance, et peu à peu se mit à le traiter avec une hauteur et une dureté extraordinaires, et à maltraiter ouvertement ceux de la maison qu'il lui crut les plus attachés. Il changea autant qu'il le put tout ce que M. de la Trappe avoit établi, et sans réflexion que les choses ne subsistent que par le même esprit qui les a établies, surtout celles de ce genre si particulier et si sublime. Il alloit à la sape avec application, et il suffisoit qu'une chose eût été introduite par M. de la Trappe pour y en substituer une tout opposée. Prélat plus que religieux, ne se prêtant qu'à ce qui pouvoit paroître; et devant les amis de M. de la Trappe (quand ils étoient gens à être ménagés), dans les adorations pour lui, dont tout aussitôt après il savoit se dédommager par les procédés avec lui les plus étranges.

Outre ce qu'il en coûtoit au cœur et à l'esprit de M. de la Trappe, cette conduite n'alloit pas à moins qu'à un prompt renversement de toute régularité, et à la chute d'un si saint et si merveilleux édifice. M. de la Trappe le voyoit et le sentoit mieux que personne et par sa lumière et par son expérience, lui qui l'avoit construit et soutenu de fond en comble. Il en répandoit une abondance de larmes devant son crucifix. Il savoit que d'un mot il renverseroit cet insensé, il étoit peiné pour sa maison de ne le pas faire, et déchiré de la voir périr; mais il étoit lui-même si indignement traité tous les jours et à tous les moments de sa vie, que la crainte extrême de trouver, même involontairement, quelque satisfaction personnelle à se défaire de cet ennemi et de ce persécuteur le retenoit tellement là-dessus, qu'à moi-même il me dissimuloit ses peines et me persuadoit tant qu'il pouvoit que cet abbé faisoit très-bien en tout, et qu'il en étoit parfaitement content. Il ne mentoit pas assurément, il se plaisoit trop dans cette nouvelle épreuve, qui se peut dire la plus forte de toutes celles par lesquelles il a été épuré, et il ne craignoit rien tant que de sortir de cette fournaise. Il excusoit donc tout ce qu'il ne pouvoit nier, et avaloit à longs traits l'amertume de ce calice. Si M. Maisne et un ou deux anciens religieux le pressoient sur la ruine de sa maison, à qui il ne pouvoit dissimuler ce qu'ils voyoient et sentoient eux-mêmes, il répondoit que c'étoit l'œuvre de Dieu, non des hommes, et qu'il avoit ses desseins et qu'il falloit le laisser faire.

M. Maisne étoit un séculier qui avoit beaucoup de lettres, nfiniment d'esprit, de douceur, de candeur, et de l'esprit le plus gai et le plus aimable, qui depuis plus de trente ans vivoit là comme un religieux, et qui avoit écrit, sous M. de la Trappe, la plupart de ses lettres et de ses ouvrages qu'il lui dictoit. Je savois donc par lui et par ces autres religieux tous les détails de ce qui se passoit dans cet intérieur. J'en savois encore par M. de Saint-Louis : c'étoit un gentilhomme qui avoit passé une grande partie de sa vie à la guerre, jusqu'à être brigadier de cavalerie, avec un beau et bon régiment. Il étoit fort connu et fort estimé du roi, sous qui il avoit servi plusieurs campagnes avec beaucoup de distinction. Les généraux en faisoient tous beaucoup de cas, et M. de Turenne l'aimoit plus qu'aucun autre. La trêve de vingt ans lui fit peur en 1684; il n'étoit pas loin de la Trappe; il y avoit vu M. de la Trappe au commencement qu'il s'y retira; il vint s'y retirer auprès de lui dans la maison qu'il avoit bâtie au dehors pour les abbés commendataires, afin qu'ils ne troublassent point la régularité du dedans; et il y a vécu dans une éminente piété. C'étoit un de ces pieux militaires, pleins d'honneur et de courage et de droiture, qui la mettent à tout sans s'en écarter jamais, avec une fidélité jamais démentie, et à qui le cœur et le bon sens servent d'esprit et de lumière, avec plus de succès que l'esprit et la lumière n'en donnent à beaucoup de gens.

Le temps s'écouloit de la sorte sans qu'il fût possible de persuader M. de la Trappe contre l'amour de ses propres souffrances, ni d'espérer rien que de pis en pis de celui qui étoit en sa place. Enfin il arriva ce qu'on n'auroit jamais pu imaginer. D. Gervaise tomba dans la punition de ces philosophes superbes dont parle l'Écriture; par une autre merveille, ses précautions furent mal prises, et par une autre plus grande encore, le pur hasard, ou pour mieux dire la Providence, le fit prendre sur le fait. On alla avertir M. de la Trappe, et, pour qu'il ne pût pas en douter, celui dont il s'agissoit lui fut mené. M. de la Trappe épouvanté, tant qu'on peut l'être, fut tout aussitôt occupé de ce que pourroit être devenu D. Gervaise. Il le fit chercher partout, et il fut longtemps dans la crainte qu'il ne se fût allé jeter dans les étangs dont la Trappe est environnée. A la fin on le trouva caché sur les voûtes de l'église, prosterné et baigné de larmes. Il se laissa amener devant M. de la Trappe, à qui il avoua ce qu'il ne pouvoit lui cacher. M. de la Trappe, qui vit sa douleur et sa honte, ne songea qu'à le consoler avec une charité infinie, en lui laissant pourtant sentir combien il avoit besoin de pénitence et de séparation. Gervaise entendit à demi-mot, et dans l'état où il se trouvoit, il offrit sa démission. Elle fut acceptée. On manda un notaire à Mortagne, qui vint le lendemain, et l'affaire fut consommée. M. du Charmel, qui étoit fort bien avec M. de Paris, reçut par un exprès cette démission, avec une lettre de D. Gervaise à ce prélat, qu'il prioit de présenter sa démission au roi.

Il étoit arrivé deux choses depuis fort peu qui causèrent un étrange contre-temps : l'une, que la conduite de D. Gervaise à l'égard de M. de la Trappe et de sa maison, qui commençoit à percer, lui avoit attiré une lettre forte du P. de La Chaise de la part du roi; l'autre, qu'il avoit étourdiment accepté le prieuré de l'Estrée auprès de Dreux, pour y mettre des religieux de la Trappe sans la participation du roi, ce qui d'ailleurs ne pouvoit qu'être nuisible par beaucoup de raisons; mais la vanité veut toujours s'étendre et faire parler de soi. Le roi l'avoit trouvé très-mauvais, et lui avoit fait mander par le P. de La Chaise de retirer ses religieux, qui y avoit ajouté la mercuriale que ce trait méritoit. A la première, il répondit par une lettre, qu'il tira de l'amour de M. de la Trappe pour la continuation de ses souffrances, telle que D. Gervaise la voulut dicter; à la seconde, par une soumission prompte et par beaucoup de pardons. Ce fut donc en cadence de ces deux lettres, et fort promptement après, qu'arriva la démission que le roi remit au P. de La Chaise. Lui qui étoit bon homme ne douta point qu'elle ne fût le fruit des deux lettres que coup sur coup il lui avoit écrites, tellement que, séduit par la lettre dictée par D. Gervaise qu'il avoit reçue de M. de la Trappe, il persuada aisément au roi de ne recevoir point la démission, et il le manda à D. Gervaise.

Pendant tout cela nous allâmes à Compiègne. Je crus à propos de suivre la démission de près. J'allai au P. de La Chaise, qui me conta ce que je viens d'écrire. Je lui dis que pensant bien faire il avoit très-mal fait, et j'entrai avec lui fort au long en matière. Le P. de La Chaise demeura fort surpris et encore plus indigné de la conduite de D. Gervaise à l'égard de M. de la Trappe, et tout de suite il me proposa d'écrire à M. de la Trappe pour savoir au vrai son sentiment à l'égard de la démission. Il m'envoya la lettre pour la faire remettre sûrement, dans un lieu où D. Gervaise les ouvroit toutes. Je l'envoyai donc à mon concierge de la Ferté pour la porter lui-même à M. de Saint-Louis, qui la remit en main propre, et ce fut ainsi qu'il en fallut user tant que cette affaire dura. La lettre du P. de La Chaise étoit telle, que M. de la Trappe ne put éluder. Il lui manda qu'il croyoit que D. Gervaise devoit quitter, et que pour obéir à l'autre partie de sa lettre, qui étoit de proposer un sujet au cas qu'il fût d'avis de changer d'abbé, il lui en nommoit un. C'étoit un ancien et excellent religieux qu'on appeloit D. Malachie, et fort éprouvé dans les emplois de la maison. Je portai cette réponse au P. de La Chaise à notre retour à Versailles. Il la reçut très-bien. Il m'apprit qu'il lui étoit venu une requête signée de tous les religieux de la Trappe qui demandoient D. Gervaise, et il m'assura en même temps qu'il n'y auroit nul égard, parce qu'il savoit bien qu'il n'y avoit point de religieux qui osât refuser sa signature à ces sortes de pièces. Là-dessus nous voilà allés à Fontainebleau.

D. Gervaise avoit mis un prieur à la Trappe de meilleures

mœurs que lui, mais d'ailleurs de sa même humeur, et tout à lui. Ce prieur étoit à l'Estrée à retirer les religieux de la Trappe lors de l'aventure de la démission. Il comprit que celle de l'abbé seroit la sienne, et il se trouvoit bien d'être prieur sous lui. Il lui remit donc le courage. C'est ce qui produisit la requête et toute l'adresse qui suivit. Un soir à Fontainebleau, que nous attendions le coucher du roi, M. de Troyes m'apprit avec grande surprise que D. Gervaise y étoit; qu'il avoit vu le matin même le P. de La Chaise, et dit la messe à la chapelle, et que ce voyage lui paroissoit fort extraordinaire et fort suspect. En effet, il avoit su tirer de M. de la Trappe un certificat tel qu'il l'avoit voulu, et accompagné d'un religieux qui lui servoit de secrétaire, étoit venu le présenter au P. de La Chaise, et plaider lui-même contre sa démission, repartit aussitôt après, et changea le P. de La Chaise du blanc au noir. Je ne trouvai plus le même homme : plus de franchise, plus de liberté à parler, en garde sur tout. Je ne pouvois en deviner la cause. Enfin, j'appris par une lettre de du Charmel, et lui par la vanterie de D. Gervaise, qu'il avoit persuadé, que l'esprit de M. de la Trappe étoit tout à fait affoibli; qu'on en abusoit d'autant plus hardiment, qu'ayant la main droite tout ulcérée, il ne pouvoit écrire ni signer, qu'il avoit auprès de lui un séculier, son secrétaire, extrêmement janséniste, qui, de concert avec le Charmel, vouloit faire de la Trappe un petit Port-Royal; et que pour y parvenir il falloit le chasser, parce qu'il étoit entièrement opposé à ce parti; et que de là venoient toutes les intrigues de sa démission. Quelque grossier que fût un tel panneau, qui ne pouvoit couvrir une démission signée et envoyée par lui-même, le P. de La Chaise y donna en plein, et devint tellement contraire, qu'il fut impossible de le ramener, ni même de se servir utilement de M. de Paris qu'il avoit rendu suspect au roi dans cette affaire. Mais la Providence y sut encore pourvoir : il s'étoit passé depuis dix-huit mois quelque chose d'intime et d'entièrement secret entre M. de la Trappe et moi, et cette chose étoit telle, que j'étois certain de faire tomber tout l'artifice et la calomnie de D. Gervaise, en la disant à M. de Chartres.

Je passai le reste du voyage de Fontainebleau dans l'angoisse de laisser périr la Trappe et consumer M. de la Trappe dans cette fournaise ardente où D. Gervaise le tenoit, ou de manquer au secret. Je ne pouvois m'en consulter à qui que ce fût, et je souffris infiniment avant que de pouvoir me déterminer. Enfin, la pensée me vint que ce secret n'étoit peut-être que pour le salut de la Trappe, et je pris mon parti. J'étois sûr de celui de M. de Chartres, et le roi étoit en ce genre l'homme de son royaume le plus fidèle. Mme de Maintenon et M. de Cambrai ne laissoient pas M. de Chartres longtemps de suite à Chartres ; il vint à Saint-Cyr au retour de la cour à Versailles. A Saint-Cyr, personne ne le voyoit ; je lui envoyai demander à l'entretenir, il me donna le lendemain. Je lui racontai toute l'histoire de la Trappe, mais sans parler du motif véritable qui avoit fait donner la démission, qu'en cette extrémité même nous n'avions pas voulu dire au P. de La Chaise ; ensuite je lui dis le secret. Il m'embrassa à plusieurs reprises, il écrivit sur-le-champ à Mme de Maintenon, et dès qu'il eut sa réponse, une heure après, il s'en alla chez elle trouver le roi à qui il parla : c'étoit un jeudi. Le fruit de cette conversation fut que le lendemain, qui étoit le jour d'audience du P. de La Chaise, où je savois qu'il s'étoit proposé de se faire ordonner de renvoyer la démission, il eut là-dessus une dispute si forte avec le roi, qu'on entendit leur voix de la pièce voisine. Le résultat fut que le P. de La Chaise eut ordre d'écrire à M. de la Trappe, comme il avoit déjà fait avant la course de D. Gervaise à Fontainebleau, que le roi vouloit savoir son véritable sentiment par lui-même, si la démission devoit avoir lieu ou être renvoyée, et au premier cas, de proposer un sujet pour être abbé ; et, pour être certain de l'état et de l'avis de M. de la Trappe, le valet de chambre du P. de La Chaise en fut le porteur.

Un donné[1] de la Trappe, d'un esprit fort supérieur à son état, qu'on appeloit frère Chanvier, conduisit ce valet de chambre. Ils arrivèrent exprès fort tard, pour trouver tout fermé. Ils couchèrent chez M. de Saint-Louis, et le lendemain, à quatre heures du matin, le valet de chambre fut introduit avec sa lettre. Il demeura quelque temps auprès de M. de la Trappe à l'entretenir, pour s'assurer par lui-même de l'état de son esprit; il le trouva dans tout son entier, et il n'est pas étrange que ce domestique en sortît charmé. Une heure après, il fut rappelé, et comme M. de la Trappe étoit instruit des soupçons qui avoient surpris le P. de La Chaise, et que ce domestique étoit un homme de sa confiance, il lui lut lui-même sa réponse, et la fit après cacheter en sa présence tout de suite, et la lui donna, tellement que ce valet de chambre partit sans que personne à la Trappe se fût douté qu'il y fût venu. La réponse étoit la même que la précédente : M. de la Trappe étoit d'avis que la démission subsistât, et que le même D. Malachie fût nommé abbé en sa place. Il n'en fallut pas davantage, et D. Gervaise demeura exclu. Mais il avoit si bien su rendre suspect ce D. Malachie, que le P. de La Chaise, quoique revenu de très-bonne foi de son erreur, ne voulut jamais, sous prétexte qu'il étoit Savoyard, et qu'il ne convenoit pas à l'honneur de la France qu'un étranger fût abbé de la Trappe. M. de la Trappe eut donc ordre de proposer trois sujets. Au lieu de trois il en mit quatre, et toujours ce D. Malachie le premier. On choisit [celui] qui se trouva le premier après lui sur la liste. C'étoit un D. Jacques La Court, qui avoit été longtemps maître des novices, et en d'autres emplois dans la maison. On tint cette nomination secrète, jusqu'à ce que ce même donné de la Trappe dont

---

1. On appelait *donnés* des séculiers qui se consacraient au service d'un monastère. Ils portaient quelquefois le nom d'*oblats*.

j'ai parlé eût fait expédier les bulles. Il fut à Rome avec une lettre de crédit la plus indéfinie pour tous les lieux où il avoit à passer, que lui donna M. de Pontchartrain en son nom. Il aimoit fort la Trappe, et particulièrement ce frère, à qui il trouvoit beaucoup de sens et d'esprit. Le cardinal de Bouillon, qui se piquoit d'amitié pour M. de la Trappe, logea ce frère, le mena au pape, qui l'entretint plusieurs fois, et qui le renvoya avec les bulles, entièrement gratis, et la lettre du monde la plus pleine d'estime et d'amitié pour M. de la Trappe, en considération duquel il s'expliqua qu'il accordoit le gratis encore plus qu'en celle du roi. Au retour le grand-duc voulut voir ce frère, et le renvoya avec des lettres et des présents pour M. de la Trappe, de sa fonderie, qui étoient des remèdes précieux.

Dirois-je un prodige qui ne peut que confondre? Tandis qu'on attendoit les bulles, D. Gervaise demeura abbé en plein et incertain de son sort. Ce même donné, avant de partir pour Rome, trouva par hasard un homme chargé d'un paquet et d'une boîte à une adresse singulière et venant de la Trappe. Il crut que rencontrant ce donné à l'abbaye il sauroit mieux trouver celui à qui cela s'adressoit, et le frère Chanvier s'en chargea fort volontiers et l'apporta chez M. du Charmel. La boîte étoit pleine de misères en petits présents; la lettre, nous l'ouvrîmes, et je puis dire que c'est la seule que j'aie jamais ouverte. Comme cet imprudent avoit dit au frère Chanvier que l'une et l'autre étoient de D. Gervaise, nous avions espéré de trouver là toutes ses intrigues qui duroient encore pour le maintenir, et nous fûmes fort attrapés à la boîte. La lettre nous consola; elle étoit toute en chiffres, et de près de quatre grandes pages toutes remplies. Nous ne doutâmes pas alors de trouver là tout ce que nous cherchions. Je portai la lettre à M. de Pontchartrain qui les fit déchiffrer. Le lendemain quand je retournai chez lui, il se mit à rire : « Vous avez, me dit-il, trouvé la pie au nid; tenez, vous en allez voir des plus belles ; puis il ajouta d'un air sérieux : « En vérité, au lieu de rire, il faudroit pleurer de voir de quoi les hommes sont capables, et dans de si saintes professions ! »

Cette lettre entière, qui étoit de D. Gervaise à une religieuse avec qui il avoit été en commerce, et qu'il aimoit toujours et dont aussi il étoit toujours passionnément aimé, étoit un tissu de tout ce qui se peut imaginer d'ordures, et les plus grossières, par leur nom, avec de basses mignardises de moine raffolé, et débordé à faire trembler les plus abandonnés. Leurs plaisirs, leurs regrets, leurs désirs, leurs espérances, tout y étoit au naturel et au plus effréné. Je ne crois pas qu'il se dise tant d'abominations en plusieurs jours dans les plus mauvais lieux. Cela et l'aventure qui causa la démission auroient suffi, ensemble et séparément, pour faire jeter ce malheureux Gervaise dans un cachot pour le reste de ses jours, à qui l'auroit voulu abandonner à la justice intérieure de son ordre. Nous nous en promîmes tous le secret les quatre qui le savions, et ceux à qui il fallut le dire ; mais M. de Pontchartrain crut comme nous qu'il falloit déposer le chiffre et le déchiffrement à M. de Paris, pour s'en pouvoir servir si l'aveuglement de cet abandonné et ses intrigues ôtoient toute autre ressource. Je portai donc l'un et l'autre chez M. du Charmel, à qui j'eus la malice de la faire dicter pour en garder un double pour nous. Ce fut une assez plaisante chose à voir que son effroi, ses signes de croix, ses imprécations contre l'auteur à chaque infamie qu'il lisoit, et il y en avoit autant que de mots. Il se chargea de déposer les deux pièces à M. de Paris, et je gardai l'autre copie. Heureusement nous n'en eûmes pas besoin. Cela nous mit à la piste de plusieurs choses, par lesquelles nous découvrîmes quelle étoit la religieuse et d'une maison que Mme de Saint-Simon connoissoit entièrement et elle beaucoup aussi. Cet amour étoit ancien et heureux. Il fut découvert et prouvé, et D. Gervaise sur le point d'être juridiquement mis *in pace* par les carmes déchaussés, comme il sortoit de prêcher dans le diocèse de Meaux, et en même temps la religieuse tomba malade à la mort, et ne voulut jamais ouïr parler des sacrements qu'elle n'eût vu D. Gervaise. Elle ne les reçut ni ne le vit, et ne mourut point. Dans ce péril, il se vit perdu sans ressource, et n'en trouva que de se jeter à la Trappe. A ce prix, ses moines délivrés de lui étouffèrent l'affaire, et en venant à la Trappe y prendre l'habit il passa chez la religieuse, entra dans la maison et la transporta de joie. Depuis qu'il fut abbé il continua son commerce de lettres, ne pouvant mieux, et ce fut une de celles-là que nous attrapâmes; il en fut fort en peine n'ayant point de nouvelles de son paquet; il fit du bruit, il menaça. Pour le faire taire on lui en apprit le sort tout entier. Cela le contint si bien qu'il n'osa plus en parler, ni guère plus continuer ses intrigues; mais de honte ni d'embarras il en montra peu, mais beaucoup de chagrin.

Les bulles arrivées, j'allai à la Trappe et je ne demandai point à le voir. Cela le fâcha, il en fit ses plaintes à M. de la Trappe qui, par bonté pour un homme qui en méritoit si peu, exigea que je le visse. Je pris un temps qui ne pouvoit être que court. En vérité, j'étois plus honteux et plus embarrassé que lui, qui pourtant savoit que j'étois pleinement instruit de ces deux abominations, et qui n'ignoroit pas la part que j'avois eue au maintien de sa démission. Il ne laissa pas d'être empêtré, et toujours hypocrite, fort affecté; il soutint presque toujours seul la conversation, me voulut persuader de sa joie d'être déchargé du fardeau d'abbé, et m'assura qu'il s'alloit occuper dans sa solitude à travailler sur l'Écriture sainte. Avec ces beaux propos, ce n'étoit pas plus son compte que celui de la Trappe d'y demeurer. Il en sortit bientôt après. Il porta la combustion cinq ou six ans durant dans toutes les maisons où on le mit successivement, et enfin les supérieurs trouvèrent plus court de le laisser dans un bénéfice de son frère vivre comme il lui plairoit. Il ne cessa de vouloir retourner à la Trappe, essayer d'y troubler et d'y redevenir abbé, ce qui m'engagea à la fin à obtenir une lettre de cachet qui lui défendit d'en approcher plus près de trente lieues, et de Paris, plus de vingt.

Si ce scandale dans un homme de cette profession est extrême, le saint et prodigieux usage que M. de la Trappe fit de tout ce qu'il en souffrit, est encore plus surprenant, et qu'à la Trappe la surface même n'en fut pas agitée et pendant un si long temps. Tout, hors quatre ou cinq personnes, y fut dans l'entière ignorance, et y est demeuré depuis, et la paix n'y fut non plus altérée que le silence et toute la régularité. Ce contraste si effrayant et si complet m'a paru quelque chose de si rare, que j'ai succombé à l'écrire. Après tant de solitude, rentrons maintenant dans le monde.

CHAPITRE XIV.

Dot de Mademoiselle pour épouser le duc de Lorraine. — Voyage de Fontainebleau. — Douleur et deuil du roi d'un enfant de M. du Maine, qui cause un dégoût aux princesses. — Tentatives de préséance de M. de Lorraine sur M. le duc de Chartres. — Mariage de Mademoiselle. — Division de préséance entre les Lorraines. — Départ de la duchesse de Lorraine et son voyage. — Tracasseries de rang à Bar. — Couronne bizarrement fermée et *altesse royale* usurpées par le duc de Lorraine. — Venise obtient du roi le traitement entier de tête couronnée pour ses ambassadeurs. — Grande opération au maréchal de Villeroy. — Mort de Boisselot. — Mort de la comtesse d'Auvergne. — Mort de l'abbé d'Effiat. — Mort de la duchesse Lanti. — Mort de la chancelière Le Tellier. — Mort de l'abbé Arnauld. — Le roi refuse de porter le deuil d'un fils du prince royal de Danemark. — Baron de Breteuil est fait introducteur des ambassadeurs; sa rare ignorance et du marquis de Gesvres. — Abbé

Fleury; ses commencements; ses premiers progrès; comment fait évêque de Fréjus. — Prince de Conti gagne définitivement son procès contre Mme de Nemours. — Mme de Blansac rappelée. — Éclat et séparation de Barbezieux et de sa femme.

Aussitôt après la paix et la restitution convenue de M. de Lorraine dans ses États, son mariage fut résolu avec Mademoiselle. Sa dot fut réglée à neuf cent mille livres, du roi comptant en six mois; et quatre cent mille livres moitié de Monsieur, moitié de Madame, payables après leur mort; et trois cent mille livres de pierreries, moyennant quoi pleine renonciation à tout, de quelque côté que ce fût, en faveur de M. le duc de Chartres et de ses enfants mâles. Couronges vint tout régler pour M. de Lorraine, puis fit la demande au roi, ensuite à Monsieur et à Madame, et dans la suite présenta à Mademoiselle, de la part de son maître, pour quatre cent mille livres de pierreries. Je ne sais si elle avoit su qu'elle auroit épousé le fils aîné de l'empereur sans l'impératrice, qui avoit un grand crédit sur son esprit, qui haïssoit extrêmement la France, et qui déclara qu'elle ne souffriroit point que son fils, déjà couronné et de plus destiné à l'empire, devînt beau-frère d'une double bâtarde. Elle ne fut pas si difficile sur le second degré; car ce même prince, en épousant la princesse d'Hanovre, devint cousin germain de Mme la Duchesse. Quoi qu'il en soit, Mademoiselle, accoutumée aux Lorrains par Monsieur et même par Madame, car il faut du singulier partout, fut fort aise de ce mariage, et très-peu sensible à sa disproportion de ses sœurs du premier lit. Ce n'est pas que, mettant l'Espagne à part, je prétende que M. de Savoie soit de meilleure maison que M. de Lorraine; mais un État à part, indépendant, sans sujétion, séparé par les Alpes, et toujours en état d'être puissamment soutenu par des voisins contigus, avec le traitement par toute l'Europe de tête couronnée, est bien différent d'un pays isolé, enclavé, et toutes les fois que la France le veut envahi sans autre peine que d'y porter des troupes, un pays ouvert, sans places, sans liberté d'en avoir, sujet à tous les passages des troupes françoises, un pays croisé par des grands chemins marqués, dont la souveraineté est cédée, un pays enfin qui ne peut subsister que sous le bon plaisir de la France, et même des officiers de guerre ou de plume qu'elle commet dans ses provinces qui l'environnent. Mademoiselle n'alla point jusque-là : elle fut ravie de se voir délivrée de la dure férule de Madame, mariée à un prince dont toute sa vie elle avoit ouï vanter la maison, et établie à soixante-dix lieues de Paris, au milieu de la domination françoise. Les derniers jours avant son départ, elle pleura de la séparation de tout ce qu'elle connoissoit ; mais on sut après qu'elle s'étoit parfaitement consolée dès la première couchée, et que du reste du voyage il ne fut plus question de tristesse.

La cour partit pour Fontainebleau, et, six jours après, le roi et la reine d'Angleterre y arrivèrent, et on ne songea plus qu'au mariage de Mademoiselle. Quatre jours avant le départ pour Fontainebleau, M. du Maine avoit perdu son fils unique. Le roi l'étoit allé voir à Clagny, où il se retira d'abord, et y pleura fort avec lui. Monseigneur et Monsieur, l'un et l'autre fort peu touchés, y trouvèrent le roi, et attendirent longtemps pour voir M. du Maine que le roi sortît d'avec lui. Quoique fort au-dessous de sept ans, le roi voulut qu'on en prît le deuil ; Monsieur désira qu'on le quittât pour le mariage, et le roi y consentit. Mme la Duchesse et Mme la princesse de Conti crurent apparemment au-dessous d'elles de rendre ce respect à Monsieur, et prétendirent hautement ne le point faire. Monsieur se fâcha ; le roi leur dit de le quitter ; elles poussèrent l'affaire jusqu'à dire qu'elles n'avoient point apporté d'autres habits. Le roi se fâcha aussi, et leur ordonna d'en envoyer chercher sur-le-champ. Il fallut obéir et se montrer vaincues, ce ne fut pas sans un grand dépit.

M. d'Elbœuf avoit tant fait qu'il s'étoit raccommodé avec M. de Lorraine. Il étoit après lui et MM. ses frères l'aîné de la maison de Lorraine, et comme tel il fut chargé de la procuration pour épouser Mademoiselle. Cette cérémonie enfanta un étrange prodige qui fut d'abord su de peu de personnes, mais qui perça à la fin. Il entra dans la tête des Lorrains de rendre équivoque la supériorité de rang de M. le duc de Chartres sur M. le duc de Lorraine, et ces obliquités leur ont si souvent réussi, et frayé le chemin aux plus étranges entreprises, qu'il leur est tourné en maxime de les hasarder toujours. L'occasion étoit faite exprès pour leur donner beau jeu : il ne s'agissoit que d'exclure M. et Mme de Chartres de la cérémonie. Mademoiselle, fille ou mariée, conservoit son même rang de petite-fille de France, et sans aucune difficulté précédoit, après son mariage comme devant, les filles de Gaston de même rang qu'elle, et les princesses du sang toutes d'un rang inférieur au sien. Le chevalier de Lorraine, accoutumé à dominer Monsieur, osa le lui proposer, et Monsieur, le plus glorieux prince du monde, et qui savoit le mieux et avec le plus de jalousie tout ce qui concernoit les rangs et les cérémonies, partialité à part pour les Lorrains, Monsieur y consentit. Il en parla à M. son fils, qui lui témoigna sa surprise, et qui fort respectueusement lui déclara qu'il ne s'abstiendroit point de la cérémonie et qu'il y garderoit son rang au-dessus de Mme sa sœur. Monsieur, qui eut peur du roi si l'affaire se tournoit en aigreur, fila doux et tâcha d'obtenir de l'amitié et de la complaisance ce qu'il n'osoit imposer par voie d'autorité. Tout fut inutile, encore que Madame favorisât la proposition de Monsieur, parce qu'elle étoit en faveur d'un prince qu'elle regardoit comme Allemand, et ils se tournèrent sourdement à la ruse. Pendant toutes ces menées domestiques, M. de Couronges se désoloit de la fermeté qu'il rencontroit sur beaucoup de points qui tenoient M. de Lorraine fort en brassière dans son État, principalement celui de l'exacte démolition des fondements mêmes des fortifications de Nancy. Dans le désespoir de rien obtenir par lui-même, il s'adressa à Mademoiselle, qui lui promit qu'elle y feroit de son mieux. Elle tint parole, mais elle ne fut pas plus écoutée que l'avoit été Couronges. Elle en conçut un tel dépit contre le roi, qu'avec la même légèreté qui lui avoit fait embrasser cette affaire, elle s'emporta avec Couronges jusqu'à le prier de se hâter de la tirer d'une cour où on ne se soucioit que des bâtards, sans réflexion aucune que toutes vérités, quoique exactes, ne sont pas bonnes à dire. D'autre part il se trouva des gens bons et officieux qui lui dirent toutes sortes de sottises de M. de Lorraine, et lui en firent une peur épouvantable qui lui coûta plus de larmes que les regrets de son départ, mais qui, grâce à sa légèreté, se séchèrent, comme je l'ai déjà dit, dès la première journée.

Enfin, le dimanche 12 octobre, sur les six heures du soir, les fiançailles se firent dans le cabinet du roi, en présence de toute la cour, et du roi et de la reine d'Angleterre, par le cardinal de Coislin, premier aumônier, le cardinal de Bouillon, grand aumônier, étant à Rome. Mme la grande-duchesse porta la queue de Mademoiselle. M. d'Elbœuf en pourpoint et en manteau lui donnoit la main, et signa le dernier de tous le contrat de mariage. Le roi et Mme la duchesse de Bourgogne séparément avoient été voir Mademoiselle avant les fiançailles, et il y eut beaucoup de larmes répandues. Les rois et toute la cour entendirent le soir une musique, le souper ne fut qu'à l'ordinaire de tous les jours. Mademoiselle ne parut plus de tout le reste du jour après la cérémonie, et le passa à pleurer chez elle, au grand scandale des Lorrains. Le lendemain sur le midi toute la cour s'assembla chez la reine d'Angleterre, dans l'appartement de la reine mère, comme cela se faisoit tous les jours, tant qu'elle étoit à Fontainebleau tous les voyages. Les princesses n'y osoient manquer, Monseigneur et toute la famille royale pareillement, et Mme de Maintenon elle-même et tout habillée en grand habit. On y attendoit le roi qui y venoit tous les jours prendre la reine d'Angleterre pour la messe, et qui lui donnoit la main tout le chemin allant et revenant, et faisant toujours passer le roi d'Angleterre devant lui. Ce ne fut donc ce jour-là que le train de vie ordinaire, si ce n'est que Mademoiselle y fut amenée par le duc d'Elbœuf, vêtu comme la veille. Un moment après qu'elle y fut arrivée, on alla à la chapelle en bas, où M. le duc de Chartres alla et demeura; mais ce fut inutilement pour son rang. Mademoiselle n'y pouvoit être dans le sien. Elle étoit entre le prie-Dieu du roi et l'autel, sur un fort gros carreau, à la droite duquel il y en avoit un fort petit pour M. d'Elbœuf, représentant M. de Lorraine. Le cardinal de Coislin dit la messe et les maria, aussitôt après on se mit en marche, dans laquelle les princes alloient, comme tous les jours, devant le roi et les princesses derrière. A la porte de la chapelle, le roi, le roi et la reine d'Angleterre et les princesses du sang embrassèrent Mme de Lorraine et l'y laissèrent. M. d'Elbœuf la ramena chez elle se déshabiller, et tout fut fini en ce moment. Mme la duchesse de Chartres demeura à la tribune quoique tout habillée. C'étoit elle dont le rang eût été marqué, en revenant le long de la chapelle, au-dessus de Mme de Lorraine, ce qui fut évité par là. Toute la cour en parla fort haut; mais à ce qu'étoit Mme de Chartres, et à la façon dont elle avoit été mariée, que pouvoit-elle faire contre la volonté de Monsieur et de Madame? C'étoit à M. le duc de Chartres à soutenir cet assaut et à la faire venir en bas. La fin répondit mal au commencement que j'ai raconté, et le roi toujours embarrassé, avec Monsieur et Madame, sur sa fille, n'osa user de son autorité. Mais ce qui fut évité en public ne le fut pas en particulier. J'appelle ainsi un lieu public, mais où la cour n'étoit pas. Mme de Lorraine dîna chez Monsieur avec Madame, et M. et Mme la duchesse de Chartres, qui tous deux prirent toujours partout le pas et la place à table sur elle; et Monsieur apparemment embarrassé du grand murmure qui s'étoit fait de Mme de Chartres à la tribune, et qui avoit duré toute la cérémonie, s'expliqua tout haut à son dîner ; qu'il ne savoit pas ce qu'on avoit voulu imaginer, que M. de Lorraine n'avoit jamais prétendu disputer rien à M. de Chartres, et que lui-même ne l'auroit pas souffert. Après dîner, Monsieur monta dans un carrosse du roi avec sa fille, Mme de Lislebonne et les siens et Mme de Maré gouvernante de Mademoiselle, Madame dans son carrosse avec ses dames, et M. le duc de Chartres dans le sien avec des dames de la cour de Monsieur, et s'en allèrent à Paris. Mme la duchesse de Chartres, sous prétexte d'incommodité, demeura à Fontainebleau.

Cette cérémonie fit un schisme parmi les Lorraines. Mme de Lislebonne prétendit les précéder toutes, comme fille du duc Charles IV de Lorraine ; Mme d'Elbœuf, la douairière, et cela soit dit une fois pour toutes, parce que la femme du duc d'Elbœuf ne paroissoit jamais, Mme d'Elbœuf, dis-je, se moqua d'elle ; et, comme veuve de l'aîné de la maison en France, et du frère aîné de M. de Lislebonne, se rit de sa belle-sœur et l'emporta, malgré les pousseries et les colères dont Mme de Lislebonne, quoique fort inutilement, ne se contraignit pas. Il y avoit eu sur cela force pourparlers où la duchesse du Lude s'étoit assez mal à propos mêlée, qui n'aboutirent qu'à aigrir et renouveler les propos de la bâtardise de Mme de Lislebonne, qui se vouloit toujours porter pour légitime et qui en fut mortellement offensée. Je ne sais ce qui arriva à Mme d'Armagnac sur tout cela, mais elle demeura à la tribune avec ses filles et sa belle-fille.

La ville, mais sans le gouverneur, alla saluer Mme de Lorraine au Palais-Royal. Elle en partit le jeudi 16 octobre, dans un carrosse du roi, dans lequel montèrent avec elle Mme de Lislebonne, chargée de la conduire, ses deux filles, Mmes de Maré, de Couronges et de Rotzenhausen, une Allemande favorite de Madame, et mère d'une de ses filles d'honneur. Desgranges, maître des cérémonies, l'accompagna jusqu'à la frontière, et elle fut servie par les officiers du roi. A Vitry, où elle coucha, M. de Lorraine vint, inconnu, voir souper Mme la duchesse de Lorraine ; puis alla chez Mme de Lislebonne qui le présenta à Mme son épouse. Ils furent quelque temps tous trois ensemble, puis il s'en retourna.

En arrivant à Bar ils furent remariés par des abbés déguisés en évêques, au refus du diocésain qui voulut un fauteuil chez M. de Lorraine. M. le Grand, le prince Camille, un de ses fils, le chevalier de Lorraine et M. de Marsan y étoient déjà. L'évêque d'Osnabrück, frère de M. de Lorraine, s'y trouva aussi, et mangea seul avec eux. Ce fut une autre difficulté : comme souverain par son évêché, M. de Lorraine vouloit bien lui donner un fauteuil, mais comme à son cadet, il ne lui donnoit pas la main. Comme frère, nos Lorrains lui auroient déféré bien des choses, mais cette distinction du fauteuil les blessa extrêmement. Cela fit bien de la tracasserie, et finit enfin par les mettre à l'unisson. M. d'Osnabrück se contenta d'un siége à dos, et les quatre autres en eurent de pareils, moyennant quoi, ils mangèrent avec M. et Mme de Lorraine. Ce siége à dos fut étrange devant une petite-fille de France ; les princes du sang n'en ont pas d'autres devant elle ; mais il passa, et de là vint que les ducs en prétendirent, lorsqu'ils passèrent depuis par cette petite cour, ce qui fut rare ; et que M. de Lorraine en laissa prendre et en prit devant Mme sa femme, d'autant plus volontiers, et manger sa noblesse avec elle, que cette confusion ôtoit l'égalité marquée avec lui, sans laquelle aucun duc n'eût pu le voir. Je dis égalité, parce qu'il étoit raisonnable que ceux de sa maison lui déférassent la main et ce qu'il vouloit, ce qui ne pouvoit pas régler les autres. Aucun duc de Guise, jusqu'au gendre de Gaston inclus, n'a jamais fait difficulté de toute égalité avec les ducs ; et en même temps n'a jamais donné la main chez lui à aucun de la maison de Lorraine. C'est un fait singulier que je tiens et de ducs et de gens de qualité qui l'ont vu. Ces tracasseries firent que M. le Grand et les trois autres qui avoient compté accompagner M. et Mme de Lorraine jusqu'à Nancy prirent congé d'eux à leur départ de Bar, et s'en revinrent. Mme de Lislebonne et ses filles allèrent avec eux, et y passèrent l'hiver. Le roi ne laissa pas de trouver ce dossier fort mauvais devant sa nièce, et M. d'Elbœuf, qui alla à Nancy quelque temps après que M. et Mme de Lorraine y furent établis, en sut bien faire sa cour et dire au roi qu'il se garderoit bien, devant Mme de Lorraine, de prendre un autre siége qu'un ployant, qui est ce que les petites-filles de France donnent ici aux ducs et aux princes étrangers. M. le Grand en fut fort piqué.

Le jour du mariage, Couronges présenta, de la part de M. de Lorraine, son portrait enrichi de diamants à Torcy, qui avoit dressé le contrat de mariage. On fut surpris de la couronne qui surmontoit ce portrait; elle étoit ducale, mais fermée par quatre bars, ce qui, aux fleurs de lis près, ne ressembloit pas mal à celle que le roi avoit fait prendre à Monseigneur. Ce fut une invention toute nouvelle que ses pères n'avoient pas imaginée, et qu'il mit partout sur ses armes. Il se fit donner en même temps l'*altesse royale* par ses sujets, que nul autre ne lui voulut accorder, qui fut une autre nouvelle entreprise, et Meuse qu'il envoya remercier le roi de sa part, après son mariage, n'osa jamais lui en donner ici. Je ne sais s'il voulut chercher à s'égaler à M. de Savoie, et sa chimère de Jérusalem à celle de Chypre, mais M. de Savoie en avoit au moins quelque réalité par le traitement d'ambassadeur de tête couronnée déféré aux siens à Rome, à Vienne, en France, en Espagne, et partout où jamais on n'avoit ouï parler de simples ambassadeurs de Lorraine. Cette clôture de couronne, pour être ingénieuse et de forme agréable pour un orfévre, étoit mal imaginée. M. de Lorraine, comme duc de Lorraine, étoit un très-médiocre souverain, mais souverain pourtant sans dépendance; comme duc de Bar, il l'étoit aussi, mais mouvant et dépendant de la couronne, et toutes ses justices à lui (à plus forte raison celle de tous les Barrois) soumises au parlement de Paris, et ce fut des armes de Bar qu'il fit la fermeture de sa couronne. Ce ridicule sauta aux yeux. Ses pères ont eu l'honneur d'être gendres de rois et d'empereurs : un, de roi du Danemark; un autre, de notre Henri II; et le père de M. de Lorraine étoit gendre et beau-frère d'empereurs, et mari d'une reine douairière de Pologne. C'étoit, de plus, un des premiers capitaines de son siècle, un des plus capables du conseil de l'empereur son beau-frère, et qui avoit le plus sa confiance, et d'autorité et de crédit à sa cour, et dans tout l'empire, duquel, ainsi que de l'empereur, il étoit feld-maréchal ou généralissime, avec une réputation bien acquise en tout genre et singulièrement grande. Jamais il ne s'étoit avisé, non plus que ses pères, ni de couronne autre que la ducale, ni de l'*altesse royale*. Moi et un million d'autres hommes avons vu sur les portes de Nancy les armes des ducs de Lorraine, en pierre, avec la couronne purement ducale et le manteau ducal, apparemment comme ducs de Bar, car en Allemagne, dont la Lorraine tient fort sans en être, les manteaux de duc ne sont pas usités autour des armes. Ce duc-ci le quitta aux siennes. Je ne sais ce que sont devenues ces armes sur les portes de Nancy, où je n'ai pas été depuis ce mariage. Ces entreprises furent trouvées ridicules, on s'en moqua, mais elles subsistèrent et tournèrent en droit. C'est ainsi que s'est formé et accru en France le rang des princes étrangers, par entreprises, par conjonctures, pièce à pièce, ainsi que je l'ai déjà fait remarquer. Cette couronne étoit surmontée d'une couronne d'épines, d'où sortoit une croix de Jérusalem. C'étoit, pour ne rien oublier, enter le faux sur le trop foible.

Ce foible, qui étoit les bars, fut tôt ressenti par ce duc. Sa justice principale à Bar s'avisa, dans l'ivresse de ses grandeurs nouvellement imaginées, de nommer le roi dans quelques sentences *le roi très-chrétien*. L'avocat général d'Aguesseau représenta au parlement la nécessité de réprimer cette audace, ce furent ses propres termes, et d'apprendre aux Barrois que leur plus grand honneur consistoit en leur mouvance de la couronne. Sur quoi, arrêt du parlement qui enjoint à ce tribunal de Bar diverses choses, entre autres de ne jamais nommer le roi que *le roi* seulement, et ce à peine de suspension, interdiction et même privation d'offices, à quoi il fallut obéir. M. de Lorraine en fit excuse et cassa celui qui l'avoit fait.

Avant de quitter les étrangers il faut dire que la jalousie de Venise contre Savoie sur le traitement de leurs ambassadeurs, par la prétention réciproque de la couronne de Chypre, ne cessa de faire instance d'avoir les mêmes avantages sur le traitement entier de tête couronnée qu'on venoit d'accorder à l'ambassadeur de Savoie depuis le mariage de Mme la duchesse de Bourgogne, et ils l'obtinrent en ce temps-ci.

Le maréchal de Villeroy, si galant encore à son âge, si paré, d'un si grand air, si adroit aux exercices et qui se piquoit tant d'être bien à cheval et d'y fatiguer plus que personne, courut si bien le cerf à Fontainebleau, sans nécessité, qu'il manifesta au monde deux grosses descentes, une de chaque côté, dont personne ne s'étoit jamais douté, tant il les avoit soigneusement cachées. Un accident terrible le surprit à la chasse. On eut peine à le rapporter à bras. Il voulut dérober à la cour le spectacle de cette sorte de honte pour un homme si bien fait encore, et si fort homme à bonnes fortunes. Il se fit emporter dès le lendemain sur un brancard à Villeroy, puis gagner la Seine et à Paris en bateau. Maréchal, fameux chirurgien, lui fit la double opération avec un succès qui surprit les connoisseurs en cet art, et le rappela à la vie qu'il fut sur le point de perdre plus d'une fois. Le roi parut s'y intéresser beaucoup. Il y gagna la guérison radicale de ses deux descentes.

Pendant qu'on étoit à Fontainebleau on apprit la mort de

Boisselot, dans une terre où il s'étoit retiré lieutenant général. Il avoit été capitaine aux gardes, et s'étoit acquis une grande réputation en Irlande par l'admirable et longue défense de Limerick, assiégé par le prince d'Orange en personne, par laquelle il retarda longtemps la conquête de toute cette île.

La femme du comte d'Auvergne mourut aussi chez elle à Berg-op-Zoom : elle étoit fille unique et héritière d'un prince de Hohenzollern et de l'héritière de Berg-op-Zoom. C'étoit une femme de bonne mine, qui imposoit, d'un esprit doux et poli, au-dessous du médiocre, mais d'une vertu, d'un mérite et d'une conduite rare dont elle ne se démentit jamais, et dont elle eut bon besoin toute sa vie.

L'abbé d'Effiat mourut en même temps dans un beau logement à l'Arsenal, que lui avoit donné le maréchal de La Meilleraye, grand maître de l'artillerie, son beau-frère. Il étoit fils du maréchal d'Effiat et d'une Fourcy, frère de Cinq-Mars, grand écuyer de France, décapité à Lyon avec M. de Thou, 12 septembre 1642, sans avoir été marié, et du père du marquis d'Effiat, premier écuyer de Monsieur et chevalier de l'ordre, qui à quelques legs près eut tout ce riche héritage. L'abbé d'Effiat avoit soixante-dix ans, et toute sa vie avoit été fort galant et fort du grand monde. Tout vieux et tout aveugle qu'il étoit devenu, il en étoit encore tant qu'il pouvoit, et avoit la manie, quoique depuis plus de vingt ans aveugle, de ne le vouloir pas paroître. Il étoit averti, et retenoit fort bien les gens et les meubles qui étoient dans une chambre, les plats qu'on devoit servir chez lui et leur arrangement, et se gouvernoit en conséquence comme s'il eût vu clair. On avoit pitié de cette foiblesse et on ne faisoit pas semblant de s'en apercevoir. Il avoit de l'esprit, la conversation agréable, savoit mille choses et étoit un fort bon homme.

La duchesse Lanti mourut aussi à Paris, d'un cancer qu'elle y avoit apporté de Rome, dans l'espérance d'y trouver sa guérison. On a vu ailleurs qui étoit son mari, et qu'elle étoit sœur de la duchesse de Bracciano qui fit son mariage. Elle n'avoit rien, et Lanti se trouva fort honoré d'épouser une La Trémoille, sœur d'une femme qui à tous égards tenoit le premier rang dans Rome, et qui lui procura l'ordre du Saint-Esprit. Elle laissa des enfants, et le roi fit donner à sa fille qu'elle avoit amenée de quoi s'en retourner à Rome.

La chancelière Le Tellier mourut enfin à plus de quatre-vingt-dix ans, ayant conservé sa tête et sa santé jusqu'à la fin, et grande autorité dans sa famille, à qui elle laissa trois millions de biens.

M. de Pomponne perdit l'abbé Arnauld son frère. C'étoit un homme fort retiré et grand homme de bien, qui n'avoit jamais fait parler de lui dans les affaires du fameux Arnauld son oncle. Il vivoit dans un bénéfice qu'il avoit.

Le prince royal de Danemark perdit son fils. Cette cour fit tout ce qu'elle put pour engager la nôtre d'en porter le deuil, mais le roi ne voulut point avoir cette complaisance. Il ne portoit le deuil que des têtes couronnées ou des princes qui étoient ses parents, et il n'avoit point de parenté avec la maison d'Oldenbourg qui est celle des rois de Danemark.

Bonneuil, introducteur des ambassadeurs, étoit mort il y avoit cinq ou six mois. C'étoit un fort honnête homme, différent de Sainctot à qui son père, seul introducteur, avoit vendu la moitié de sa charge. Le père et le fils entendoient fort bien leur métier. Breteuil, qui, pour être né à Montpellier pendant l'intendance de son père, se faisoit appeler le baron de Breteuil, eut cette charge d'introducteur au retour de Fontainebleau. C'étoit un homme qui ne manquoit pas d'esprit mais qui avoit la rage de la cour, des ministres, des gens en place ou à la mode, et surtout de gagner de l'argent dans les partis en promettant sa protection. On le souffroit et on s'en moquoit. Il avoit été lecteur du roi, et il étoit frère de Breteuil, conseiller d'État et intendant des finances. Il se fourroit fort chez M. de Pontchartrain, où Caumartin, son ami et son parent, l'avoit introduit. Il faisoit volontiers le capable quoique respectueux, et on se plaisoit à le tourmenter. Un jour, à dîner chez M. de Pontchartrain, où il y avoit toujours grand monde, il se mit à parler et à décider fort hasardeusement. Mme de Pontchartrain le disputa, et pour fin lui dit qu'avec tout son savoir elle parioit qu'il ne savoit pas qui avoit fait le *Pater*. Voilà Breteuil à rire et à plaisanter, Mme de Pontchartrain à pousser sa pointe, et toujours à le défier et à le ramener au fait. Il se défendit toujours comme il put, et gagna ainsi la sortie de table. Caumartin, qui vit son embarras, le suit en rentrant dans la chambre, et avec bonté lui souffle « Moïse. » Le baron, qui ne savoit plus où il en étoit, se trouva bien fort, et au café remet le *Pater* sur le tapis, et triomphe. Mme de Pontchartrain alors n'eut plus de peine à le pousser à bout, et Breteuil, après beaucoup de reproches du doute qu'elle affectoit, et de la honte qu'il avoit d'être obligé à dire une chose si triviale, prononça magistralement que c'étoit Moïse qui avoit fait le *Pater*. L'éclat de rire fut universel. Le pauvre baron confondu ne trouvoit plus la porte pour sortir. Chacun lui dit son mot sur sa rare suffisance. Il en fut brouillé longtemps avec Caumartin, et ce *Pater* lui fut longtemps reproché. Son ami le marquis de Gesvres, qui quelquefois faisoit le lecteur et retenoit quelques mots qu'il plaçoit comme il pouvoit, causant un jour dans les cabinets du roi, et admirant en connoisseur les excellents tableaux qui y étoient, entre autres plusieurs crucifiements de Notre-Seigneur, de plusieurs grands maîtres, trouva que le même en avoit fait beaucoup, et tous ceux qui étoient là. On se moqua de lui, et on lui nomma les peintres différents qui se reconnoissent à leur manière. « Point du tout, s'écria le marquis, ce peintre s'appeloit INRI, voyez-vous pas son nom sur tous ces tableaux ? » On peut imaginer ce qui suivit une si lourde bêtise, et ce que put devenir un si profond ignorant.

On a vu en son temps la disgrâce, puis la mort de Daquin, premier médecin du roi. Il avoit un frère évêque de Fréjus qui étoit un homme fort extraordinaire. Il demanda à se défaire de son évêché en faveur de son neveu. Tout fut bon au roi pourvu qu'il se démît, et l'abbé Daquin d'ailleurs avoit plu au roi dans l'exercice de son agence du clergé. L'oncle ne fut pas longtemps d'accord avec lui-même, et il vexa tellement et si mal à propos son neveu qu'il abdiqua Fréjus pour n'avoir point à lutter contre son oncle. Le roi approuva fort ce procédé, et trouva celui du vieil évêque extrêmement mauvais. Séez vint à vaquer tout à propos, et fut donné au neveu, et en même temps l'oncle eut ordre de désemparer de Fréjus et de laisser les lieux libres. Voilà donc Fréjus tout à fait vacant.

L'abbé Fleury languissoit après un évêché depuis longues années, le roi s'étoit buté à ne lui en point donner. Il n'estimoit pas sa conduite, et disoit qu'il étoit trop dissipé, trop dans les bonnes compagnies, et que trop de gens lui parloient pour lui. Il l'avoit souvent refusé. Le P. de La Chaise y avoit échoué, et le roi s'étoit expliqué qu'il ne vouloit plus que personne lui en parlât davantage. Il y avoit quatre ou cinq ans qu'après une longue espérance le pauvre abbé étoit tombé dans cette espèce d'excommunication, et il la comptoit d'autant plus sans ressource qu'il avoit essayé la faveur naissante de M. de Paris qui n'avoit pas mieux réussi que les autres, en sorte que le pauvre garçon ne savoit que devenir. Il étoit sans bien et presque sans bénéfices, il étoit trop petit compagnon pour quitter sa charge par dépit; et la garder aussi sans espérance, c'étoit le dernier mépris. Son père étoit receveur des décimes du diocèse de Lodève. Il s'étoit fourré parmi les valets du cardinal Bonzi, dont il avoit obtenu la protection du temps de sa faveur à la cour et qu'il pouvoit tout en Languedoc. L'abbé Fleury étoit fort beau et fort bien fait dans sa première jeunesse, et en a conservé les restes toute sa vie. Il plut fort au bon cardinal ; il voulut en prendre soin, il le fit chanoine de l'église de Montpellier, où il fut ordonné prêtre en 1674 après avoir fait à Paris des études telles quelles dans un grenier de ces petits colléges à bon marché. Le cardinal Bonzi, qui étoit grand aumônier de la reine, se fit une affaire de lui en faire avoir une charge d'aumônier, ce qui parut assez étrange. Sa figure adoucit les esprits ; il se trouva discret, doux, liant ; il se fit des amies et des amis, et se fourra dans le monde sous la protection du cardinal Bonzi. La reine mourut et le cardinal obtint pour lui une charge d'aumônier du roi. On en cria beaucoup, mais on s'accoutume à tout. Fleury respectueux et d'un esprit et d'une humeur qui avoit su plaire, d'une figure qui plaisoit peut-être encore plus, d'une modestie, d'une circonspection, d'une profession qui rassuroit, gagna toujours du terrain, et il eut la fortune et l'entregent d'être d'abord souffert, puis admis, dans les meilleures compagnies de la cour, et de se faire des protecteurs ou des amis illustres des personnages principaux en hommes et en femmes dans le ministère et dans les premières places ou dans le premier crédit. Il étoit reçu chez M. de Seignelay ; il ne bougeoit de chez M. de Croissy, puis de chez M. de Pomponne et M. de Torcy, où, à la vérité, il étoit comme ailleurs sans conséquence, et suppléoit souvent aux sonnettes avant qu'on en eût l'invention. Le maréchal et la maréchale de Villeroy l'avoient très-souvent, les Noailles extrêmement, et il eut le bon esprit de se lier étroitement avec ce qu'il y avoit de meilleur et de plus distingué parmi les aumôniers du roi, comme les abbés de Beuvron et de Saint-Luc, et avec d'autres de son métier qui lui faisoient honneur. Le maréchal de Bellefonds, le vieux Villars, Mme de Saint-Géran, M. et Mme de Castries, il ne sortoit point de chez eux, et passoit ainsi une vie très-agréable et très-honorable pour lui ; mais le roi n'avoit pas tort de n'y trouver rien d'ecclésiastique, et quoiqu'il se conduisît fort sagement, il étoit difficile que tout en fût ignoré. Il en étoit donc là et sans moyen quelconque d'avancer ni de reculer, fort plaint du gros du monde, mais sans secours pour sortir de ce bourbier, lorsque Fréjus vaqua.

M. de Paris, qui l'en vit touché jusqu'aux larmes, en prit si généreusement pitié que, malgré les défenses du roi, il se hasarda de faire encore une tentative. Elle fut mal reçue, et de façon à fermer la bouche à tout autre; mais le prélat fit effort de crédit et de bien dire pour représenter au roi que c'étoit déshonorer et désespérer un homme et sans une cause éclatante à quoi on s'en pût prendre, et insista si fortement et si longtemps, que le roi d'impatience lui mit la main sur l'épaule, et le serrant et le remuant : « Ho bien! monsieur, lui dit-il, vous le voulez donc que je fasse l'abbé Fleury évêque de Fréjus, et malgré toutes les raisons que je vous ai dites et redites, vous insistez sur ce que c'est un diocèse au bout du royaume et en pays perdu; il faut donc vous céder pour n'en être plus importuné, mais je le fais à regret, et souvenez-vous bien, et je vous le prédis, que vous vous en repentirez. » Ce fut de la sorte qu'il eut Fréjus, arraché par M. de Paris à la sueur de son front et de toute la force de ses bras. L'abbé Fleury fut comblé de joie et de reconnoissance pour un service si peu attendu, et qui le tiroit de l'état du monde le plus cruel et le plus violent, auquel il ne voyoit point d'issue; mais le roi fut prophète, et bien plus qu'il ne pensoit, mais d'une tout autre sorte. Le nouvel évêque se pressa le moins qu'il put de se confiner à Fréjus. Il fallut pourtant bien y aller. Ce qu'il y fit pendant quinze ou seize ans n'est pas de mon sujet; ce qu'il a fait depuis, cardinal et plutôt roi absolu que premier ministre, c'est ce que tous les historiens ne laisseront pas ignorer à la postérité.

M. le prince de Conti, plus heureux et peut-être plus actif au parlement qu'en Pologne, gagna enfin définitivement son grand procès contre Mme de Nemours, pour les biens de Longueville, dans le milieu de décembre, et de vingt-trois juges eut vingt voix. Outre treize ou quatorze cent mille livres qui lui furent adjugées, ses prétentions sur Neuchâtel devinrent bien plus considérables.

Le roi dans cette fin d'année résolut d'entreprendre trois grands ouvrages qui auroient dû même être faits depuis longtemps : la chapelle de Versailles, l'église des Invalides et l'autel de Notre-Dame de Paris. Ce dernier étoit un vœu de Louis XIII, fait lorsqu'il n'avoit plus le temps de l'accomplir, et dont il avoit chargé son successeur qui avoit été plus de cinquante ans sans y songer.

Il permit aussi à Mme de Blansac de reparoître à la cour, et de voir Mme la duchesse de Chartres qui en eut une grande joie. Celle de la maréchale de Rochefort fut tôt après troublée par l'apoplexie de son fils dont il eut attaques sur attaques. C'étoit fort peu de chose à la valeur près, et un jeune homme excessivement débauché.

M. de Barbezieux finit l'année par un éclat dont il se seroit pu passer. Il avoit, comme on l'a vu, épousé Mlle d'Alègre. Il la traitoit comme un enfant, et ne se contraignoit pas de ses galanteries et de sa vie accoutumée. M. d'Elbœuf, comme on l'a vu encore, en fit l'amoureux à grand bruit pour insulter Barbezieux. La jeune femme, piquée de la conduite de son mari à son égard, crut de mauvais conseils et rendit son mari jaloux. Il s'abandonna à cette passion, tout lui grossit, il crut voir ce qu'il ne voyoit point et il lui arriva ce qui n'est jamais arrivé à personne, de se déclarer publiquement cocu, d'en vouloir donner les preuves, de ne le pouvoir, et de n'en être cru de qui que ce soit. On n'a jamais vu homme si enragé que celui-là, de ne pouvoir passer pour cocu. Tout ce qui se trouva ne fut qu'imprudences, étourderies et folies d'une jeune innocente sottement conseillée, qui veut ramener par où on les égare, et ce fut tout. Mais Barbezieux furieux ne fut plus capable de raison. Il pria d'Alègre par un courrier qu'il lui dépêcha en Auvergne de revenir sur-le-champ, et la lettre fut si bien tournée, qu'Alègre, qui n'étoit pas un habile homme, ne douta pas que ce ne fût pour quelque grand avancement que son gendre lui procuroit. Il fut donc étrangement surpris en arrivant, quand il apprit de quoi il s'agissoit. Les séparer, il le falloit bien dans la crise où l'affaire étoit tombée. Mme de Barbezieux étoit prisonnière chez son mari et malade. Le mari prétendoit qu'elle la faisoit, et vouloit la mettre dans un couvent; le père et la mère la vouloient garder chez eux. Enfin, après un grand vacarme, et pour fort peu de chose, le roi fort importuné du beau-père et du gendre, décida que Mme de Barbezieux iroit chez son père et sa mère jusqu'à entière guérison, après laquelle ils la mèneroient dans un couvent en Auvergne. Pour le bien, Barbezieux le remit tout entier, et s'en rapporta à d'Alègre, de ce qu'il conviendroit pour l'éducation et l'entretien de ses deux filles. On plaignit fort d'Alègre, et sa fille encore plus, et on tomba rudement sur Barbezieux. Ce qu'il fit encore de plus mal, ce furent les niches de toutes les sortes qu'il s'appliqua depuis à faire à d'Alègre, et d'y employer l'autorité et le crédit de sa charge.

CHAPITRE XV.

1699. — M. le duc de Berry chevalier de l'ordre. — Mort du duc de Brissac. — Difficultés à succéder à la dignité de duc et pair de Brissac. — Entreprises lorraines. — Étrange hardiesse de la princesse d'Harcourt, le jour de la première audience de milord Jersey chez Mme la duchesse de Bourgogne. — Noir artifice des Lorrains, que je mis au net avec le roi le soir même. — Plainte du duc de Rohan au roi, qui ordonne à la princesse d'Harcourt de demander pardon à la duchesse de Rohan, et qui l'exécute en public chez Mme de Pontchartrain. — Places des princesses du sang au cercle et lieux arrangés.

M. le duc de Berry fut nommé chevalier de l'ordre le premier jour de cette année, et fut reçu à la Chandeleur.

Le duc de Brissac mourut à Brissac le premier ou le second jour de cette année. Il étoit frère unique de la maréchale de Villeroy, et mon beau-frère, sans enfants de ma sœur avec qui il avoit très-mal vécu, comme je l'ai dit au commencement de ces Mémoires. Il n'en eut point non plus de la sœur de Vertamont, premier président du grand conseil, qu'il épousa pour son grand bien, qu'il mangea si parfaitement que, n'ayant pas même de douaire ni de reprises pour elle, elle continua à vivre comme elle faisoit depuis longtemps chez son frère, qui lui donnoit jusqu'à des souliers et des chemises. Elle étoit bossue avec un visage assez agréable, et beaucoup d'esprit et fort orné qui l'étoit encore plus, et beaucoup de douceur et de vertu. M. de Brissac savoit beaucoup, et avoit infiniment d'esprit et du plus agréable, avec une figure de plat apothicaire, grosset, basset, et fort enluminé. C'étoit de ces hommes nés pour faire mépriser l'esprit, et pour être le fléau de leur maison. Une vie obscure, honteuse, de la dernière et de la plus vilaine débauche, à quoi il se ruina radicalement à n'avoir pas de pain longtemps avant de mourir, sans table, sans équipage, sans rien jamais qui eût paru, sans cour, sans guerre, et sans avoir jamais vu homme ni femme qu'on pût nommer. Cossé étoit fils du frère cadet de son père, mort chevalier de l'ordre. Il avoit épousé depuis plusieurs années une fille de Bechameil, qui étoit surintendant de Monsieur, sœur de la femme de Desmarets, neveu de M. Colbert, chassé et longtemps exilé à sa mort, et de Nointel que Monsieur fit faire intendant en Bretagne, puis conseiller d'État.

J'appris cette mort à Versailles, où j'étois presque toujours. Je compris aussitôt que Cossé trouveroit des difficultés à être duc de Brissac par le fond de la chose même, et par la sottise de bien des ducs. Je sentis en même temps combien il importoit à la durée des duchés qu'il le fût, et je me hâtai dès le lendemain matin d'en parler à M. de La Trémoille, à M. de La Rochefoucauld, et à quelques autres, que je persuadai si bien qu'ils me promirent d'appuyer Cossé tant qu'ils pourroient, et de prendre même fait et cause pour lui si cela devenoit nécessaire. Je ne m'étois pas trompé à ne pas perdre de temps. Le soir même, comme on attendoit le coucher du roi, le duc de Rohan parut dans le salon, devenu depuis la chambre du roi, il vint à moi, et me dit que plusieurs ducs l'avoient vu à Paris, sur la prétention de Cossé, dont on ne doutoit pas; qu'ils étoient fort résolus à s'y opposer, et l'avoient prié de m'en parler de leur part. Le duc de Grammont s'étoit aussi chargé de m'en parler, et à plusieurs autres. Il s'étendit sur l'avantage de gagner un rang d'ancienneté, et de diminuer le nombre des ducs. Je lui répondis que j'étois surpris que lui, qui étoit plus instruit que ceux dont il me parloit, eût pu se laisser prendre à leurs raisons; qu'il étoit à la vérité fort à désirer que les rangs d'ancienneté parmi les ducs ne fussent pas troublés par des chimères et des prétentions qui n'avoient que du crédit, comme celle de M. de Luxembourg et plusieurs autres; et qu'il plût au roi de ne plus prodiguer si facilement cette dignité; mais que de chercher à l'éteindre sur un issu de mâle en mâle d'un duc, c'étoit l'éteindre un jour sur nous-mêmes, puisqu'il n'y avoit aucun de nous à qui cela ne pût arriver dans sa maison en plusieurs façons; que je croyois, au contraire, qu'il étoit d'un intérêt très-principal de conserver le plus longuement qu'il étoit possible les duchés dans les maisons où elles étoient, et pour l'honneur de la dignité et pour l'intérêt des maisons, quand c'étoit une succession de mâle en mâle, et non pas des extensions chimériques, par des femelles ou par des parentés masculines qui ne sortoient point de celui en faveur duquel le duché étoit érigé; que le cas de Cossé étoit simple, que son père étoit fils puîné et frère puîné des ducs de Brissac, et lui cousin germain de celui qui venoit de mourir, par conséquent en tout droit et raison de l'être, et nous en tout intérêt de l'y aider; qu'à l'égard du rang, je ne pouvois m'empêcher de lui dire que c'étoit une raison misérable, et que, autant qu'il étoit insupportable de céder à des chimères, ou à des entreprises, ou à des nouveautés, autant étoit-il agréable de suivre une règle honorable entre nous de précéder ses cadets, et de n'avoir aucune peine à avoir des anciens et à leur céder partout. M. de Rohan n'étoit pas à un mot, ni aisé à persuader. Après avoir écouté ses répliques, et qu'il eut vu que je ne me rendois point, il me dit d'un ton plus haut que lui et ces messieurs auroient beaucoup de déplaisir si je ne voulois pas être des leurs; mais que leur résolution étoit prise d'intervenir contre Cossé, et de demander que le duché-pairie de Brissac fût déclaré éteint. A ce mot je le pris par le bras, et lui répondis que, si lui et ces messieurs tenoient bon, nous verrions donc un schisme, parce que j'avois parole de MM. de La Trémoille, de Chevreuse, de La Rochefoucauld, de Beauvilliers et de plusieurs autres, de prendre, si le cas y échéoit, fait et cause pour Cossé; et qu'on verroit alors qui auroit plus de raison et meilleure grâce, de ceux qui soutiendroient la conservation de la dignité au descendant si proche et de mâle en mâle de celui pour qui elle avoit été érigée, ou de ceux qui en voudroient porter l'éteignoir sur lui, et en donner l'exemple pour leur postérité à eux-mêmes. M. de Rohan fut bien étonné à ce propos; j'en profitai, et lui proposai d'en parler à ceux que je lui venois de nommer, qui étoient à Versailles, et qu'il trouveroit si aisément sous sa main. Le roi vint se déshabiller et finit notre conversation. Elle fut efficace.

Je la rendis le lendemain à ceux que j'avois gagnés, qui me promirent de nouveau de prendre fait et cause. Ils s'en expliquèrent à d'autres fortement, tellement que les ducs de Rohan, de Grammont, et les autres qui avoient pris la résolution de s'opposer à Cossé, n'osèrent pousser leur pointe, ni même en parler davantage. Je pouvois, quoique fort jeune, avoir quelque poids dans cette affaire, après ce qui s'étoit passé en celle de M. de Luxembourg. Le duc de Brissac est plus ancien que moi, et je n'avois aucune habitude avec Cossé, qui étoit un bavard fort borné et fort peu compté, qui avaloit du vin avec force mauvaise compagnie, et n'en voyoit pas fort ordinairement de bonne. Son cousin avoit trop étrangement vécu avec ma sœur et avec mon père, pour que je pusse m'intéresser à sa maison par rapport à elle, et j'étois depuis plusieurs années en procès avec M. de Brissac et ses créanciers pour la restitution de la dot de ma sœur. C'étoient là des raisons de meilleur aloi que celles que le duc de Rohan m'avoit alléguées, et qui ne pouvoient être contre-balancées par la maréchale de Villeroy, dont je fus depuis ami intime, mais avec qui alors je n'étois guère encore qu'en connoissance, et en aucune avec son mari. Mais l'intérêt général me détermina et me toucha assez pour hasarder ma dette. Cossé, qui sut l'obligation qu'il m'avoit, accourut me remercier et m'offrir de me mettre hors d'intérêt sur ce procès, que j'avois déjà gagné une fois, et qu'on avoit renouvelé par des chicanes. Il m'en pressa même, mais je ne le voulus pas, parce que tous les créanciers de son cousin lui auroient pu faire la même loi sur cet exemple, comme beaucoup même firent sans cela ; il n'auroit pu y suffire, ni atteindre à la propriété de Brissac essentielle pour en recueillir la dignité. Je sentois bien ce que je hasardois avec une succession ruinée, ventilée, en proie aux frais et aux chicanes, et à Cossé lui-même à qui il resteroit peu ou point de bien, après s'être épuisé pour une acquisition si essentielle, où chaque intéressé le rançonneroit ; mais la même considération générale de la conservation des duchés dans les maisons me fit aussi courir volontairement le hasard de ce qui pourroit arriver de ce procès.

Cossé avoit bien des difficultés à surmonter : il falloit être propriétaire du duché de Brissac par succession, non par acquisition, et pour cela avoir la renonciation de la maréchale de Villeroy et de ses enfants, qu'ils donnèrent aussitôt ; et ce qui fut le plus long et le plus difficile, s'accommoder avec un monde de créanciers du feu duc de Brissac, et à leur perte, parce que les biens ne suffisoient pas. Outre ces embarras domestiques, la chose en soi en portoit avec elle. Il n'étoit point le vrai héritier, et il ne le devenoit que par la renonciation de la maréchale de Villeroy et de ses enfants. Il étoit donc par cette raison très-équivoque que le duché ne fût pas éteint, parce que la règle des grands fiefs est que la mort saisit le vif sans intervalles, et ce vif n'étoit point lui, mais la maréchale de Villeroy et ses enfants après elle, incapable comme femelle de recueillir ni transmettre une dignité purement masculine, ce qui en opéroit l'extinction; par conséquent la renonciation de cette femelle pouvoit très-bien n'avoir pas plus d'effet en faveur de Cossé, que la succession qu'elle abandonnoit en avoit sur elle : c'est-à-dire la tradition de la terre sans la dignité, puisqu'elle ne pouvoit pas donner ou abandonner autre chose que ce qu'en acceptant la succession elle recevroit, qui étoit la terre, non la dignité, dont son sexe la rendoit incapable et conséquemment l'éteignoit en sa personne, la succession passant nécessairement par elle, soit qu'elle l'acceptât ou qu'elle y renonçât. A ces raisons on pouvoit encore ajouter que ces successions de dignité en collatéral étoient de droit étroit, et qu'il ne pouvoit dépendre d'une volonté de particulière de faire un homme duc ou de l'empêcher de l'être, ce qui arrivoit pourtant en ce cas par l'acceptation ou par la renonciation de la maréchale de Villeroy. On ne peut nier la force de ces arguments ; mais la réponse se trouvoit écrite dans les lettres d'érection de Brissac, qui étoient pour le maréchal de Brissac et pour tous ses hoirs sortis de son corps, et de degré en degré, en légitime mariage et successeurs mâles. Ainsi, son second fils, père de Cossé, et sa postérité masculine, étoient appelés au défaut de la postérité masculine aînée. Le cas arrivoit, et il étoit clair que l'intention du roi concesseur étoit : que tout mâle sorti par mâle du maréchal de Brissac recueillît à son rang d'aînesse la dignité de duc et pair. Il est vrai que par *successeur* la nécessité étoit imposée d'avoir la terre ; mais puisqu'on ne pouvoit nier la volonté du roi concesseur être telle qu'elle vient d'être expliquée, la conséquence suit évidemment en faveur de la renonciation. Mais ce n'étoit pas là tout : l'érection appeloit bien les collatéraux, mais l'enregistrement du parlement les avoit exclus, et c'étoit au parlement à qui l'on avoit affaire, non pas contentieusement avec des parties, mais pour recevoir Cossé en qualité de duc de Brissac et de pair de France, après que les affaires liquidées avec les créanciers l'auroient mis en état de s'y présenter.

Je n'avois eu garde de laisser sentir au duc de Rohan aucune de ces difficultés. Celle des créanciers, qui étoit publique, l'avoit occupé lui et les ducs qui s'étoient voulu opposer, et ils n'avoient envisagé qu'en gros, et à travers un brouillard, celle de la nécessité de la renonciation de la maréchale de Villeroy. Je fus le conseil de Cossé, non sur les discussions des créanciers, mais sur ce qui regardoit intrinsèquement la succession à la dignité. Il venoit presque tous les jours chez moi, ou y envoyoit tant que l'affaire dura, qui ne fut pas sans épines fréquentes et fortes, et qui passa la révolution de cette année.

A la suite de ce récit de pairie, j'en ferai un autre, à peu près de la même matière, sur ce qui arriva le 6 janvier chez Mme la duchesse de Bourgogne, à l'audience de M. le comte de Jersey, ambassadeur d'Angleterre. Je serois trop long, et sortirois du dessein de ces Mémoires, si j'entreprenois d'expliquer l'origine, les entreprises et les progrès du rang et des prétentions de la maison de Lorraine en France, et à son exemple de celui des princes étrangers. Pour me rabattre au fait dont il s'agit, il suffira de savoir qu'aux cérémonies de la cour, entrées, mariages des rois, baptêmes, obsèques, il y a eu souvent des disputes entre les duchesses et les princesses étrangères pour la préséance, que les rois ont cru de leur intérêt de laisser subsister sans les décider, pour entretenir une division qu'ils se sont crue utile, à quoi ce n'est pas ici le lieu de répondre.

Dans l'ordinaire de la vie, comme cercles, audiences, comédies, en un mot, tous les lieux journaliers et de cour, et de commerce du monde, jamais il n'y en avoit, et entre elles, elles se plaçoient indifféremment comme elles se rencontroient. La reine avoit des dames du palais, duchesses et princesses : Mmes de Chevreuse, de Beauvilliers, de Noailles, et plusieurs autres duchesses; la princesse de Bade, sœur du comte de Soissons, tante paternelle de l'autre et du prince Eugène devenu depuis si fameux, fille de Mme de Carignan, princesse du sang, vivant et à Paris et à la cour, mère du prince Louis de Bade qui s'est illustré à la tête des armées de l'empereur et de l'empire, et dont la fille a épousé M. le duc d'Orléans petit-fils de Monsieur, longues années depuis; Mme d'Armagnac, la même dont il va être ici question, Mlle d'Elbœuf et d'autres encore. Jamais de dispute, et jamais entre elles elles n'ont pris garde à rien, et cela avoit toujours duré ainsi jusque vers la fin de la vie de Mme la Dauphine-Bavière, que la princesse d'Harcourt commença la première à devenir hargneuse, et Mme d'Armagnac aussi. La première avoit peu à peu gagné toute la protection de Mme de Maintenon, avec qui Brancas son père avoit été longtemps plus que bien, et il falloit à Mme de Maintenon une raison aussi forte pour pouvoir prendre en faveur une personne qui en étoit aussi peu digne. Comme toutes celles de peu qui ne savent rien que ce que le hasard leur a appris, et qui ont longtemps langui dans l'obscurité avant que d'être parvenues, Mme de Maintenon étoit éblouie de la principauté, même fausse, et ne croyoit pas que rien le pût disputer à la véritable.

La maison de Lorraine n'ignoroit pas cette disposition. M. le Grand balançoit qui que ce fût dans l'esprit du roi; et le chevalier de Lorraine qui avoit infiniment d'esprit, et tout celui des Guise, avoit Monsieur en croupe, à qui le roi, qui ignoroit beaucoup de choses, se rapportoit fort ordinairement sur tout ce qui fait partie du cérémonial. Ce fut donc par l'avis du chevalier de Lorraine, que sa belle-sœur et la princesse d'Harcourt commencèrent à entreprendre. Il compta avec raison avoir affaire aux personnes du monde les moins unies, les moins concertées, les moins attentives, qui ne s'apercevroient de rien qu'après coup, qui ne sauroient par ces défauts comment se défendre, sur quoi le passé lui répondoit de l'avenir; car c'est de la sorte que de conjonctures, d'entreprises, et pièce à pièce, que leur rang s'est formé et maintenu, et qu'il prétendoit l'étendre et l'agrandir. Il comptoit encore, ou que de guerre lasse on les laisseroit faire, ou qu'à force de disputes, avec les appuis que je viens d'expliquer et la prédilection constante de la reine mère pour les princes, dont il étoit resté quelque chose au roi, ils tireroient toujours avantage de ces disputes en partie, et peut-être en tout par l'importunité. Ils avoient la princesse de Conti auprès de Monseigneur à leur disposition, par Mme de Lislebonne et ses filles, et par les mêmes immédiatement qui eurent enfin toute sa confiance. Avec tout cela, ils ne firent, pour ainsi dire, que ballotter dans ces commencements. L'état de Mme la Dauphine, toujours mourante, retranchoit beaucoup d'occasions, et il y en eut encore beaucoup moins depuis sa mort, jusqu'à ce que Mme la duchesse de Bourgogne commençât à tenir une cour. Ils ne vouloient pas se hasarder sous les yeux du roi, qu'ils n'eussent essayé ailleurs, et qu'ils ne l'eussent accoutumé à leurs entreprises, mais elles se produisirent hautement dès le lendemain de son mariage, au premier cercle qu'elle tint. Les princesses ne se mirent plus au-dessous des duchesses : après, elles prétendirent la droite, et l'eurent souvent par leur concert et leur diligence. Ils avoient affaire à une dame d'honneur qui craignoit tout, qui vouloit être l'amie de tout le monde, qui n'ignoroit pas la prédilection de Mme de Maintenon, qui trembloit devant elle, et qui, basse et de fort peu d'esprit, se trouvoit toujours embarrassée, et n'y savoit d'issue qu'en souffrant tout et laissant tout entreprendre, et l'âge de Mme la duchesse de Bourgogne ne lui permettoit ni de savoir ce qui devoit être, ni d'imposer.

Tel étoit l'état des choses à cet égard, quand les Lorrains, lassés de leurs foibles avantages de diligence et de ruse où ils se trouvoient quelquefois prévenus, résolurent d'en usurper de plus réels et se crurent en état de les emporter. Soit hasard ou dessein prémédité, le leur éclata à la première audience que milord Jersey eut de Mme la duchesse de Bourgogne, le mardi 6 janvier de cette année. De part et d'autre, les dames arrivèrent avant qu'on pût entrer. Les duchesses, qui s'étoient trouvées les plus diligentes, se trouvèrent les premières à la porte et entrèrent les premières. La princesse d'Harcourt et d'autres Lorraines suivirent. La duchesse de Rohan se mit la première à droite. Un moment après, avant qu'on fût assis, et comme les dernières arrivoient encore, titrées et non titrées (et il y avoit grand nombre de dames), la princesse d'Harcourt se glisse derrière la duchesse de Rohan, et lui dit de passer à gauche. La duchesse de Rohan répond qu'elle se trouvoit bien là, avec grande surprise de la proposition, sur quoi la princesse d'Harcourt n'en fait pas à deux fois, et grande et puissante comme elle étoit, avec ses deux bras lui fait faire la pirouette, et se met en sa place. Mme de Rohan ne sait ce qui lui arrive, si c'est un songe ou vérité, et, voyant qu'il s'agissoit de faire tout de bon le coup de poing, fait la révérence à Mme la duchesse de Bourgogne et passe de l'autre côté, ne sachant pas trop encore ce qu'elle faisoit ni ce qui lui arrivoit, dont toutes les dames furent étrangement étonnées et scandalisées. La duchesse du Lude n'osa dire mot; et Mme la duchesse de Bourgogne à son âge encore moins, mais sentit l'insolence et le manque de respect. Mme d'Armagnac, et ses fille et belle-fille, qui vouloit aussi la droite à l'audience de l'ambassadeur, qui se donnoit dans la pièce qui précédoit celle du lit où on étoit, contente de l'expédition qu'elle venoit de voir, se tint vers la porte de ces deux pièces, qui étoit le côté gauche de celle du lit, y fit asseoir ses fille et belle-fille, quoique après les duchesses, dit qu'il y avoit trop de monde et s'en alla dans la pièce de l'audience garder la droite, et se mit dans le cercle qui étoit arrangé tout prêt vers le bas bout de la droite. La toilette finie, on passa dans la pièce de l'audience. Mme de Saint-Simon était grosse de six semaines ou deux mois. Elle étoit venue tard et des dernières du côté gauche, tellement que lorsqu'on se leva elle n'eut qu'un pas à faire pour gagner la pièce de l'audience. Ce brouhaha d'y passer étoit toujours assez long; elle se trouvoit mal et ne pouvoit se tenir debout. Elle alla donc s'asseoir, en attendant qu'on vînt, sur le premier tabouret qu'elle y trouva du cercle même tout arrangé; et comme le côté droit de ce cercle étoit le plus près de la porte des deux pièces, elle se trouva à deux sièges au-dessus de Mme d'Armagnac, mais celle-ci tournée en cercle et en dedans, et Mme de Saint-Simon en dehors tournée le visage à la muraille, de manière qu'elles étoient toutes deux comme adossées. Mme d'Armagnac, qui vit qu'elle se trouvoit un peu mal, lui offrit de l'eau de la reine de Hongrie. Comme on se mit à passer un peu après, elle lui dit qu'étant la première arrivée, elle ne croyoit pas qu'elle voulût se mettre au-dessus d'elle. Mme de Saint-Simon, qui ne s'étoit mise là qu'en attendant, ne répondit point, et dans le même moment s'alla mettre de l'autre côté, où elle s'assit même avant qu'on fût rangé; et fit mettre une duchesse devant elle pour la cacher jusqu'à ce qu'on fût placé.

J'appris ce qui s'étoit passé à la toilette, et je sus par des dames du palais que Mme la duchesse de Bourgogne étoit fort bien disposée, et qu'elle comptoit d'en parler au roi et à Mme de Maintenon. Je crus qu'il étoit important de ne pas souffrir un affront, et à propos d'en tirer parti. Nous conférâmes quelques-uns ensemble. Le maréchal de Boufflers alla parler à M. de Noailles, et moi à M. de La Rochefoucauld, au retour du roi, qui étoit allé tirer. L'avis fut que M. de Rohan devoit le lendemain matin demander justice au roi, sans être accompagné, parce que le roi craignoit et haïssoit tout ce qui sentoit un corps. J'allai aussi voir M. de La Trémoille qui alloit souper chez le duc de Rohan, à la ville, qui n'avoit point de logement; M. de La Trémoille me promit de le disposer à ce que nous désirions.

Comme j'étois au souper du roi, Mme de Saint-Simon m'envoya dire de venir sur-le-champ lui parler dans la grande cour, où elle m'attendoit dans son carrosse; j'y allai. Elle me dit qu'elle venoit d'être avertie par Mme de Noailles, sortant de chez la duchesse du Lude, qui l'avoit trouvée sortant de chez M. de Duras, qui étoit l'appartement joignant, que les trois frères lorrains avoient été au tirer du roi; qu'ils s'y étoient toujours tenus tous trois tout seuls, séparés de tout ce qui y étoit, et peu de gens avoient la liberté de suivre le roi et aucun de l'approcher, excepté le capitaine des gardes en quartier, qui étoit le duc de Noailles, qu'ils avoient paru disputer entre eux; et M. de Marsan le plus agité; qu'enfin après un long débat, M. le Grand les avoit quittés, s'étoit avancé au roi, lui avoit parlé assez longtemps; que M. de Noailles avoit entendu que c'étoit une plainte qu'il faisoit de ce qu'à l'audience du matin Mme de Saint-Simon avoit pris la place de Mme d'Armagnac, et s'étoit mise au-dessus d'elle, à quoi le roi n'avoit pas distinctement répondu, et fort en un mot ; après quoi M. le Grand étoit allé rejoindre ses frères, et étoit toujours demeuré en particulier avec eux. Mme de Saint-Simon, bien étonnée de l'étrange usage qu'ils faisoient de la chose du monde la plus simple et la plus innocente, et du mensonge qu'ils y ajoutoient, conta ce qui lui étoit arrivé à Mme de Noailles, qui fut d'avis que j'en fisse parler au roi le soir même. Ces messieurs, fort embarrassés de soutenir ce que la princesse d'Harcourt avoit fait à la duchesse de Rohan, en quelque disgrâce qu'eussent toujours vécu le duc de Rohan et elle, et qui craignoient des plaintes au roi, saisirent ce qui étoit arrivé à Mme de Saint-Simon pour se plaindre les premiers et tâcher de compenser l'un par l'autre. Voilà un échantillon de l'artifice de ces messieurs, et d'un mensonge public et dont toute l'audience étoit témoin. Cet artifice, tout mal inventé qu'il fût, me mit en colère. J'allai trouver M. de La Rochefoucauld, qui voulut absolument que je parlasse au roi à son coucher. « Je le connois bien, me dit-il, parlez-lui hardiment, mais respectueusement ; ne touchez que votre affaire ; n'entamez point celle des ducs, et laissez faire M. de Rohan demain, c'est la sienne. Croyez-moi, ajouta-t-il, des gens comme vous doivent parler eux-mêmes ; votre liberté et votre modestie plairont au roi, il l'aimera cent fois mieux. » J'insistai ; lui aussi. Je voulus voir si le conseil partoit du cœur ou de l'esprit, et je lui proposai de monter vite chez M. le maréchal de Lorges, et que je l'engagerois à parler. « Non, encore un coup, non, reprit le duc, cela ne vaut rien, parlez vous-même. Si au petit coucher j'en puis trouver le moyen, je parlerai à mon tour. » Cela me détermina.

Je remonte chez le roi, et voulus m'avancer au duc de Noailles, qui sortoit de prendre l'ordre. Il ne jugea pas devoir paroître avec moi, et me dit en passant de parler au coucher. Boufflers, à qui Noailles avoit conté l'affaire, m'en dit autant, et qu'il ne s'avanceroit point pour prendre l'ordre que je n'eusse parlé. Je m'approchai de la cheminée du salon, et quand le roi vint, je me contentai de le voir aller se déshabiller. Comme il eut donné le bonsoir, et qu'à son ordinaire il se fut retiré le dos au coin de la cheminée pour donner l'ordre, tandis que tout ce qui n'avoit pas les entrées sortoit, je m'avançai à lui, et lui aussitôt se baissa pour m'écouter en me regardant fixement. Je lui dis que je venois d'apprendre tout à l'heure la plainte que M. le Grand lui avoit faite de Mme de Saint-Simon, que rien au monde ne me touchoit tant que l'honneur de son estime et de son approbation, et que je le suppliois de me permettre de lui conter le fait, et tout de suite j'enfile ma narration telle que je l'ai faite ci-dessus, et sans en oublier une seule circonstance. Je m'en tins là, suivant le conseil de M. de La Rochefoucauld. Je n'ajoutai aucune plainte ni des Lorrains ni de M. le Grand, et je me contentai de lui avoir donné, par le simple et véritable exposé du fait, un parfait démenti. Le roi ne m'interrompit jamais d'un seul mot depuis que j'eus ouvert la bouche. Quand j'eus fini, il me répondit : « Cela est bien, monsieur, d'un air très-gracieux et content, il n'y a rien à cela, » en souriant avec un signe de tête comme je me retirois. Après quelques pas faits, je me rapprochai du roi avec vivacité, je l'assurai de nouveau que tout ce que je lui avois avancé étoit vrai de point en point, et je reçus la même réponse.

L'heure de parler au roi étoit tellement indue, les spectateurs avoient trouvé le discours si long et si actif de ma part, et si bien reçu à l'air du roi, que leur curiosité étoit extrême de savoir ce qui m'avoit pu engager à une démarche si peu usitée, quoique la plupart se doutassent bien en gros qu'il s'agissoit de l'affaire du matin. Beaucoup de courtisans attendoient dans les antichambres. Le maréchal de Boufflers prit l'ordre, et me trouva avec le duc d'Humières. Je leur rendis ma conversation, je fis ensuite quelques tours par rapport à Mme la duchesse de Bourgogne, et je m'en allai après chez le duc de Rohan, comme je l'avois promis. Ma conversation avec le roi avoit déjà couru partout, à cause de l'heure indue où je l'avois eue. Ils ne m'attendoient plus, et avoient envoyé chez moi le fils du duc de Rohan pour tâcher d'en apprendre quelque chose. Ils me pressèrent là-dessus. La présence du duc d'Albret me retint, et celle encore de la comtesse d'Egmont. Enfin, après bien des assurances et des instances, il fallut les satisfaire, et je m'y portai pour donner courage au duc de Rohan. Ce qu'il fallut essuyer de disparates de sa part ne se peut imaginer, avec une déraison surnageante à désoler. A la fin pourtant il promit de parler au roi le lendemain, comme nous le voulions, et je les quittai là-dessus à trois heures après minuit.

Le lendemain de bonne heure je retournai voir le maréchal de Boufflers pour qu'il instruisît M. de Noailles, et je fus rendre compte de ma soirée à M. le maréchal de Lorges qui n'en savoit pas un mot, et à qui jusque-là je n'avois pas eu le temps d'en parler. Il alla aussi dire au roi ce dont je venois de le prier, et cependant je me montrai fort chez le roi, où je vis le maréchal de Villeroy très-animé, tout ami intime qu'il fût des trois frères et beau-frère de l'aîné. J'envoyai cependant messager sur messager au duc de Rohan pour l'avertir des moments et le presser de venir. Enfin il arriva, comme le roi alloit sortir de la messe. Il se mit à la porte du cabinet et quelques ducs avec lui. Comme le roi approcha, il s'avança. Le roi le fit entrer et le mena à la fenêtre de son cabinet, et la porte se ferma aussitôt, en sorte qu'il demeura seul avec le roi. Les maréchaux de Villeroy, Noailles, Boufflers et quelques autres ducs se tinrent à la porte. Je crus en avoir assez fait, et je regardois de la cheminée du salon toute cette pièce entre eux et moi, mais dans la même. Cela dura près d'un petit quart d'heure. Le duc de Rohan sortit fort animé, le duc de Noailles ne fit qu'entrer et sortir pour prendre l'ordre, et tous vinrent à moi à la cheminée, puis nous sortîmes dans la chambre du roi où nous nous mîmes en tas à la cheminée. Là le duc de Rohan nous rendit sa conversation, où rien ne fut oublié. Il demanda justice sur sa femme de la princesse d'Harcourt, s'étendit sur les entreprises des Lorrains et l'impossibilité d'éviter des querelles continuelles; il fit valoir le respect violé à Mme la duchesse de Bourgogne par la princesse d'Harcourt, et gardé par la duchesse de Rohan, expliqua bien le fait de Mme de Saint-Simon et de Mme d'Armagnac, et le noir et audacieux artifice des Lorrains pour se tirer d'affaire par ce faux change; en un mot, parla avec beaucoup de force, d'esprit et de dignité. Le roi lui répondit qu'il l'avoit laissé dire pour en être encore mieux informé par lui; qu'il l'étoit dès la veille par Mme la duchesse de Bourgogne, par la duchesse du Lude qui lui avoient dit les mêmes choses; qu'il l'avoit été le soir par moi, et ce matin encore par M. le maréchal de Lorges, et qu'il nous en avoit parfaitement crus l'un et l'autre; qu'il louoit fort le respect et la modération de Mme de Rohan, et trouvoit la princesse d'Harcourt fort impertinente. Il s'expliqua en termes durs sur les Lorrains, et par deux fois l'assura qu'il y mettroit ordre et qu'il seroit content. Je sus ensuite par mes amies du palais que Mme de Saint-Simon avoit été servie à souhait par Mme la duchesse de Bourgogne, et qu'il y avoit eu une dispute assez forte entre le roi et Mme de Maintenon, qui obtint à toute peine que la princesse d'Harcourt qui alloit toujours à Marly n'en fût pas exclue le lendemain. Mme d'Armagnac et ses fille et belle-fille qui s'étoient présentées, pas une n'y fut.

Toute cette journée se passa encore en mesures. Le lendemain, le roi alla à Marly. Mme la duchesse de Bourgogne n'y couchoit pas encore, mais elle y alloit tous les jours. Nous demeurâmes tard à Versailles pour la bien instruire par ce qui l'environnoit. Elle fit merveilles le lendemain. La princesse d'Harcourt essuya du roi une rude sortie; et Mme de Maintenon lui lava fort la tête, en sorte que tout le voyage ce fut autre nature, la douceur et la politesse même, mais avec la douleur et l'embarras peints sur toute sa personne. Ce ne fut pas tout. Elle eut ordre de demander pardon en propres termes à la duchesse de Rohan, et ce fut encore à Mme de Maintenon à qui elle dut que ce ne fût pas chez la duchesse, et qui fit régler que, n'ayant point de logement, la chose se passeroit en plénière compagnie chez Mme de Pontchartrain. En même temps la duchesse du Lude eut ordre du roi de déclarer à la maison de Lorraine : que le mariage de M. de Lorraine ne leur donnoit rien de plus et ne leur faisoit pas d'un fétu, ce fut l'expression. Elle s'en acquitta, et deux jours après le retour de Marly, la duchesse de Rohan se rendit à heure prise chez Mme la chancelière, où il y avoit beaucoup de dames et de gens de la cour à dîner. La princesse d'Harcourt y vint qui lui fit des excuses, l'assura qu'elle l'avoit toujours particulièrement honorée, et qu'en un mot elle lui demandoit pardon de ce qui s'étoit passé. Mme de Rohan reçut tout cela fort gravement, et répondit fort froidement.

La princesse d'Harcourt redoubla de compliments, lui dit qu'elle savoit bien que ce devroit être chez elle qu'elle auroit dû lui témoigner son déplaisir, qu'elle comptoit bien aussi d'y aller s'acquitter de ce devoir, et lui demander l'honneur de son amitié, à quoi si elle pouvoit réussir elle s'estimeroit la plus heureuse du monde. C'étoit là tomber d'une grande audace à bien de la bassesse. Dire poliment ce que le roi avoit prescrit auroit suffi. Mais elle étoit si battue de l'oiseau qu'elle crut n'en pouvoir trop dire pour en faire sa cour, et voilà comme sont les personnes qui en sont enivrées! elles se croient tout permis, et quand cela bâte mal, elles se croient perdues, et se roulent dans les dernières soumissions pour plaire et pour se raccrocher. Telle fut la fin de cette étrange histoire qui nous donna enfin repos.

Pendant le voyage de Marly, j'appris que M. le Grand, outré de ce que leur entreprise leur étoit retombée à sus en plein, se plaignoit de ce que, parlant au roi et au monde, je lui avois donné un démenti. Dès le même jour que le roi retourna à Versailles, j'y allai; j'affectai de me montrer partout, et de me donner licence parfaite en propos sur le grand écuyer et sur sa famille. Je m'attendis à quelque sortie brusque de sa part ou de la leur, en me rencontrant; ma réponse aussi étoit toute prête, et ma résolution prise de leur parler si haut que ce fût à eux à courir; mais tout brutal et tout furieux qu'il étoit, et toute piquée qu'étoit sa famille, aucun d'eux ne s'y commit; je fus même surpris que, l'ayant tôt après rencontré, il me salua le premier, mais de cette époque nous sûmes de part et d'autre à quoi nous en tenir. Sept ou huit jours après, la comtesse de Jersey eut sa première audience de Mme la duchesse de Bourgogne. Les duchesses y eurent la droite, et les Lorraines la gauche, et mêlées entre elles. Elles s'étoient avisées depuis quelque temps de se déplacer par aînesse, comme font les princesses du sang; le roi le leur avoit défendu, elles y étoient encore revenues, et le roi l'avoit trouvé très-mauvais. Il vint à cette audience pour saluer l'ambassadrice, comme cela se fait toujours à pareilles audiences. Après l'avoir saluée, il demeura au milieu du cercle, auprès d'elle, regarda et considéra le cercle de tous les côtés, puis il dit tout haut que ce cercle étoit fort bien arrangé comme cela. Ce fut une nouvelle mortification aux Lorrains.

En ce même cercle, Mme la Princesse étoit à la tête des duchesses, en retour comme elles, et coude à coude de la première. Mme la Duchesse étoit de même, à gauche, à la tête des Lorrains. Les princesses du sang avoient essayé de se mettre en face du cercle à lieux arrangés, à distance de Mme la duchesse de Bourgogne, mais sur la même ligne qu'elle; le roi l'avoit trouvé fort mauvais et défendu. Il n'y a que les fils et filles de France qui se placent de la sorte, même le roi et la reine y étant, et les petits-fils et les petites-filles de France, dans les deux coins, à demi tournés, ni en face de tout, ni entièrement de côté, et le roi voulut que cela fût de même pour Mme la duchesse de Bourgogne, et cela avoit toujours été ainsi avec Mme la Dauphine-Bavière.

CHAPITRE XVI.

Mort de la duchesse de Chaulnes. — Mort de Chamarande père. — *Problème* brûlé par arrêt du parlement. — Voyage de Mme de Nemours, du prince de Conti et des autres prétendants à Neuchâtel. — Paix de Carlowitz. — Prince électoral de Bavière, héritier et nommé tel de la monarchie d'Espagne, et sa mort. — Neuvième électorat reconnu. — Mort du célèbre chevalier Temple. — Trésor inutilement cherché pour le roi chez l'archevêque de Reims. — Mort du chevalier de Coislin. — Mort de La Feuillée. — M. de Monaco ambassadeur à Rome; ses prétentions, son succès. — *Monseigneur* des secrétaires d'État et aux secrétaires d'État. — Fauteuil de l'abbé de Cîteaux aux états de Bourgogne. — Mme de Saint-Géran rappelée. — Mariage du comte d'Auvergne avec Mlle de Wassenaer. — Ambassade de Maroc. — Torcy ministre; bizarrerie de serments. — Reineville, lieutenant des gardes du corps, disparu. — Permillac se tue.

La duchesse de Chaulnes mourut dans tous les premiers jours de cette année, n'ayant pu survivre son mari plus de quelques mois. Ils avoient passé leur vie dans la plus intime union. C'étoit, pour la figure extérieure, un soldat aux gardes, et même un peu suisse habillé en femme; elle en avoit le ton et la voix, et des mots du bas peuple; beaucoup de dignité, beaucoup d'amis, une politesse choisie, un sens et un désir d'obliger qui tenoient lieu d'esprit, sans jamais rien de déplacé, une grande vertu, une libéralité naturelle, et noble avec beaucoup de magnificence, et tout le maintien, les façons, l'état et la réalité d'une fort grande dame, en quelque lieu qu'elle se trouvât, comme M. de Chaulnes l'avoit de même d'un fort grand seigneur. Elle étoit, comme lui, adorée en Bretagne, et fut pour le moins aussi sensible que lui à l'échange forcé de ce gouvernement. On a vu ailleurs qui elle étoit, et de qui veuve en premières noces et sans enfants de ses deux maris. Elle ne fit que languir et s'affliger depuis la mort de M. de Chaulnes, et ne voulut presque voir personne dans le peu qu'elle vécut depuis.

Le bonhomme Chamarande la suivit de fort près, universellement estimé, considéré et regretté. J'en ai suffisamment parlé ailleurs pour n'avoir rien à y ajouter ici; il avoit une assez bonne abbaye, chose avec raison devenue dès lors si rare aux laïques.

Villacerf essuya un grand dégoût par le désordre qui se trouva dans les fonds des bâtiments. Un nommé Mesmin, son principal commis, en qui il se fioit de tout, abusa longtemps de sa confiance. Les plaintes des ouvriers et des fournisseurs, longtemps retenues par l'amitié et par la crainte, éclatèrent enfin; il fallut répondre et voir clair. Villacerf, dont la probité étoit hors de tout soupçon, et qui s'en pouvoit rendre le témoignage à lui-même, parla fort haut; mais quand ce fut à l'examen, Mesmin s'enfuit, et il se trouva force friponneries. Villacerf en conçut un si grand déplaisir, qu'il se défit des bâtiments. Le roi qui l'aimoit, mais qui jugeoit que sa tête n'étoit plus la même, lui donna douze mille livres de pension, outre qu'il en avoit déjà, et accepta sa démission; et à peu de jours de là, donna les bâtiments à Mansart, son premier architecte, qui étoit neveu du fameux architecte Mansart, mais d'une autre famille. Il s'appeloit Hardouin, et pour s'illustrer dans son métier, où il n'étoit pas habile, il prit le nom de son oncle, et fut meilleur et plus habile et heureux courtisan que le vieux Mansart n'avoit été architecte.

Il parut un livre intitulé *Problème*, sans nom d'auteur, qui fit un grand vacarme : l'auteur consultoit, par toutes les plus malignes raisons pour et contre, savoir lequel on devoit croire sur des questions théologiques de M. de Noailles, évêque de Châlons, ou du même M. de Noailles, archevêque de Paris. Il prétendoit que ce prélat étoit devenu contraire à lui-même, et avoit dit blanc et noir sur les mêmes questions, favorablement aux jansénistes, étant à Châlons, et défavorablement, étant à Paris. Ce fut le premier coup qui lui fut porté. Il ne douta pas qu'il ne lui vînt des jésuites; sa doctrine étoit fort différente de la leur, et jamais il n'avoit été bien avec eux. Il étoit devenu archevêque de Paris sans eux; toutes ses liaisons de prélats et d'ecclésiastiques étoient contraires aux leurs. L'affaire de M. de Cambrai étoit une nouvelle matière de division entre eux, d'autant plus sensible aux jésuites qu'ils n'osoient toucher cette corde-là, qui les avoit pensé perdre. C'en étoit plus qu'il n'en falloit pour persuader M. de Paris que ce livre si injurieux étoit sorti de leur boutique. Ils eurent beau protester d'injure en public et en particulier, et aller lui témoigner leur désaveu et leur peine qu'il prît cette opinion d'eux, ils furent froidement écoutés, et comme des gens qui ne persuadoient pas, mais qu'on vouloit bien faire semblant de croire. Le livre fut condamné et exécuté au feu, par arrêt du parlement, et les jésuites, contre qui tout se souleva, en burent toute la honte, et ne le pardonnèrent jamais à M. de Paris.

Au bout d'assez longtemps, le pur hasard lui fit trouver le véritable auteur du *Problème*, et avec de telles preuves, que l'auteur même demeura convaincu jusqu'à ne pouvoir le désavouer. Il n'étoit pas loin, puisqu'il logeoit dans l'archevêché. C'étoit un docteur de beaucoup d'esprit, d'une grande érudition, et qui avoit toujours vécu en très-homme de bien. Il s'appeloit Boileau, différent de l'ami de Bontems qui a souvent prêché devant le roi, et différent encore du célèbre poëte et de l'auteur des *Flagellants*. M. de Paris, qui cherchoit à s'attacher des gens de bien les plus éclairés pour l'aider dans la grande place qu'on le força de remplir, avoit pris ce M. Boileau chez lui, le traitoit avec tous les égards et toute la confiance qu'il auroit pu témoigner à son propre frère, et le tenoit à ses dépens. Boileau étoit un homme sauvage qui se barricadoit dans sa chambre, et qui n'ouvroit qu'à ceux qui avoient le signal de lui de frapper un certain nombre de coups, et encore à certaines heures. Il ne sortoit de ce repaire que pour aller à l'église ou chez M. l'archevêque, travailloit obscurément, vivoit en pénitent fort solitaire, avoit une plume belle, forte, éloquente, et beaucoup de suite et de justesse. Qui eût cru que le *Problème* fût sorti de celle-là? M. de Paris en fut touché extrêmement. On peut juger que ce docteur délogea à l'heure même, et qu'il n'eût pas été difficile à M. de Paris de le faire enfermer pour le reste de ses jours. Il prit un parti bien contraire, et bien digne d'un grand évêque. Il vaqua à peu de jours de là un canonicat de Saint-Honoré, qui sont fort bons. Il le lui donna. Boileau, qui n'avoit pas de quoi vivre, l'accepta, et acheva de se déshonorer. Il n'étoit pas content de ce que M. de Paris ne levoit pas bouclier pour les jansénistes, et qu'il ne mît pas tout son crédit à faire tout ce qu'ils auroient voulu. C'est ce qui lui fit faire ce livre dont les jésuites surent bien triompher.

M. le prince de Conti, ayant gagné son procès contre Mme de Nemours, songea à en tirer la meilleure pièce, qui étoit Neuchâtel. Pour abréger matière, il engagea le roi à envoyer M. de Torcy de sa part à Mme de Nemours lui faire diverses propositions, qui toutes aboutissoient à ne point plaider devant MM. de Neuchâtel, à l'en laisser jouir sa vie durant, et à faire avec sûreté qu'après elle cette principauté revînt à M. le prince de Conti. Mme de Nemours qui avoit beaucoup d'esprit et de fermeté, et qui se sentoit la plus forte à Neuchâtel, vint dès le lendemain parler au roi, refusa toutes les propositions, et moyennant qu'elle promît au roi de n'employer aucune voie de fait, elle lui fit trouver bon qu'elle allât à Neuchâtel soutenir son droit. M. le prince de Conti l'y suivit, Matignon y alla aussi, et enfin les ducs de Lesdiguières et de Villeroy, qui tous y prétendoient droit après Mme de Nemours. Ces trois derniers descendoient des deux sœurs de M. de Longueville, grand-père de Mme de Nemours : les deux ducs de l'aînée, mariée au fils aîné du maréchal de Retz, et M. de Villeroy n'y prétendoit que du même droit et après M. de Lesdiguières ; la cadette mariée au fils du maréchal de Matignon. Le vieux Mailly et d'autres gens se firent ensuite un honneur d'y prétendre par des généalogies tirées aux cheveux. Il y a eu sur cette grande affaire des factums curieux de tous ces prétendants. Le public désintéressé jugea en faveur de M. de Lesdiguières. On les peut voir avec satisfaction. Je ne m'embarquerai pas dans le détail de cette célèbre et inutile dispute, où un tiers sans droit mangea l'huître et donna les écailles aux prétendants.

Je ne m'engagerai pas non plus dans la discussion des affaires des Impériaux et des Turcs; je me contenterai de dire que l'empereur, qui avoit grand besoin de la paix, l'eut avec eux au commencement de cette année, par le traité de Carlowitz, où la Pologne et la république de Venise furent comprises, [paix] assez avantageuse pour l'état présent des affaires, mais où Venise se plaignit amèrement de l'empereur, et après quelques mois, ne pouvant mieux, la signa.

Il y avoit cinq ou six mois que le roi d'Espagne, hors de toute espérance d'avoir des enfants, et dans une infirmité de toute sa vie qui s'augmentoit à vue d'œil, avoit voulu fixer la succession de sa vaste monarchie, indigné qu'il étoit de tous les projets de la partager après lui qui lui revenoient sans cesse. La reine sa femme avoit beaucoup de crédit sur son esprit, et elle-même étoit entièrement gouvernée par une Allemande qu'elle avoit amenée avec elle, qu'on appeloit la comtesse de Berlips, et qui amassoit pour elle et pour les siens des trésors à toutes mains. Cette reine étoit sœur de l'impératrice, mais en même temps elle l'étoit comme elle de l'électeur palatin, par conséquent parente et de même maison de l'électeur de Bavière. Malgré la haine des deux branches électorales, depuis l'affaire de Bohême, on crut que l'amour de la maison l'avoit emporté sur celui des proches, et que la reine, menée par la Berlips, avoit eu grande part à la disposition du roi d'Espagne.

Il fit un testament par lequel il appela à la succession entière de toutes ses couronnes et États le prince électoral de Bavière, qui avoit sept ans. Sa mère, qui étoit morte, étoit fille unique du premier lit de l'empereur Léopold, et de Marguerite-Thérèse, sœur du roi d'Espagne, tous deux seuls du second lit de Philippe IV et de la fille de l'empereur Ferdinand III; je dis seuls, parce que tous les autres sont morts sans alliance. La reine épouse de notre roi étoit par cette raison seule du premier lit du même Philippe IV, et d'une fille de notre roi Henri IV et sœur aînée du père du roi d'Espagne et de l'impératrice, mère de l'électrice de Bavière, dont le fils, en faveur duquel ce testament se fit, étoit en effet le véritable héritier de la monarchie d'Espagne, si on a égard aux renonciations du mariage du roi et de la paix des Pyrénées. Dès que ce testament fut fait, le cardinal Portocarrero le dit en grand secret au marquis d'Harcourt, qui dépêcha d'Igulville au roi avec cette nouvelle. Le roi, ni lors, ni depuis qu'elle fut devenue publique, n'en parut pas avoir le plus léger mécontentement. L'empereur n'en dit rien aussi. Il espéroit bien cette vaste succession, et réunir dans sa branche tous les États de sa maison. Mais son conseil avoit ses ressources accoutumées. Il n'y avoit pas longtemps qu'il s'en étoit servi pour se défaire de la reine d'Espagne, fille de Monsieur, qui n'avoit point d'enfants, et qui prenoit à son gré trop de crédit sur le roi son mari. Le prince électoral de Bavière mourut fort brusquement les premiers jours de février, et personne ne douta que ce ne fût par l'influence du conseil de Vienne. Ce coup remit l'empereur dans ses premières espérances, et plongea l'Europe dans la douleur et dans le trouble des mesures à prendre sur l'ouverture de cette prodigieuse succession, que chacun regardoit avec raison comme ne pouvant pas être éloignée.

Presque en même temps le neuvième électorat érigé en faveur du duc d'Hanovre, qui avoit causé tant de mouvements dans l'empire, et qui étoit entré dans la guerre et dans la paix, fut reconnu par une partie de l'Allemagne et de l'Europe.

L'Angleterre presque en même temps perdit, dans un simple particulier, un de ses principaux ornements, je veux dire le chevalier Temple, qui a également figuré avec la première réputation dans les lettres et dans les sciences, et dans celle de la politique et du gouvernement, et qui s'est fait un grand nom dans les plus grandes ambassades et les premières méditations de paix générale. C'étoit avec beaucoup d'esprit, d'insinuation, de fermeté et d'adresse, un homme simple d'ailleurs, qui ne cherchoit point à paroître, et qui aimoit à se réjouir, et à vivre libre en vrai Anglois, sans aucun souci d'élévation, de biens ni de fortune. Il avoit partout beaucoup d'amis, et des amis illustres qui s'honoroient de son commerce. Dans un voyage qu'il fit en France pour son plaisir, le duc de Chevreuse, qui le connoissoit par ses ouvrages, le vit fort. Ils se rencontrèrent un matin dans la galerie de Versailles, et les voilà à raisonner machines et mécaniques. M. de Chevreuse, qui ne connoissoit point d'heure quand il raisonnoit, le tint si longtemps que deux heures sonnèrent. A ce coup d'horloge, M. Temple interrompit M. de Chevreuse, et, le prenant par le bras : « Je vous assure, monsieur, lui dit-il, que de toutes les sortes de machines, je n'en connois aucune qui soit si belle, à l'heure qu'il est, qu'un tournebroche, et je m'en vais tout courant en éprouver l'effet, » lui tourna le dos et le laissa fort étonné qu'il pût songer à dîner.

Des ministres aussi désintéressés que celui-là sont bien

rares. Les nôtres n'en avoient pas le bruit. Il vint des avis au roi et fort réitérés qu'il y avoit huit millions enterrés dans la cour de la maison du feu chancelier Le Tellier. Le roi, qui n'en voulut rien croire, fut pourtant bien aise que cela revînt à l'archevêque de Reims, à qui étoit la maison, et qui y logeoit, et se rendit aisément à la prière qu'il lui fit de faire fouiller partout en présence de Chamillart, intendant des finances. On bouleversa tous les endroits que la donneuse d'avis indiqua, on ne trouva rien, on eut la honte de l'avoir crue, et elle eut la prison pour salaire de ses avis.

Les honnêtes gens de la cour regrettèrent un cynique, qui vécut et mourut tel au milieu de la cour et du monde, et qui n'en voyoit que ce qui lui en plaisoit; ce fut le chevalier de Coislin, frère du duc et du cardinal de ce nom, et frère de mère comme eux de la maréchale de Rochefort. C'étoit un très-honnête homme de tous points, et brave, pauvre, mais à qui son frère le cardinal n'avoit jamais laissé manquer de rien, et un homme fort extraordinaire, fort atrabilaire et fort incommode. Il ne sortoit presque jamais de Versailles, sans jamais voir le roi, et avec tant d'affectation, que je l'ai vu, moi et bien d'autres, se trouver par hasard sur le passage du roi, gagner au pied d'un autre côté. Il avoit quitté le service maltraité par M. de Louvois, ainsi que son frère, à cause de M. de Turenne, à qui il s'étoit attaché, et qui l'aimoit. Il ne l'avoit de sa vie pardonné au ministre ni au maître, qui souffroit cette folie par considération pour ses frères. Il logeoit au château dans l'appartement du cardinal, et mangeoit chez lui où il y avoit toujours fort bonne compagnie. Si quelqu'un lui déplaisoit, il se faisoit porter un morceau dans sa chambre, et si étant à table il survenoit quelqu'un qu'il n'aimoit point, il jetoit sa serviette et s'en alloit bouder ou achever de dîner tout seul. On n'étoit pas toujours à l'abri de ses sorties, et la maison de son frère fut bien plus librement fréquentée après sa mort, quoique presque tout ce qui y alloit fût fait à ses manières, qui mettoient souvent ses frères au désespoir, surtout le cardinal, qu'il tyrannisoit.

Un trait de lui le peindra tout d'un coup. Il étoit embarqué avec ses frères, et je ne sais plus quel quatrième, à un voyage du roi, car il le suivoit toujours sans le voir, pour être avec ses frères et ses amis. Le duc de Coislin étoit d'une politesse outrée, et tellement quelquefois qu'on en étoit désolé. Il complimentoit donc sans fin les gens chez qui il se trouvoit logé dans le voyage, et le chevalier de Coislin ne sortoit point d'impatience contre lui. Il se trouva une bourgeoise d'esprit, de bon maintien et jolie, chez qui on les marqua. Grandes civilités le soir, et le matin encore davantage. M. d'Orléans, qui n'étoit pas lors cardinal, pressoit son frère de partir, le chevalier tempêtoit, le duc de Coislin complimentoit toujours. Le chevalier de Coislin qui connoissoit son frère, et qui comptoit que ce ne seroit pas sitôt fait, voulut se dépiquer et se vengea bien. Quand ils eurent fait trois ou quatre lieues, le voilà à parler de la belle hôtesse et de tous les compliments, puis, se prenant à rire, il dit à la carrossée que, malgré toutes les civilités sans fin de son frère, il avoit lieu de croire qu'elle n'auroit pas été longtemps fort contente de lui. Voilà le duc de Coislin en inquiétude, qui ne peut imaginer pourquoi, et qui questionne son frère : « Le voulez-vous savoir ? lui dit brusquement le chevalier de Coislin; c'est que, poussé à bout de vos compliments, je suis monté dans la chambre où vous avez couché, j'y ai poussé une grosse selle tout au beau milieu sur le plancher, et la belle hôtesse ne doute pas à l'heure qu'il est que ce présent ne lui ait été laissé par vous avec toutes vos belles politesses. » Voilà les deux autres à rire de bon cœur, et le duc de Coislin en furie qui veut prendre le cheval d'un de ses gens et retourner à la couchée déceler le vilain, et se distiller en honte et en excuses. Il pleuvoit fort, et ils eurent toutes les peines du monde à l'en empêcher, et bien plus encore à les raccommoder. Ils le contèrent le soir à leurs amis, et ce fut une des bonnes aventures du voyage. A qui les a connus, il n'y a peut-être rien de si plaisant.

Le bonhomme La Feuillée, lieutenant général, grand-croix de Saint-Louis et gouverneur de Dôle, etc., qu'on a vu ci-devant le mentor de Monseigneur en Flandre, mourut bientôt après dans une grande estime de probité, de valeur et de capacité à la guerre.

M. de Monaco partit dans ces temps-ci pour Rome. Il avoit accepté l'ambassade étant à Monaco, d'où il étoit venu recevoir ses ordres et ses instructions. On a vu ci-devant qu'il avoit obtenu le rang de prince étranger au mariage de son fils, en 1688, avec une fille de M. le Grand, chose à quoi ses pères n'avoient jamais pensé, et qu'il fut le dernier jour de la même année chevalier de l'ordre en son rang d'ancienneté parmi les ducs. Il prétendit que M. de Torcy avec qui il alloit avoir un commerce de lettres nécessaire et continuel, lui écrivît *monseigneur*, comme les secrétaires d'État l'écrivent aux Lorrains et aux Bouillon, et il l'obtint tout de suite. Quand le roi en parla à Torcy, il fut bien étonné et se récria fort. Il s'appuya principalement sur ce que MM. de Rohan, dont le rang de prince étranger est antérieur à celui de Monaco, n'avoient point ce traitement des secrétaires d'État, et frappa si bien le roi par cette distinction, qu'il a constamment refusée à Mme de Soubise, qu'il l'emporta. A son tour, M. de Monaco fut bien surpris lorsque le roi lui dit que M. de Torcy lui avoit allégué des raisons si fortes, qu'il n'avoit pu s'empêcher de s'y rendre. M. de Monaco insista sur le dégoût et de la chose et du changement, mais le roi tint ferme et le pria de n'y plus songer. M. de Monaco outré partit brouillé avec Torcy, et l'effet de cette brouillerie se répandit sur toute son ambassade, au détriment des affaires, qui en souffrirent beaucoup.

Arrivé à Rome, il se mit à prétendre l'*altesse*, ce qu'aucun de ses pères n'avoit imaginé. On a vu, à propos du cordon bleu donné à Vaïni, que le cardinal de Bouillon y eut la même prétention, et ne put jamais la faire réussir. Il traversa celle de M. de Monaco et n'y eut pas grande peine. Personne ne voulut tâter de cette nouveauté, et lui qui n'en voulut pas démordre passa le reste de sa vie dans une grande solitude à Rome, ce qui gâta encore beaucoup les affaires dont il étoit chargé, et brouillé de plus avec le cardinal de Bouillon; et voilà le fruit des chimères et de leurs concessions!

Pour venir au fond de la prétention sur les secrétaires d'État, il n'est pas douteux qu'ils écrivoient *monseigneur* à tous les ducs. J'ai encore, par le plus grand hasard du monde, trois lettres à mon père, lors à Blaye, de M. Colbert. Par la matière, quoique peu importante, et mieux encore par les dates, on voit qu'il écrivit la première, n'étant encore que contrôleur général, mais en chef, après la disgrâce de M. Fouquet, et que, lorsqu'il écrivit les deux autres, il étoit contrôleur général, secrétaire d'État, ayant le département de la marine, et ministre d'État. Je ne sais comment elles se sont conservées, mais toutes trois et dedans et dessus traitent mon père de *monseigneur*. M. de Louvois est celui qui changea ce style, et qui persuada au roi qu'il y étoit intéressé, parce que ses secrétaires d'État parloient en son nom et donnoient ses ordres. Il parloit sans contradicteur à un roi jaloux de son autorité, qui n'aimoit de grandeur que la sienne, et qui ne se donnoit pas le temps, ni moins encore la peine de la réflexion sur ce sophisme. M. de Louvois étoit craint, chacun avoit besoin de lui, les ducs n'ont jamais eu coutume de se soutenir. Il écrivit *monsieur* à un, puis à un autre, après à un troisième; on le souffrit; après, cela fit exemple, et le *monseigneur* fut perdu. M. Colbert ensuite l'imita. Il n'y avoit pas plus de raison de s'offenser de l'un que de l'autre. On avoit aussi souvent besoin de lui que de M. de Louvois, et cela s'établit. La même raison combattit pour les deux autres secrétaires d'État qui, bien que moins accrédités, étoient secrétaires d'État comme les deux premiers, et soutenus d'eux en ce style, et la chose fut finie. M. de Turenne, alors en grande splendeur, et brouillé avec M. de Louvois, mit tout son crédit à se faire conserver le *monseigneur* que les secrétaires d'État lui avoient donné, et à son frère, depuis leur rang de prince étranger, obtenu par l'échange de Sedan et par la faveur du cardinal Mazarin qui se jeta entre leurs bras. Cette continuation du même style à un homme aussi principal dans l'État devint une grande distinction pour sa maison, qu'il eut grand soin d'y faire comprendre. Cette planche fit à plus forte raison le plain-pied de la maison de Lorraine. Celle de Rohan n'étoit alors qu'un passage, et n'osa, par conséquent, ni se parangonner aux deux autres, ni se mettre à dos des ministres aussi accrédités, et depuis n'a pu les réduire à changer leur style avec elle. La facilité avec laquelle M. de Louvois fit ce grand pas lui ouvrit une plus vaste carrière. Bientôt après il exigea tant qu'il put d'être traité de *monseigneur* par ceux qui lui écrivoient. Le subalterne subit aisément ce joug nouveau. Quand il y eut accoutumé le commun, il haussa peu à peu, et à la fin il le prétendit de tout ce qui n'étoit point titré. Une entreprise si nouvelle et si étrange causa une grande rumeur; il l'avoit prévu, et y avoit préparé le roi par la même adresse qui lui avoit réussi à l'égard des ducs. Il se contenta d'abord de mortifier ceux qui résistèrent, et bientôt après il fit ordonner par le roi que personne non titré ne lui écriroit plus que *monseigneur*. Quantité de gens distingués en quittèrent le service, et ont été poursuivis dans tout ce qu'ils ont pu avoir d'affaires jusqu'à leur mort. La même chose qui étoit arrivée sur le *monseigneur* aux ducs des autres secrétaires d'État leur réussit de même à tous quatre pour se le faire donner comme M. de Louvois; et le rare est que ni lui ni les trois autres ne l'ont jamais prétendu ni eu de pas un homme de robe. Ils poussèrent après jusqu'à l'inégalité de la [suscription] avec tout ce qui n'est point titré, et même avec les évêques, archevêques, excepté les pères ecclésiastiques, et tout leur a fait joug.

Une autre dispute fit en ce même temps quelque bruit. M. d'Autun, président né des états de Bourgogne, disputoit depuis quelque temps à l'abbé de Cîteaux d'avoir un fauteuil dans cette assemblée. Cet honneur, selon lui, n'étoit dû dans le clergé qu'aux évêques et non pas à un moine, quoique chef d'un grand ordre. M. de Cîteaux, à qui cela s'adressoit, alléguoit la dignité de son abbaye, dont l'autorité s'étendoit dans tout le monde catholique, et son ancienne possession, que M. d'Autun traitoit de vieil abus. Il y eut sur cela force factums de part et d'autre. L'abbé de Cîteaux se trouvoit lors une fort bonne tête et fort apparenté dans la robe; il s'appeloit M. Larcher, et qui n'oublia pas de faire souvenir le chancelier Boucherat qu'il comptoit deux grands-oncles paternels parmi ses prédécesseurs, chose, bien qu'élective, qui le flattoit d'autant plus que sa famille, toute nouvelle, n'avoit rien de mieux à se vanter. Le roi à la fin voulut juger l'affaire au conseil de dépêches. M. le Prince, gouverneur de Bourgogne, et Ferrand, intendant de la province, furent consultés; leur avis fut favorable à M. de Cîteaux, qui gagna son procès.

Le retour de Mme de Blansac à la cour, que M. de La Rochefoucauld avoit obtenu tout à la fin de l'année dernière, fut d'un bon augure à une autre exilée. Mme de Saint-Géran, en femme d'esprit, comme on l'a vu ici en son temps, n'avoit point voulu profiter de la liberté qui lui avoit été laissée dans son éloignement de la cour. Elle s'étoit retirée à Rouen dans le couvent de Bellefonds, ainsi nommé des biens que la famille du maréchal de Bellefonds y a faits, et du nombre de ses sœurs et de ses parentes qui y ont été supérieures et religieuses. Mme de Saint-Géran avoit passé sa jeunesse chez le maréchal de Bellefonds et chez la vieille

Villars sa tante ; ce fut la retraite qu'elle choisit, et d'où elle ne sortit pas une seule fois. Elle avoit beaucoup d'amis à la cour, qui firent si bien valoir sa conduite, qu'elle fut rappelée, accueillie comme en triomphe, et incontinent après logée au château, et de tout mieux qu'auparavant, mais de sa part avec plus de précaution et de sagesse.

Le comte d'Auvergne, qui n'étoit ni d'âge ni de figure à être amoureux, l'avoit été toute sa vie et l'étoit éperdûment de Mlle de Wassenaer, lorsque sa femme mourut. Il vint aussitôt après demander permission au roi de l'épouser et de l'amener en France. La grâce étoit singulière, pour ne rien dire de la bienséance si fort blessée dans cette précipitation. Mlle de Wassenaer étoit Hollandoise, d'une maison ancienne, chose rare en ce pays-là, et fort distinguée parmi le peu de noblesse qui y est demeurée, par conséquent calviniste. Il étoit donc contre tous les édits et déclarations du roi, depuis la révocation de l'édit de Nantes et l'expulsion des huguenots, d'en épouser une, et contre toutes les règles que le roi s'étoit prescrites et qu'il avoit exactement tenues, d'en souffrir la demeure en France. Le roi avoit passé sa vie à être amoureux, Mme de Maintenon aussi. Le comte d'Auvergne les toucha par la similitude, et leur dévotion, par l'espérance de gagner une âme à Dieu en procurant la conversion de cette fille, ce qui ne se pouvoit que par ce mariage. Il obtint donc tout ce qu'il demanda, et s'en retourna au plus vite l'épouser et la ramener en France. Elle parut à Paris et à la cour mériter l'amour d'un plus jeune cavalier, et sa vertu, sa douceur, sa conduite charmèrent encore plus que sa figure et le public et la famille même du comte d'Auvergne, jusqu'à ses enfants, avec qui elle accommoda leurs affaires et mit la paix entre eux. On verra bientôt qu'elle ne tarda pas à se convertir, mais de la meilleure foi du monde, et après s'être donné tout le temps et tout le soin d'être bien instruite et pleinement convaincue.

Une ambassade du roi de Maroc, que Saint-Olon, envoyé

du roi en ce pays-là, en ramena, amusa tout Paris à aller voir ces Africains. C'étoit un homme de bonne mine et de beaucoup d'esprit, à ce qu'on dit, que cet ambassadeur. Le roi fut flatté de cette démarche d'un barbare, et le reçut comme il est usité pour ces ambassadeurs non européens, turcs ou moscovites, jusqu'au czar Pierre Ier. Torcy et Pontchartrain, qui furent ses commissaires, crurent en être venus à bout lorsqu'il dédit et Saint-Olon et l'interprète, et qu'il ne voulut plus de commerce avec eux, prétendant qu'ils l'avoient engagé sans qu'il leur eût rien dit qui les y pût conduire. Cela fit un assez étrange contraste, le jour même d'une conférence à Versailles, où il étoit venu avec eux de Paris, et ne voulut jamais les remmener. Il déclara qu'il ne feroit point la paix, et on fut longtemps à le ramener et à finir avec lui un traité.

Torcy entroit dans tout sous Pomponne son beau-père, qui lui facilitoit souvent de porter lui-même les dépêches au conseil. A force d'y entrer de la sorte pour des moments, le roi, content de sa conduite, lui dit enfin de s'asseoir et de demeurer. Cet instant le constitua ministre d'État. Il est impossible que le secrétaire d'État des affaires étrangères ne le soit, à moins d'être doublé par un père ou un beau-père. Toute sa fonction consiste aux dépêches étrangères et aux audiences qu'il donne aux ambassadeurs et autres ministres étrangers. Il faut donc qu'il rapporte les affaires et les dépêches au conseil, et dans ce conseil il n'entre que des ministres. Torcy avoit entre trente-quatre et trente-cinq ans alors ; il avoit voyagé et fort utilement dans toutes les cours de l'Europe. Il étoit sage, instruit, extrêmement mesuré ; tout applaudit à cette grâce. Il est plaisant que les plus petites charges aient toutes un serment, et que les ministres d'État n'en prêtent point, qui sur tous autres y devroient être obligés. C'est une de ces singularités dont on ne voit point de raison, puisque ceux qui ont le plus de charges sur leur tête, dont ils ont prêté serment de chacune, en prêtent encore un nouveau s'ils obtiennent une nouvelle charge. En petit, les intendants des provinces qui en sont despotiquement les maîtres n'en prêtent point non plus, tandis que les plus petits lieutenants de roi de province, inconnus dans leurs provinces, où souvent ils n'ont jamais mis le pied, souvent encore aussi peu connus partout ailleurs, et qui en toute leur vie n'ont pas la plus légère fonction, prêtent tous serment et entre les mains du roi.

On vit en ce temps-ci, à six semaines ou deux mois de distance, deux cruels effets du jeu. Reineville, lieutenant des gardes du corps, officier général distingué à la guerre, fort bien traité du roi, et fort estimé des capitaines des gardes, disparut tout d'un coup sans avoir pu être trouvé nulle part, quelque soin qu'on prît à le chercher ; c'étoit un homme d'esprit qui avoit un maintien de sagesse qui imposoit. Il aimoit le jeu ; il avoit perdu ce qu'il ne pouvoit payer ; il étoit homme d'honneur, il ne put soutenir son infortune. Douze ou quinze ans après, il fut reconnu par hasard dans les troupes de Bavière, où il étoit allé se jeter pour avoir du pain et vivre inconnu. Permillac fit bien pis, car il se tua un matin dans son lit, d'un coup de pistolet dans la tête, pour avoir perdu tout ce qu'il n'avoit pas ni ne pouvoit avoir, ayant été gros et fidèle joueur toute sa vie. C'étoit un homme de beaucoup d'esprit et jusque-là de sens, que ses talents et sa distinction avoient avancé à la guerre ; bien gentilhomme d'ailleurs, et fort au gré de tous les généraux, ayant toujours eu la confiance du général de l'armée, où il faisoit supérieurement le détail de la cavalerie, et toujours avec la meilleure compagnie de l'armée. Il servoit toujours sur le Rhin. Il avoit pris de l'amitié pour moi et moi pour lui. Tout le monde le plaignit, et je le regrettai fort.

CHAPITRE XVII.

Condamnation à Rome du livre de l'archevêque de Cambrai. — Conduite du cardinal de Bouillon. — Belle réponse du duc de Beauvilliers au roi. — Soumission illustre de l'archevêque de Cambrai. — Acceptation du jugement du pape par les assemblées d'évêques par métropoles en jugeant. — Enregistrement au parlement. — Procédé de l'archevêque de Cambrai et de l'évêque de Saint-Omer à l'assemblée provinciale. — Mort du comte de Mailly, de Thury, de Frontenac, de Racine, sa funeste distraction. — Mort du duc de La Force. — Valincour mis à l'histoire du roi en la place de Racine. — Mort de l'évêque de Luçon, Barillon. — Mariage du duc de Choiseul avec Mme Brûlart. — Mariage du roi des Romains; pourquoi la part différée. — Style de s'écrire entre l'empereur et le roi. — Traitements d'ambassadeurs de tête couronnée à l'ambassadeur du grand-duc à Vienne, nulle part ailleurs. — Naissance du prince de Piémont. — Le roi paye les dettes de Mme la Duchesse et de Monseigneur, et lui double ses mois. — Augmentation de quarante-deux mille livres d'appointements à M. de La Rochefoucauld. — Pension secrète de vingt mille livres à l'évêque de Chartres. — M. de Vendôme change l'administration de ses affaires et va publiquement suer la vérole. — Mort de Savary, assassiné. — Mort de l'abbé de La Châtre. — Le roi fait revenir tous les prétendants de Neuchâtel. — Deux vols au roi fort étranges. — Vaïni à la cour. — Ferriol ambassadeur à Constantinople. — Situation du comte de Portland. — Courte disgrâce de la comtesse de Grammont.

L'affaire de M. de Cambrai touchoit à son terme et faisoit plus de bruit que jamais. Ce prélat faisoit tous les jours quelque nouvel ouvrage pour éclaircir et soutenir ses *Maximes des saints*, et y mettoit tout l'esprit imaginable. Ses trois antagonistes y répondoient chacun à part; l'amertume à la fin surnagea de part et d'autre, et, à l'exception de M. de Paris qui se contint toujours dans une grande modération,

M. de Cambrai et MM. de Meaux et de Chartres se traitèrent fort mal. Le roi pressoit le jugement à Rome, où, fort mécontent de la conduite du cardinal de Bouillon à cet égard, il crut hâter l'affaire en donnant à Mme de Lévi le logement de M. de Cambrai à Versailles, et défendant à ce prélat de plus prendre la qualité de précepteur des enfants de France dont il lui avoit déjà ôté les appointements, et le fit dire au pape et à la congrégation établie pour juger. En effet, le cardinal de Bouillon, lié comme on l'a vu ci-dessus avec M. de Cambrai, ses principaux amis, et les jésuites, quoique chargé des affaires du roi à Rome, et recevant ordres sur ordres de presser le jugement et la condamnation de M. de Cambrai, mettoit tout son crédit à le différer et à éviter qu'il fût condamné. Il en reçut des reproches du roi fort durs qui ne lui firent pas changer de conduite au fond, mais qui lui firent chercher des excuses et des couleurs. Mais quand il vit enfin qu'il n'y avoit plus à reculer, il ne rougit point d'être solliciteur et juge en même temps et de solliciter contre les ordres du roi, directement contraires, en faveur de M. de Cambrai, pour qui l'ambassadeur d'Espagne sollicitoit aussi au nom du roi son maître. Ce ne fut pas tout : le jour du jugement il ne se contenta pas d'opiner pour M. de Cambrai de toute sa force, mais il essaya d'intimider les consulteurs. Il interrompit les cardinaux de la congrégation, il s'emporta, il cria, il en vint aux invectives, de manière que le pape, instruit de cet étrange procédé et scandalisé à l'excès, ne put s'empêcher de dire de lui : « *È un porco ferito*, c'est un sanglier blessé. » Il s'enferma chez lui à jeter feu et flammes, et ne put même se contenir quand il fut obligé de reparoître. Le pape prononça la condamnation, qui fut dressée en forme de constitution, et où la cour de Rome, sûre de l'impatience du roi de la recevoir, inséra des termes de son style que la France n'admet point. Le nonce qui la reçut par un courrier la porta aussitôt au roi qui en témoigna publiquement sa joie. Le nonce parla au roi entre son lever et la messe. C'étoit un dimanche 22 mars. Le roi revenant de la messe trouva M. de Beauvilliers dans son cabinet pour le conseil qui alloit se tenir. Des qu'il l'aperçut il fut à lui, et lui dit : « Eh bien! monsieur de Beauvilliers, qu'en direz-vous présentement? voilà M. de Cambrai condamné dans toutes les formes. — Sire, répondit le duc d'un ton respectueux mais néanmoins élevé, j'ai été ami particulier de M. de Cambrai, et je le serai toujours, mais s'il ne se soumet pas au pape, je n'aurai jamais de commerce avec lui. » Le roi demeura muet, et les spectateurs en admiration d'une générosité si ferme d'une part et d'une déclaration si nette de l'autre, mais dont la soumission ne portoit que sur l'Église.

Rome, à même de faire pis, montra par la condamnation même qu'elle étoit plus donnée au roi qu'appesantie sur M. de Cambrai. Vingt-trois propositions du livre des *Maximes des saints* y furent qualifiées téméraires, dangereuses, erronées, mais *in globo*, et le pape excommunie ceux qui le liront ou le garderont chez eux. Monsieur, qui étoit venu de Paris dîner avec le roi, en sut la nouvelle en arrivant. Le roi lui en parla pendant le dîner avec une satisfaction qui s'épanchoit, et encore à M. de La Rochefoucauld en allant au sermon, qui répondit fort honnêtement sur M. de Cambrai, comme ne doutant pas qu'il ne se soumît : c'étoit un personnage bon à faire à l'égard des gens dans cette situation dont il n'avoit jamais été ami.

M. de Cambrai apprit presque en même temps son sort, dans un moment qui eût accablé un homme qui auroit eu en soi moins de ressources. Il alloit monter en chaire; il ne se troubla point; il laissa le sermon qu'il avoit préparé, et, sans différer un moment de prêcher, il prit son thème sur la soumission due à l'Église; il traita cette matière d'une manière forte et touchante, annonça la condamnation de son livre, rétracta son opinion qu'il y avoit exposée, et conclut son sermon par un acquiescement et une soumission parfaite au jugement que le pape venoit de prononcer. Deux jours après il publia un mandement fort court, par lequel il se rétracta, condamna son livre, en défendit la lecture, acquiesça et se soumit de nouveau à sa condamnation, et par les termes les plus concis, les plus nets, les plus forts s'ôta tous les moyens d'en pouvoir revenir. Une soumission si prompte, si claire, si publique, fut généralement admirée. Il ne laissa pas de se trouver des censeurs qui auroient voulu qu'il eût comme copié la constitution, et qui se firent moquer d'eux. M. de Meaux qui étoit à la cour reçut les compliments de tout le monde qui courut chez lui en foule. M. de Chartres étoit à Chartres, où il demeura, et M. de Paris montra une grande modération. Mme de Maintenon parut au comble de sa joie.

La difficulté fut après sur l'enregistrement au parlement, à cause de la forme de cette bulle et des termes qui s'y trouvoient contraires aux libertés de l'Église gallicane, libertés qui ne sont ni des nouveautés ni des concessions ou des priviléges, mais un usage constant d'attachement à l'ancienne discipline de l'Église, qui n'a point fléchi aux usurpations de la cour de Rome, et qui ne l'a point laissée empiéter comme elle a fait sur les Églises des autres nations. On prit donc un expédient pour mettre tout à couvert sans trop de retardement; ce fut une lettre du roi à tous les métropolitains de son royaume, par laquelle il leur mandoit d'assembler chacun ses suffragants pour prononcer sur la condamnation que le pape venoit de faire du livre des *Maximes des saints* de M. de Cambrai, de la constitution duquel il leur envoya en même temps un exemplaire. L'obéissance fut d'autant plus prompte que cette sorte d'assemblée par provinces ecclésiastiques sentoit fort les conciles provinciaux, quoique limitée à une matière, et que l'interruption de ces sortes de conciles, dont les évêques avoient abusé en y mêlant pour leur autorité force affaires temporelles, étoit un de leurs plus grands regrets. Par ce tour nos évêques furent censés examiner le livre et la censure, et n'adhérer au jugement du pape que comme juges eux-mêmes de la doctrine, et jugeant avec lui. Ils en firent des procès-verbaux qu'ils envoyèrent à la cour, et de cette manière il n'y eut plus de difficulté, et le parlement enregistra la condamnation de M. de Cambrai, en conséquence de l'adhésion des évêques de France en forme de jugement.

M. de Cambrai subit ce dernier dégoût avec la même grandeur d'âme qu'il avoit reçu et adhéré à sa condamnation. Il assembla ses suffragants comme les autres métropolitains, et y trouva de quoi illustrer sa patience comme il avoit illustré sa soumission. Valbelle, évêque de Saint-Omer, Provençal ardent à la fortune, n'eut pas honte, comptant plaire, d'ajouter douleur à la douleur. Il proposa dans l'assemblée qu'il n'y suffisoit pas de condamner le livre des *Maximes des saints*, si on n'y condamnoit pas en même temps tous les ouvrages que M. de Cambrai avoit faits pour le soutenir. L'archevêque répondit modestement qu'il adhéroit de tout son cœur à la condamnation de son livre des *Maximes des saints*, et qu'il n'avoit pas attendu, comme on le savoit, cette assemblée pour donner des marques publiques de son entière soumission au jugement qui avoit été rendu, mais qu'il croyoit aussi qu'il ne devoit pas l'étendre à ce qui n'étoit point jugé ; que le pape étoit demeuré dans le silence sur tous les écrits faits pour soutenir le livre condamné ; qu'il croyoit devoir se conformer entièrement au jugement du pape en condamnant comme lui le livre qu'il avoit condamné, et demeurant comme lui dans le silence sur tous les autres écrits à l'égard desquels il y étoit demeuré. Il n'y avoit rien de si sage, de si modéré, ni de plus conforme à la raison, à la justice et à la vérité que cette réponse. Elle ne satisfit point M. de Saint-Omer, qui vouloit se distinguer et faire parler de lui. Il prit feu, et insista par de longs et violents raisonnements que M. de Cambrai écouta paisiblement sans rien dire. Quand le Provençal fut épuisé, M. de

Cambrai dit qu'il n'avoit rien à ajouter à la première réponse qu'il avoit faite à la proposition de M. de Saint-Omer, ainsi que c'étoit aux deux autres prélats à décider, à l'avis desquels il déclaroit par avance qu'il s'en rapporteroit sans répliquer. MM. d'Arras et de Tournai se hâtèrent d'opiner pour l'avis de M. de Cambrai, et imposèrent avec indignation à M. de Saint-Omer, qui ne cessa de murmurer et de menacer entre ses dents. Il se trouva fort loin de son compte. Le gros du monde s'éleva contre lui ; la cour même le blâma, et quand il y reparut, il n'y trouva que de la froideur parmi ceux même qu'il regardoit comme ses amis, et qui ne l'étoient ni de M. de Cambrai ni des siens.

Il mourut en ce même temps un des hommes de la cour qui avoit le nez le plus tourné à une grande fortune ; ce fut le comte de Mailly. Il étoit fils du vieux Mailly et de la Bécasse, qu'on appeloit ainsi à cause de son long nez, qui étoit devenue seule héritière de la riche branche de Montcavrel de la maison de Montchi, dont les Hocquincourt faisoient une autre branche. Le père et la mère, quoique gens de qualité et de beaucoup d'esprit tous deux, n'ont guère été connus que par le nombre de procès qu'ils ont su gagner, la belle maison vis-à-vis le pont Royal qu'ils ont bâtie, et les grands biens qu'ils ont amassés et acquis, étant nés l'un et l'autre fort pauvres. Le maréchal de Nesle, leur aîné, étoit mort maréchal de camp de ses blessures au siége de Philippsbourg, en 1688, et n'avoit laissé qu'un fils et une fille de la dernière de l'illustre maison de Coligny, belle comme le jour, qu'il avoit épousée malgré père et mère, et le comte de Mailly, dont il s'agit ici, leur quatrième fils. On a vu comme Mme de Maintenon en fit le mariage avec Mlle de Saint-Hermine, fille d'un de ses cousins germains, lorsque j'ai parlé du mariage de Mme la duchesse de Chartres dont elle fut dame d'atours, et ensuite de Mme la duchesse de Bourgogne. Mailly étoit un homme bien fait, d'un visage agréable mais audacieux, comme étoit son esprit et sa conduite. Il avoit été élevé auprès de Monseigneur, et c'étoit celui pour qui ce prince avoit témoigné et depuis conservé la plus constante affection, et la plus marquée. C'étoit même à qui l'auroit de son côté de M. le prince de Conti et de M. de Vendôme. Beaucoup d'esprit, de grâces, un grand air du monde, de la valeur, une ambition démesurée qui l'auroit mené bien loin, et à laquelle il auroit tout sacrifié. Il avoit trouvé le moyen à son âge de plaire au roi, et Mme de Maintenon le regardoit comme son véritable neveu. Rien moins avec tout cela que bas avec personne; les ministres et les généraux d'armée le comptoient. Mais pour ne s'y pas méprendre il falloit s'attendre qu'il tourneroit toujours à la faveur et à tout ce qui pouvoit le conduire. Il avoit été de fort bonne heure menin de Monseigneur, et mestre de camp général des dragons, qu'il vendit au duc de Guiche dès qu'il fut maréchal de camp. Il avoit neuf mille livres de pension personnelle, et sa femme douze mille, outre leurs emplois. Il étoit frère de l'archevêque d'Arles et de l'évêque de Lavaur. Nous avions dîné chez M. le maréchal de Lorges à un grand repas qu'il donnoit à milord Jersey, parce que l'intérêt de milord Feversham, son frère, lui faisoit cultiver les ambassadeurs d'Angleterre.

Mailly est extrêmement de mes amis; après dîner, nous retournâmes ensemble à Versailles. Mon carrosse rompit entre Sèvres et Chaville, à ne pouvoir être raccommodé de longtemps; nous prîmes le parti d'achever le voyage à pied, mais il lui prit une subite fantaisie de retourner à Paris, quoi que je pusse faire pour l'en détourner. Il prit par les bois de Meudon pour n'être point vu, et pour arriver dans le quartier des Incurables, où logeoit une créature qu'il entretenoit; moi, je gagnai Versailles par Montreuil, pour n'être pas aussi rencontré. Je ne sais si cette traite à pied lui aigrit l'humeur de la goutte qu'il avoit quelquefois, mais dans la nuit il fut pris auprès de sa demoiselle, si vivement et si subitement, par la gorge, qu'elle crut qu'il alloit étouffer. Il ne dura que deux fois vingt-quatre heures sans avoir pu être transporté ; sa femme y étoit accourue. Mme de Maintenon, dès qu'elle la sut veuve, alla elle-même à Paris la chercher, et la ramena dans son carrosse extrêmement affligée. Elle eut pour ses enfants les neuf mille livres de pension qu'avoit son mari, et sur l'exemple de Mme de Béthune, dame d'atours de la reine, elle servit au bout de ses six semaines. Il fut peu regretté de la cour, et même dans le monde, mais la perte fut grande pour sa maison.

Thury, frère cadet de M. de Beuvron, mourut aussi. On le voyoit assez souvent à la cour; c'étoit un homme fort appliqué à ses affaires ; ni lui ni son frère n'avoient guère servi. Il étoit resté un vieux conte d'eux, du temps qu'ils étoient à l'armée. Ils se promenoient à la tête du camp, il tomba une pluie assez douce après une grande sécheresse. « Mon frère, s'écria l'un, que de foin ! — Mon frère, que d'avoine ! » répondit l'autre. On le leur a souvent reproché.

On eut nouvelles de la mort du comte de Frontenac à Québec, où il étoit, pour la seconde fois, gouverneur général, depuis près de dix ans. Il avoit tellement gagné la confiance des sauvages, la première fois qu'il eut cet emploi, qu'on fut obligé de le prier d'y retourner. Il y fit toujours parfaitement bien, et ce fut une perte. Le frère de Callières commandoit sous lui, et lui succéda. M. de Frontenac s'appeloit Buade ; son grand-père avoit été gouverneur de Saint-Germain, premier maître d'hôtel du roi, et chevalier de l'ordre en 1619. Celui-ci étoit fils d'une Phélypeaux, nièce et fille de deux secrétaires d'État, et il étoit frère de Mme de Saint-Luc, dont le mari étoit chevalier de l'ordre et lieutenant général de Guyenne, fils du maréchal de Saint-Luc, et père du dernier Saint-Luc, mari d'une Pompadour, sœur de Mme d'Hautefort. C'étoit un homme de beaucoup d'esprit, fort du monde, et parfaitement ruiné. Sa femme, qui n'étoit rien, et dont le père s'appeloit Lagrange-Trianon, avoit été belle et galante, extrêmement du grand monde, et du plus recherché. Elle et son amie, Mlle d'Outrelaise, qui ont passé leur vie logées ensemble à l'Arsenal, étoient des personnes dont il falloit avoir l'approbation ; on les appeloit les Divines. J'en ai dit quelque chose à propos du nom d'Orondat du vieux Villars. Un si aimable homme et une femme si merveilleuse ne duroient pas aisément ensemble ; ainsi, le mari n'eut pas de peine à se résoudre d'aller vivre et mourir à Québec, plutôt que mourir de faim ici, en mortel auprès d'une Divine.

Presque en même temps, on perdit le célèbre Racine, si connu par ses belles pièces de théâtre. Personne n'avoit plus de fonds d'esprit, ni plus agréablement tourné ; rien du poëte dans son commerce, et tout de l'honnête homme, de l'homme modeste, et sur la fin, de l'homme de bien. Il avoit les amis les plus illustres à la cour, aussi bien que parmi les gens de lettres : c'est à eux à qui je laisse d'en parler mieux que je ne pourrois faire. Il fit, pour l'amusement du roi et de Mme de Maintenon, et pour exercer les demoiselles de Saint-Cyr, deux chefs-d'œuvre en pièces de théâtre : *Esther* et *Athalie*, d'autant plus difficiles qu'il n'y a point d'amour, et que ce sont des tragédies saintes, où la vérité de l'histoire est d'autant plus conservée que le respect dû à l'Écriture sainte n'y pourroit souffrir d'altération. La comtesse d'Ayen et Mme de Caylus sur toutes excellèrent à les jouer, devant le roi et le triage le plus étroit et le plus privilégié chez Mme de Maintenon. A Saint-Cyr, toute la cour y fut plusieurs fois admise, mais avec choix. Racine fut chargé de l'histoire du roi, conjointement avec Despréaux, son ami. Cet emploi, ces pièces, dont je viens de parler, ses amis lui acquirent des privances. Il arrivoit même quelquefois que le roi n'avoit point de ministres chez Mme de Maintenon, comme les vendredis, surtout quand le mauvais temps de l'hiver y rendoit les séances fort longues ; ils envoyoient chercher Racine pour les amuser. Malheureusement pour lui, il étoit sujet à des distractions fort grandes.

Il arriva qu'un soir qu'il étoit entre le roi et Mme de Maintenon, chez elle, la conversation tomba sur les théâtres de Paris. Après avoir épuisé l'opéra, on tomba sur la comédie. Le roi s'informa des pièces et des acteurs, et demanda à Racine pourquoi, à ce qu'il entendoit dire, la comédie étoit si fort tombée de ce qu'il l'avoit vue autrefois. Racine lui en donna plusieurs raisons, et conclut par celle qui, à son avis, y avoit le plus de part, qui étoit que, faute d'auteurs et de bonnes pièces nouvelles, les comédiens en donnoient d'anciennes, et entre autres ces pièces de Scarron, qui ne valoient rien et qui rebutoient tout le monde. A ce mot, la pauvre veuve rougit, non pas de la réputation du cul-de-jatte attaquée, mais d'entendre prononcer son nom, et devant le successeur. Le roi s'embarrassa, le silence qui se fit tout d'un coup réveilla le malheureux Racine, qui sentit le puits dans lequel sa funeste distraction le venoit de précipiter. Il demeura le plus confondu des trois, sans plus oser lever les yeux ni ouvrir la bouche. Ce silence ne laissa pas de durer plus que quelques moments, tant la surprise fut dure et profonde. La fin fut que le roi renvoya Racine, disant qu'il alloit travailler. Il sortit éperdu et gagna comme il put la chambre de Cavoye. C'étoit son ami, il lui conta sa sottise. Elle fut telle, qu'il n'y avoit point à la pouvoir raccommoder. Oncques depuis, le roi ni Mme de Maintenon ne parlèrent à Racine, ni même le regardèrent. Il en conçut un si profond chagrin, qu'il en tomba en langueur, et ne vécut pas deux ans depuis. Il les mit bien à profit pour son salut. Il se fit enterrer à Port-Royal des Champs, avec les illustres habitants duquel il avoit eu des liaisons dès sa jeunesse, que sa vie poétique avoit même peu interrompues, quoiqu'elle fût bien éloignée de leur approbation. Le chevalier de Coislin s'y étoit fait porter aussi, auprès de son célèbre oncle, M. de Pontchâteau. On ne sauroit croire combien le roi fut piqué de ces deux sépultures.

Le duc de La Force, qui mourut dans ce même temps,

ne fit pas tant de vide et de regrets, nonobstant sa naissance et sa dignité. C'étoit un très-bon et honnête homme, et rien de plus, qui à force d'exils, de prisons, d'enlèvements de ses enfants, et de tous les tourments dont on s'étoit pu aviser, s'étoit fait catholique. Le roi eut soin de le bien faire assister, pour qu'il mourût tel. Sa femme, enfin, avoit eu permission de se retirer en Angleterre, et d'y jouir de son bien. Elle y fut en estime et en considération, et y eut le rang de duchesse.

Peu après la mort de Racine, Valincour fut choisi pour travailler à l'histoire du roi en sa place, avec Despréaux. Je ne sais quelle connoissance il avoit eue auprès de Mme de Montespan. Ce fut par elle qu'il fut mis auprès de M. le comte de Toulouse, dès sa première jeunesse reconnue, et bientôt après fut secrétaire général de la marine. C'étoit un homme d'infiniment d'esprit, et qui savoit extraordinairement; d'ailleurs un répertoire d'anecdotes de cour où il avoit passé sa vie dans l'intrinsèque, et parmi la compagnie la plus illustre et la plus choisie, solidement vertueux et modeste, toujours dans sa place, et jamais gâté par les confiances les plus importantes et les plus flatteuses. D'ailleurs très-difficile à se montrer, hors avec ses amis particuliers, et peu à peu très-longtemps devenu grand homme de bien. C'étoit un homme doux, gai, salé, sans vouloir l'être, et qui répandoit naturellement les grâces dans la conversation, très-sûr et extrêmement aimable, qui avoit su conserver la confiance du roi, être considéré de Mme de Maintenon, et ne lui être point suspect, en demeurant publiquement attaché à Mme de Montespan jusqu'à sa mort, et à tous les siens après elle. M. le comte de Toulouse avoit aussi toute confiance en lui, quoique parfaitement brouillé avec M. d'O et sans nul commerce ensemble. On ne l'en estimoit pas moins, quoique lui-même estimât fort peu ce gouverneur de la personne et de la maison de son maître.

Un saint et savant évêque finit aussi ses jours, Barillon, évêque de Luçon, frère de Barillon, longtemps ambassadeur en Angleterre, et de Morangis, tous deux conseillers d'État. C'étoit un homme qui ne sortoit presque jamais de son diocèse, où il menoit une vie tout à fait apostolique. Il étoit fort estimé et dans la première considération dans le monde et parmi ses confrères, ami intime de M. de la Trappe, et ami aussi de mon père, ainsi que ses frères. Il vint trop tard à Paris se faire tailler, et en mourut de la manière la plus sainte, la plus édifiante, et qui répondit le mieux à toute sa vie.

Le duc de Choiseul, las de sa misère, épousa une sœur de l'ancien évêque de Troyes, et de la maréchale de Clérembault, fille de Chavigny, secrétaire d'État. Elle étoit veuve de Brûlart, premier président du parlement de Dijon, et fort riche, dont elle n'avoit qu'une fille. Quoique vieille, elle voulut tâter de la cour et du tabouret ; elle en trouva un à acheter, et le prit.

Malgré la paix, l'empereur gardoit peu de bienséances : il fut plus de trois mois sans donner part au roi du mariage du roi des Romains[1], son fils, avec la seconde fille de la duchesse d'Hanovre qui avoit été ici longtemps, et que j'ai rapporté ci-dessus en être sortie de dépit de son aventure avec Mme de Bouillon. Elles étoient à Modène, où l'aînée avoit épousé le duc de Modène qui avoit quitté le chapeau qu'il avoit porté longtemps, pour succéder à son frère, mort sans enfants, et se marier. Le prince de Salm, grand maître de la maison du roi des Romains, dont il avoit été gouverneur, et en grand crédit auprès de lui et dans la cour de l'empereur, fit ce mariage. Il étoit veuf de la sœur de Mme la Princesse et de la duchesse d'Hanovre, et compta avec raison faire un grand coup pour lui que de faire sa

1. On donnait le titre de *roi des Romains* au prince désigné par les électeurs pour succéder au trône impérial. Ce prince était alors Joseph, né en 1676, roi des Romains depuis 1690, empereur en 1705, mort en 1711.

nièce reine des Romains. L'empereur les fit venir de Modène, et fit célébrer ce mariage dans le mois de janvier. Ce fut par un simple courrier qu'il en donna enfin part, chargé d'une lettre en italien de sa main pour le roi. Il n'avoit aucun ministre ici. La morgue impériale est telle qu'elle refuse encore la *Majesté* au roi, dans les lettres qu'on appelle de chancellerie, c'est-à-dire qui commencent par les titres *très-haut*, etc., et sont contre-signées. La morgue françoise n'en veut point recevoir sans *Majesté*, de sorte que ces sortes de lettres sont bannies entre eux, et qu'ils s'écrivent toujours l'un à l'autre de leur main, avec la *Majesté* réciproque, et une égalité en tout parfaite. Le roi y avoit Villars, avec caractère d'envoyé. La préséance de la France sur l'Espagne ne permettoit pas d'avoir un ambassadeur à Vienne, que cette cour eût fait précéder tant qu'elle auroit pu par celui d'Espagne, pour la dignité de la maison d'Autriche.

Villars avoit reçu une incivilité très-forte dans l'appartement de l'empereur, du prince de Lichtenstein, sur ce qu'il ne voyoit point l'archiduc, que les ministres du roi ne visitoient point, à cause de quelque embarras de cérémonial. Villars prétendit une réparation authentique, se retira de la cour, et dépêcha un courrier. Le nonce de Vienne et les autres ministres étrangers s'en mêlèrent inutilement; Villars eut ordre de s'en revenir sans prendre congé, si la réparation ne lui étoit point faite. On la différa tant, que Villars résolut de partir : sur le point qu'il alloit monter en voiture, on le pria de rester, et on l'assura de la satisfaction, et en effet, deux jours après, elle fut achevée d'être concertée, et sur-le-champ exécutée par les excuses que le prince de Lichtenstein lui alla faire chez lui. Ce fut apparemment ce petit démêlé qui retarda tant la part du mariage du roi des Romains, car l'un et l'autre se fit tout de suite, et fort peu après l'embarras du cérémonial chez l'archiduc, à la satisfaction du roi, qui ordonna à Villars d'aller chez lui. L'empereur donna une grande distinction au grand-duc; ce fut le traitement d'ambassadeurs de tête couronnée aux siens qui ne l'avoient dans aucune cour. M. de Savoie fut outré de cette égalité avec lui; je ne sais si ce fut pour le mortifier, ou pour l'argent de Florence. La naissance d'un prince de Piémont l'en consola bientôt après : dans le moment, un lieutenant des gardes partit pour en porter la nouvelle à Monsieur. Dès qu'il fut arrivé, l'ambassadeur de Savoie le vint dire au roi, et entra dans son cabinet, où il étoit enfermé en attendant le marquis de Rover, que M. de Savoie [avoit] envoyé exprès au roi qui reçut très-bien l'ambassadeur, et l'envoya à Saint-Cyr trouver Mme la duchesse de Bourgogne qui y étoit. Elle fut si sensible à cette nouvelle, qu'elle en pleura de joie.

Le roi, qui venoit de payer les dettes de Mme la Duchesse qui étoient fortes du jeu, et aux marchands, paya aussi celles de Monseigneur, qui alloient à cinquante mille livres, se chargea de payer ses bâtiments de Meudon, et au lieu de quinze cents pistoles qu'il avoit par mois, le mit à cinquante mille écus. Pontchartrain, en habile homme, fit sa cour de cette affaire-là à ce prince à qui il en porta la nouvelle, sans qu'il eût rien demandé ni parlé au contrôleur général, lequel s'acquit par là Monseigneur pour toujours. Il avoit toujours eu grand soin d'aller au-devant de tout ce qui pouvoit lui plaire, et il combla par ce présent un fils accoutumé à trembler devant son père, et que le père n'avoit pas envie d'en désaccoutumer. M. de La Rochefoucauld, toujours nécessiteux et piteux, au milieu des richesses et en proie à ses valets, obtint, sa vie durant seulement, quarante-deux mille livres de rente d'augmentation d'appointements sur sa charge de grand veneur, quoiqu'on ait vu, il n'y a pas longtemps, ici, que le roi lui avoit payé ses dettes. Il donna aussi, mais avec un grand secret, et qui a toujours duré, vingt mille livres de pension à M. de Chartres. Ses voyages et ses ouvrages lui dépensoient beaucoup; il craignit de n'y pouvoir suffire et de laisser des dettes qui ne se pourroient payer; il demanda une abbaye. Il tenoit par la confiance du mariage du roi, dont le roi avoit trouvé bon que Mme de Maintenon lui fît la confidence, et il étoit sur le pied de leur en parler et de leur en écrire à l'un et à l'autre. Le roi ne voulut point lui donner d'abbaye; il en avoit déjà une, il trouva que cela feroit un contraste désagréable avec M. de Cambrai qui avoit rendu la sienne lorsqu'il fut archevêque; et pour éviter le qu'en-dira-t-on, au lieu d'abbaye, il lui fit cette pension, qui lui étoit payée par mois.

M. de Vendôme songea aussi enfin à ses affaires et à sa santé. Il étoit extrêmement riche et n'avoit jamais un écu pour quoi qu'il voulût faire. Le grand prieur son frère s'étoit emparé de sa confiance avec un abbé de Chaulieu, homme de fort peu, mais de beaucoup d'esprit, de quelques lettres, et de force audace, qui l'avoit introduit dans le monde sous l'ombre de MM. de Vendôme, des parties desquels il s'ennoblissoit. On avoit souvent et inutilement parlé à M. de Vendôme sur le misérable état où sa confiance le réduisoit. Le roi lui en avoit dit son avis, et l'avoit pressé de penser à sa santé que ses débauches avoient mise en fort mauvais état. A la fin il en profita, il pria Chemerault qui lui étoit fort attaché de dire au grand prieur de sa part qu'il le prioit de ne se plus mêler de ses affaires, et à l'abbé de Chaulieu de cesser d'en prendre soin. Ce fut un compliment amer au grand prieur qui faisoit siens les revenus de son frère, et en donnoit quelque chose à l'abbé de Chaulieu. Jamais il ne le pardonna sincèrement à son frère, et ce fut l'époque, quoique sourde, de la cessation de leur identité, car leur union se pouvoit appeler telle. L'abbé de Chaulieu eut une pension de six mille livres de M. de Vendôme, et eut la misère de la recevoir. Crosat, un des plus riches hommes de Paris, à toutes sortes de métiers, se mit à la tête des affaires de M. de Vendôme, après quoi il prit publiquement congé du roi, de Monseigneur, des princesses et de tout le monde, pour s'en aller se mettre entre les mains des chirurgiens qui l'avoient déjà manqué une fois. C'est le premier et unique exemple d'une impudence pareille. Ce fut aussi l'époque qui lui fit perdre terre. Le roi lui dit qu'il étoit ravi qu'il eût enfin pourvu à ses affaires, et qu'il eût pris le parti de pourvoir aussi à sa santé, et qu'il souhaitoit que ce fût avec un tel succès qu'on le pût embrasser au retour en sûreté. Il est vrai qu'une race de bâtards pouvoit en ce genre-là prétendre quelque privilége, mais d'aller en triomphe où jamais on ne fut qu'en cachant sa honte sous les replis les plus mystérieux, épouvanta et indigna tout à la fois, et montra tout ce que pouvoit une naissance illégitime sur un roi si dévot, si sérieux et en tout genre si esclave de toutes les bienséances. Au lieu d'Anet il fut à Clichy chez Crosat pour être plus à portée de tous les secours de Paris. Il fut près de trois mois entre les mains des plus habiles, qui y échouèrent. Il revint à la cour avec la moitié de son nez ordinaire, ses dents tombées et une physionomie entièrement changée, et qui tiroit sur le niais; le roi en fut si frappé qu'il recommanda aux courtisans de n'en pas faire semblant de peur d'affliger M. de Vendôme. C'étoit assurément y prendre un grand intérêt. Comme il étoit parti pour cette expédition médicale en triomphe, il en revint aussi triomphant par la réception du roi, dont l'exemple gagna toute la cour. Cela et le grand remède qui lui avoit affoibli la tête la lui tourna tout à fait, et depuis cette époque ce ne fut plus le même homme. Le miroir cependant ne le contentoit pas, il ne parut que quelques jours et s'en alla à Anet voir si le nez et les dents lui reviendroient avec les cheveux.

Deux aventures étranges effrayèrent et firent faire bien des réflexions : Savary fut trouvé assassiné dans sa maison à Paris. Il n'avoit qu'un valet et une servante qui furent trouvés en même temps assassinés, tous trois tout habillés et en différents endroits de la maison, sans la moindre chose volée. L'apparence fut que ce crime fut commis de jour, et que ce fut une vengeance par des écrits qui se sont trouvés chez lui. C'étoit un bourgeois de Paris dont le frère venoit de mourir évêque de Séez, à qui Daquin succéda. Il étoit à son aise, bien nippé, sans emploi, et vivoit en épicurien. Il avoit beaucoup d'amis, et quelques-uns de la plus haute volée. Il recevoit chez lui des parties de toute espèce de plaisirs, mais choisies et resserrées, et la politique n'en étoit pas bannie quand on en vouloit traiter. On n'a jamais su la cause de cet assassinat, mais on en trouva assez pour n'oser approfondir, et l'affaire en demeura là. On ne douta guère qu'un très-vilain petit homme ne l'eût fait faire, mais d'un sang si supérieurement respecté, que toute formalité tomba dans la frayeur de le trouver au bout, et qu'après le premier bruit tout le monde cessa d'oser parler de cette tragique histoire.

L'autre aventure n'imposa aucun silence. On a vu ci-devant celle de l'abbé de Caudelet sur l'évêché de Poitiers, et que l'abbé de La Châtre demeura convaincu d'être l'auteur de la calomnie, et de l'avoir fait réussir. Allant de Saint-Léger à Pontchartrain avec Garsault, qui avoit le haras du roi à Saint-Léger, la calèche légère et découverte dans laquelle ils étoient tous deux fut emportée par les chevaux. La frayeur les fit jeter dehors, l'abbé se brisa contre des pierres, et les roues lui passèrent sur le corps. Il vécut encore vingt-quatre heures, et mourut sans avoir eu un instant de connoissance. Garsault, extrêmement blessé, recouvra la sienne pour en faire un bon usage pendant deux mois qu'il fut en proie aux chirurgiens, au bout desquels il mourut aussi.

L'affaire de M. le prince de Conti alloit mal à Neuchâtel, où il étoit logé dans la ville sans aucune considération. Les ducs de Lesdiguières et de Villeroy y logeoient de même. Mme de Nemours étoit dans le château dans toute la splendeur de souveraine reconnue, et toute l'autorité dont elle faisoit sentir l'éclat et le poids à un Bourbon avec toute la volupté du dépit et de la vengeance. Le canton de Berne avoit voulu lui prêter main-forte comme allié de Neuchâtel, et Puysieux, ambassadeur en Suisse, n'avoit pu en arrêter de fortes démonstrations. Le roi sentit toute l'indécence du séjour du prince de Conti en un lieu si éloigné des moindres égards pour lui. Il lui fit donc mander de revenir, et il donna le même ordre aux ducs de Lesdiguières et de Villeroy, à Matignon et à Mme de Nemours elle-même, qui se fit un peu tirer l'oreille pour obéir. Elle en fit des plaintes amères à MM. de Neuchâtel et aux Suisses, qui ne s'en unirent que plus fortement à elle, et s'en aliénèrent de plus en plus des intérêts de M. le prince de Conti. Il arriva à Paris et les autres prétendants longtemps devant elle. Elle fit allant et revenant tout ce grand voyage dans sa chaise à porteurs, avec force carrosses et grands équipages, et un chariot derrière elle rempli de seize porteurs pour en relayer. Il y avoit en cette voiture plus d'air de singularité et de grandeur que de raison d'âge ou d'incommodité. Elle alloit de même de Paris à Versailles, et ses officiers lui donnoient à dîner à Sèvres. Le roi qui craignoit la force de sa part la reçut honnêtement, et l'assura toujours qu'il ne prendroit point de parti entre ses sujets, et dans la vérité il ne fit rien dans tout le cours de cette affaire en faveur de M. le prince de Conti que ce qu'il ne put éviter par pure bienséance. L'acquisition de Neuchâtel ne l'éloignoit pas de France pour toujours comme la couronne de Pologne, aussi en eut-il bien plus d'envie, et le roi infiniment moins.

On lui fit à la grande écurie, à Versailles, un vol bien hardi la nuit du 3 au 4 juin. Le roi étant à Versailles, toutes les housses et les caparaçons furent emportés; il y en eut pour plus de cinquante mille écus; les mesures furent si bien prises que qui que ce soit ne s'en aperçut dans une maison si habitée, et que dans une nuit si courte tout fut emporté sans que jamais on ait pu en avoir de nouvelles. M. le Grand entra en furie et tous ses subalternes aussi. On dépêcha sur tous les chemins, on fouilla Paris et Versailles, et le tout inutilement. Cela me fait souvenir d'un autre vol qui eut quelque chose de bien plus étrange, et qui arriva fort peu avant la date du commencement de ces Mémoires. Le grand appartement, c'est-à-dire depuis la galerie jusqu'à la tribune, étoit meublé de velours cramoisi avec des crépines et des franges d'or. Un beau matin elles se trouvèrent toutes coupées. Cela parut un prodige dans un lieu si passant tout le jour, si fermé la nuit et si gardé à toutes heures. Bontems, au désespoir, fit et fit faire toutes les perquisitions qu'il put, et toutes sans aucun succès. Cinq ou six jours après, j'étois au souper du roi, il n'y avoit que Daquin, premier médecin du roi, entre le roi et moi, et personne entre moi et la table. Vers l'entremets, j'aperçus je ne sais quoi de fort gros et comme noir en l'air sur la table, que je n'eus le temps de discerner ni de montrer par la rapidité dont ce gros tomba sur le bout de la table, devant l'endroit du couvert de Monsieur et de Madame qui étoient à Paris, et qui se mettoient toujours au bout de la table à la gauche du roi, le dos aux fenêtres qui donnent sur la grande cour. Le bruit que cela fit en tombant, et la pesanteur de la chose pensa l'enfoncer, et fit bondir les plats, mais sans en renverser aucun, et de hasard cela tomba sur la nappe et point dans des plats. Le roi, au coup que cela fit, tourna la tête à demi, et sans s'émouvoir en aucune sorte : « Je pense, dit-il, que ce sont mes franges. » C'en étoit en effet un paquet plus large qu'un chapeau de prêtre avec ses bords tout plats, et haut en manière de pyramide mal faite d'environ deux pieds. Cela étoit parti de loin derrière moi vers la porte mitoyenne des deux antichambres, et un frangeon détaché en l'air étoit tombé sur le haut de la perruque du roi, que Livry qui étoit à sa gauche aperçut et ôta. Il s'approcha du bout de la table, et vit en effet que c'étoient les franges tortillées en paquet, et tout le monde les vit comme lui. Cela fit un moment de murmure. Livry, voulant ôter ce paquet, y trouva un billet attaché ; il le prit et laissa le paquet. Le roi tendit la main et dit : « Voyons. » Livry avec raison ne voulut pas ; et, se retirant en arrière, le lut tout bas, et par derrière le roi le donna à Daquin avec qui je le lus entre ses mains. Il y avoit dedans, d'une écriture contrefaite et longue comme de femme, ces propres mots : « Reprends tes franges, Bontems, la peine en passe le plaisir, mes baisemains au roi. » Il étoit roulé et point fermé ; le roi le voulut encore prendre des mains de Daquin qui se recula, le sentit, le frotta, tourna et retourna, puis le montra au roi sans le lui laisser toucher. Le roi lui dit de le lire tout haut quoique lui-même le lût en même temps. « Voilà, dit le roi, qui est bien insolent ; » mais d'un ton tout uni et comme historique. Il dit après qu'on ôtât ce paquet. Livry le trouva si pesant qu'à peine le put-il lever de dessus la table, et le donna à un garçon bleu qui vint se présenter. De ce moment le roi n'en parla plus, et personne n'osa plus en rien dire, au moins tout haut, et le reste du souper se passa tout comme chose non avenue.

Outre l'excès de l'impudence et de l'insolence, c'est un excès de péril qui ne se peut comprendre. Comment lancer de si loin un paquet de cette pesanteur et de ce volume, sans être environné de complices, et au milieu d'une foule telle qu'elle étoit toujours au souper du roi, où à peine pouvoit-on passer dans ces derrières ? Comment, malgré ce cercle de complices, le grand mouvement des bras pour une vibration aussi forte put-il échapper à tant d'yeux ? Le duc de Gesvres étoit en année. Ni lui ni personne ne s'avisa de faire fermer les portes, que du temps après que le roi fut sorti de table. On peut juger si les coupables étoient demeurés là, ayant eu plus de trois quarts d'heure toutes les issues libres pour se retirer. Les portes fermées il ne se trouva qu'un seul homme que personne ne connut et qu'on arrêta. Il se dit gentilhomme de Saintonge, et connu du duc d'Uzès, gouverneur de la province. Il étoit à Versailles, on l'envoya prier de venir. Il alloit se coucher. Il vint aussitôt, reconnut ce gentilhomme, en répondit, et sur ce témoignage on le laissa avec des excuses. Jamais depuis on n'a pu rien découvrir de ce vol, ni de la singulière hardiesse de sa restitution.

Vaïni, qui avec la permission du roi s'étoit paré du cordon bleu à Rome, vint le recevoir de sa main le jour de la Pentecôte. Il fut fort bien reçu. Après le lui avoir donné, le roi ne voulut pas avoir l'air du repentir. Les courtisans, qui aiment la nouveauté, et les amis surtout du cardinal de Bouillon qui le leur avoit fort recommandé, lui firent beaucoup d'accueil. Il fut toujours en bonne compagnie. Il passa trois mois à la cour ou à Paris. Le roi lui fit présent lui-même d'une belle croix de diamants, et l'avertit de prendre garde qu'on ne la lui coupât. Il s'en retourna en Italie, charmé de tout ce qu'il avoit vu, et de la bonne réception qu'il avoit reçue. En ce même temps, Ferriol s'en alla relever Châteauneuf, notre ambassadeur à Constantinople, en la même qualité.

On sut que Portland n'avoit pas eu tort à Paris d'être en peine de la faveur naissante de Keppel, Hollandois comme lui, mais jeune, hardi et bien fait, que le roi d'Angleterre avoit fait comte d'Albemarle. La jalousie éclata à son retour, et la froideur se mit entre lui et son maître. Il remit toutes ses charges et ses emplois, passa en Hollande, et dit au roi d'Angleterre que ce seroit en ce pays-là où il se réservoit à lui faire sa cour. Peu après le roi d'Angleterre y passa aussi, comme il faisoit toutes les années. Il s'y rapprocha de son ancien favori, le remmena avec lui en Angleterre, où il continua d'être chargé comme devant des principales affaires. Mais il ne reprit point ses charges ni sa faveur première, et Albemarle demeura affermi dans la sienne.

Le roi, qui passoit toujours à Versailles l'octave du Saint-

Sacrement, à cause des deux processions et des saluts, alloit aussi toujours à Marly après le salut de l'octave. Il découvrit cette année que la comtesse de Grammont avoit été passer quelques jours de cette octave à Port-Royal des Champs, où elle avoit été élevée, et pour lequel elle avoit conservé beaucoup d'attachement. C'étoit un crime qui pour tout autre auroit été irrémissible ; mais le roi avoit personnellement pour elle une vraie considération et une amitié qui déplaisoit fort à Mme de Maintenon, mais qu'elle n'avoit jamais pu rompre, et qu'elle souffroit parce qu'elle ne pouvoit faire autrement. Elle ne laissoit pas de lui montrer souvent sa jalousie par des traits d'humeur quoique mesurés, et la comtesse qui étoit fort haute, et en avoit tout l'air et le maintien avec une grande mine, des restes de beauté, et plus d'esprit et de grâce qu'aucune femme de la cour, ne se donnoit pas la peine de les ramasser, et montroit de son côté à Mme de Maintenon, par son peu d'empressement pour elle, qu'elle ne lui rendoit le peu qu'elle faisoit que par respect pour le goût du roi. Ce voyage donc que Mme de Maintenon tâcha de mettre à profit ne mit la comtesse qu'en pénitence, non en disgrâce. Elle qui étoit toujours de tous les voyages de Marly, et partout où le roi alloit, n'en fut point celui-ci. Ce fut une nouvelle. Elle en rit tout bas avec ses amis. Mais d'ailleurs elle garda le silence et s'en alla à Paris. Deux jours après elle écrivit au roi par son mari qui avoit liberté d'aller à Marly, mais elle n'écrivit ni ne fit rien dire à Mme de Maintenon. Le roi dit au comte de Grammont qui cherchoit à justifier sa femme, qu'elle n'avoit pu ignorer ce qu'il pensoit d'une maison toute janséniste qui est une secte qu'il avoit en horreur. Fort peu après le retour à Versailles, la comtesse de Grammont y arriva, et vit le roi en particulier chez Mme de Maintenon. Il la gronda, elle promit qu'elle n'iroit plus à Port-Royal, sans toutefois l'abjurer le moins du monde ; ils se raccommodèrent, et au grand déplaisir de Mme de Maintenon, il n'y parut plus.

CHAPITRE XVIII.

Pensées et desseins des amis de M. de Cambrai. — Duc de Beauvilliers prend à la grande direction la place du chancelier absent. — Naissance de mon second fils. — Voyage très-singulier d'un maréchal de Salon en Provence, à la cour. — Le roi partial pour M. de Bouillon contre M. d'Albret. — Mort de Saint-Vallier, du duc de Montbazon, de Mirepoix, de la duchesse Mazarin, de Mme de Nevet, de la reine de Portugal. — Séance distinguée de M. du Maine en la chambre des comptes. — Filles d'honneur de la princesse de Conti douairière mangent avec Mme la duchesse de Bourgogne. — Dédicace de la statue du roi à la place de Vendôme. — Cause du retardement de l'audience de Zinzendorff. — Le roi ne traite le roi de Danemark que de *Sérénité*, et en reçoit la *Majesté*. — Mort de la duchesse douairière de Modène. — Fortune et mort du chancelier Boucherat. — Candidats pour les sceaux : Harlay, premier président; Courtin, doyen du conseil; d'Aguesseau, Pomereu, La Reynie, Caumartin, Voysin, Pelletier-Sousy. — Fortune de Pontchartrain fait chancelier.

Les amis de M. de Cambrai s'étoient flattés que le pape, charmé d'une soumission si prompte et si entière, et qui avoit témoigné plus de déférence pour le roi que tout autre sentiment dans le jugement qu'il avoit rendu, le récompenseroit de la pourpre; et en effet il y eut des manéges qui tendoient là. Ils prétendent encore que le pape en avoit envie, mais qu'il n'osa jamais voyant que, depuis cette soumission, sa disgrâce n'étoit en rien adoucie. Le duc de Béthune, qui venoit toutes les semaines à Versailles, y dînoit assez souvent chez moi, et ne pouvoit avec nous s'empêcher de parler de M. de Cambrai : il savoit qu'il y étoit en sûreté, et outre cela mon intimité avec M. de Beauvilliers. Cette espérance du cardinalat perdue, il se lâcha un jour chez moi jusqu'à nous dire qu'il avoit toujours cru le pape infaillible ; qu'il en avoit souvent disputé avec la comtesse de Grammont, mais qu'il avouoit qu'il ne le croyoit plus depuis la condamnation de M. de Cambrai. Il ajouta qu'on savoit bien que ç'avoit été une affaire de cabale ici et de politique à Rome, mais que les temps changeoient, et qu'il espéroit bien que ce jugement changeroit aussi et seroit rétracté, et qu'il y avoit de bons moyens pour cela. Nous nous mîmes à rire, et à lui dire que c'étoit toujours beaucoup que ce jugement l'eût fait revenir de l'erreur de l'infaillibilité des papes, et que l'intérêt qu'il prenoit en l'affaire de M. de Cambrai eût été plus puissant à lui dessiller les yeux, que la créance de tous les siècles et tant et tant de puissantes raisons qui détruisoient ce nouvel et dangereux effet de l'orgueil et de l'ambition romaine, et de l'intérêt de ceux qui le soutenoient jusqu'à en vouloir faire un pernicieux dogme.

Parlant des amis de M. de Cambrai, cela me fait souvenir de réparer ici, quoiqu'en matière fort différente, un oubli que j'ai fait d'une chose qui se passa au dernier voyage de Fontainebleau. La petite direction se tient toujours chez le chef du conseil des finances qui y préside, et la grande direction dans la salle du conseil des parties [1] : le chancelier y préside, et lorsque étant absent, et qu'il y a eu un garde des sceaux, il y a présidé de sa place, et a toujours laissé vide celle du chancelier. Il faut comprendre quand il n'est pas exilé, au moins à ce que je pense, parce qu'alors il fait partout ses fonctions, et prend même au parlement la place que le chancelier y tient. En ce voyage de Fontainebleau, où le chancelier malade n'alla point, M. de Beauvilliers prit sa place à la grande direction : il y avoit présidé d'autres fois en l'absence du chancelier, sans prendre sa place, et l'avoit laissée vide. Le roi le sut, et dit qu'étant duc et pair et président à la grande direction par l'absence du chancelier, il devoit prendre sa place et ne la plus laisser vide. Cela fut

1. Voy. t. Ier, p. 445. note sur les conseils du roi, et entre autres sur les conseils de grande et petite direction.

ainsi exécuté depuis, et fort souvent encore après à Versailles, par les infirmités de M. le chancelier.

Le 12 août, Mme de Saint-Simon accoucha fort heureusement, et Dieu nous fit la grâce de nous donner un second fils, qui porta le nom de marquis de Ruffec, belle terre en Angoumois que ma mère avoit achetée de la sienne.

Un événement singulier fit beaucoup raisonner tout le monde. Il arriva en ce temps-ci tout droit à Versailles un maréchal de la petite ville de Salon en Provence, qui s'adressa à Brissac, major des gardes du corps, pour être conduit au roi à qui il vouloit parler en particulier. Il ne se rebuta point des rebuffades qu'il en reçut, et fit tant que le roi en fut informé et lui fit dire qu'il ne parloit pas ainsi à tout le monde. Le maréchal insista, dit que, s'il voyoit le roi, il lui diroit des choses si secrètes et tellement connues à lui seul, qu'il verroit bien qu'il avoit mission pour lui parler et pour lui dire des choses importantes; qu'en attendant au moins, il demandoit à être renvoyé à un de ses ministres d'État. Là-dessus le roi lui fit dire d'aller trouver Barbezieux, à qui il avoit donné ordre de l'entendre. Ce qui surprit beaucoup, c'est que ce maréchal qui ne faisoit qu'arriver, et qui n'étoit jamais sorti de son lieu ni de son métier, ne voulut point de Barbezieux, et répondit tout de suite qu'il avoit demandé à être renvoyé à un ministre d'État, que Barbezieux ne l'étoit point, et qu'il ne parleroit point qu'à un ministre. Sur cela le roi nomma Pomponne, et le maréchal, sans faire ni difficulté ni réponse, l'alla trouver; ce qu'on sut de son histoire est fort court : le voici. Cet homme revenant tard de dehors se trouva investi d'une grande lumière auprès d'un arbre, assez près de Salon. Une personne vêtue de blanc, et pardessus à la royale, belle, blonde et fort éclatante, l'appela par son nom, lui dit de la bien écouter, lui parla plus d'une demi-heure, lui dit qu'elle étoit la reine qui avoit été l'épouse du roi, lui ordonna de l'aller trouver et de lui dire les choses qu'elle lui avoit communiquées, que Dieu l'aideroit dans tout son voyage, et qu'à une chose secrète qu'il diroit au roi, et que le roi seul au monde savoit, et qui ne pouvoit être sue que de lui, il reconnoîtroit la vérité de tout ce qu'il avoit à lui apprendre. Que si d'abord il ne pouvoit parler au roi, qu'il demandât à parler à un de ses ministres d'État, et que surtout il ne communiquât rien à autres quels qu'ils fussent, et qu'il réservât certaines choses au roi tout seul. Qu'il partît promptement, et qu'il exécutât ce qui lui étoit ordonné hardiment et diligemment, et qu'il s'assurât qu'il seroit puni de mort s'il négligeoit de s'acquitter de sa commission. Le maréchal promit tout, et aussitôt la reine disparut, et il se trouva dans l'obscurité auprès de son arbre. Il s'y coucha au pied ne sachant s'il rêvoit ou s'il étoit éveillé, et s'en alla après chez lui, persuadé que c'étoit une illusion et une folie dont il ne se vanta à personne. A deux jours de là, passant au même endroit, la même vision lui arriva encore, et les mêmes propos lui furent tenus. Il y eut de plus des reproches de son doute et des menaces réitérées, et pour fin, ordre d'aller dire à l'intendant de la province ce qu'il avoit vu, et l'ordre qu'il avoit reçu d'aller à Versailles, et que sûrement il lui fourniroit de quoi faire le voyage. A cette fois, le maréchal demeura convaincu. Mais flottant entre la crainte des menaces et les difficultés de l'exécution, il ne sut à quoi se résoudre, gardant toujours le silence de ce qui lui étoit arrivé.

Il demeura huit jours en cette perplexité, et enfin comme résolu à ne point faire le voyage, lorsque, repassant encore par le même endroit, il vit et entendit encore la même chose, et des menaces si effrayantes qu'il ne songea plus qu'à partir. A deux jours de là, il fut trouver à Aix l'intendant de la province, qui sans balancer l'exhorta à poursuivre son voyage, et lui donna de quoi le faire dans une voiture publique. On n'en a jamais su davantage. Il entretint trois fois M. de Pomponne, et fut chaque fois plus de deux heures avec lui. M. de Pomponne en rendit compte au roi en particulier, qui voulut que Pomponne en parlât plus amplement à un conseil d'État où Monseigneur n'étoit point, et où il n'y avoit que les ministres, qui lors, outre lui, étoient le duc de Beauvilliers, Pontchartrain et Torcy, et nuls autres. Ce conseil fut long, peut-être aussi y parla-t-on d'autre chose après. Ce qui arriva ensuite fut que le roi voulut entretenir le maréchal; il ne s'en cacha point; il le vit dans ses cabinets, et le fit monter par le petit degré qui en descend sur la cour de Marbre par où il passe pour aller à la chasse, ou se promener. Quelques jours après, il le vit encore de même, et à chaque fois fut près d'une heure seul avec lui, et prit garde que personne ne fût à portée d'eux. Le lendemain de la première fois qu'il l'eut entretenu, comme il descendoit par ce même petit escalier pour aller à la chasse, M. de Duras, qui avoit le bâton et qui étoit sur le pied d'une considération et d'une liberté de dire au roi tout ce qu'il lui plaisoit, se mit à parler de ce maréchal avec mépris, et à dire le mauvais proverbe, que cet homme-là étoit un fou ou que le roi n'étoit pas noble. A ce mot, le roi s'arrêta, et se tournant au maréchal de Duras, ce qu'il ne faisoit presque jamais en marchant : « Si cela [est], lui dit-il, je ne suis pas noble, car je l'ai entretenu longtemps; il m'a parlé de fort bon sens, et je vous assure qu'il est fort loin d'être fou. » Ces derniers mots furent prononcés avec une gravité appuyée qui surprit fort l'assistance, et qui en grand silence ouvrit fort les yeux et les oreilles. Après le second entretien, le roi convint que cet homme lui avoit dit une chose qui lui étoit arrivée il y avoit plus de vingt ans, et que lui seul savoit, parce qu'il ne l'avoit jamais dite à personne, et il ajouta que c'étoit un fantôme qu'il avoit vu dans la forêt de Saint-Germain, et dont il étoit sûr de n'avoir jamais parlé. Il s'expliqua encore plusieurs fois très-favorablement sur ce maréchal, qui étoit défrayé de tout par ses ordres, qui fut renvoyé aux dépens du roi, qui lui fit donner assez d'argent outre sa dépense, et qui fit écrire à l'intendant de Provence de le protéger particulièrement, et d'avoir soin que, sans le tirer de son état et de son métier, il ne manquât de rien le reste de sa vie. Ce qu'il y a eu de plus marqué, c'est qu'aucun des ministres d'alors n'a jamais voulu parler là-dessus. Leurs amis les plus intimes les ont poussés et tournés là-dessus, et à plusieurs reprises, sans avoir pu en arracher un mot, et tous, d'un même langage, leur ont donné le change, se sont mis à rire et à plaisanter sans jamais sortir de ce cercle, ni enfoncer cette surface d'une ligne. Cela m'est arrivé avec M. de Beauvilliers et M. de Pontchartrain, et je sais par leurs plus intimes et leurs plus familiers qu'ils n'en ont rien tiré davantage, et pareillement de ceux de Pomponne et de Torcy.

Ce maréchal, qui étoit un homme d'environ cinquante ans, qui avoit famille, et bien famé dans son pays, montra beaucoup de bon sens dans sa simplicité, de désintéressement et de modestie. Il trouvoit toujours qu'on lui donnoit trop, ne parut [avoir] aucune curiosité, et dès qu'il eut achevé de voir le roi et M. de Pomponne, ne voulut rien voir ni se montrer, parut empressé de s'en retourner, et dit que, content d'avoir accompli sa mission, il n'avoit plus rien à faire que s'en aller chez lui. Ceux qui en avoient soin firent tout ce qu'ils purent pour en tirer quelque chose; il ne répondoit rien, ou disoit : « Il m'est défendu de parler, » et coupoit court sans se laisser émouvoir par rien. Revenu chez lui, il ne parut différent en rien de ce qu'il étoit auparavant, ne parloit ni de Paris ni de la cour, répondoit en deux mots à ceux qui l'interrogeoient, et montroit qu'il n'aimoit pas à l'être, et sur ce qu'il avoit été faire pas un mot de plus que ce que je viens de rapporter. Surtout nulle vanterie; ne se laissoit point entamer sur les audiences qu'il avoit eues, et se contentoit de se louer du roi qu'il avoit vu, mais en deux mots et sans laisser entendre s'il l'avoit vu en curieux ou d'une autre manière, et ne voulant jamais s'en expliquer. Sur M. de Pomponne, quand on lui en parloit, il répondoit qu'il avoit vu un ministre, sans expliquer comment ni combien, qu'il ne le connoissoit pas, et puis se taisoit sans qu'on pût lui en faire dire davantage. Il reprit son métier, et a vécu depuis à son ordinaire. C'est ce que les premiers de la province en ont rapporté, et ce que m'en a dit l'archevêque d'Arles, qui passoit du temps tous les ans à Salon, qui est la maison de campagne des archevêques d'Arles aussi bien que le lieu de la naissance et de la sépulture du fameux Nostradamus. Il n'en faut pas tant pour beaucoup faire raisonner le monde. On raisonna donc beaucoup sans avoir rien pu trouver, ni qu'aucune suite de ce singulier voyage ait pu ouvrir les yeux sur rien. Des fureteurs ont voulu se persuader, et persuader aux autres, que ce ne fut qu'un tissu de hardie friponnerie dont la simplicité de ce bonhomme fut la première dupe.

Il y avoit à Marseille une Mme Arnoul, dont la vie est un roman, et qui, laide comme le péché, et vieille, pauvre, et veuve, a fait les plus grandes passions, a gouverné les plus considérables des lieux où elle s'est trouvée, se fit épouser par ce M. Arnoul, intendant de marine à Marseille, avec les circonstances les plus singulières, et, à force d'esprit et de manége, se fit aimer et redouter partout où elle vécut, au point que la plupart la croyoient sorcière. Elle avoit été amie intime de Mme de Maintenon, étant Mme Scarron; un commerce secret et intime avoit toujours subsisté entre elles jusqu'alors. Ces deux choses sont vraies; la troisième, que je me garderai bien d'assurer, est que la vision et la commission de venir parler au roi fut un tour de passe-passe de cette femme, et que ce dont le maréchal de Salon étoit chargé par cette triple apparition qu'il avoit eue, n'étoit que pour obliger le roi à déclarer Mme de Maintenon reine. Ce maréchal ne la nomma jamais, et ne la vit point. De tout cela jamais on n'en a su davantage.

L'affaire de M. de Bouillon avec son fils faisoit grand bruit.

Elle étoit portée pour des incidents au conseil des parties. Le roi fit en cette occasion ce qu'il n'avoit jamais fait auparavant ni ne fit depuis. Il prit parti pour M. de Bouillon, fit mander de sa part par Pontchartrain à Maboul, maître des requêtes, de rapporter sans délai, et dit lui-même au duc d'Albret qu'il ne vouloit que justice entre lui et son père, mais qu'il vouloit couper court aux procédures et aux procédés, et protéger son père, qui étoit un de ses plus anciens domestiques, et qui l'avoit toujours bien servi. On peut imaginer si après ces déclarations M. de Bouillon fut lui-même bien servi par ses juges, et quel tour prit son affaire dans le monde, où le duc d'Albret n'osa presque se montrer de fort longtemps.

Le gros Saint-Vallier qui avoit été longtemps capitaine de la porte, et qui après avoir vendu au frère du P. de La Chaise, s'étoit retiré en son pays de Dauphiné, mourut à Grenoble. Sa femme, belle, spirituelle et galante, y régnoit sur les cœurs et sur les esprits. Elle avoit été fort du monde, et en étoit devenue le centre dans cette province, d'où on ne la revit presque plus à Paris, où elle avoit conservé des amis, et à la cour.

Le duc de Montbazon mourut aussi dans les faubourgs de Liége, où il étoit enfermé depuis bien des années dans une abbaye. Le prince de Guéméné son fils devint par sa mort duc de Montbazon, et se fit recevoir au parlement. Il fut le premier qui, devenant duc, n'en prit pas le nom et conserva le sien. Ce fut un raffinement de princerie. On en rit et on le laissa faire.

Le marquis de Mirepoix mourut en ce même temps. Il étoit dans les mousquetaires noirs, médiocre emploi pour un homme de sa naissance, mais il étoit fort mal à son aise, et ne laissa point d'enfants de la fille aînée de la duchesse de La Ferté. Il étoit de mes amis. C'étoit un homme d'honneur et de valeur. J'avois été presque élevé avec son frère, beaucoup plus jeune que lui. La maréchale de Duras, sœur du duc de Ventadour, l'avoit pris chez elle comme son fils, et l'avoit élevé avec son fils aîné, et nous nous voyions tous les jours ; je les perdis depuis de vue ; le duc de Duras entra dans le monde et me laissa fort derrière. Il avoit bien des années plus que moi. L'autre s'amouracha de la fille d'un cabaret en Alsace, et s'enterra si bien avec elle qu'on ne l'a pas vu depuis. Le fils de ce mariage est le marquis de Mirepoix d'aujourd'hui.

La duchesse Mazarin finit aussi son étrange carrière en Angleterre, où elle étoit depuis plus de vingt-cinq ans. Sa vie a fait tant de bruit dans le monde que je ne m'arrêterai pas à en parler. Malheureusement pour elle, sa fin y répondit pleinement, et ne laissa de regrets qu'à Saint-Évremond, dont la vie, la cause de la fuite, et les ouvrages sont si connus. Mme de Bouillon, et ce que Mme Mazarin avoit ici de plus proches, partirent pour l'aller trouver, la trouvèrent morte en arrivant à Douvres et revinrent tout court. M. Mazarin, depuis si longtemps séparé d'elle et sans aucun commerce, fit rapporter son corps, et le promena près d'un an avec lui de terre en terre. Il le déposa un temps à Notre-Dame de Liesse, où les bonnes gens la prioient comme une sainte et y faisoient toucher leurs chapelets. A la fin, il l'envoya enterrer avec son fameux oncle, en l'église du collége des Quatre-Nations à Paris.

MM. de Matignon perdirent en même temps une sœur très-aimable, veuve sans enfants de M. de Nevet, en Bretagne où elle étoit allée pour des affaires : elle logeoit avec eux à Paris. Ils étoient tous fort des amis de mon père et de ma mère.

La reine de Portugal, sœur de l'impératrice, de la reine d'Espagne et de l'électeur palatin, mourut aussi, et laissa plusieurs enfants. Elle étoit seconde femme du roi don Pedro, qui avoit, de concert avec la reine sa belle-sœur, détrôné son frère comme fou et imbécile, qu'il tint enfermé aux Terceires en 1669, puis à Cintra, à sept lieues de Lisbonne, jusqu'à sa mort en 1683. Il épousa en même temps cette même reine, sœur de la duchesse douairière de

Savoie, grand'mère de Mme la duchesse de Bourgogne, qui prétendit que ce premier mari ne l'avoit jamais été. Elles étoient filles du duc de Nemours, tué en duel à Paris, pendant les guerres civiles, par le duc de Beaufort, frère de sa femme ; et ce duc de Nemours étoit frère aîné du duc de Nemours mari de la Longueville, qu'on a vu perdre ce grand procès contre M. le prince de Conti, et faire ensuite le voyage de Neuchâtel. De ce mariage, don Pedro, qui ne prit que le titre de régent du vivant du roi son frère, n'eut qu'une seule fille qui mourut prête à être mariée ; sa mère mourut trois mois après son premier mari.

Le roi donna encore des distinctions à ses bâtards, dont il ne perdoit point d'occasions. M. du Maine, grand maître de l'artillerie, comme ordonnateur en cette partie, avoit à être reçu à la chambre des comptes, et sa place devoit être au-dessus du doyen, comme l'avoient eue les autres grands maîtres de l'artillerie. Le roi voulut qu'il la prît entre le premier et le second président, et cela fut exécuté ainsi. Il accorda aussi à Mme la princesse de Conti que ses deux filles d'honneur mangeassent avec Mme la duchesse de Bourgogne. Jamais dame d'honneur de princesse du sang n'avoit entré dans les carrosses, ni mangé. Le roi donna cette distinction à celles de ses bâtardes, et la refusa toujours à celles des autres princesses du sang. Pour les filles d'honneur de Mme la princesse de Conti (et Mme la Duchesse n'en avoit plus depuis longtemps), elles obtinrent d'abord d'aller à Marly, puis de manger à table quand Madame n'y étoit pas, avant le mariage de Mme la duchesse de Bourgogne, à la fin de manger avec elles.

En accordant de nouveaux honneurs, privativement à tous autres, à ce qui sortoit de sa personne, elle-même sembloit aussi en mériter de nouveaux. Mais tout étoit épuisé en ce genre : on ne fit donc que recommencer ce qui s'étoit fait à sa statue de la place des Victoires, en découvrant, le 13 août, après midi, celle qu'on avoit placée dans la place de Vendôme. Le duc de Gesvres, gouverneur de Paris, à cheval, à la tête du corps de ville, y fit les tours, les révérences, et les autres cérémonies tirées et imitées de la consécration de celle des empereurs romains. Il n'y eut à la vérité ni encens ni victimes; il fallut bien donner quelque chose au titre de roi très-chrétien. Il y eut un beau feu le soir sur la rivière, que Monsieur et Madame allèrent voir du Louvre. Monseigneur en pompe, la seule fois de sa vie, avoit été spectateur de la dédicace de la statue de la place des Victoires, de chez le maréchal de La Feuillade qui en avoit été l'inventeur. Son fils, mal avec le roi, se lassa en ce temps-ci de la dépense dont il étoit chargé par le testament de son père, de faire allumer tous les soirs les falots des quatre coins de cette place. Le roi voulut bien l'en décharger.

Il refusa presque en même temps audience au comte de Zinzendorff, envoyé de l'empereur, nouvellement arrivé; parce qu'il prétendit n'en point prendre des fils de France puînés, à cause que les envoyés du roi à Vienne ne voient pas l'archiduc, et le roi veut qu'il prenne toutes ces audiences en sortant de la sienne. Villars, comme on a vu, eut ordre de voir l'archiduc, chez lequel on ajusta le cérémonial qui en empêchoit, après qu'il eut reçu chez lui la satisfaction du prince de Lichtenstein : ainsi la difficulté de Zinzendorff tomba d'elle-même.

Une autre difficulté suivit celle-là de près. Le roi de Danemark mourut. Le prince royal devenu roi en donna part au roi, et n'en voulut pas recevoir la réponse sans le traitement de *Majesté*, que jamais ceux de Danemark n'ont eu des nôtres, et se sont toujours contentés de la *Sérénité*; le roi à son tour refusa de prendre le deuil qu'il a toujours porté des têtes couronnées, même sans parenté, comme il n'y en a point avec le roi de Danemark. Cela dura quelques mois de la sorte; à la fin, le roi de Danemark céda, et reçut la lettre du roi en réponse dans le style accoutumé, et le roi prit le deuil, comme s'il n'eût pas été passé depuis longtemps.

La vieille duchesse de Modène, de la maison Barberine, mourut aussi, mère du duc de Modène, et seconde femme de son père, qui de son premier mariage avec la Martinozzi, sœur de la mère du prince de Conti, et toutes deux filles de la sœur aînée du cardinal Mazarin, avoit eu la reine d'Angleterre qui est à Saint-Germain.

M. Boucherat, chancelier et garde des sceaux de France, mourut à Paris le mercredi 2 septembre l'après-dînée, et sur les huit heures du soir. MM. d'Harlay et de Fourcy, ses gendres, rapportèrent les sceaux au roi, qui partit le lendemain jeudi et alla coucher à Fontainebleau, où il emporta les sceaux. Le père et le grand-père de M. Boucherat étoient auditeurs des comptes à Paris, et son bisaïeul avocat au parlement. Il ne faut pas aller plus loin. Il avoit un frère conseiller au parlement, fort épais, qui lui ressembloit beaucoup, qu'il fit conseiller d'honneur. Lui fut d'abord correcteur à la chambre des comptes, puis conseiller aux requêtes du palais, et en 1643 maître des requêtes. Il fut en cette charge connu de M. de Turenne qui prit confiance en lui et le chargea de ses affaires, qui, dans l'éclat et le crédit où il étoit, n'étoient pas difficiles à gérer. Cet attachement fit sa fortune. M. de Turenne lui procura des intendances, des commissions extraordinaires en plusieurs grandes provinces où il le soutint fort, une place de conseiller d'État en 1662, et une de conseiller d'honneur au parlement en 1671. Il n'est pas de l'étendue de ces Mémoires d'expliquer comment il fut fait chancelier à Fontainebleau, le jour de la Toussaint 1685, par la mort de M. Le Tellier. A celle de M. de Louvois, il eut le râpé[1] de chancelier de

---

1. Saint-Simon explique plus loin ce qu'on entendait par *râpé des ordres du roi*. « Ce nom, dit-il, est pris de l'eau qu'on passe sur le marc du raisin après qu'il a été pressé, et tout le jus ou le moût tiré qui est le vin. Cette eau fermente sur ce marc et y prend une couleur et une impression de petit vin ou piquette, et cela s'appelle un *râpé* de vin. On va voir que la comparaison est juste et le nom bien appliqué. Pierre, par exemple, a une charge de l'ordre depuis quelques années; il la vend à Paul et obtient le

l'ordre, dont M. de Barbezieux eut la charge. Il avoit alors soixante-neuf ans, et il touchoit au décanat du conseil. Qui eût voulu faire exprès un chancelier de cire l'eût pris sur M. Boucherat. Jamais figure n'a été si faite exprès; la vérité est qu'il n'y falloit pas trop chercher autre chose, et il est difficile de comprendre comment M. de Turenne s'en coiffa, et comment ce magistrat soutint les emplois, quoique fort ordinaires, par lesquels il passa. Il ne fut point ministre, et MM. de Louvois et Colbert, qui étoient lors les principaux, contribuèrent fort à son élévation pour n'avoir aucun ombrage à craindre. De sa première femme Fr. Marchand, il eut Mmes de Fourcy et de Morangis; de la seconde qui étoit une Loménie, veuve d'un Nesmond[1], avec trois filles, il n'en eut que Mme d'Harlay. Ses trois gendres furent conseillers d'État, et le dernier, ambassadeur plénipotentiaire à la paix de Ryswick, comme il a été dit en son temps. Le chancelier avoit quatre-vingt-quatre ans quand il mourut. Il y avoit longtemps qu'il étoit infirme, et que M. et Mme d'Harlay qui logeoient avec lui, ses secrétaires, et surtout Boucher, qui étoit le premier et qui ne s'y est pas oublié, faisoient tout et lui faisoient tout faire.

M. de Pontchartrain, le premier président, MM. Courtin, d'Aguesseau, Pomereu, La Reynie, conseillers d'État, et les deux premiers au conseil royal des finances, furent ceux dont on parla le plus. Quelques-uns parlèrent aussi de MM. de Caumartin et Voysin.

brevet ordinaire. Jean veut se parer de l'ordre sans bourse délier. Avec l'agrément du roi, et le marché fait et déclaré avec Paul, Jean se met entre Pierre et lui, fait un achat simulé de la charge de Pierre, et y est reçu par le roi. Quelques semaines après, il donne sa démission, fait une vente simulée à Paul, et obtient le brevet accoutumé. » C'était ce brevet de vétéran des ordres du roi que l'on appelait le *râpé des ordres.*

1. La seconde femme du chancelier Boucherat, Anne-Françoise de Loménie, n'était pas veuve d'un Nesmond, mais de Nicolas Bretel, seigneur de Grémonville, ambassadeur de France à Venise de 1645 à 1647 et mort à Paris en 1648. La *Biographie universelle* et le *Dictionnaire de la noblesse* se sont trompés sur la date de la mort de Nicolas Bretel. Cette date est fixée par les papiers de la famille de Grémonville.

Le premier président, comme on l'a déjà vu, avoit eu deux fois parole du roi d'être chancelier; la première, étant procureur général lorsqu'il donna l'invention du chausse-pied de la légitimation du chevalier de Longueville, sans nommer la mère, pour faire passer celle des enfants de Mme de Montespan; la dernière, étant premier président, lorsqu'il inventa pour eux ce rang au-dessus des pairs, si approchant, quoique inférieur, de celui des princes du sang; mais l'affaire de M. de Luxembourg sur la préséance, qui le brouilla sans ménagement avec les ducs, et qui outra M. de La Rochefoucauld contre lui, les rendit inutiles. M. de La Rochefoucauld, qui n'ignoroit ni ces paroles ni leur cause, se fit une application continuelle de le perdre là-dessus dans l'esprit du roi, et lui donna tant de coups d'estramaçon, dont il ne se cachoit pas, qu'il vint à bout de ce qu'il désiroit. Aucun de nous ne se cacha de lui nuire en tout ce qu'il put, et tous se piquèrent de faire éclater leur joie quand ils le virent frustré de cette grande espérance. Le dépit qu'il en conçut fut public et si extrême qu'il en devint encore plus absolument intraitable, et qu'il s'écrioit souvent, dans une amertume qu'il ne pouvoit contenir, qu'on le laisseroit mourir dans la poussière du palais. Sa foiblesse fut telle qu'il ne put s'empêcher six semaines après de s'en plaindre au roi à Fontainebleau, où il fit le bon valet avec sa souplesse et sa fausseté accoutumées. Le roi le paya de propos et de la commission de travailler à la diminution du blé dans la ville et banlieue de Paris où il étoit devenu cher, et d'ordonner au prévôt des marchands et au lieutenant de police de n'y rien faire que de concert avec lui. Il fit semblant d'être content des discours et de cette coriandre, et n'en vécut pas moins enragé. Sa santé et sa tête à la fin en furent attaquées jusqu'à le forcer à quitter sa place, d'où il tomba dans le mépris après avoir aiguisé force haines.

M. Courtin, doyen du conseil, illustre par sa probité et par sa capacité, par la douceur et l'agrément de son commerce, et par ses belles et importantes ambassades, s'étoit expliqué avec le roi, lorsqu'il refusa celle de Ryswick, et depuis, la place du conseil royal des finances, que son âge, sa santé et l'état de ses yeux qu'il étoit prêt à perdre ne lui permettoient plus de penser qu'à finir.

M. d'Aguesseau avoit beaucoup d'esprit mais encore plus réglé et plus sage. Il avoit excellé dans les premières intendances, et il écrivoit d'affaires [de façon] qu'on n'avoit jamais pu faire d'extraits de ses lettres. Sa capacité étoit profonde et vaste; son amour du bien ardent, mais prudent; sa modestie en tout retraçoit les premiers et les plus anciens magistrats; sa douceur extrême; ses opinions justes et concises quand il s'étoit une fois décidé, à quoi la crainte de l'injustice et la défiance de soi-même le rendoit souvent trop incertain et trop lent; assez capable d'amitié et tout à fait incapable de haine; grand et aisé travailleur; exact à tout et ne perdant jamais un instant; d'une piété solide, unie et de toute sa vie; éclairé en tout, et si appliqué à ses devoirs qu'il n'avoit jamais connu qu'eux et ne s'étoit en aucun temps mêlé avec le monde. Tant de vertus et de talents lui avoient acquis l'amour et la vénération publique, et une grande estime du roi; mais il avoit eu une fille dans celles *de l'Enfance*, de Mme de Mondonville que les jésuites avoient si étrangement su détruire. Lui, et sa femme, aussi vertueuse que lui et de plus d'esprit encore, mais dont l'extérieur n'étoit pas aimable comme le sien, étoient soupçonnés de jansénisme. Avec cette tare c'étoit merveille comme ses vertus et ses talents l'avoient porté sans autre secours où il étoit arrivé, mais c'eût été un vrai miracle si elles l'eussent conduit plus loin.

Pomereu étoit un aigle qui brilloit d'esprit et de capacité, qui avoit été le premier intendant de Bretagne, qui avoit eu de grandes et importantes commissions, et qui avoit recueilli partout une grande réputation, mais il étoit fantasque, qui avoit même quelques temps courts dans l'année où sa tête n'étoit pas bien libre et où on ne le voyoit point. D'ailleurs c'étoit un homme ferme, transcendant, qui avoit et qui méritoit des amis. Il l'étoit fort de mon père et il étoit demeuré le mien.

La Reynie, usé d'âge et de travail, est celui qui a mis la place de lieutenant de police dans la considération et l'importance où on l'a vue depuis, et où elle seroit désirable s'il avoit pu l'exercer toujours; mais, noyé dans les détails d'une inquisition naissante et qui a été portée de plus en plus loin après lui, il n'étoit plus en âge ni en état de venir au grand et de travailler d'une manière supérieure. Du reste, esprit, capacité, sagesse, lumières, probité, tout fit regretter qu'il eût pour ainsi dire dépassé la première place de son état.

Caumartin, cousin germain et ami confident de Pontchartrain, tel que je l'ai représenté en parlant de l'affaire de son frère avec M. de Noyon, avoit beaucoup d'amis et du haut parage; mais l'insolence de son extérieur, qui pourtant n'en avoit que l'écorce, lui aliénoit le gros du monde. Un amas de blé dont il fut fort accusé dans un temps de cherté, et diverses autres choses dont il se justifia très-bien, avoient laissé un nuage dans l'esprit du roi dont il ne put jamais revenir pour aucune place. C'étoit fort la mode à Fontainebleau, tous les voyages, d'aller chez lui à Saint-Ange, qui en est à quatre lieues, qu'il avoit fort bien ajusté. Le roi, tout maître qu'il fût toujours de soi-même, ne pouvoit s'empêcher de marquer par quelque mot que cela ne lui étoit point agréable.

Voysin et sa femme, dans la faveur de Mme de Maintenon, depuis qu'elle avoit logé chez eux, aux voyages du roi en Flandre dont il étoit intendant, n'étoit pas encore mûr à beaucoup près.

Pelletier de Sousy, conseiller d'État, et tiercelet de ministre, par un travail réglé avec le roi une fois par semaine, par Marly où ce même travail lui procuroit de coucher, et par la distinction de paroître comme eux la canne à la main sans manteau, avoit reçu une entorse de la probité de son frère, quand il quitta la place de contrôleur général et que le roi, pour l'obliger, lui proposa de la donner à Sousy, [ce] qui le fixa pour toujours où il étoit. Son fils avoit eu sa place d'intendant des finances. Le roi le trouvoit bien établi avec raison et ne songea pas un moment à lui.

D'autres à portée des sceaux, il n'y en avoit point. Le premier président seul, véritable antagoniste, étant exclu, le choix du roi fut bientôt fait. L'habitude y contribua et Mme de Maintenon acheva d'y déterminer son goût, qui lui fut toujours favorable dans les [temps] mêmes de nuages et de brouillard.

M. de Pontchartrain étoit petit-fils du premier Phélypeaux, qui fut secrétaire d'État à la place de Forget, sieur de Fresne, trois semaines avant la mort funeste d'Henri IV, par le crédit de la reine sa femme dont il étoit secrétaire des commandements. Il mourut en 1621, pendant le siége de Montauban. Son fils eut sa charge; mais, comme il n'avoit que huit ans, d'Herbault, frère aîné de son père, l'exerça par commission et se la fit donner après en titre, dépouillant son neveu. La Vrillière, son fils, l'eut après lui, et de père en fils elle leur est demeurée. Le neveu dépouillé fut conseiller au parlement, puis président en la chambre des comptes à Paris, et mourut dans cette charge en 1685. Il fut un des juges de M. Fouquet, que l'on tira tous des diverses cours supérieures du royaume. Sa probité fut inflexible aux caresses et aux menaces de MM. Colbert, Le Tellier et de Louvois, réunis pour la perte du surintendant. Il ne put trouver matière à sa condamnation, et par cette grande action se perdit sans ressource. Il étoit pauvre; tout son désir et celui de son fils, dont il s'agit ici, étoit de faire tomber sa charge sur sa tête en s'en démettant. La vengeance des ministres fut inflexible à son tour, il n'en put jamais avoir l'agrément; tellement que ce fils demeura dix-huit ans conseiller aux requêtes du palais, sans espérance d'aucune autre fortune. Je le lui ai ouï dire souvent, et combien il étoit affligé d'être exclu d'avoir la charge de son père. Il logeoit chez lui avec sa femme, fille de Maupeou, président aux enquêtes, n'avoient qu'un carrosse pour eux deux, et lui un cabinet pour travailler, où on entroit du haut du degré sans rien entre-deux, et couchoient au second étage. Sa mère, qui étoit morte en 1653, étoit fille du célèbre Talon, avocat général au parlement, puis conseiller d'État, qui a laissé des Mémoires si curieux et si rares des troubles de la minorité, en forme presque de journal.

Mon père étoit ami des Talon et des Phélypeaux, et lui et ma mère ont vu cent fois MM. de Pontchartrain, père et fils, vivant comme je le remarque. Le fils avoit un frère et deux sœurs. Le frère fut conseiller au grand conseil, puis maître des requêtes, bon homme et fort homme d'honneur, mais qui seroit demeuré toute sa vie maître des requêtes, sans la fortune de son aîné qui le fit conseiller d'État et intendant de Paris. Les sœurs épousèrent : l'aînée, M. Bignon, avocat général au parlement, après son célèbre père, puis conseiller d'État, celui qui par amitié et sans parenté voulut bien être mon tuteur lorsqu'à la mort de ma sœur je fus son légataire universel. L'autre sœur épousa M. Habert de Montmort, conseiller au parlement, fils de celui qui fut un des premiers membres de l'Académie françoise lorsque le cardinal de Richelieu la forma. Celle-ci mourut sans enfants, dès 1661. L'autre mourut en 1690, et ne vit point la fortune de son frère, qui l'aimoit si tendrement qu'il a toujours traité ses enfants comme les siens, et en a fait deux conseillers d'État, et un autre conseiller d'État d'Église, et vécut intimement et avec déférence dans sa fortune avec M. Bignon, son beau-frère, jusqu'à sa mort. Tel étoit l'état de cette famille si mal aisée et si reculée, que lorsque le père mourut en 1685 ils n'en furent guère plus à leur aise.

Quoique simple conseiller aux requêtes du palais, et ne vivant point en amitié avec La Vrillière ni Châteauneuf, son fils, de qui seuls il pouvoit tirer quelque lustre, parce qu'il ne leur pouvoit pardonner la charge de secrétaire d'État, Pontchartrain, né galant, et avec un feu et une grâce dans l'esprit que je n'ai point vus dans aucun autre si ce n'est en M. de la Trappe, se distinguoit dans les ruelles et les sociétés à sa portée, et plus encore par sa capacité, sa grande facilité et son assiduité au palais. Je lui ai ouï dire bien des fois que son château en Espagne étoit d'arriver, avec l'âge, à une place de conseiller d'honneur au parlement, et d'avoir une maison dans le cloître Notre-Dame. Il vécut ainsi jusqu'en 1677 que la place de premier président du parlement de Rennes vaqua, et que les affaires de la province la rendirent assez longtemps vacante par la difficulté de la remplir. M. Colbert qui par sa place avoit grand désir que celle-ci fût bien remplie, à cause des états où le premier président de Bretagne est toujours second commissaire du roi, et pour avoir un homme de qui il pût tirer conseil sur ce qui se passoit dans le commerce de cette province si maritime, en raisonnoit souvent dans son cabinet avec ses plus familiers. De ce nombre étoit Hotman, qu'il avoit fait intendant des finances et intendant de Paris, en la capacité duquel il avoit beaucoup de confiance. Hotman avoit épousé une Colbert, cousine germaine de Villacerf et de Saint-Pouange, mais qui, n'étant pas comme eux fille d'une sœur de M. Le Tellier, étoit demeurée avec son mari fort attachée à M. Colbert dont elle étoit comme eux issue de germaine. Hotman étoit un homme qui ne craignoit point de dire son avis, et qui, malgré l'aversion qu'il connoissoit en M. Colbert pour Pontchartrain et pour toute sa famille, lui en proposa le fils comme celui qu'il jugeoit le plus propre à être premier président de Rennes. Il en dit tant de bien sur ce qu'il en savoit qu'il persuada M. Colbert. Ce fut donc ainsi que l'ennemi de Pontchartrain débourba son fils par une sorte de nécessité. La surprise qu'ils en eurent fut grande, et augmenta quand ils apprirent que c'étoit à Hotman à qui ils devoient cette fortune, avec qui ils n'avoient aucune liaison. Ils avoient si peu pensé à cet emploi que la difficulté pécuniaire de le remplir les mit sur le point du refus. Leurs amis les pouillèrent et les encouragèrent ; et voilà Pontchartrain en Bretagne. Hotman, qui mourut sans enfants en 1683, eut le loisir de s'applaudir du choix qu'il avoit proposé ; Pontchartrain y mit le parlement et la justice sur un pied tout différent qu'il n'avoit été, fit toutes les fonctions d'intendant dans une province qui n'en souffroit point encore, mit tout en bon ordre et se fit aimer partout. Il y eut de grands démêlés d'affaires avec le duc de Chaulnes qui étoit adoré en Bretagne, et qui n'étoit pas accoutumé qu'autre que lui et les états, dont il étoit le maître, se mêlassent de rien dans le pays.

On a vu en son lieu que M. Pelletier, contrôleur général des finances, le tira de là en 1687 pour le faire intendant des finances qu'il fit toutes sous lui tant qu'il les garda, et comment il les lui fit donner, en 1689, quand il voulut quitter ce pénible emploi. Pontchartrain eut toutes les peines du monde à l'accepter, et au lieu de la reconnoissance qu'il devoit à Pelletier de lui avoir fait faire un si grand pas, il lui en voulut mal, le lui déclara, et ne put jamais le lui pardonner : bien estimable de craindre des fonctions si friandes pour tant d'autres, et qui portent avec elles les richesses, l'autorité et la faveur ; fort blâmable, je ne puis m'empêcher de l'avouer, de n'avoir pas senti plus que le dégoût des finances de quel accul de fortune il l'avoit tiré, et en quelle place, et en quelle passe son amitié et sa probité le mettoit, et aux dépens de son propre frère. Un an après, la mort de Seignelay combla ses vœux, quand il se vit revêtu de sa charge de secrétaire d'État avec le département de la marine et celui de la maison du roi. Il fit alors instances pour être déchargé des finances. Il ne faisoit que d'y entrer en chef ; la guerre aussi ne faisoit que commencer. En homme d'esprit il avoit bien pris avec M. de Louvois, qui n'en vouloit point d'autre aux finances, et Mme de Maintenon, à qui sa femme et lui avoient également plu, étoit encore plus éloignée d'un changement. Le contrôleur général étoit de tous les ministres celui qu'elle courtisoit le plus. Elle y avoit un intérêt principal pour mille affaires qu'elle protégeoit, et pour faire auprès du roi tout ce qui alloit à éloigner ou à approcher à son gré les gens et les choses, parce que c'étoit lui d'ordinaire qui y avoit la principale influence. Personne n'étoit si propre à cette sorte de manége que Pontchartrain. C'étoit un très-petit homme, maigre, bien pris dans sa petite taille, avec une physionomie d'où sortoient sans cesse les étincelles de feu et d'esprit, et qui tenoit encore beaucoup plus qu'elle ne promettoit. Jamais tant de promptitude à comprendre, tant de légèreté et d'agrément dans la conversation, tant de justesse et de promptitude dans les reparties, tant de facilité et de solidité dans le travail, tant d'expédition, tant de subite connoissance des hommes ni plus de tour à les prendre. Avec ces qualités, une simplicité éclairée et une sage gaieté surnageoient à tout, et le rendoient charmant en riens et en affaires. Sa propreté étoit singulière et s'étendoit à tout, et à travers toute sa galanterie, qui subsista dans l'esprit jusqu'à la fin, beaucoup de piété, de bonté, et j'ajouterai d'équité avant et depuis les finances, et dans cette gestion même autant qu'elle en pouvoit comporter. Il en avouoit lui-même la difficulté, et c'est ce qui les lui rendoit si pénibles, et il s'en expliquoit même souvent avec amertume aux parties qui la lui remontroient. Aussi voulut-il souvent les quitter, et ce ne fut que par ruses que sa femme les lui fit garder en lui demandant, tantôt deux, tantôt quatre, tantôt huit jours de délai.

C'étoit une femme d'un grand sens, sage, solide, d'une conduite éclairée, égale, suivie, unie, qui n'eut rien de bourgeois que sa figure; libérale, galante en ses présents, et en l'art d'imaginer et d'exécuter des fêtes ; noble, magnifique au dernier point, et avec cela, ménagère et d'un ordre admirable. Personne, et cela est surprenant, ne connoissoit mieux la cour ni les gens qu'elle, et n'avoit, comme son mari, plus de tours et de grâces dans l'esprit. Elle lui fut d'un grand usage pour le conseil et la conduite, et il eut le bon esprit de le connoître et d'en profiter ; leur union fut toujours intime. Sa piété fut toujours un grand fonds de vertu qui augmenta sans cesse, qui l'appliqua aux lectures et à la prière, qui lui fit, quand elle put, embrasser toutes sortes de bonnes œuvres, et qui la rendit la mère des pauvres ; avec cela, gaie, et de fort bonne compagnie, où tous deux mettoient beaucoup dans la conversation, et fort loin de bavarderie, et tous deux fort capables d'amitié, et lui de servir et de nuire. Ce qu'ils ont donné aux pauvres est incroyable : Mme de Pontchartrain avoit toujours les yeux et les mains ouvertes à leurs besoins, toujours en quête de pauvres honteux, de gentilshommes et de demoiselles dans le besoin, de filles dans le danger, pour les tirer de péril et de peine, en mariant ou en plaçant les unes, donnant des pensions aux autres, et tout cela, dans le dernier secret. Outre de grandes sommes réglées aux pauvres de leur paroisse, en tous lieux ils étoient ingénieux à assister ; et ce tour, et cette galanterie qu'elle avoit dans l'esprit, elle l'employoit toute à secourir des personnes qui cachoient leurs besoins, qu'elle faisoit semblant d'ignorer elle-même. C'étoit une grosse femme, très-laide, et d'une laideur ignoble et grossière, qui ne laissoit pas d'avoir de l'humeur qu'elle domptoit autant qu'il lui étoit possible. Jamais il n'y eut de meilleurs parents, ni de meilleurs amis que ce couple, ni de gens plus polis, on pourroit ajouter quelquefois plus respectueux, et qui se souvenoient le mieux de ce qu'ils étoient et de ce qu'étoient les autres, quoiqu'à travers ce levain que mêlent en tout la faveur, l'autorité et les places.

Ils furent longtemps parfaitement bien avec Mme de Maintenon ; mais peu à peu, il y eut des froideurs entre elle et Pontchartrain qu'elle ne manioit pas avec la facilité qu'elle vouloit. Sa femme, qu'elle goûta toujours, et dans tous les temps, tâchoit de rendre Pontchartrain plus complaisant ; et pour l'amour d'elle, Mme de Maintenon en souffrit des roideurs qu'elle n'eût jamais passées à un autre ; mais la pelote grossit tant qu'elle fut ravie de s'en défaire honnêtement par les sceaux. Il fut ministre d'État fort peu après avoir été fait secrétaire d'État ; il avoit lu assez pour être instruit de beaucoup de choses, à travers son application et son assiduité à ses fonctions et son goût pour le monde et la bonne compagnie. Il étoit élevé dans le parlement et dans ses maximes, duquel il n'étoit rien moins qu'esclave ; mais il en avoit pris le bon sur les maximes de France à l'égard de Rome. Ces matières, qui se présentoient souvent au conseil sous divers aspects, ne lui échappoient sous aucun. L'extrême facilité de son appréhension, et l'agilité ferme et forte de son élocution, blessoient souvent le duc de Beauvilliers là-dessus, dont l'esprit et la conscience ne pouvoient être d'accord sur ces matières, et qui, en gros, étoit toujours pour les maximes de France, mais dans le détail, s'en échappoit toujours en faveur de Rome. Cela les avoit aigris l'un contre l'autre, et quelquefois jusqu'à l'indécence de la part de Pontchartrain qui, ayant plus de fond que le duc, ne le ménageoit pas en ces occasions, et les rendit ennemis autant que des gens de bien le peuvent être. Le nombre immense de créations d'offices et d'affaires extraordinaires, auxquelles la nécessité de la guerre engagea, ne laissa pas de tomber en partie sur Pontchartrain, et c'étoit ce qui le pressoit sans cesse de quitter les finances. Il le fut d'établir la capitation et le dixième [1] inventés l'un et l'autre par le puissant Bâville, le maître du Languedoc sous le nom d'in-

---

1. Voy. sur la capitation, t. Ier, p. 227, note. L'impôt du dixième consistait dans la dîme, ou dixième partie des revenus de toute espèce. Tous les Français, nobles et roturiers, y étaient soumis.

tendant, et qui les proposoit sans cesse pour en faire sa cour. Pontchartrain eut horreur de deux impôts que leur facilité à imposer et à augmenter rendroit continuels et d'une pesanteur extrême. Il rejeta le dernier, sans souffrir qu'on le mît en délibération, et ne put éviter l'autre.

Le jour même que Boucherat mourut, l'après-dînée, qui, comme je l'ai remarqué, étoit un mercredi, veille du départ du roi pour Fontainebleau, personne, dès le matin, ne crut qu'il passât la journée. Le roi, au sortir du conseil, dit à Pontchartrain qui en sortit le dernier : « Seriez-vous bien aise d'être chancelier de France? — Sire, répondit-il, si je vous ai demandé instamment plus d'une fois de me décharger des finances pour demeurer simple ministre et secrétaire d'État, vous pouvez imaginer si je les quitterois de bon cœur pour la première place où je puisse arriver. — Eh bien! dit le roi, n'en parlez à personne sans exception; mais si le chancelier meurt, comme il est peut-être mort à cette heure, je vous fais chancelier, et votre fils sera secrétaire d'État en titre, et exercera tout à fait. Vous continuerez, pour ce voyage, à loger dans votre appartement ordinaire, parce que j'ai donné les logements de la chancellerie où j'ai bien vu que le chancelier ne viendroit pas, et que cela m'embarrasseroit à reloger ceux que j'y ai mis. » Pontchartrain embrassa les genoux du roi, saisit l'occasion de demander et d'obtenir de conserver son logement de Versailles au château, et se retira dans la plus grande joie qu'il ait jamais sentie, moins d'être chancelier, quoiqu'il en fût comblé, à ce que je lui ai ouï dire, que d'être délivré du fardeau des finances, qui lui devenoit, malgré la paix, plus insupportable tous les jours. Cela alla du mercredi au samedi que Pontchartrain devoit arriver à Fontainebleau. Ce soir-là, le roi entrant chez Mme de Maintenon, il dit au maréchal de Villeroy, capitaine des gardes en quartier, de faire avertir chez Pontchartrain qu'il vînt lui parler dès qu'il seroit arrivé. Il y fut d'abord, et il en sortit chancelier de France.

On étoit à la comédie, un officier des gardes y vint dire au maréchal de Villeroy que le roi avoit fait apporter les sceaux chez Mme de Maintenon, et qu'on avoit vu M. de Pontchartrain les emporter de là chez lui. On s'y attendoit plus qu'à aucun autre. Toute l'attention se tourna à qui seroit contrôleur général; on n'attendit pas longtemps.

CHAPITRE XIX.

Fortune de Chamillart fait contrôleur général des finances. — Mariage de Dreux avec la fille aînée de Chamillart. — Belle action de Chamillart. — Logement de Monseigneur à Fontainebleau. — Princesse de Montbéliard à Fontainebleau. — Tabouret de la chancelière. — Femmes des gardes des sceaux — Cour du chancelier. — Trois cent mille livres au maréchal de Villeroy, maître à Lyon, et pension de cent mille livres au duc d'Enghien. — Mort de l'abbé de Charost. — Mort de Villacerf; sa familiarité avec le roi. — Mort de la comtesse de Fiesque. — Famille, fortune et mort de M. de Pomponne. — Changements d'ambassadeurs. — Retour de Fontainebleau.

Le soir même, au sortir du souper, le roi dit dans son cabinet à Monseigneur et à Monsieur qu'il avoit écrit un billet de sa main à Chamillart par un des gens de Mme de Maintenon, par lequel il lui mandoit qu'il lui donnoit la place de contrôleur général. Cela se répandit au coucher, et de là par toute la cour. Le courrier ne l'avoit pas trouvé à Paris et le fut chercher à Montfermeil qui en est à quatre lieues, vers Chelles et Livry. Il arriva le lendemain dimanche après midi.

C'étoit un grand homme qui marchoit en dandinant, et dont la physionomie ouverte ne disoit mot que de la douceur et de la bonté, et tenoit parfaitement parole. Son père, maître des requêtes, mourut en 1675 intendant à Caen, où il avoit été près de dix ans. L'année suivante, le fils fut conseiller au parlement. Il étoit sage, appliqué, peu éclairé, et il aima toujours la bonne compagnie. Il étoit de bon commerce et fort honnête homme. Il aimoit le jeu, mais un jeu de commerce, et jouoit bien tous les jeux. Cela l'initia un peu hors de sa robe; mais sa fortune fut d'exceller au billard. Le roi, qui s'amusoit fort de ce jeu, dont le goût lui dura fort longtemps, y faisoit presque tous les soirs d'hiver des parties avec M. de Vendôme et M. le Grand, et tantôt le maréchal de Villeroy, tantôt le duc de Grammont. Ils surent que Chamillart y jouoit fort bien, ils voulurent en essayer à Paris. Ils en furent si contents, qu'ils en parlèrent au roi, et le vantèrent tant, qu'il dit à M. le Grand de l'amener la première fois qu'il iroit à Paris. Il vint donc, et le roi trouva qu'on ne lui en avoit rien dit de trop. M. de Vendôme et M. le Grand l'avoient pris en amitié et en protection encore plus que les deux autres, et firent en sorte qu'il fût admis une fois pour toutes dans la partie du roi, où il étoit le plus fort de tous. Il s'y comporta si modestement et si bien, qu'il plut au roi et au courtisan, dont il se trouva protégé à l'envi au lieu d'en être moqué, comme il arrive à un nouveau venu inconnu et de la ville. Le roi le goûta de plus en plus, et il en parla tant à Mme de Maintenon qu'elle le voulut voir. Il s'en tira si bien avec elle, que, peut-être pour flatter le goût du roi, elle lui dit de la venir voir quelquefois, et à la fin elle le goûta autant pour le moins que le roi. Malgré ses voyages continuels à Versailles, où il ne couchoit point, il fut assidu les matins au palais, et continua d'y rapporter. Cela lui acquit l'affection de ses confrères, qui lui surent gré de faire son métier comme l'un d'eux, et de vivre avec eux à l'ordinaire, sans donner dans l'impertinence qui suit souvent les distinctions en beaucoup de gens, et cela lui fit un mérite à la cour et auprès du roi. Peu à peu il se fit des amis, et le roi voulut qu'il fût maître des requêtes, pour être plus libre et plus en état d'être avancé. Alors, il lui donna un logement au château, chose fort extraordinaire pour un homme comme lui, et même unique. C'étoit en 1686. Trois ans après il fut nommé intendant de Rouen. Il pria le roi, avec qui déjà il étoit très-librement, de vouloir bien ne le pas éloigner de lui; mais le roi lui dit que c'étoit pour cela même qu'il l'envoyoit à Rouen qui est si proche, et il lui permit de venir de temps en temps passer six semaines à Versailles. Il le mena à Marly et le mit de son jeu au brelan et à d'autres. Il prit des croupiers parce que le jeu étoit gros : il y fut heureux.

Au bout de trois ans d'intendance où il ne se méconnut pas plus qu'il avoit fait au parlement, il vaqua une charge d'intendant des finances que le roi lui donna de son mouvement en 1689, où, comme on voit, il demeura dix ans, et toujours sur le même pied avec le roi, quoique le billard ne fût plus à la mode. Il cultiva si bien Mme de Maintenon depuis qu'il fut devenu sédentaire à Paris et à la cour, qu'elle le choisit pour administrer les revenus et toutes les affaires temporelles de Saint-Cyr, ce qui lui donna un rapport continuel avec elle. Il se fit beaucoup d'amis à la cour : M. de Chevreuse, dont les terres venoient presque jusqu'à Versailles par le duché de Chevreuse et par celui de Montfort, avoit fait et refait divers échanges avec la maison de Saint-Cyr, dans lesquels le roi et Mme de Maintenon étoient entrés, et avoit beaucoup de terres limitrophes et même enclavées avec les leurs. Cela donna lieu à Chamillart de travailler souvent avec lui, et occasion d'acquérir véritablement son amitié et celle du duc de Beauvilliers, qui a duré autant que leur vie. Avec tant de véhicules, celui de Saint-Cyr surtout et la protection de Mme de Maintenon, qui se faisoit un si grand intérêt d'avoir un contrôleur général tout à fait à elle, ce choix ne fut pas un instant balancé, et le roi s'en applaudit publiquement.

Il vécut dans cet emploi avec une douceur, une patience,

une affabilité qui y étoit inconnue, et qui lui gagna tout ce qui avoit affaire à lui. Il ne se rebutoit point des propositions les plus ineptes ni des demandes les plus absurdes et les plus réitérées; son tempérament y contribuoit par un flegme qui ne se démentoit jamais, mais qui n'avoit rien de rebutant : sa manière de refuser persuadoit du déplaisir qu'il en ressentoit, et celle d'accorder ajoutoit à la grâce. Il étoit en effet extrêmement porté à obliger et à servir, et fâché et éloigné de faire la moindre peine. Il se fit aimer passionnément des intendants des finances, dont ses manières émoussèrent le dépit de voir leur cadet devenu leur maître, et adorer de ses commis et des financiers. Toute la cour l'aima de même par la facilité de son accès, par sa politesse et par une infinité de services, et le roi lui marqua continuellement une affection qui se peut dire d'ami, et qui augmenta tous les jours. Sa femme et lui étoient enfants des deux sœurs. Elle étoit vertueuse et fort polie; mais elle ne savoit que jouer, sans l'aimer, mais faute de savoir faire autre chose ni que dire, après avoir demandé à chacun comment il se portoit : la cour ne put la former, et, à dire vrai, c'étoit la meilleure et la plus sotte femme du monde, et la plus inutile à son mari.

Hors son fils alors enfant, Chamillart fut malheureux en famille, malheur grand pour chacun, mais extrême pour un ministre qui n'a le temps de rien, et qui a un besoin principal, pour se soutenir et pour faire, d'avoir autour de soi un groupe qui rassemble et concilie le monde, qui soit instruit à tout moment des intrigues de ce qui se passe, et de l'histoire du jour, qui sache raisonner et combiner, et qui soit capable de le mettre en deux mots au fait de tout tous les jours. Il avoit deux frères plus sots encore que sa femme, et le second y joignoit la suprême impertinence à la sublime bêtise, et tous deux, malgré la faveur, se faisoient moquer d'eux sans cesse et ouvertement. L'un étoit évêque de Dôle, qu'il fit évêque de Senlis, à qui il ne manquoit qu'un béguin et des manches pendantes : bon homme et bon prêtre d'ailleurs, qu'il falloit envoyer à Mende ou à quelque évêché comme cela riche et au bout du royaume. L'autre qui étoit dans la marine, il le passa à terre, et le maria à la fille de Guyet, bien faite, sage et raisonnable, mais dont le père, qui fut intendant des finances, étoit un sot et un impertinent pommé, et sa femme un esprit aigre, qui se croyoit une merveille. Ce gendre, dont la cervelle de plus étoit mal timbrée, vécut fort mal avec eux. Rebours, cousin germain de Chamillart et de sa femme, travailla sous lui d'abord, puis devint intendant des finances. C'étoit, je pense, le véritable original du marquis de Mascarille, et fort impertinent au fond. L'abbé de La Proustière, aussi leur cousin germain, suppléoit pour le ménage, les affaires et l'arrangement domestique à l'incapacité de Mme Chamillart : c'étoit le meilleur homme et le plus en sa place, et le plus respectueux du monde, mais grand bavard, et savoit fort rarement ce qu'il disoit ni même ce qu'il vouloit dire. Avec de tels entours, il falloit toute l'amitié du roi et de Mme de Maintenon pour soutenir Chamillart, dont les talents ne suppléoient pas aux appuis domestiques. Il éprouva encore un autre malheur fort singulier.

Dreux et lui étoient conseillers en la même chambre et intimes amis ; Dreux fort riche, et Chamillart fort peu accommodé. Leurs femmes accouchèrent en même temps d'un fils et d'une fille. Dreux, par amitié, demanda à Chamillart d'en faire le mariage. Chamillart, en âge d'avoir d'autres enfants, le représenta à son ami, et qu'en attendant que ces enfants qui venoient de naître fussent en état de se marier, il trouveroit avec ses biens des partis bien plus convenables que sa fille. Dreux, homme droit, franc, et qui aimoit Chamillart, persévéra si bien qu'ils s'en donnèrent réciproquement parole. Avec les années, la chance avoit tourné. Dreux étoit demeuré conseiller au parlement, et Chamillart devenu tout ce que nous venons de voir, mais toujours amis intimes. Sept ou huit mois avant que Chamillart devînt contrôleur général, il alla trouver Dreux, et avec amitié lui dit que leurs enfants étoient en âge de se marier et de les acquitter de leur parole. Dreux, très-touché d'une proposition qui, par la fortune, étoit si disproportionnée de la sienne, et qui faisoit celle de son fils, fit tout ce qu'un homme d'honneur peut faire pour le détourner d'une affaire qui n'étoit plus dans les termes ordinaires, et qui dans les suites feroit l'embarras de sa famille, lui rendit sa parole, refusa et dit que c'étoit lui-même qui lui en manquoit, parce qu'il lui en vouloit manquer. Ce combat d'amitié et de probité dura plusieurs jours de part et d'autre. A la fin Chamillart bien résolu à partager sa fortune avec son ami l'emporta, et le mariage se fit. Il obtint pour son gendre l'agrément du régiment d'infanterie de Bourgogne, et tôt après sa fortune, de la charge de grand maître des cérémonies que Blainville lui vendit, et le roi prit prétexte de cette charge pour faire entrer Mme Dreux dans les carrosses, et manger avec Mme la duchesse de Bourgogne. C'est le premier exemple de deux noms de bourgeois se décorer d'eux-mêmes, et sans prétexte de terre, du nom de marquis et de comte; car tout aussitôt M. Dreux devint M. le marquis de Dreux[1], et Chamillart le frère M. le comte de Chamillart, tant la faveur enchérit toujours sur les plus folles nouveautés que la bassesse du monde crée et adopte. Ce nouveau marquis se montra un fort brave homme, mais bête, obscur, brutal, et avec le temps, audacieux, insolent, et quelque chose de pis encore, et sans se défaire des bassesses de son état et de son éducation. Sa femme ne fut heureuse ni par lui ni avec lui, et méritoit infiniment de l'être : une grande douceur, beaucoup de vertu et de sagesse, bien de l'esprit, et avec le temps, de connoissance du monde et des gens, du manége mais sans rien de mauvais, et si fort en

1. Voy. à la fin du volume une note de MM. de Dreux-Nancré et de Dreux-Brezé qui établit que M. de Dreux était de grande et ancienne maison.

tout temps en sa place, qu'elle se fit aimer de tout le monde, même des ennemis de son père, et fit tant de pitié, qu'elle fut toujours et dans tous les temps accueillie partout, et traitée avec une distinction personnelle très-marquée.

Je ne puis quitter Chamillart sans en rapporter une action qui, pour n'être pas ici en sa place et avoir dû être racontée plus haut, mérite de n'être pas oubliée. Ce fut du temps qu'il étoit conseiller au parlement, et qu'il jouoit au billard avec le roi trois fois la semaine sans coucher à Versailles. Cela lui rompoit fort les jours et les heures sans le détourner, comme je l'ai dit, de son assiduité au palais. Il y rapporta dans ces temps-là un procès. Celui qui le perdit lui vint crier miséricorde. Chamillart le laissa s'exhaler avec ce don de tranquillité et de patience qu'il avoit. Dans le discours du complaignant, il insista fort sur une pièce qui faisoit le gain de son procès, et avec laquelle il ne comprenoit pas encore qu'il l'eût perdu. Il rebattit tant cette pièce que Chamillart se souvint qu'il ne l'avoit pas vue, et lui dit qu'il ne l'avoit pas produite. L'autre à crier plus fort et qu'elle l'étoit. Chamillart insistant et l'autre aussi, il prit les sacs qui se trouvèrent là, parce que l'arrêt ne faisoit qu'être signé ; ils les visitèrent, et la pièce s'y trouva produite. Voilà l'homme à se désoler, et cependant Chamillart à lire la pièce et à le prier de lui donner un peu de patience. Quand il l'eut bien lue et relue : « Vous avez raison, lui dit Chamillart, elle m'étoit inconnue, et je ne comprends pas comment elle m'a pu échapper : elle décide en votre faveur. Vous demandiez vingt mille livres, vous en êtes débouté par ma faute, c'est à moi à vous les payer. Revenez après-demain. » Cet homme fut si surpris qu'il fallut lui répéter ce qu'il venoit d'entendre ; il revint le surlendemain. Chamillart cependant avoit battu monnoie de tout ce qu'il avoit, et emprunté le reste. Il lui compta les vingt mille livres, lui demanda le secret et le congédia ; mais il comprit de cette aventure que les examens et les rapports de procès ne pouvoient compatir avec ce billard de trois fois la semaine. Il n'en fut pas moins assidu au palais, ni attentif à bien juger, mais il ne voulut plus être rapporteur d'aucune affaire, et remit au greffe celles dont il se trouvoit chargé, et pria le président d'y commettre. Cela s'appelle une belle, prompte et grande action dans un juge, et encore plus dans un juge aussi étroitement dans ses affaires qu'il y étoit alors.

Monseigneur logeoit à Fontainebleau dans un appartement enclavé qui ne lui plaisoit point. Il eut envie de ceux de MM. du Maine et de Toulouse contigus, en bas dans la cour en ovale; mais le roi ne les voulut point déloger. Il fit espérer pour l'année suivante un autre logement à Monseigneur, qui fut obligé de demeurer en attendant dans le sien. Celui de la reine mère lui auroit mieux convenu qu'aucun, mais il étoit occupé tout le milieu de chaque voyage, et celui-ci encore par le roi et la reine d'Angleterre, et demeuroit vide le reste du temps.

Il vint à Fontainebleau du fond de la Silésie une fille de la maison de Wirtemberg, d'une arrière-branche de Montbéliard-Eltz, et c'est cette principauté d'Eltz qui est en Silésie. Elle avoit perdu son père il y avoit six mois, et sans savoir que M. de Chaulnes avec l'héritière de Picquigny sa mère avoient tout donné au second fils de M. de Chevreuse, s'il mouroit sans enfants, elle venoit recueillir la succession d'Ailly dont elle avoit eu une mère; elle étoit dans un deuil à faire peur, et ne marchoit que dans un carrosse drapé comme en ont les veuves et sans armes, et ses chevaux caparaçonnés et croisés de blanc jusqu'à terre, ses gens des manteaux longs et des crêpes traînants : on lui demanda de qui un si grand deuil. « Hélas! dit-elle en sanglotant ou faisant semblant, c'est de monseigneur mon papa. » Cela parut si plaisant que chacun lui fit la même question pour donner lieu à la réponse, et voilà comme sont les François. Ce qui leur parut si ridicule, et qui l'étoit en effet à nos oreilles, ne l'étoit en soi qu'à demi. Personne de quelque distinction, même fort éloignée de celle des maisons souveraines d'Allemagne, en parlant de ses parents en allemand, ne dit jamais autrement que monsieur mon père, madame ma mère, mademoiselle ma sœur, monsieur mon frère, monsieur mon oncle, madame ma tante, monsieur mon cousin, et supprimer le monsieur ou le madame seroit une grossièreté pareille à tutoyer parmi nous. De monseigneur il n'y en a point en allemand, de papa voilà le ridicule, surtout entre cinquante et soixante ans qu'avoit cette bonne Allemande; mais cela, joint aux sanglots, à l'équipage d'enterrement, fit le ridicule complet. Elle vit le roi le matin un moment, puis Mme la duchesse de Bourgogne, à qui le roi avoit mandé de la baiser et de la faire asseoir la dernière de toutes les duchesses; et Sainctot, introducteur des ambassadeurs, la mena partout par ordre du roi. Ce fut la duchesse du Lude qui la présenta; elle demeura deux jours à Fontainebleau et une quinzaine à Paris, puis s'en retourna comme elle étoit venue.

Mme la chancelière prit son tabouret à la toilette de Mme la duchesse de Bourgogne le samedi 19 septembre, après laquelle elle suivit dans le cabinet où il y eut audience d'un abbé Rinini en cercle. La duchesse du Lude, son amie et encore plus des places et de la faveur, avoit arrangé cela tout doucement pour étendre ce tabouret. Le roi qui le sut lui lava la tête et avertit le chancelier que sa femme avoit fait une sottise, qu'il ne trouveroit pas bon qu'elle recommençât; aussi s'en garda-t-elle bien depuis. Cela fit grand bruit à la cour. Pour entendre ce fait, il faut remonter bien haut, et savoir qu'aucun office de la couronne ne donne le tabouret à la femme de l'officier, non pas même celui de connétable.

Le chancelier Séguier avoit donné sa fille aînée, très-riche, à un parti très-pauvre, et qui d'ailleurs n'y auroit pas prétendu. C'étoit au père des duc et cardinal de Coislin, pour faire sa cour au cardinal de Richelieu, le meilleur parent qui fût au monde, qui étoit cousin germain de M. de

Coislin qu'il fit chevalier de l'ordre et colonel général des Suisses, et dont il maria les sœurs au comte d'Harcourt, [l'une] étant veuve de Puylaurens, et l'autre au dernier duc d'Épernon, fils et successeur des charges de ce célèbre duc d'Épernon. Séguier étoit dans la plus intime faveur du cardinal ; il étoit ambitieux, il trouva sa belle auprès de lui, il lui demanda le tabouret pour sa femme ; le cardinal lui fit beaucoup de difficultés et céda enfin à force de persévérance. Quand ce fut à attacher le grelot, avec toute sa puissance et tout son crédit, il demeura court, et n'osa. Il connoissoit Louis XIII, dont le goût ni la politique n'étoit ni le désordre dans sa cour, ni la confusion des états. Le chancelier pressoit le cardinal ; il s'étoit engagé à lui, et en effet il avoit grande envie de lui faire obtenir cette grâce ; dans son embarras, il alla chez mon père, ce qui lui arrivoit souvent en ces temps-là, comme je l'ai remarqué en parlant de mon père, et lui exposa son désir, et l'extrême plaisir qu'il lui feroit s'il vouloit bien tâcher à le faire réussir, en lui avouant franchement que lui-même n'osoit en rompre la glace. Mon père eut la bonté, il ne m'appartient pas de dire la simplicité, de s'en charger ; le roi trouva la proposition fort étrange, et pour abréger ce qui se passa dans des temps et des mœurs si éloignées des nôtres, il accorda quoique à regret que la chancelière auroit le tabouret à la toilette sans le pouvoir prétendre, ni s'y présenter en aucun autre temps, parce qu'en ce temps-là, comme je l'ai remarqué sur Mme de Guéméné, la toilette n'étoit point une heure de cour, mais particulière, à porte fermée, qui n'étoit ouverte qu'à cinq ou six dames des plus familières.

Quand après la toilette devint temps et lieu public de cour, la chancelière y conserva son tabouret ; mais jamais elle ne s'y est présentée à aucune audience, cercle, dîner, etc. La duchesse du Lude, qui étoit sa petite-fille, auroit bien voulu faire accroire que ce tabouret s'étendoit à toute la matinée jusqu'au dîner exclusivement pour y comprendre les audiences, et gagner ainsi le terrain pied à pied. Mais le roi y mit si bon ordre, et la chose tellement au net, que cela demeura barré pour toujours. Pour le roi, la chancelière ne le voyoit jamais qu'à la porte de son cabinet où elle se tenoit debout tout habillée pour lui faire sa cour lorsqu'il rentroit de la messe, et il s'arrêtoit toujours à elle pour lui dire un mot, et cela arrivoit deux fois l'année, et aux occasions s'il s'en présentoit. Chez les filles de France elle n'étoit assise non plus qu'à la toilette, mais ce tabouret, tout informe qu'il fût, soutenu de l'exemple de la même chancelière Séguier, qui fut enfin assise tout à fait quand le cardinal Mazarin fit duc à brevet son mari avec tant d'autres (dont il disoit qu'il en feroit tant qu'il seroit honteux de l'être et honteux de ne l'être pas) [fut cause] que les chancelières sans avoir pu étendre ce tabouret ni oser prendre les distinctions des duchesses comme la housse, etc., n'ont pas laissé pourtant d'obtenir insensiblement des princesses du sang le fauteuil, et je pense aussi la reconduite des duchesses, mais cédant à toutes partout, même à brevet jusqu'à aujourd'hui, et sans tortillage ni difficulté. Il n'avoit jamais été question des femmes des gardes des sceaux, et aucune n'a eu le tabouret ni prétendu. Mais M. d'Argenson étant devenu garde des sceaux, et en même temps le seul vrai maître des finances pendant la régence de M. le duc d'Orléans, la facilité de ce prince qui faisoit litière d'honneurs, et qui n'en haïssoit pas les mélanges et les désordres, fit asseoir la femme du garde des sceaux à la toilette de Mme sa fille, et de Mme sa mère, les seules filles de France alors, et cet exemple a fait asseoir Mme Chauvelin à la toilette de la reine, lorsque son mari eut les sceaux avec toute la faveur et toute la confiance du cardinal Fleury, plus roi que premier ministre.

Avant de quitter la matière du chancelier, il faut dire que, lui et sa femme n'étant plus nommés que du nom unique de leur office, leur fils prit le nom de Pontchartrain et se comtitia, son père, ayant extrêmement augmenté cette terre qu'il avoit fait ériger en comté. Il ouvrit la porte de sa cour aux évêques, aux gens d'une qualité un peu distinguée, sans être titrés, et pour toute la robe au seul premier président du parlement de Paris. On le souffrit, et on trouva même qu'il en avoit beaucoup rabattu de son prédécesseur, et il étoit vrai. Reste à savoir si Boucherat qui, le premier, avoit imaginé d'égaler sa cour à celle du roi, pouvoit avoir raison.

En ce voyage de Fontainebleau, le roi donna trois cent mille livres au maréchal de Villeroy, à prendre en trois ans sur Lyon, des riches revenus duquel lui et le prévôt des marchands qu'il nommoit, étoient les seuls dispensateurs sans rendre compte. Peu après, le roi donna cent mille livres de pension au duc d'Enghien, encore enfant; M. le Duc, son père, n'en avoit que quatre-vingt-dix mille.

L'abbé de Charost mourut en ce temps-ci à Paris, chez son père, où il vivoit fort pieusement et fort retiré. Il étoit fils aîné du duc de Béthune, et frère aîné du duc de Charost; il étoit fort bossu, avoit renoncé à tout pour une pension médiocre, et s'étoit fait prêtre. Il n'avoit qu'une abbaye, et jamais il n'avoit été question de lui pour l'épiscopat. J'ai ouï dire qu'il en auroit été fort digne.

Le bonhomme Villacerf ne put survivre plus longtemps au malheur qui lui étoit arrivé de l'infidélité de son principal commis des bâtiments, dont j'ai parlé au commencement de l'année. Il ne porta pas santé depuis, ne remit pas le pied à la cour depuis s'être démis des bâtiments, et acheva enfin de mourir. C'étoit un bon et honnête homme, qui étoit déjà vieux, et qui ne put s'accoutumer à avoir été trompé et à n'être plus rien. Il avoit passé une longue vie, toujours extrêmement bien avec le roi, et si familier avec lui, qu'étant d'une de ses parties de paume autrefois, où il jouoit fort bien, il arriva une dispute sur sa balle; il étoit contre le roi, qui dit qu'il n'y avoit qu'à demander à la reine qui les voyoit jouer de la galerie : « Par...! sire, répondit Villacerf, cela n'est pas mauvais; s'il ne tient qu'à faire juger nos femmes, je vais envoyer querir la mienne. » Le roi et tout ce qui étoit là rirent beaucoup de la saillie. Il étoit cousin germain, et dans la plus intime et totale confiance de M. de Louvois, qui, du su du roi, l'avoit fait entrer en beaucoup de choses secrètes, et le roi avoit toujours conservé pour lui beaucoup d'estime, d'amitié et de distinction. C'étoit un homme brusque, mais franc, vrai, droit, serviable et très-bon ami; il en avoit beaucoup, et fut généralement plaint et regretté.

La comtesse de Fiesque, cousine germaine paternelle de la feue duchesse d'Arpajon, de feu Thury et du marquis de Beuvron, mourut pendant Fontainebleau, extrêmement âgée. Elle avoit passé sa vie dans le plus frivole du grand monde; deux traits entre deux mille la caractériseront. Elle n'avoit presque rien, parce qu'elle avoit tout fricassé ou laissé piller à ses gens d'affaires; tout au commencement de ces magnifiques glaces, alors fort rares et fort chères, elle en acheta un parfaitement beau miroir. « Eh, comtesse, lui dirent ses amis, où avez-vous pris cela ? — J'avois, dit-elle, une méchante terre, et qui ne me rapportoit que du blé, je l'ai vendue, et j'en ai eu ce miroir. Est-ce que je n'ai pas fait merveilles? du blé ou ce beau miroir ! » Une autre fois, elle harangua son fils, qui n'avoit presque rien, pour l'engager à se marier, et à se remplumer par un riche mariage, et la voilà à moraliser sur l'orgueil qui meurt de faim plutôt que faire une mésalliance. Son fils, qui n'avoit aucune envie de se marier, la laissa dire, puis, voulant voir où cela iroit, fit semblant de se rendre à ses raisons. La voilà ravie ! Elle lui étale le parti, les richesses, l'aisance, une fille unique, les meilleures gens du monde, et qui seroient ravis, auprès de qui elle avoit des amis qui feroient immanquablement réussir l'affaire, une jolie figure, bien élevée et d'un âge à souhait. Après une description si détaillée, le comte de Fiesque la pressa de nommer cette personne en qui tant de choses réparoient la naissance; la comtesse lui dit que c'étoit la fille de Jacquier, qui étoit un homme connu de tout le monde, et qui s'étoit acquis l'estime et l'affection de M. de Turenne, les armées duquel il avoit toujours fournies de vivres, et s'étoit enrichi. Voilà le comte de Fiesque à rire de tout son cœur, et la comtesse à lui demander, en colère, de quoi il rioit, et s'il trouvoit ce parti si ridicule. Le fait étoit que Jacquier n'eut jamais d'enfants. La comtesse, bien surprise, pense un moment, avoue qu'il a raison, et ajoute en même temps que c'est le plus grand dommage du monde, parce que rien ne lui eût tant convenu. Elle étoit pleine de semblables disparates qu'elle soutenoit avec colère, puis en rioit la première. On disoit d'elle qu'elle n'avoit jamais eu que dix-huit ans. Elle étoit veuve, dès 1640, de M. de Piennes-Brouilly, tué à Arras, dont elle n'eut qu'une fille, mère de Guerchy. Les Mémoires de Mademoiselle, avec qui elle passa toute sa vie, souvent en vraies querelles pour des riens, et sans toutefois pouvoir se passer l'une de l'autre, la font très-bien connoître. Elle n'eut ni frères ni sœurs, et son père étoit aîné de celui de Beuvron.

Une autre mort fit plus de bruit, et laissa un grand vide pour le conseil et pour les honnêtes gens, ce fut celle de Pomponne, fils du célèbre Arnauld d'Andilly, et neveu du fameux M. Arnauld. Cette famille illustre en science, en piété et par beaucoup d'autres endroits, n'a pas besoin d'être expliquée ici; elle l'est par tant de beaux ouvrages que je m'en tiendrai ici à M. de Pomponne. M. d'Andilly, par ses emplois et par l'amitié dont la reine mère l'honoroit avant et même depuis sa retraite à Port-Royal des Champs, malgré les tempêtes du jansénisme, fit employer son fils dès sa première jeunesse en plusieurs affaires importantes en Italie, où il fit des traités et conclut des ligues avec plusieurs princes. Son père, extrêmement aimé et estimé, lui donna beaucoup de protecteurs, dont M. de Turenne fut un des principaux. Pomponne passa par l'intendance des armées à Naples et en Catalogne, et partout avec tant de sagesse, de modération et de succès, que sa capacité, soutenue des amis de son père et de ceux que lui-même s'étoit procurés, le fit choisir en 1665 pour l'ambassade de Suède. Il y demeura trois ans, et passa après à celle de Hollande; il réussit si bien en toutes deux qu'il fut renvoyé en Suède, où, combattu par tout l'art de la maison d'Autriche, il vint à bout de conclure cette fameuse ligue du Nord, si utile à la France en 1671. Le roi en fut si content qu'ayant perdu peu de mois après M. de Lyonne, ministre et secrétaire d'État des affaires étrangères, il ne crut pouvoir mieux remplacer un si grand ministre que par Pomponne. Toutefois il en garda le secret, et ne le manda qu'à lui par un billet de sa main, avec ordre d'achever en Suède, le plus tôt qu'il pourroit, ce qui demandoit nécessairement à l'être de la même main, et de revenir incontinent après. Il arriva au bout de deux mois, dans la même année 1671, et fut déclaré aussitôt. Son père, retiré dès 1644, eut la joie de voir son fils arrivé par son mérite dans une place si importante, et mourut trois ans après à quatre-vingt-cinq ans. Pomponne parut encore plus digne de cette charge par la manière dont il l'exerça, qu'avant d'en avoir été revêtu. C'étoit un homme qui excelloit surtout par un sens droit, juste, exquis, qui pesoit tout et faisoit tout avec maturité, mais sans lenteur; d'une modestie, d'une modération, d'une simplicité de mœurs admirables, et de la plus solide et de la plus éclairée piété. Ses yeux montroient de la douceur et de l'esprit; toute sa physionomie, de la sagesse et de la candeur; un art, une dextérité, un talent singulier à prendre ses avantages en traitant; une finesse, une souplesse sans ruse qui savoit parvenir à ses fins sans irriter; une douceur et une patience qui charmoit dans les affaires; et avec cela une fermeté, et, quand il le falloit, une hauteur à soutenir l'intérêt de l'État et la grandeur de la couronne que rien ne pouvoit entamer. Avec ces qualités il se fit aimer de tous les ministres étrangers comme il l'avoit été dans les divers pays où il avoit négocié. Il en étoit également estimé et il en avoit su gagner la confiance. Poli, obligeant, et jamais ministre qu'en traitant, il se fit adorer à la cour, où il mena une vie égale, unie, et toujours éloignée du luxe et de l'épargne, et ne connoissant de délassement de son grand travail qu'avec sa famille, ses amis et ses livres. La douceur et le sel de son commerce étoient charmants, et ses conversations, sans qu'il le voulût, infiniment instructives. Tout se faisoit chez lui et par lui avec ordre, et rien ne demeuroit en arrière sans jamais altérer sa tranquillité.

Ces qualités étoient en trop grand contraste avec celles de Colbert et de Louvois pour en pouvoir être souffertes avec patience. Tous deux en avoient sans doute de très-grandes, mais, si elles paroissoient quelquefois plus brillantes, elles n'étoient pas si aimables ; et s'ils avoient des amis, Pomponne avoit aussi les siens particuliers, et quoique moins puissant, peut-être en plus grand nombre, et de plus qu'eux étoit généralement aimé. Chacun des deux autres tendoit toujours à embler la besogne d'autrui, et c'est ce qui les avoit rendus ennemis l'un de l'autre; tous deux vouloient, sous divers prétextes, manier les affaires étrangères, et tous deux s'en trouvoient également, sagement, mais doucement repoussés. Non-seulement ils n'y purent jamais surprendre la moindre prise, mais la grande connoissance qu'avoit Pomponne des affaires générales de l'Europe, et en particulier celle que son application, ses voyages, ses négociations lui avoient acquise des maisons, des ministres, des cours étrangères, de leurs intérêts et de leurs ressorts, lui donnoient un tel avantage sur ces matières, que sans sortir de sa modération et de sa douceur, ils n'osoient le contredire au conseil ou devant le roi ; il les avoit souvent mis sans reparties lorsqu'ils l'avoient hasardé. Hors de toute espérance d'embler rien sur un homme si instruit et si sage, et qui se contentoit de son ministère sans leur donner jamais prise par vouloir empiéter sur le leur, ils furent longtemps à chercher comment pouvoir entamer un homme si difficile à prendre, et si insupportable à leur ambition vis-à-vis d'eux. Ce désir de s'en délivrer, pour mettre en sa place quelqu'un qui ne pût pas si bien se défendre, réunit pour un temps ces deux ennemis. Ils se concertèrent; le jansénisme fut leur ressource. C'étoit en effet le miracle du mérite de Pomponne que, fils, frère, neveu, cousin germain et parent le plus proche, ou lié des nœuds les plus intimes avec tout ce qu'on avoit rendu le plus odieux au roi et en gros et personnellement, il pût conserver ce ministre dans un poste de la première confiance. Les deux autres allant toujours l'un après l'autre à la sape, et s'aidant d'ailleurs de tout ce qui pouvoit concourir à leur dessein, s'aperçurent de leurs progrès sur l'esprit du roi. Ils le poussèrent et vinrent enfin à bout de se faire faire un sacrifice sous le prétexte de la religion. Ce ne fut pourtant pas sans une extrême répugnance. Le roi, si parfaitement content de la gestion de Pomponne, ne voyoit en lui que mesure et sagesse sur tout ce qui regardoit le jansénisme. Il avoit peine à se défier de lui, même sur ce point, et le danger et le scandale de se servir du neveu de M. Arnauld dans ses affaires les plus secrètes et les plus importantes ne lui paroissoit point en comparaison du danger et de la peine de s'en priver. A force d'attaques continuelles il céda à la fin, et, comme la dernière goutte d'eau est celle qui fait répandre le vase, un rien perdit M. de Pomponne après tant d'assidues préparations. Ce fut en 1679.

On traitoit le mariage de Mme la Dauphine, et on attendoit le courrier qui devoit en apporter la conclusion. Dans ces moments critiques Pomponne supputa, et crut qu'il auroit le temps d'aller passer quelques jours à Pomponne. Mme de Soubise étoit bien au fait de tout; c'étoit le temps florissant de sa beauté et de sa faveur. Elle étoit amie de Pomponne, mais elle n'osoit s'expliquer ; elle se contenta de le conjurer de remettre ce petit voyage, et de l'avertir qu'elle voyoit des nuages qui ne devoient pas lui permettre de s'absenter ; elle le pressa autant qu'il lui fut possible. Les gens les plus parfaits ne sont pas sans défauts ; il ne put comprendre tout ce que Mme de Soubise vouloit qu'il entendît, ni avoir la complaisance de sacrifier ce petit voyage à son conseil et à son amitié. Pomponne est à six lieues de Paris. Pendant son absence, arriva le courrier de Bavière, et en même temps une lettre à M. de Louvois qui avoit ses gens partout : c'étoit la conclusion avec le détail de tous les articles du traité et du mariage. Louvois va tout aussitôt porter sa lettre au roi, qui s'étonne de n'avoir point de nouvelles par ailleurs. Les dépêches de Pomponne étoient en chiffres, et celui qui déchiffroit se trouva à l'Opéra, où il s'étoit allé divertir en l'absence de son maître. Tandis que le temps se passe à l'Opéra, puis à déchiffrer, et cependant à aller et à venir de Pomponne, Colbert et Louvois ne perdirent pas de temps. Ils mirent le roi en impatience et en colère, et s'en surent si bien servir que Pomponne en arrivant à Paris trouva un ordre du roi de lui envoyer les dépêches et sa démission, et de s'en retourner à Pomponne.

Ce grand coup frappé, Louvois, dont Colbert qui avoit ses raisons avoit exigé de ne pas dire un mot de toute cette menée à son père, se hâta de lui aller conter la menée et le succès : « Mais, lui répondit froidement l'habile Le Tellier, avez-vous un homme tout prêt pour mettre en cette place ? — Non, lui répondit son fils, on n'a songé qu'à se défaire de celui qui y étoit, et maintenant la place vide ne manquera pas, et il faut voir de qui la remplir. — Vous n'êtes qu'un sot, mon fils, avec tout votre esprit et vos vues, lui répliqua Le Tellier. M. Colbert en sait plus que vous, et vous verrez qu'à l'heure qu'il est, il sait le successeur, et il l'a proposé ; vous serez pis qu'avec l'homme que vous avez chassé, qui avec toutes ses bonnes parties n'étoit pas au moins plus à M. Colbert qu'à vous. Je vous le répète, vous vous en repentirez. » En effet, Colbert s'étoit assuré de la place pour son frère Croissy, lors à Aix-la-Chapelle, comme je l'ai dit en rapportant sa mort, et ce fut un coup de foudre pour Le Tellier et pour Louvois qui les brouilla plus que jamais avec Colbert, et par une suite nécessaire avec ce frère. Pomponne sentit sa chute et son vide, mais il le supporta en homme de bien et de courage, avec tranquillité. Il eut peu après liberté de venir et de demeurer à Paris. Aucun de ses amis ne le délaissa, tout le monde prit part à sa disgrâce. Les étrangers en regrettant sa personne qu'ils aimoient, et lui continuant toujours des marques de considération dans les occasions qui s'en pouvoient présenter, furent bien aises d'être soulagés de sa capacité.

Le roi après quelque temps voulut voir Pomponne par derrière dans ses cabinets. Il le traita en prince qui le regrettoit, et lui parla même de ses affaires. De temps en temps, mais rarement cela se répétoit, et toujours sur le même pied de la part du roi. A la fin en une de ces audiences, le roi lui témoigna la peine qu'il avoit ressentie en l'éloignant, et qu'il ressentoit encore, et Pomponne y ayant répondu avec le respect et l'affection qu'il devoit, le roi continua à lui parler avec beaucoup d'estime et d'amitié. Il lui dit qu'il avoit toujours envie de le rapprocher de lui, qu'il ne le pouvoit encore, mais qu'il lui demandoit sa parole de ne point s'excuser, et de revenir dans son conseil dès qu'il le manderoit, et en attendant de lui garder le secret de ce qu'il lui disoit. Pomponne le lui promit, et le roi l'embrassa. L'événement a fait voir ce que le roi pensoit alors. C'étoit de se défaire de M. de Louvois en l'envoyant à la Bastille. La parenthèse en seroit déplacée ici, je pourrai avoir lieu ailleurs de raconter un fait si curieux. Dans le moment que ce ministre fut mort, le roi écrivit de sa propre main à Pomponne de revenir sur-le-champ prendre sa place dans ses conseils. Un gentilhomme ordinaire du roi fut chargé en secret de ce message par le roi même. Il trouva cet illustre disgracié à Pomponne qui s'alloit mettre au lit. Le lendemain matin il vint à Versailles, et débarquer chez Bontems qui le mena par les derrières chez le roi. On peut juger des grâces de cette audience. Le roi ne dédaigna pas de lui faire des excuses de l'avoir éloigné et de l'avoir rapproché si tard; il ajouta qu'il craignoit qu'il n'eût peine à voir Croissy faire les fonctions qu'il avoit si dignement remplies. Pomponne, toujours modeste, doux, homme de bien, répondit au roi, que puisqu'il le vouloit rattacher à son service, et qu'il s'étoit engagé à lui d'y rentrer, il ne songeroit qu'à le bien servir, et que pour bien commencer, et ôter, en tant qu'en lui étoit, toutes les occasions de jalousie, il s'en alloit de ce pas chez Croissy lui apprendre les bontés du roi, et lui demander son amitié. Le roi, touché au dernier point d'une action si peu attendue, l'embrassa et le congédia. La surprise de Croissy fut sans pareille quand il s'entendit annoncer M. de Pomponne. On peut juger qu'elle ne diminua pas quand il apprit ce qui l'amenoit. Celle de la cour, qui n'avoit pas songé à un retour après douze années de disgrâce et qui n'en avoit pas eu le moindre vent, fut grande aussi, mais mêlée de beaucoup de joie; il entra au premier conseil qui se tint, et M. de Beauvilliers en même temps.

Pomponne, dès le même jour, eut un logement au château assez grand, et vécut avec toutes sortes de mesures et de prévenances avec Croissy, qui y répondit de son côté, et qui avoit bien compris qu'il falloit le faire. Leur alliance que le roi voulut, je l'ai racontée en son temps. Pomponne et son gendre vécurent ensemble en vrai père et en véritable fils. Il y trouva tout ce qu'il pouvoit désirer pour devenir un bon et sage ministre. Il y ajouta du sien toutes les lumières et toute l'instruction qu'il put, dont Torcy sut bien profiter. M. de Pomponne lia une amitié étroite avec M. de Beauvilliers. La confiance étoit intime entre eux et avec le duc de Chevreuse. Il fut aussi fort uni avec Pelletier, et honnêtement avec les autres ministres ou secrétaires d'État. Il mourut le 26 septembre de cette année, à Fontainebleau, à quatre-vingt-un ans, dans le désir depuis longtemps de la retraite, que l'état de sa famille ne lui avoit pas encore permise. Sa tête et sa santé étoient entières. Il n'avoit jamais été malade; il mangea un soir du veau froid et force pêches; il en eut une indigestion qui l'emporta en quatre jours. Il reçut ses sacrements avec une grande piété, et fit une fin aussi édifiante que sa vie. Torcy, son gendre, eut les postes, et sa veuve douze mille livres de pension. C'étoit une femme avare et obscure qu'on ne voyoit guère. Elle avoit une sœur charmante par son esprit, par ses grâces, par sa beauté, par sa vertu, femme de M. de Vins, qui étoit lieutenant général et qui eut les mousquetaires noirs. Ils avoient un fils unique, beau, aimable, spirituel comme la mère, avec qui j'avois été élevé. M. de Pomponne étoit ami particulier de mon père, et ils logeoient chez lui. Ce jeune homme fut tué à Steinkerque, à sa première campagne. Le père et surtout la mère ne s'en sont jamais consolés; elle n'a presque plus voulu voir personne depuis, absorbée dans la douleur et dans la piété tout le reste de sa longue vie. Je regrettai extrêmement son fils. M. de Pomponne ne fut pas heureux dans ceux qui se destinèrent au monde. Le cadet, qui promettoit, fut tué de bonne heure à la tête d'un régiment de dragons. L'aîné, épais, extraordinaire, avare, obscur, quitta le service, devint apoplectique, et fut toute sa vie compté pour rien jusque dans sa famille. L'abbé de Pomponne fut aumônier du roi. Il se retrouvera occasion d'en parler.

Le roi revint de Fontainebleau et nomma Briord ambassadeur à la Haye en la place de Bonrepos, qui demanda à revenir; et Phélypeaux, lieutenant général, qui étoit à Cologne, ambassadeur à Turin; Bonac, neveu de Bonrepos, alla à Cologne.

CHAPITRE XX.

Mgr et Mme la duchesse de Bourgogne mis ensemble. — Menins de Mgr le duc de Bourgogne : Gamaches, d'O, Cheverny, Saumery. — Mme de Saumery. — Emplois de Cheverny et son aventure à Vienne. — Mort de Mme de Montchevreuil. — Mgr le duc de Bourgogne entre au conseil des dépêches. — Castel dos Rios ambassadeur d'Espagne en France. — Mort d'Arrouy dans la Bastille. — Voyage à Paris du duc et de Mme la duchesse de Lorraine pour l'hommage lige de Bar. — Ducs de Lorraine, l'un connétable, l'autre grand chambellan. — Princes du sang précèdent les souverains non rois partout. — M. de Lorraine étrangement incognito. — Mme et M. de Lorraine à Paris, qui va saluer le roi. — Adresse continuelle à l'égard de M. et Mme la duchesse de Chartres. — Mme de Lorraine malade de la petite vérole. — Hommage lige au roi par le duc de Lorraine pour le duché de Bar. — M. de Lorraine à Meudon et à Marly, où il prend congé. — M. de Lorraine prend congé de Monseigneur à l'Opéra, et de Mgr et de Mme la duchesse de Bourgogne sans les avoir vus auparavant, et part en poste payée par le roi. — Mme de Lorraine à Versailles, puis à Marly, prend congé et part.

En arrivant de Fontainebleau le jour même, Mgr et Mme la duchesse de Bourgogne furent mis ensemble. Le roi les voulut aller surprendre comme ils se mettroient au lit ; il s'y prit un peu trop tard, il trouva les portes fermées, et il ne voulut pas les faire ouvrir. Peu de jours après, il nomma quatre hommes qui étoient souvent à la cour pour se tenir assidus auprès de Mgr le duc de Bourgogne, qui dans la vérité ne pouvoient guère être plus mal choisis, Cheverny, Saumery, Gamaches et d'O. Des deux derniers j'en ai parlé assez pour n'avoir rien à y ajouter. Le bon Gamaches étoit un bavard qui n'avoit jamais su ce qu'il disoit ni ce qu'il faisoit, et dont M. de Chartres et ses amis de plaisir s'étoient moqués tant que le roi l'avoit tenu auprès de lui. Il ne savoit rien, pas même la cour ni le monde où il avoit fort peu été, ni la guerre non plus, quoiqu'il eût toujours servi et avec beaucoup d'honneur et de valeur; du reste un fort honnête homme. D'O étoit ce mentor de M. le comte de Toulouse, qui de son appartement de Versailles devint lieutenant général des armées navales. Son assiduité chez son premier maître étoit difficile à accorder avec cet emploi, mais il savoit accorder toutes choses, témoin sa dévotion importante et le galant métier de sa femme pour faire fortune par l'un des deux, et peut-être par tous les deux ensemble.

Cheverny étoit Clermont-Gallerande; son père avoit été maître de la garde-robe et chevalier de l'ordre en 1661, dont on a d'excellents Mémoires en forme d'annales, sous le nom de Monglat qu'il portoit. Sa femme, fille du fils du chancelier de Cheverny, étoit une femme extrêmement du grand monde, qui avoit été gouvernante des filles de Gaston, et sur le pied de laquelle il ne faisoit pas bon marcher. L'un et l'autre fort riches s'étoient parfaitement ruinés, et avoient marié leur fils à la sœur de Saumery. C'étoit un homme qui présentoit plus d'esprit, de morale, de sens et de sentiments qu'il n'en avoit en effet; beaucoup de lecture, peu ou point de service, une conversation agréable et fournie, beaucoup de politique, d'envie de plaire et de crainte de déplaire, un extérieur vilain et même dégoûtant, toute l'encolure d'un maître à écrire, et toujours mis comme s'il l'eût été, en tout un air souffreteux, et une soif de cour et des agréments de cour qui alloit à la bassesse; avec tout cela ce tuf se cachoit sous d'autres apparences, et j'en ai été la dupe fort longtemps; d'ailleurs un honnête homme.

Saumery étoit petit-fils d'un valet d'Henri IV, qui l'avoit suivi du Béarn, et qui, comme beaucoup de ce peuple, s'appeloit Johanne. Il fut jardinier de Chambord, et sur la fin de sa vie concierge, non pas de ces concierges gouverneurs et capitaines comme il y en a toujours eu à Fontainebleau et à Compiègne, mais concierge effectif, comme nous en avons tous dans nos maisons. Il gagna du bien ; il mit son fils dans les troupes, qui étoit fort bien fait, et trouva à le marier à une bourgeoise de Blois à sa portée. M. Colbert, encore *in minoribus*, épousa l'autre sœur. Sa fortune avança ses beaux-frères. L'un s'enrichit, acheta Ménars, devint intendant de Paris, et est mort président à mortier ; il étoit frère de Mme Colbert. Saumery devint gouverneur de Chambord, en eut la capitainerie des chasses et celle de Blois : c'étoit un fort honnête homme et qui ne s'en faisoit point du tout accroire ; il se tenoit à Chambord, où il est mort fort vieux, et paroissoit rarement à la cour, où on en faisoit cas pour sa valeur et sa probité. Je l'ai vu, il étoit fort grand, avec ses cheveux blancs et l'air tout à fait vénérable. Son fils aîné, qui est celui dont il s'agit, servit quelque temps subalterne, et se retira de bonne heure avec un coup de mousquet dans le genou, et se fit maître des eaux et forêts d'Orléans, etc. Il étoit dans cet obscur emploi et inconnu à tout le monde, lorsque M. de Beauvilliers l'en tira pour le faire un des sous-gouverneurs des enfants de France. Jamais homme si intrigant, si valet, si bas, si orgueilleux, si ambitieux, si dévoué à la fortune, et tout cela sans fond aucun, sans voile, sans pudeur ; on en verra d'étranges traits. Jamais homme aussi ne tira tant parti d'une blessure. Je disois de lui qu'il boitoit audacieusement, et il étoit vrai. Il parloit des personnages les plus distingués, dont à peine il avoit jamais vu les antichambres, comme de ses égaux et de ses amis particuliers. Il racontoit des traits qu'il avoit ouï dire, et n'avoit pas honte de dire devant des gens qui avoient au moins le sens commun : « le pauvre mons Turenne me disoit, » qui, à son âge et à son petit emploi, n'a peut-être jamais su qu'il fût au monde, et le *monsieur* tout du long, il n'en honoroit personne. C'étoit mons de Beauvilliers, mons de Chevreuse, et ainsi de ceux dont il ne disoit pas le nom tout court, et il le disoit de presque tout le monde jusqu'aux princes du sang. Je lui ai ouï dire bien des fois « la princesse de Conti » en parlant de la fille du roi, et « le prince de Conti » en parlant de M. son beau-frère. Pour les premiers seigneurs de la cour, il étoit rare quand il leur donnoit le *monsieur* ou le *mons*. C'étoit : « le maréchal d'Humières, » et ainsi des autres, et des gens de la première qualité, très-ordinairement par leur nom, sans qualité devant. La fatuité et l'insolence étoient complètes; et si, à force de monter cent escaliers par jour, de dire des riens à l'oreille, de faire l'important et le gros dos, il imposoit à une partie de la cour, et, par ses valetages et ses blâmes de complaisance bien bas en confidence, il s'étoit acquis je ne sais combien de gens [1].

Sa femme, fille de Besmaux, gouverneur de la Bastille, étoit une grande créature aussi impertinente que lui, qui portoit les chausses, et devant qui il n'osoit pas souffler. Son effronterie ne rougissoit de rien, et après force galanteries, elle s'étoit accrochée à M. de Duras qu'elle gouvernoit, et chez qui elle étoit absolument et publiquement la maîtresse, et vivoit à ses dépens. Elle en acquit le nom de Mme la connétable, parce que M. de Duras étoit doyen des maréchaux de France. On ne l'appeloit pas autrement : elle-même étoit la première à en rire. Enfants, complaisants, domestiques, tout étoit en respect et en dépendance devant elle, et Mme de Duras aussi dans le peu et le rare qu'elle venoit de sa campagne; l'âge du maréchal faisoit qu'on s'en scandalisoit moins. Voilà les gens que le roi mit autour de Mgr le duc de Bourgogne, qui chassoit fort souvent; et de ces quatre il n'y avoit que Gamaches qui pût monter à cheval, ou qui en voulût prendre la peine. Le rare fut qu'ils n'eurent ni nom d'emploi, ni brevet, ni appointements,

1. Voy., à la fin du volume, la note rectificative de M. le marquis de Saumery.

mais de beaux propos en les y mettant, et l'agrément d'être, sans demander, de tous les voyages de Marly, et cela seul tournoit les têtes.

Cheverny étoit menin de Monseigneur : il avoit été envoyé à Vienne, et ambassadeur après en Danemark, où lui et sa femme avoient gagné le scorbut et laissé leur santé et leurs dents. La femme, avec plus d'esprit et de mesure, ne tenoit pas mal de son frère. A Vienne il arriva à Cheverny une aventure singulière. Il devoit avoir un soir d'hiver sa première audience de l'empereur. Il alla au palais; un chambellan l'y reçut, le conduisit deux ou trois pièces, ouvrit la dernière, l'y fit entrer, se retira de la porte même et la ferma. Entré là, il se trouve dans une pièce plus longue que large, mal meublée, avec une table tout au bout; sur laquelle, pour toute lumière dans la chambre, il y avoit deux bougies jaunes, et un homme vêtu de noir, le dos appuyé contre la table. Cheverny assez mal édifié du lieu, se croit dans une pièce destinée à attendre d'être introduit plus loin, et se met à regarder à droite et à gauche, et à se promener d'un bout à l'autre. Ce passe-temps dura près d'une demi-heure. A la fin, comme un des tours de sa promenade l'approchoit assez de cette table, et de cet homme noir qui y étoit appuyé, et qu'à son air et à son habit il prit pour un valet de chambre qui étoit là de garde, cet homme qui jusqu'alors l'avoit laissé en toute liberté sans remuer ni dire un mot, se prit à lui demander civilement ce qu'il faisoit là. Cheverny lui répondit qu'il devoit avoir audience de l'empereur, qu'on l'avoit fait entrer, et qu'il attendoit là d'être introduit pour avoir l'honneur de lui faire sa révérence. « C'est moi, lui répliqua cet homme, qui suis l'empereur. » Cheverny à ce mot pensa tomber à la renverse, et fut plusieurs moments à se remettre, à ce que je lui ai ouï conter. Il se jeta aux pardons, à l'obscurité, et à tout ce qu'il put trouver d'excuses. Je pense après que son compliment fut mal arrangé. Un autre que l'empereur en eût ri, mais Léopold, incapable de perdre sa gravité, demeura dans le même sang-froid, qui acheva de démonter le pauvre Cheverny. Il contoit bien, et cette histoire étoit excellente à entendre de lui.

Mme de Montchevreuil revenant de Fontainebleau le même jour que le roi, 22 octobre, avec Mme de Maintenon, dans le carrosse et en compagnie de laquelle elle alloit toujours, se trouva si mal au Plessis qu'il y fallut arrêter longtemps. On eut toutes les peines du monde à l'amener à Versailles, où elle mourut le quatrième jour. Mme de Maintenon en fut fort affligée, beaucoup de gens tâchèrent de persuader qu'ils l'étoient, mais dans le fond chacun s'en trouva soulagé comme d'une délivrance. J'ai suffisamment parlé de M. et de Mme de Montchevreuil à propos du mariage de M. du Maine, pour n'avoir rien à y ajouter. Quelques jours après, le roi vit le bonhomme Montchevreuil dans son cabinet par les derrières, par où comme gouverneur autrefois de M. du Maine il continuoit d'entrer. Le roi le traita comme un ami intime auroit fait son ami. A la situation où il étoit avec lui, cela n'étoit pas surprenant.

Ce même jour de la mort de Mme de Montchevreuil, 25 octobre, le roi dit le soir à Mgr le duc de Bourgogne qu'il le feroit entrer au premier conseil de dépêches; et ajouta que, pour les premiers, il vouloit qu'il ne fît qu'écouter pour apprendre et se former, pour se mettre en état de bien opiner ensuite. Ce fut une grande joie pour ce prince; Monseigneur n'y étoit pas entré si jeune. Monsieur en étoit, mais il en étoit resté là.

Castel dos Rios, gentilhomme catalan, fort pauvre, étoit arrivé à Paris au commencement du voyage de Fontainebleau, avec caractère d'ambassadeur d'Espagne ; il avoit été nommé pour aller en la même qualité en Portugal, mais il arriva que celui qui devoit venir en France étant plus distingué et beaucoup plus accrédité à la cour d'Espagne, il fit changer la destination, et alla en Portugal comme à une ambassade de faveur, et fit envoyer l'autre à celle d'exil. C'est ainsi qu'elle étoit regardée. Il voulut venir à Fontainebleau trouver la cour et en fut refusé; il s'en plaignit fort, on lui répondit qu'on avoit bien fait attendre M. d'Harcourt trois mois à Madrid avant de lui permettre de voir le roi d'Espagne; qu'ainsi il pouvoit bien avoir patience six semaines avant de voir le roi. Au retour il eut audience. Ce qu'il avoit à y traiter étoit en effet d'une importance à ne pas souffrir volontiers des délais; il pressa le roi de deux choses de la part du roi son maître : l'une, d'employer son autorité pour faire révoquer à la Sorbonne la condamnation qu'elle avoit faite des livres d'une béate espagnole qui s'appelle Marie d'Agreda. Le temps étoit mal pris; ces livres étoient tout à fait dans les sentiments de M. de Cambrai, que le roi venoit de faire condamner à Rome. L'autre chose étoit de faire établir en dogme, par tout son royaume, l'immaculée conception de la sainte Vierge, et par conséquent faire plus que l'Église, qui a été plus retenue là-dessus ; aussi se moqua-t-on de l'ambassadeur et de son maître avec les plus belles paroles du monde. Ce fut là toute la matière de son audience. Qui auroit cru que cette ambassade eût tourné quatorze mois après comme elle fit, et que cette espèce d'exil eût fait à l'ambassadeur la fortune la plus complète ?

Le pauvre d'Arrouy[1] mourut en ce temps-ci à la Bastille, où il étoit depuis dix ou douze ans; il avoit été longtemps trésorier des états de Bretagne. C'étoit le meilleur homme du monde et le plus obligeant; il ne savoit que prêter de l'argent et point presser pour se faire payer; avec cette conduite il s'obéra si bien, que, quand il fallut compter, il ne

1. On écrit ordinairement d'Harouis. Mme de Sévigné, qui parle souvent de ce trésorier des états de Bretagne, annonce sa ruine à sa fille dans une lettre du 19 février 1690 : « La déroute de notre pauvre d'Harouis est bien plus aisée à comprendre; passionné de faire plaisir à tout le monde, sans mesure, sans raison; cette passion offusquant toutes les autres, et même la justice : voilà un autre prodige. »

put jamais se tirer d'affaire. La confiance de la province et de tout le monde étoit si grande en lui, qu'on l'avoit laissé plusieurs années sans compter : ce fut sa ruine. Beaucoup de gens y perdirent gros. La Bretagne y demeura pour beaucoup, et il demeura entièrement ruiné. C'est, je crois, l'unique exemple d'un comptable de deniers publics avec qui ses maîtres et tout le public perdent, sans que sa probité en ait reçu le plus léger soupçon. Les perdants mêmes le plaignirent, tout le monde s'affligea de son malheur; c'est ce qui fit que le roi se contenta d'une prison perpétuelle. Il la souffrit sans se plaindre et la passa dans une grande piété, fort visité de beaucoup d'amis et secouru de plusieurs. Cela n'empêcha pas son fils de devenir maître des requêtes et intendant de province, avec réputation d'esprit et de probité. Il se fit aimer et estimer, et il auroit été plus loin, si la piété tant de lui que de sa femme dont il n'avoit point d'enfants, ne les avoit engagés à tout quitter pour ne penser qu'à leur salut. J'ai fort vu cette Mme d'Arrouy à Pontchartrain, qui avoit beaucoup d'esprit, et un esprit très-aimable et orné, extrêmement dans les meilleures œuvres, et extrêmement janséniste. Je me suis souvent fort diverti à disputer avec elle. J'étois ravi quand je l'y trouvois.

On attendoit au retour de Fontainebleau M. de Lorraine pour rendre au roi son hommage lige du duché de Bar et de ses autres terres mouvantes de la couronne. Mme la Duchesse devoit venir avec lui, et Monsieur les défraya à Paris et leur donna, au Palais-Royal, l'appartement de M. et de Mme la duchesse de Chartres. Nul embarras pour Mme de Lorraine, qui conservoit son rang de petite-fille de France. Il n'y en devoit pas avoir non plus pour M. de Lorraine. Ses pères, ducs de Lorraine comme lui, ont été bien des fois à la cour de France sans difficultés.

Charles I*er*, duc de Lorraine, fut fait connétable de France après la mort ou plutôt le massacre du connétable d'Armagnac, le 12 juin 1418, dans Paris, par le parti de Bourgogne. Il est vrai qu'il n'en jouit pas longtemps, pour avoir été institué par cette terrible Isabeau de Bavière, femme de Charles VI, qui, dans un intervalle de sa triste maladie, le destitua à Bourges en avril 1423[1], et donna l'épée de connétable à J. Stuart, comte de Boucan et de Douglas, qui fut tué le 17 août suivant à la bataille de Verneuil au Perche contre les Anglois. Le comte de Richemont fut fait connétable en sa place; il étoit fils, frère et oncle des ducs de Bretagne, et le fut lui-même après eux en 1457, et voulut conserver l'épée de connétable avec laquelle il avoit acquis tant de gloire, et mourut duc de Bretagne et connétable de France en décembre 1458 dans son château de Nantes, portant lors le nom d'Artus III. René II, duc de Lorraine, fut fait grand chambellan, 7 août 1486, par Charles VIII, qui avoit alors seize ans, à la place du comte de Longueville, fils du célèbre bâtard d'Orléans, destitué et ses terres confisquées pour avoir pris le parti du duc d'Orléans, depuis roi Louis XII, contre Mme de Beaujeu, sœur du roi, sa tutrice et gouvernante du royaume. Le duc de Lorraine ne demeura pas longtemps grand chambellan de France. Il se ligua avec le même duc d'Orléans contre le roi, et Philippe de Bade, marquis d'Hochberg et comte de Neuchâtel, fut pourvu en sa place de cet office de la couronne en 1491.

Sans aller si loin, Louis XIII et le roi son fils ont vu Charles IV, duc de Lorraine, plus d'une fois en leur cour et y faire des séjours, et la duchesse Nicole a passé à Paris ses dernières années. La planche étoit donc faite, et il n'y avoit qu'à la suivre. On y peut ajouter que le père du duc de Lorraine a été aussi à Paris et à la cour, mais il s'y arrêta peu, quoique assez pour continuer les exemples et régler celui-ci.

1. C'est évidemment par erreur que Saint-Simon attribue à Charles VI, mort en 1422. la nomination de J. Stuart, comte de Buckan ou Boucan, qui n'eut lieu qu'en avril 1423-1424. Ce fut Charles VII qui destitua Charles de Lorraine et le remplaça par J. Stuart.

Mais cela même étoit ce qui incommodoit les cadets de sa maison établis en France, qui, tirant leurs prétentions de leur naissance, avoient grand intérêt de relever leur aîné, et grande facilité par Monsieur, entièrement abandonné au chevalier de Lorraine, jusqu'au point où je l'ai remarqué au mariage de Mme de Lorraine. Des gens qui avoient osé vouloir élever leur aîné jusqu'en compétence de M. le duc de Chartres n'étoient pas pour s'accommoder de celle des princes du sang, et ceux-ci encore moins pour la souffrir. Jamais aucun duc de Lorraine ne leur avoit disputé, pas même le père de celui-ci, beau-frère de l'empereur et à la tête de son armée, aux deux princes de Conti, volontaires dans la même armée, auquel l'électeur de Bavière qui y servoit ne disputoit pas. Le second de ces princes étoit vivant et existant à la cour, et cet électeur étoit frère de Mme la Dauphine alors vivante, et gendre de l'empereur. On n'avoit pas oublié encore comment le fameux Charles-Emmanuel, duc de Savoie, gendre de Philippe II, roi d'Espagne, et qui fit tant de figure en Europe, avoit vécu avec les princes du sang, ni le célèbre mot d'Henri IV là-dessus. Charles-Emmanuel l'étoit venu trouver à Lyon pour arrêter ses armes, après avoir séjourné longtemps à sa cour à Paris, dans l'espérance de le tromper sur la restitution du marquisat de Saluces. Il se trouva qu'un matin, venant au lever d'Henri IV, le prince de Condé et lui qui venoient par différents côtés, se rencontrèrent en même temps à la porte de la chambre où le roi s'habilloit. Ils s'arrêtèrent l'un pour l'autre : Henri IV, qui les vit, éleva la voix et dit au prince de Condé : « Passez, passez, mon neveu, M. de Savoie sait trop ce qu'il vous doit. » Le prince de Condé passa, et M. de Savoie tout de suite et sans difficulté après lui.

Ces considérations firent proposer un biais qui combloit les vues et les prétentions des Lorrains contre les princes du sang, et ce biais fut l'incognito parfait de M. de Lorraine, qui aplanissoit et voiloit tout en même temps. Mais cet incognito étoit aussi parfaitement ridicule; incognito tandis que Mme la duchesse de Lorraine n'y pouvoit être; incognito, et être publiquement logé, traité et défrayé par Monsieur dans le Palais-Royal aux yeux de toute la France; incognito, venant exprès pour un acte dans lequel il falloit qu'il fût publiquement connu et à découvert; incognito enfin, sans cause ni prétexte, puisque ses pères avoient été publiquement à la cour et à Paris, et son père même : aussi prirent-ils un habile détour pour le faire passer. Monsieur, en le proposant au roi, ne manqua pas de bien faire les honneurs de son gendre, de l'assurer qu'il étoit bien éloigné de disputer rien aux princes du sang; que, venu pour son hommage et ayant son pays enclavé et comme sous la domination du roi, il ne pouvoit songer qu'à lui plaire et à obéir sans réserve à tout ce qu'il lui plairoit de lui commander; mais que lui, Monsieur, croyoit lui devoir faire faire la réflexion qu'ayant donné le rang de prince du sang à ses enfants naturels, il ne voudroit peut-être pas exiger pour eux les mêmes déférences de M. de Lorraine que pour les princes du sang; qu'il répugneroit à sa générosité, en étant le maître de l'y obliger, et que ne l'y obligeant pas, cela mettroit une différence entre eux qui ne leur seroit pas avantageuse. Ce propos humble et flatteur, qui dans le fond n'avoit que la superficie, éblouit le roi et le toucha si bien qu'il consentit à l'incognito, moyennant lequel nulles visites actives ni passives pour M. de Lorraine, et nuls honneurs dus ou prétendus. Tout alloit à la petite-fille de France, son épouse, et se confondoit sous son nom; après quoi ils demeuroient sur leurs pieds, avec cet incognito, en liberté de l'expliquer avec tous les avantages qu'ils s'en étoient bien proposés. Ce grand point gagné, tout le reste leur fut facile.

Le vendredi 20 novembre, Monsieur et Madame allèrent à Bondy au-devant de M. et de Mme de Lorraine, qui tous deux se mirent sur le devant de son carrosse. On remarqua avec scandale que M. le duc de Chartres étoit à la portière.

On débita que le devant lui faisoit mal. Cela auroit pu s'éviter, mais ce n'étoit pas le compte de la maison de Lorraine, qui fit en sorte que Mme la duchesse de Chartres demeurât à Versailles, avec laquelle il n'eût pas été si aisé de bricoler. Ils furent à l'Opéra, dans la loge de Monsieur, qui retint à souper toutes les princesses de la maison de Lorraine, avec d'autres dames. Le lendemain samedi, Monsieur amena M. de Lorraine à Versailles. Ils arrivèrent un moment avant midi dans le salon. Nyert, valet de chambre en quartier, avertit le roi qui étoit au conseil et qui avoit la goutte. Il se fit aussitôt rouler par lui dans sa chaise. Il n'y avoit dans le salon qu'eux trois, et la porte du cabinet étoit demeurée ouverte, d'où les ministres les voyoient. M. de Lorraine embrassa les genoux du roi baissé fort bas, et fut reçu fort gracieusement, mais sans être embrassé. La conversation dura un bon quart d'heure, pendant laquelle Monsieur alla causer une fois ou deux à la porte du cabinet avec les ministres, pour laisser M. de Lorraine seul avec le roi. Monsieur lui demanda ensuite permission que le lord Carlingford et un ou deux hommes principaux de M. de Lorraine pussent entrer et lui faire la révérence. Alors le duc de Gesvres, premier gentilhomme de la chambre en année, M. le maréchal de Lorges, capitaine des gardes en quartier, et quelques principaux courtisans, entrèrent avec les gens de M. de Lorraine, mais aucun de sa maison, et je n'ai pu en découvrir la raison. Monsieur demanda ensuite au roi s'il trouvoit bon qu'il fît voir son petit appartement à M. de Lorraine, à qui il nomma les ministres en passant dans le cabinet du conseil. Du petit appartement ils entrèrent dans la grande galerie, où ils furent assez longtemps, et où M. de Lorraine vit Mme la duchesse de Bourgogne qui revenoit de la messe, mais sans l'approcher. De là Monsieur le mena dîner à Saint-Cloud, où Mme de Lorraine ne put se trouver, parce que la fièvre l'avoit prise. Seignelay, maître de la garde-robe, alla le lendemain matin savoir de ses nouvelles de la part du roi, qui rapporta que ce n'étoit rien, et qu'elle viendroit à Versailles le mardi suivant. Mme la duchesse de Chartres l'avoit été voir de Versailles le jour de son arrivée, et MM. les ducs d'Anjou et de Berry l'allèrent voir le dimanche après dîner. Elle leur donna des fauteuils où ils s'assirent, et elle prit un tabouret, comme de raison. Mgr le duc de Bourgogne ni Monseigneur n'y furent point ; on laissa aller les cadets comme par galanterie. Le père et le fils étoient ce jour-là à Meudon, ce que je remarque pour la courte distance de Paris, d'où leur visite eût été plus aisée s'ils l'avoient voulu faire. Le mardi, Mme de Lorraine devoit venir à Versailles dîner chez Mme la duchesse de Chartres, puis aller chez le roi, etc., et Mme la duchesse de Bourgogne après l'avoir vue, c'est-à-dire reçue, aller à l'Opéra à Paris. Mais la petite vérole qui parut rompit les voyages. M. le duc de Chartres le vint dire au roi. Monsieur, M. de Lorraine, ni personne ne la vit que Madame, qui s'enferma presque seule avec elle, et Mme de Lenoncourt, dame d'atours de Mme de Lorraine, seule dame qu'elle eût amenée, qui gagna la petite vérole, et qui en fut fort mal.

J'achèverai de suite pour ne point interrompre la narration du voyage de M. de Lorraine, quoique ce fût ici le lieu de le faire pour raconter ce qui m'arriva, ce que je ferai après. Le mercredi 25 novembre, jour marqué pour l'hommage, Monsieur amena M. de Lorraine à Versailles, qui en mettant pied à terre s'en fut attendre chez M. le Grand, et Monsieur monta tout droit chez le roi. M. le duc de Chartres ne vint point avec eux. Monsieur avoit eu soin de l'éviter pour plaire au chevalier de Lorraine. Un peu après que Monsieur fut chez le roi, Monsieur envoya dire à M. de Lorraine d'y venir : c'étoit vers les trois heures après midi. Il fut suivi de tous ceux de ses sujets qui l'avoient accompagné dans son voyage, et passa toujours entre une double haie de voyeux et de curieux de bas étage. Il traversa les salles des gardes sans qu'ils fissent aucun mouvement, non plus que pour le dernier particulier. Le roi l'attendoit dans le salon, qui étoit lors entre sa chambre et le cabinet du conseil, et qui depuis est devenu sa chambre. Il étoit dans son fauteuil le chapeau sur la tête, M. le maréchal de Lorges derrière lui, au milieu de M. le chancelier et du duc de Gesvres, en l'absence de M. de Bouillon, grand chambellan, qui étoit à Évreux; Mgr le duc de Bourgogne debout et découvert, un peu en avant de M. le chancelier, mais sans le couvrir; M. le duc d'Anjou de même, de l'autre côté, sans couvrir le duc de Gesvres, qui avoit derrière lui Nyert, premier valet de chambre du roi. M. le duc de Berry, Monsieur, M. le duc de Chartres, les princes du sang et les deux bâtards étoient tous en rang, faisant le demi-cercle, avec force courtisans derrière eux, et après eux. Aucun duc que les deux que je viens de nommer, parce qu'ils étoient en fonction de leurs charges et nécessaires, ni aucun prince étranger. Les secrétaires d'État étoient derrière M. le chancelier et les princes du même côté. Monseigneur ne se soucia pas de voir la cérémonie.

M. de Lorraine trouva fermée la porte de la chambre du roi qui entre dans le salon, et l'huissier en dedans. Un de la suite de M. de Lorraine gratta, l'huissier demanda : « Qui est-ce? » Le gratteur répondit : « C'est M. le duc de Lorraine, » et la porte demeura fermée. Quelques instants après, même cérémonie. La troisième fois le gratteur répondit : « C'est M. le duc de Bar; » alors l'huissier ouvrit un seul battant de la porte. M. de Lorraine entra, et de la porte, puis du milieu de la chambre, enfin assez près du roi, il fit de très-profondes révérences. Le roi ne branla point, et demeura couvert sans faire aucune sorte de mouvement. Le duc de Gesvres alors suivi de Nyert, mais ayant son chapeau sous le bras, s'avança deux ou trois pas, et prit le chapeau, les gants et l'épée de M. de Lorraine qu'il lui remit, et le duc de Gesvres tout de suite à Nyert qui demeura en place, mais fort en arrière de M. de Lorraine, et le duc de Gesvres se remit en la place où il étoit auparavant. M. de Lorraine se mit à deux genoux sur un carreau de velours rouge bordé d'un petit galon d'or qui étoit aux pieds du roi qui lui prit les mains jointes entre les deux siennes. Alors M. le chancelier lut fort haut et fort distinctement la formule de l'hommage lige[1] et du serment, auxquels M. de Lorraine acquiesça, et dit et répéta ce qui étoit de forme, puis se leva, signa le serment avec la plume que Torcy lui présenta un peu à côté du roi, où Nyert lui présenta son épée qu'il remit, puis lui rendit son chapeau dans lequel étoient ses gants, et se retira. Pendant ce moment le roi s'étoit levé et découvert, et tous les princes du sang et les deux bâtards demeurèrent en leurs places. M. de Lorraine retourné vers le roi, Sa Majesté se couvrit, le fit couvrir en suite, et en même temps les princes du sang et les deux bâtards se couvrirent aussi. Après être demeurés quelque peu de temps en conservation ainsi debout et rangés, le roi se découvrit et passa dans son cabinet, où après moins de demi-quart d'heure il fit appeler M. de Lorraine. Monsieur demeura dans le salon, et M. de Lorraine demeura seul avec le roi une bonne demi-heure. Il trouva Monsieur qui l'attendoit dans le salon, qui tout de suite le ramena à Paris, où le lendemain Torcy alla lui faire signer un écrit de tout le détail de la cérémonie, et de sa prestation de foi et hommage lige; et lui en délivra une copie signée de lui et de Pontchartrain.

Le jeudi, lendemain de l'hommage, Monsieur mena M. de Lorraine à Meudon; ils y arrivèrent au sortir de table. Monseigneur les promena fort par sa maison, après quoi ils s'en retournèrent à Paris sur les quatre heures. Le samedi suivant, M. de Lorraine alla seul dîner à Versailles chez M. le Grand, puis voir la grande écurie dont le comte de Brionne lui fit les honneurs, et revint de là à Paris. Le lundi

1. Voy. à la fin du volume la note sur l'hommage lige et l'hommage simple.

d'après, Monsieur mena M. de Lorraine à Marly, où le roi venoit d'arriver au sortir de table, qui lui fit voir la maison et les jardins. Monsieur, qui étoit enrhumé, demeura dans le salon. Le roi rentra des jardins dans son cabinet avec M. de Lorraine, où il fut quelque temps seul avec lui, qui sur la fin prit congé. En sortant de son cabinet le roi parla quelque temps à milord Carlingford, connu à Vienne sous le nom de général Taff, et qui a été gouverneur de M. de Lorraine ; puis reçut les révérences de ceux qui la lui avoient faites en arrivant, et retourna se promener, puis revint à Versailles, et Monsieur ramena M. de Lorraine à Paris, à qui le roi envoya une tenture de tapisserie de l'histoire d'Alexandre, de vingt-cinq mille écus. Monsieur avoit prié le roi, qui lui vouloit faire un présent, de lui donner une tapisserie plutôt que toute autre chose. Le mardi 1er décembre, Monseigneur qui étoit à Meudon y donna à dîner à Mgr et à Mme la duchesse de Bourgogne et à leur suite. Mme la princesse de Conti y dîna aussi, et il les mena tous à l'Opéra. Monsieur y étoit dans sa loge en haut avec M. de Lorraine. Il l'amena en celle de Monseigneur, où il ne fut qu'un moment, pour prendre congé de lui et de Mgr et de Mme la duchesse de Bourgogne, chez qui pourtant il n'avoit point été, ce qui parut assez bizarre, et s'en alla aussitôt après avec Monsieur. Il partit la nuit suivante en poste avec sa suite pour s'en retourner en Lorraine. On fit doubler les chevaux partout, et ce qu'il y eut encore de rare, fut que le roi en paya toute la dépense, et malgré lui, par complaisance pour Monsieur. Quelque abandonné qu'il fût au chevalier de Lorraine, M. de Lorraine commençoit à lui peser beaucoup pour la dépense et pour la liberté. Il s'en aperçut ou on l'en fit apercevoir, et c'est ce qui hâta son départ. Il ne laissa pas de se trouver importuné de l'assiduité de tous ceux de sa maison auprès de lui, d'aucun desquels il ne parut faire cas, que de M. le Grand et du chevalier de Lorraine ; et il lui échappa plus d'une fois de dire, qu'il ne savoit à qui en vouloient tous ces petits princes de l'obséder continuellement.

Le dimanche, 20 décembre, comme le roi sortoit du sermon, il rencontra Monsieur qui alloit au-devant de lui, et qui l'accompagna chez lui. Ils y trouvèrent Madame et Mme de Lorraine, et ils furent assez longtemps tous quatre, seuls dans le cabinet du roi. Monsieur, Madame et Mme de Lorraine allèrent de là chez Mme la duchesse de Chartres, et Monsieur mena après Mme de Lorraine chez M. le Grand, qui avoit la goutte, et ensuite à Paris. Le roi n'a pas voulu qu'elle vît Monseigneur, ni Mgrs ses petits-fils ni Mme la duchesse de Bourgogne; ni même qu'elle les rencontrât, à cause de la petite vérole, qu'ils n'avoient point eue. Le samedi, le roi seul alla dîner à Marly, où Monsieur, Madame, et Mme de Lorraine vinrent de Paris dîner avec lui. Il fut remarqué que Monsieur ni Mme de Chartres n'y étoient point. On évita tant qu'on put que les belles-sœurs se trouvassent ensemble. Monsieur, pour faire sa cour au chevalier de Lorraine, Madame, parce qu'elle regardoit son gendre comme un prince allemand, et qui, par conséquent, pouvoit tout prétendre. On se contenta qu'avant partir, M. de Lorraine allât chez M. le duc de Chartres, et lui fît force protestations qu'il ne lui étoit jamais entré dans la pensée de lui disputer rien. C'étoit donc à dire que cela se pouvoit imaginer. C'étoit aux princes du sang à y faire le commentaire. En tout cas, la petite vérole de Mme de Lorraine ne vint pas mal à propos, et les Lorrains eurent grand sujet d'être contents de Monsieur et de Madame, et de s'applaudir de leur tour d'adresse d'avoir mis les bâtards en jeu, pour esquiver nettement les princes du sang, et parer tout par l'incognito. Mme de Lorraine prit congé du roi après dîner, qui retourna à Versailles, et Monsieur, Madame, et Mme de Lorraine à Paris, qui en partit le lendemain lundi, pour retourner en Lorraine. Elle en marqua une impatience qui alla jusqu'à l'indécence. Apparemment qu'elle voulut profiter de sa petite vérole, et ne pas demeurer ici assez longtemps pour se trouver en état de remplir des devoirs qui l'auroient embarrassée.

CHAPITRE XXI.

Bassesse et noirceur étrange du duc de Gesvres à mon égard. — Duc de Gesvres, méchant dans sa famille, fait un trait cruel au maréchal de Villeroy. — Origine de la conduite des ambassadeurs, à leur première audience, par ceux des maisons de Lorraine, Savoie et Longueville, et à leur entrée, par des maréchaux de France. — Origine du chapeau aux audiences de cérémonie des ambassadeurs, qui ne s'étend nulle part ailleurs. — Mort de Mme de Marsan. — Le nonce Delfini fait cardinal; son mot sur l'Opéra. — Mariage de Coigny et de Mlle du Bordage. — Silence imposé par le roi aux bénédictins et aux jésuites sur une nouvelle édition des premiers de saint Augustin. — Exécution de Mme Ticquet, pour avoir fait assassiner son mari, conseiller au parlement. — Mort du fils unique de Guiscard. — Mort de Barin.

Je viens maintenant à ce qui m'arriva de ce voyage. Il étoit certain que le grand chambellan, et en son absence le premier gentilhomme de la chambre du roi en année, devoit prendre l'épée, le chapeau et les gants de M. de Lorraine allant rendre son hommage. Les prendre en ce cas-là c'est dépouiller le vassal des marques de dignité en présence de son seigneur et non pas le servir, et ce qui le montre c'est que le premier gentilhomme de la chambre ne les garde ni ne les rend. Toute sa fonction n'est que de dépouiller le vassal, et c'est le premier valet de chambre qui les reçoit du premier gentilhomme de la chambre dans l'instant qu'il les a ôtés au vassal, et c'est ce même premier valet de chambre qui les rend au vassal après son hommage. Cela se passa ainsi en 1661 à l'hommage du duc de Lorraine, Charles IV, grand-oncle de celui-ci, et il se trouve même que le connétable de Richemont de la race royale, et qui mourut duc de Bretagne, prit l'épée, les gants et le chapeau du duc de Bretagne, son neveu, s'étant trouvé présent à son hommage. Cela ne peut s'entendre autrement, et fut en effet entendu de la sorte sans nuage ni détour. Néanmoins, à l'adresse avec laquelle la maison de Lorraine a su tirer des avantages de tout, et des choses les plus fortuites et les plus indifférentes en faire des distinctions, des prétentions, des prérogatives, je voulus éviter jusqu'aux riens les plus décidés, pour ne leur laisser aucune prise et profiter de la conjoncture du monde la plus naturelle.

Le duc de Gesvres, qui étoit en année, ne servoit plus les soirs quand le marquis de Gesvres son fils et son survivancier l'en pouvoit soulager. Il se portoit bien, il étoit à Versailles, il étoit donc tout simple de lui laisser la fonction. Le duc de Gesvres avoit fait toute sa vie profession d'être ami particulier de mon père, et le venoit voir fort souvent jusqu'à sa mort. Depuis il m'accabla d'amitiés; et toutes ses années me procuroit toutes les sortes d'entrées dont le premier gentilhomme de la chambre peut favoriser. Il me venoit voir, à quatre-vingts ans qu'il avoit, avec une politesse et les manières les plus propres à donner de la confiance. J'y avois toujours répondu avec tous les soins, les égards et le respect dû à son âge et à ses avances, et, au peu d'accès qu'il donnoit auprès de lui, la tendresse qu'il me témoigna toujours étoit tout à fait singulière.

Je crus donc pouvoir en user avec lui en confiance, et lui faire remarquer l'avantage que les Bouillon pourroient vouloir prendre de l'absence affectée de M. de Bouillon, et qu'un duc et pair eût fait la fonction. J'ajoutai, qu'aucun duc sans fonction absolument nécessaire, comme le premier gentilhomme de la chambre et le capitaine des gardes en quartier, qui étoit mon beau-père, ni pas un prince étranger ne devant se trouver à l'hommage, parce qu'aussitôt après M. de Lorraine se couvriroit et qu'eux demeureroient découverts, c'étoit une autre raison de laisser la fonction au marquis de Gesvres. J'assaisonnai cela de toutes les excuses et de tous les respects bienséants à mon âge. Il m'en parut satisfait et goûter ce que je lui proposois. Il en raisonna avec moi, et il convint que le roi ne trouvant pas mauvais l'absence de M. de Bouillon, qui n'avoit point de survivancier, c'étoit une raison de ne pas trouver mauvaise non plus la sienne, ayant un survivancier accoutumé à le remplacer tous les soirs. Il me témoigna qu'il sentoit bien toutes les raisons que je lui venois de dire, qu'il tâcheroit de laisser la fonction à son fils, mais qu'il falloit qu'il en parlât au roi. Il ajouta : « Voyez-vous, avec l'homme à qui j'ai affaire (c'étoit le roi), il faut que je me mette bas, bas, bas comme cela (montrant de la main) pour m'élever haut après. » En cela il n'avoit pas tort et le connoissoit bien. Je me retirai louant sa prudence et flattant bien mon vieillard, content de tout, pourvu que son fils fît la fonction.

Je vis là-dessus Mme de Noailles et le duc de Béthune, ancien ami du duc de Gesvres, qui lui avoit parlé depuis moi et qui n'en avoit pas été content. Je commençai à soupçonner l'humeur fantasque de ce vieillard, à laquelle le servile surnageoit toujours. Plusieurs mesures me manquèrent. Je crus que le pis qu'il pouvoit m'arriver de lui parler encore seroit de ne pas réussir, et dans cette confiance je monte chez lui, et je le trouve s'habillant. Je fais sortir ses valets, je lui parle, il me répond froidement que le roi lui a dit que c'étoit sa fonction et qu'il la devoit faire; qu'il n'avoit pu répliquer parce qu'à l'instant sa chaise avoit roulé, le menant au degré pour aller se promener à Marly; cela ne m'étonna point. Je lui répondis que, la fonction étant pour l'après-dînée, il auroit encore le temps au lever du roi où il s'en alloit, ou ailleurs, de parler, et finalement, après quelques disputes toujours très-mesurées et respectueuses de ma part, froides mais polies de la sienne et qui sembloit désirer ce que je souhaitois, je conclus par lui dire qu'il n'y avoit donc de parti à prendre que de s'en aller à Paris au sortir du lever comme pour quelque affaire pressée, ou de faire le malade, et que puisque le roi trouvoit bon que M. de Bouillon se tînt à Évreux sans l'être ni le faire, le roi ne trouveroit pas plus mauvais qu'il le fît s'il ne croyoit pas qu'il le fût. Tout fut inutile, son parti étoit pris. Je descendis chez le duc de Béthune; je ne trouvai que son fils, à qui je contai ce que je venois de faire et de voir. Il me rassura sur ce que M. de Chevreuse en devoit parler au roi à l'issue de son lever. En effet il réussit, et le roi dit publiquement tout haut au marquis de Gesvres, dans son cabinet, allant donner l'ordre, que ce seroit lui qui serviroit à l'hommage au lieu de son père. Tout le monde l'entendit et le débita sur-le-champ. Le duc de Gesvres, qui l'avoit ouï comme les autres, laissa sortir tout le monde, puis harangua si bien le roi qu'il consentit qu'il fît la fonction. Voilà bien de la bassesse et de la friponnerie gratuites, mais ce n'est encore rien.

Deux jours après je fus averti par la comtesse de Roucy qu'il y avoit grande rumeur contre moi au Palais-Royal; que Madame avoit parlé fort aigrement de moi à la comtesse de Beuvron; et que la chose étoit à un point que j'y devois mettre ordre. J'allai trouver la comtesse de Beuvron, qui me conta que le duc de Gesvres, non content de faire la fonction de l'hommage, avoit fait sa cour au roi à mes dépens, et lui avoit raconté d'une manière burlesque tous les pas que j'avois faits auprès de lui pour l'en empêcher, jusqu'à lui vouloir faire jouer une apoplexie, de quoi il s'étoit très-bien gardé, à son âge et de sa taille, de peur que l'apoplexie ne se vengeât et de mourir comme Molière; qu'il avoit ajouté à cela, sur son compte, toutes les prostitutions qui se peuvent proférer, et qu'il n'avoit surtout rien oublié pour me sacrifier d'une manière complète; qu'au partir de là il étoit allé trouver Mme d'Armagnac, quoique sans liaison avec elle ni avec M. le Grand, qu'il lui avoit fait la même histoire, et qu'il l'avoit ensuite répétée à tout ce qu'il avoit rencontré; que cela étoit revenu à Monsieur, à qui on avoit ajouté que j'avois tenu quantité de propos sur la petitesse de la souveraineté et du rang de M. de Lorraine; que Monsieur étoit dans une colère horrible et en parloit à mille gens; que Madame, pour être plus retenue, n'en étoit pas moins dangereuse, et que je ferois bien d'apaiser des gens avec qui on ne peut avoir raison.

Une si énorme perfidie me fut un coup de foudre, et je n'imaginois personne assez gratuitement méchant pour vouloir perdre dans l'esprit du roi le fils de son ancien ami, qu'il avoit toujours accablé d'amitiés et de caresses, qui y avoit toujours répondu par toutes sortes de soins et de respects, qui, dans ce dont il s'agissoit, ne lui avoit rien dit qui pût lui déplaire, et qu'il n'eût pas même montré de goûter, et qui par l'entière disproportion d'âge, de figure et d'établissement, ne pouvoit en mille ans être en son chemin, ni d'aucun des siens. Quand je fus revenu du premier étourdissement d'une si infâme scélératesse, je remerciai la comtesse de Beuvron, et je la priai de rendre compte à Madame de la véritable raison qui m'avoit fait agir, qui étoit l'absence de M. de Bouillon; que je ne pouvois trouver indécente dans un duc et pair une fonction qu'avoit faite un connétable, prince du sang, et mort depuis duc de Bretagne; et que, pour les propos qu'on m'attribuoit, je la suppliois de ne pas ajouter foi à ce que des gens, ou ennemis, ou curieux de faire leur cour, pouvoient lui avoir rapporté. J'ajoutai que j'irois lui dire moi-même les mêmes choses, si elle l'avoit agréable, et qu'elle trouvât bon que ce fût en particulier, dans son cabinet. Ensuite, j'allai chez Mme de Maré; elle étoit ma parente, amie de tout temps de mon père et de ma mère, et la mienne, de plus, dès ma première jeunesse. Elle avoit été gouvernante des enfants de Monsieur, avec et après la maréchale de Grancey, sa mère ; elle l'étoit de ceux de M. le duc de Chartres, et de tous temps intimement bien avec Monsieur. Elle me faisoit chercher partout ; elle me dit les mêmes choses que la comtesse de Beuvron m'avoit apprises, et plus de noirceurs encore du duc de Gesvres. Je lui contai toute l'histoire, à laquelle elle n'eut rien à répondre que de me quereller d'amitié de m'être fié à un fou et à un méchant homme, pour mon ami que je le crusse. Elle se chargea volontiers, pour Monsieur, des mêmes choses dont la comtesse de Beuvron s'étoit chargée pour Madame, mais je ne lui demandai rien pour Mme de Lorraine, qu'elle me dit être furieuse : ce n'étoit qu'un oiseau de passage, et rien du tout d'ailleurs. Monsieur et Madame, qui s'étoient déchaînés à leur aise, parurent satisfaits de ce qui leur fut dit de ma part, et n'en désirèrent rien davantage. Restoit le roi, de bien loin le plus important sur les impressions qu'il pouvoit prendre. Le procès de M. de Luxembourg, l'excuse de la princesse d'Harcourt à la duchesse de Rohan, mon affaire avec M. le Grand, tout cela que j'avois si vivement mené me faisoit craindre d'avoir trop souvent raison. M. de Beauvilliers ne fut pas d'avis que je fisse sur celle-ci aucune démarche auprès du roi, de peur de tourner en sérieux ce que le roi pouvoit n'avoir pris qu'en bouffonnerie, mais d'être attentif à la manière plus froide ou ordinaire avec laquelle le roi me traiteroit, et différer à prendre mes mesures là-dessus. Le conseil en effet fut très-bon ; le roi me traita à l'ordinaire, et je demeurai en repos.

Ce vieux Gesvres étoit le mari le plus cruel d'une femme de beaucoup d'esprit, de vertu et de biens, qui se sépara de lui, et le père le plus dénaturé d'enfants très-honnêtes gens qui fut jamais. L'abbé de Gesvres étoit depuis quelques années camérier d'honneur d'Innocent XI, et tellement à son gré, qu'il l'alloit faire cardinal lorsque l'éclat entre lui et le roi fit appeler tous les François sur le démêlé des franchises. L'abbé de Gesvres y perdit tout, mais revint de bonne grâce. Le roi, qui en fut touché, lui donna en arrivant de plein saut l'archevêché de Bourges, qui venoit de vaquer par la mort du frère de Châteauneuf, secrétaire d'État. Le duc de Gesvres, en furie, alla trouver le roi, lui dit rage de son fils, et fit tout ce qui lui fut possible pour empêcher cette grâce. Le marquis de Gesvres, il l'a traité, lui et sa femme, comme des nègres, toute sa vie, au point que le roi y est souvent entré par bonté. Ses équipages étoient superbes en chevaux, en harnois, en voitures, en livrées qui se renouveloient sans cesse, et ses écuries pleines des plus rares chevaux de monture, sans en avoir jamais monté un depuis plus de trente ans ; son domestique prodigieux ; ses habits magnifiques et ridicules pour son âge. Quand on lui parloit de ses grands revenus, du mauvais état de ses affaires malgré sa richesse, du désordre de sa maison, et de l'inutilité et de la folie de ses dépenses, il se mettoit à rire et répondoit qu'il ne les faisoit que pour ruiner ses enfants. Il disoit vrai, et il y réussit complètement ; mais ce n'étoit pas seulement sa famille qu'il persécutoit gratuitement.

Il fit, cette même année, un tour au maréchal de Villeroy à le tuer. Tous deux étoient venus de secrétaires d'État, et tous deux avoient eu des pères qui avoient fait une grande et extraordinaire fortune. Un jour que le petit couvert étoit servi, et que le roi étoit encore chez Mme de Maintenon, où il alloit souvent les matins, les jours qu'il n'avoit point de conseil, comme les jeudis et les vendredis (et qu'elle n'avoit point là de Saint-Cyr à aller dès le matin, comme à Versailles), les courtisans étoient autour de la table du roi, à l'attendre, et M. de Gesvres, pour le servir. Le maréchal de Villeroy arriva avec ce bruit et ces airs qu'il avoit pris de tout temps, et que sa faveur et ses emplois rendoient plus superbes ; je ne sais si cela impatienta ce vieux Gesvres plus qu'à l'ordinaire, mais dès qu'il le vit arriver, derrière un coin du fauteuil du roi où il se mettoit toujours : « Monsieur le maréchal, se prit-il à lui dire tout d'un coup, la table et le fauteuil entre-deux, il faut avouer que vous et moi sommes bien heureux. » Le maréchal, étonné d'un propos que rien n'amenoit, en convint avec un air modeste, et, secouant sa tête et sa perruque, voulut le rompre en parlant à quelqu'un; mais l'autre, qui n'avoit pas si bien commencé pour rien, continue, l'apostrophe pour se faire écouter, admire la fortune du Villeroy qui épouse une Créqui, et de son père qui épouse une Luxembourg, et de là, des charges, des gouvernements, des dignités, des biens sans nombre; et les pères de ces gens-là des secrétaires d'État : « Arrêtons-nous là, monsieur le maréchal, s'écria-t-il, n'allons pas plus loin; car, qui étoient leurs pères, à ces deux secrétaires d'État? de petits commis, et commis eux-mêmes; et de qui venoient-ils? le vôtre, d'un vendeur de marée aux halles, et le mien, d'un porteballe et peut-être de pis. Messieurs, s'adressant à la compagnie tout de suite, est-ce que je n'ai pas raison de trouver notre fortune prodigieuse, à M. le maréchal et à moi? N'est-il pas vrai donc, monsieur le maréchal, que nous sommes bien heureux? » Puis à regarder, à se pavaner et à rire. Le maréchal eût voulu être mort, beaucoup mieux encore l'étrangler, mais que faire à un homme qui, pour vous dire une cruauté, s'en dit à lui-même le premier? Tout le monde se tut et baissa la vue; il y en eut plus d'un qui ne fut pas fâché de regarder le maréchal du coin de l'œil, et de voir ses grandes manières si plaisamment humiliées. Le roi vint et finit le spectacle et l'embarras, mais il ne fit que suspendre. Ce fut la matière de la conversation de plusieurs jours, et le divertissement de la malignité et de l'envie si ordinaires à la cour.

Cette aventure, quelle qu'elle fût, ne pouvoit me servir de leçon de ne me pas fier à un si méchant homme. Il pouvoit avoir cru se parer de sa modestie par un discours qui au fond n'apprenoit rien que tout le monde ne sût, et la jalousie de la faveur et de l'éclat du maréchal de Villeroy pouvoit l'avoir excité à lui dire à brûle-pourpoint des vérités si fâcheuses à entendre. J'étois à mille lieues de tout ce que ce pernicieux vieillard pouvoit désirer ou envier, et je ne crois pas qu'un autre en ma place eût pu se défier d'une scélératesse aussi gratuite et aussi complète. Mais il faut achever ce qui regarde l'absence affectée de M. de Bouillon.

Ce n'étoit point le service de l'hommage qui en éloigna M. de Bouillon; je l'ai expliqué. Mais accoutumé à se couvrir aux audiences des ambassadeurs, depuis que les félonies héréditaires de ses pères, depuis que la faveur d'Henri IV leur eût valu Sedan, avoient acquis le rang de prince à son père au lieu de lui coûter la tête, il ne voulut pas se trouver à une cérémonie où les princes du sang, les bâtards et M. de Lorraine se couvriroient, et où il demeureroit découvert, et c'est ce qui empêcha la maison de Lorraine de s'y trouver et tous les autres qui ont cet avantage. Mais pour entendre cette différence aux mêmes personnes de se couvrir aux audiences des ambassadeurs, et de ne se couvrir jamais en aucune autre occasion, il faut remonter à l'origine de cette distinction.

Anciennement tout le monde étoit couvert devant nos rois à l'ordinaire de la vie, et dans les cérémonies par conséquent, et quand autour du roi quelqu'un avaloit son chaperon[1], les plus près du roi lui faisoient place, parce que c'étoit une marque qu'il vouloit parler au roi. Le changement des chaperons en bonnets, puis en toques, altéra peu à peu cet usage et l'abolit à la fin, tellement que personne

---

1. Le chaperon était une coiffure en usage principalement sous les règnes de Jean, Charles V et Charles VI; elle était en drap, bordée de fourrures avec une longue queue qui retombait par derrière. *Avaler* est un vieux mot synonyme de *descendre* ou *abaisser*. On n'ôtait pas toujours son chaperon en parlant aux princes. Monstrelet rapporte que la reine Isabeau, ou Isabelle de Bavière, haïssait Jean Torel, *parce qu'en lui parlant il ne tetoit point son chaperon.*

ne se couvrit plus devant le roi à l'ordinaire de la vie, ni dans les cérémonies, hors celles où cela fut ou réservé ou marqué, comme au sacre, aux pompes funèbres, aux cérémonies de l'ordre, et alors il ne s'agissoit point d'être prince, mais seulement d'avoir l'office qui faisoit qu'on étoit couvert, comme les pairs et les officiers de la couronne au sacre et au lit de justice, tout le monde aux convois des pompes funèbres, et tous les chevaliers au chapitre et au festin de l'ordre. Les ambassadeurs étoient reçus et accompagnés par des chambellans du roi à leur entrée et à leur audience, et cela a duré jusqu'à la puissance des Guise et à leurs projets. Comme M. de Guise fut le premier qui fit ajouter à la formule de son serment de pair ces paroles à la suite des autres si différentes : *Et comme un bon conseiller de cour souveraine*, pour flatter le parlement et la magistrature, ce qui a été ôté longtemps depuis; comme il fut le premier homme non-seulement de sa dignité et de son état, mais de quelque distinction, qui ait été marguillier d'honneur de sa paroisse pour s'attirer la bourgeoisie, au delà de laquelle cette marguillerie n'avoit jamais passé; aussi dans ces mêmes desseins voulut-il gagner les puissances étrangères et s'en attacher les ambassadeurs. Comme il pouvoit des choses assurément plus importantes, il mit en usage de conduire à l'audience de cérémonie ceux des premières têtes couronnées, c'est-à-dire du pape, de l'empereur et des rois d'Espagne et d'Angleterre, sous prétexte de sa charge de grand chambellan, et de les présenter au roi. Eux se trouvèrent bien plus honorés d'être menés par lui que par des chambellans, et cette conduite leur donnoit occasion de civilités qui introduisoient visite, commerce et affaires. De M. de Guise l'usage par ces mêmes raisons s'en étendit peu à peu à ses enfants, à ses frères, puis à ses cousins, d'abord pour le suppléer, dans la suite comme une distinction qu'ils avoient acquise par l'usage, et comme un honneur dont les ambassadeurs ne voulurent plus se départir. De l'un à l'autre MM. de Nemours, si unis aux Guise leurs frères utérins, voulurent partager cet avantage. Ils n'y trouvèrent point de difficulté de leur part, puis M. de Longueville et les ambassadeurs, accoutumés à être menés par des princes de la maison de Lorraine, se le trouvèrent également bien par ceux de la maison de Savoie et par une autre maison bien inférieure, mais qui ne cédoit rien à ces deux-là en avantages. C'est ce qui a fait que longues années après, MM. de Bouillon et de Rohan, ayant obtenu les mêmes distinctions que MM. de Lorraine avoient usurpées pendant la Ligue, et qu'ils ont bien su se conserver depuis, et qui ont été étendues à MM. de Savoie, etc., ils n'ont pu néanmoins atteindre à celle de mener les ambassadeurs à l'audience, qui ont fort bien su dire que le rang qui leur avoit été donné ne les rendoit pas princes, et qu'ils ne se départiroient point d'en avoir de véritables et non de factices pour conducteurs. Quand la chose fut bien établie, et que la maison de Lorraine se vit en état de tout entreprendre, arrivée qu'elle fut par les dignités et les offices de l'État qu'elle sut si bien faire valoir contre les princes du sang, et que, pièce à pièce, et de conjonctures en conjonctures, et d'occasion en occasion, elle fut venue à bout de se former un rang par naissance, et des distinctions différentes de celles des rangs de l'État, elle imagina de faire accompagner les ambassadeurs à leur entrée par des maréchaux de France, pour marquer par là leur supériorité sur les officiers de la couronne. Il y avoit alors très-peu de ducs qui ne fussent pas princes du sang ou de maison souveraine, et on n'avoit point encore vu de maréchaux de France ducs. Il n'y en a eu que bien depuis que cette conduite aux entrées a été établie. Longtemps encore depuis, les maréchaux de France qui étoient ducs n'y étoient pas employés. A la fin ils l'ont été aussi comme à une fonction attachée à leur office de maréchal, comme tels et non comme ducs, et insensiblement ç'a été un nouveau degré de distinction pour les princes à qui la conduite à l'audience est demeurée. Mais pour cet avantage ils n'avoient pas celui de se couvrir ; l'ambassadeur seul jouissoit de cet honneur, et le prince qui le menoit à l'audience y assistoit découvert. Quelque entreprenants que se soient montrés les Guise, jamais ils n'ont imaginé de se couvrir devant les rois qu'ils maîtrisoient, et dont ils étoient sur le point d'usurper la couronne. Cet usage ne s'introduisit que sous Henri IV, et en voici l'occasion.

Après l'entière chute de la Ligue et la paix de Vervins, il vint un ambassadeur d'Espagne en France, qui étoit grand d'Espagne. Il alla trouver le roi à Monceaux, où il étoit avec peu de monde, et il l'accompagna dans les jardins que le roi avoit fait faire, et qu'il se plut à lui montrer. Dans les commencements de la promenade, le roi se couvrit. L'ambassadeur, accoutumé à se couvrir en même temps que le roi d'Espagne se couvroit, se couvrit aussi. Henri IV le trouva fort mauvais. Il ne voulut pourtant rien marquer à l'ambassadeur, mais jetant les yeux autour de soi, il commanda à M. le Prince, à M. de Mayenne et à M. d'Épernon de se couvrir, qui étoient les seuls grands qui de hasard se trouvèrent à cette promenade. De là M. de Mayenne obtint de se couvrir aux audiences des ambassadeurs ; à plus forte raison M. le Prince et l'heureux duc d'Épernon aussi, par la fortune de s'être trouvé là en troisième avec eux. Avec M. de Mayenne, ceux de sa maison qui conduisoient les ambassadeurs à l'audience se couvrirent, et une fois couverts, s'y couvrirent toujours menant ou non les ambassadeurs. Sur cet exemple, les enfants de M. d'Épernon se couvrirent de même, parce que cet honneur vint pour eux tous de la même origine à Monceaux. Les princes des maisons de Savoie et de Longueville, égalés en tout aux Lorrains, se couvrirent de même, et par conséquent les cardinaux supérieurs à tous en rang, et les princes du sang, quand il y en eut en âge, autres que M. le Prince. Telle est l'origine de ce qui s'appelle le *chapeau*, et ce chapeau, de si grand hasard pour M. d'Épernon, lui valut, et à ses fils et à son petit-fils, le rang et les honneurs des princes étrangers, quelque peu bien qu'il fût dans le goût et les bonnes grâces d'Henri IV. Mais ce roi et ses successeurs à qui ce chapeau étoit échappé, comme je viens de l'expliquer, ont été continuellement jaloux de ne pas le laisser étendre au delà des audiences de cérémonie des ambassadeurs, et jamais en aucune autre occasion ils n'ont permis aux princes étrangers de se couvrir, et c'est pour cela aussi qu'aucun d'eux ne se trouve aux audiences publiques des souverains que le roi fait couvrir, ni en aucune autre où autre que lui puisse être couvert, ni les cardinaux non plus qu'eux. Ils ont essayé plus d'une fois d'obtenir cette extension d'honneur. Les ducs aussi ne se trouvent jamais nulle part où d'autres se couvrent, excepté le premier gentilhomme de la chambre en année, et le capitaine des gardes en quartier, par le service nécessaire de leurs charges. On a vu que quand ils sont mandés par le roi à une audience, comme il arriva à celle du cardinal Chigi, légat *a latere*, que les princes étrangers ne s'y couvrent point ; ainsi on n'en répétera rien. Mais voilà assez d'explication sur cette matière, il est temps de reprendre les événements qui ont fini cette année.

Mme de Marsan mourut avant le départ de Paris de Mme la duchesse de Lorraine. C'étoit une nièce paternelle de MM. de Matignon, et de plus sœur de Mme de Matignon, femme altière, impérieuse, de peu d'esprit, et parfaitement gâtée par la place, la splendeur, l'autorité et l'étrange hauteur de Seignelay, son premier mari, et par le rang et la naissance du second. Elle étoit en couche de son second fils. La nourrice fit je ne sais quoi qui lui déplut; la colère la transporta, la couche s'arrêta, il n'y eut jamais moyen de la sauver : elle mourut et ne fut regrettée de personne, ni des siens que, par crédit, et après par rang, elle avoit toujours traités avec beaucoup d'humeur et de hauteur, ni de son mari qu'elle tenoit de court, et qui demeuroit riche usufruitier d'une partie de ses biens.

Le nonce Delfini fut fait cardinal dans une promotion de nonces et d'Italiens. Le courrier de M. de Monaco devança celui du pape. Le roi crut avoir ses raisons pour lui faire une faveur singulière ; il lui écrivit un billet de sa main pour le lui apprendre et s'en réjouir avec lui. Dès qu'il l'eut reçu, il s'en vint à Versailles remercier lui-même, et débarqua chez Torcy. Comme le cas étoit extraordinaire, Torcy le mena chez Mme de Maintenon où le roi étoit déjà, et le fit avertir. Le roi les fit entrer. Mme la duchesse de Bourgogne qui s'y trouva et Mme de Maintenon lui firent là leur compliment, le tout dura fort peu. Le courrier du pape arriva enfin le soir, et lui apporta sa calotte. Il sut assez vivre pour la mettre dans sa poche et de demeurer ainsi, depuis le dimanche qu'à son retour d'avoir remercié le roi, il trouva le courrier arrivé, jusqu'au mercredi matin, jour de l'hommage, qu'il eut audience particulière du roi dans son cabinet, auquel il présenta sa calotte pour la recevoir de sa main. Le roi la lui rendit, à la différence de ses sujets à qui il la met sur la tête. Ce nonce avoit beaucoup d'esprit, et en avoit bien aussi la physionomie. Je n'ai jamais vu deux si petits yeux ni qui disent tant. Il étoit galant, et peut-être quelque chose de plus ; il aimoit à se divertir, et alloit fort souvent à l'Opéra. Le roi, qui étoit alors plus austère qu'il n'a été depuis dans sa dévotion, en fut scandalisé, et lui fit insinuer avec adresse que ce n'étoit pas l'usage ici que les évêques ni les prêtres allassent aux spectacles ; il fut sourd et ne fit pas semblant de comprendre. Enfin le roi le lui fit dire de sa part. Le bon Delfin, glissant sur la conscience, et passant à côté de l'usage, se confondit en remercîments de la bonté avec laquelle le roi avoit soin de sa fortune, et répondit qu'il n'avoit jamais compté d'en faire aucune en France, mais bien en Italie, où l'Opéra et les spectacles n'étoient obstacle à rien, et y retourna tout de plus belle. Le roi, le voyant arrivé en effet au but malgré l'Opéra, voulut peut-être effacer la petite amertume de l'avis par l'agrément du billet, et ne pas renvoyer à Rome un cardinal mécontent.

Coigny, mestre de camp du Royal-Étranger, qui longtemps depuis a fait une si belle fortune, épousa en ce temps-ci Mlle du Bordage, du nom de Montboucher, fille de qualité de Bretagne, très-jolie, et encore plus vertueuse et plus sainte toute sa vie. Toute sa famille étoit huguenote. On les rattrapa comme ils étoient à la frontière pour se retirer en Hollande. Son père se convertit comme il put, et fut tué devant Philippsbourg. Le roi mit le fils au collége, et la fille chez Mme de Miramion, où ils abjurèrent. Le fils eut un régiment que le roi lui donna pour rien de bonne heure. Il étoit bien fait, avec bien de l'esprit, aimant la bonne compagnie et encore plus la liberté et le jeu par-dessus tout, où il a passé sa vie sans se marier, a peu servi et peu paru à la cour. Leur mère étoit Goyon-Matignon, fille du marquis de La Moussaye, et d'une sœur de MM. de Bouillon et de Turenne et de Mmes de La Trémoille, de Duras et de Roye. Mlle du Bordage étoit ainsi nièce maternelle de M. de Quintin, mari sans enfants de la Montgommery qui se remaria à Mortagne, de laquelle j'ai parlé à cette occasion.

L'année finit par les holà que le roi mit entre les jésuites, qui en eurent apparemment besoin, puisqu'ils le firent parler, et les bénédictins. Ces derniers avoient donné depuis peu une belle édition de saint Augustin, dont la morale n'est pas celle des jésuites. Pour l'étouffer ils employèrent leur égide ordinaire qui les a toujours si bien servis. Le livre, selon eux, étoit tout janséniste; ils l'attaquèrent. Les bénédictins répondirent, ils s'échauffèrent fort de part et d'autre. Les jésuites, à bout de preuves et de raisons, mais non d'injures et d'assertions plus que hardies, ne purent venir à bout de ternir cette édition, ni de la faire supprimer. A ce défaut qui leur fut amer, ils eurent au moins le crédit de faire cesser le combat quand ils se virent les plus foibles, par une défense de la part du roi aux uns et aux autres de plus écrire ni parler en aucune sorte sur cette édition. Ce fut Pontchartrain qui l'écrivit aux uns et aux autres. Les jésuites eurent bientôt après le déplaisir de voir cette édition solennellement approuvée à Rome.

Il faut réparer les oublis quand on s'en aperçoit; d'autres matières m'ont emporté. Les premiers jours d'avril, Ticquet, conseiller au parlement, et même de la grand'-chambre, fut assassiné chez lui, et s'il n'en mourut pas, ce ne fut pas la faute du soldat aux gardes et de son portier qui s'étoient chargés de l'exécution et qui le laissèrent, le croyant mort, sur du bruit qu'ils entendirent. Ce conseiller, qui en tout étoit un fort pauvre homme, s'étoit allé plaindre l'année précédente au roi, à Fontainebleau, de la conduite de sa femme avec Montgeorges, capitaine aux gardes fort estimé, à qui le roi défendit de la plus voir. Cela donna du soupçon contre lui et contre la femme, qui étoit belle, galante, hardie, et qui prit sur le haut ton ce qu'on en voulut dire. Une femme fort de mes amies et des siennes lui conseilla de prendre le large, et lui offrit de quoi le faire, prétendant qu'en pareil cas on se défend mieux de loin que de près. L'effrontée s'en offensa contre elle et contre plusieurs autres amis, qui avec les mêmes offres lui donnèrent même conseil. En peu de jours la trace fut trouvée, le portier et le soldat reconnus par Ticquet, arrêtés et mis à la question, auparavant laquelle Mme Ticquet fut assez folle pour s'être laissé arrêter, et n'être pas déjà en pays de sauveté. Elle eut beau nier, elle eut aussi la question, et avoua tout. Montgeorges avoit des amis qui le servirent si bien qu'il ne fut fait aucune mention juridique de lui. La femme condamnée à perdre la tête et ses complices à être roués, Ticquet vint avec sa famille pour se jeter aux pieds du roi et demander sa grâce. Le roi lui fit dire de ne se pas présenter devant lui, et l'exécution fut faite à la Grève, le mercredi 17 juin après midi. Toutes les fenêtres de l'hôtel de ville, toutes celles de la place et des rues qui y conduisent depuis la Conciergerie du palais où elle étoit, furent remplies de spectateurs hommes et femmes, et de beaucoup de nom, et de plusieurs de distinction. Il y eut même des amis et des amies de cette malheureuse qui n'eurent pas honte et horreur d'y aller. Dans les rues la foule étoit à ne pouvoir passer; en général on en avoit pitié et on souhaitoit sa grâce, et c'étoit avec cela à qui l'iroit voir mourir. Et voilà le monde si peu raisonnable et si peu d'accord avec soi-même!

Tout à la fin de l'année, Guiscard perdit son fils unique, de la petite vérole, à Vienne. Il l'avoit envoyé voyager en ce temps de paix, ce qui rendit sa sœur une riche héritière.

Barin mourut aussi. Il étoit premier maître d'hôtel de Monsieur. C'étoit, je pense, un homme d'assez peu, mais de très-bonne mine, et fort grand et bien fait, quoique déjà vieux, ce qui lui avoit fort servi auprès des dames. Il avoit de l'esprit, du sens, de l'adresse, de l'intrigue, de la conduite, de l'honneur, et un grand attachement et une grande fidélité pour ses amis. Il avoit été fort avant dans les affaires de Mademoiselle, de M. de Lauzun et de Mme de Montespan, et j'en ai vu quantité de lettres fort curieuses à M. de Lauzun sur tout cela vers la fin de sa prison[1]. Les ministres d'alors en faisoient cas, et il a toujours été dans le monde sur un bien meilleur pied que son état. Il n'étoit point marié, et mourut fort peu riche, rangé et tout à fait désintéressé, et longtemps avant sa mort assez retiré, et fort homme de bien.

---

1. Lauzun avait été enfermé à Pignerol en 1671; il en sortit en 1681, en renonçant au duché d'Aumale et au comté d'Eu que lui avait donnés Mademoiselle.

CHAPITRE XXII.

1700. — Le roi ne paye plus les dépenses que les courtisans font à leurs logements. — Exil de Mme de Nemours. — Porte sainte du grand jubilé ouverte par le cardinal de Bouillon. — Dispute de Torcy et des ambassadeurs pour leurs carrosses aux entrées. — Delfini, nonce et cardinal, s'en va sans présents, pour n'avoir pas voulu visiter les bâtards. — Archevêque de Paris officie à la Chapelle avec sa croix. — *Altesse* refusée à M. de Monaco avec éclat. — Cardinaux françois à Rome. — Gualterio nonce en France. — Grandes couronnes ont le choix de leurs nonces. — Mort de Mme Tambonneau la mère. — Mort, fortune et famille de Mme de Navailles. — Mort de Lavocat. — Mort de Mme de Maulevrier. — Mort de Biron père. — Mort du chevalier de Villeroy. — Mort d'Hauterive. — Cossé duc de Brissac. — Mort du cardinal Casanata. — Quatre-vingt mille livres à M. d'Elbœuf. — Cent mille à Mme de Montespan, qui achète Oiron.

L'année 1700 commença par une réforme. Le roi déclara qu'il ne feroit plus la dépense des changements que les courtisans feroient dans leurs logements. Il en avoit coûté plus de soixante mille livres depuis Fontainebleau. On croit que Mme de Mailly en fut cause, qui depuis trois ou quatre ans avoit fait changer le sien tous les ans. Cela fut plus commode parce qu'avec les gens des bâtiments, on faisoit ce qu'on vouloit chez soi sans en demander la permission au roi : mais d'autre part tout fut aux dépens de chacun.

Mme de Nemours fut exilée en sa maison de Coulommiers en Brie, qui est magnifique. Torcy lui en porta l'ordre du roi, auquel elle obéit avec une fermeté qui approcha fort de la hauteur. Elle avoit mis un gouverneur à Neuchâtel dont on n'étoit pas content, et qu'on disoit un brouillon, c'est-à-dire qu'il la servoit à sa mode, et point à celle de la cour. On voulut donc qu'elle le changeât, et par la même raison elle n'en voulut rien faire. On ouvrit ses lettres à ce gouverneur, et on y trouva choses qui déplurent, et qui la firent chasser. Être souveraine d'une belle terre, et sujette d'un grand roi, sont deux choses difficiles à accorder quand on se sent et qu'on veut faire ce qu'on est.

Le cardinal de Bouillon, devenu sous-doyen du sacré collège, eut le plaisir d'ouvrir la porte sainte du grand jubilé du renouvellement du siècle, par l'infirmité du cardinal Cibo, doyen. Il en fit frapper des médailles, et faire des estampes et des tableaux. On ne peut marquer un plus grand transport de joie, ni se croire plus honoré et plus grand de cette fonction, qu'il ne devoit pourtant à aucun choix : ce lui fut une consolation après l'affaire de M. de Cambrai qui lui avoit causé tant d'amertume. C'est ainsi que les gens si glorieux se montrent souvent bien petits. Jamais homme ne se montra tant l'un et l'autre.

Nos secrétaires d'État, parvenus à pas de géant où ils en sont, ne se contentèrent pas des succès domestiques ; ils en voulurent essayer d'étrangers, qui ne leur réussirent pas si bien, parce que les étrangers ne dépendent point d'eux. Le secrétaire d'État qui a le département des affaires étrangères envoie son carrosse aux entrées des ambassadeurs ; il ne dispute pas de sa personne la préséance à un ambassadeur qui a la main[1] chez les princes du sang. Mais tout modeste que fût Torcy, son carrosse s'étoit doucement coulé entre le dernier des princes du sang, et ceux d'Erino et de Ferreiro, derniers ambassadeurs de Venise et de Savoie. Le successeur d'Erino y prit garde de plus près, et ne le voulut pas souffrir ; le successeur de Ferreiro l'imita, et dit que son

---

1. L'expression *avoir la main* signifie avoir la droite et la place d'honneur.

maître ne lui pardonneroit jamais s'il faisoit la moindre chose du monde moins que l'ambassadeur de Venise. Torcy n'envoya point son carrosse. Cette tentative, ainsi manquée presque aussitôt qu'aperçue et tournée en prétention, fut rejetée dans la suite par tous les autres ambassadeurs, et finalement les choses revinrent dans l'ordre. Torcy renvoya son carrosse aux autres entrées, et il ferma la marche le pénultième de tous, suivi seulement de celui de l'introducteur des ambassadeurs.

Il y eut une autre difficulté de différente espèce, et qui mortifia le roi. On a vu ci-devant comme il fit singulièrement merveilles au nonce Delfin sur son chapeau. Il avoit amené peu à peu tous les ambassadeurs à visiter MM. du Maine et de Toulouse comme les princes du sang, et sans différence aucune. Le nonce Cavallerini, prédécesseur de celui-ci, et fait cardinal en France comme lui, se laissa aller à les visiter de même. Il en fut tancé, et si mal reçu à son retour à Rome, que Delfin n'osa l'imiter. Les cardinaux, accoutumés à l'usurpation générale dont ils jouissent partout, croyoient être fort descendus depuis les cardinaux de Richelieu et Mazarin, de traiter d'égal avec les princes du sang, et de leur donner la main chez eux, ce qui n'étoit pas du temps de ces deux premiers ministres. La donner aux bâtards du roi, et en acte de cérémonie, leur parut monstrueux. On négocia un mois durant, sans le pouvoir fléchir; ainsi, quoiqu'on fût d'ailleurs fort content de lui pendant sa nonciature, il ne put avoir ni audience de congé, ni même audience secrète, ni lettres de recréance, et il fut privé du présent de dix-huit mille livres en vaisselle d'argent, qu'on a coutume de faire aux nonces-cardinaux à leur départ, et il s'en alla sans dire adieu à personne.

Autre tracasserie : le cardinal de Bouillon, absent et grand aumônier, étoit en disgrâce de l'affaire de M. de Cambrai; l'archevêque de Paris, au contraire, étoit en faveur. La Chapelle, qui se prétend exempte de la juridiction de l'ordimaire¹, ne vouloit pas souffrir la croix de l'archevêque, ni l'archevêque officier à la Chapelle sans cette marque de sa juridiction. M. de Paris venoit d'avoir l'ordre, et le roi le fit officier à la Chandeleur avec sa croix, à la messe de l'ordre.

En voici une de plus de conséquence : on a vu ailleurs l'origine d'hier de la princerie de M. de Monaco, et de sa prétention de l'*altesse*, et combien cette chimère l'isola à Rome, et y nuisit aux affaires du roi par les entraves qu'elle mit au commerce le plus nécessaire de l'ambassadeur. Lassé de la résistance, il imagina de refuser l'*excellence* à qui il la devoit qui ne lui donneroit pas l'*altesse*, et par là, fit qu'aucun d'eux ne le vit plus, jusqu'au duc Lanti et au prince Vaïni, dont la France avoit fait la moderne et légère élévation. Ce qui est difficile à comprendre est comment le roi le souffrit à son ambassadeur, et comment il préféra la fantaisie toute nouvelle éclose d'un homme qui n'étoit ni favori ni ministre intérieur, au succès de ses affaires qui en reçurent des entraves continuelles. Cette situation des deux hommes chargés des affaires à Rome, l'un comme cardinal, l'autre comme ambassadeur, hâta le départ de nos cardinaux. La santé du pape avoit fort menacé, et leur avoit fait ordonner de se tenir prêts. Elle étoit devenue moins mauvaise, et ils n'étoient plus pressés de partir, lorsque cet incident fit prendre le parti de les envoyer à Rome. Mais il n'en partit que deux, Estrées et Coislin. Le premier étoit parent proche de M. de Savoie, dont la mère étoit fille du duc de Nemours, beau-frère aîné de notre exilée à Coulommiers et de la fille du duc de Vendôme, bâtard d'Henri IV et de la belle Gabrielle, sœur du maréchal d'Estrées, père du cardinal. Il s'étoit toujours tenu en grande liaison avec Madame Royale. Il s'arrêta à Turin en passant; mais il y avoit déjà quelque temps que M. de Savoie, ennuyé de la hauteur des cardi-

---

1. L'ordinaire est l'évêque diocésain.

naux, n'en vouloit plus voir aucun, tellement qu'il ne vit le cardinal d'Estrées que chez Mme sa mère et chez Mme sa femme. Le cardinal Le Camus n'étoit point rentré en grâce depuis sa promotion à l'insu du roi, et que sans sa permission il eût pris la calotte à Grenoble et se fût contenté de le mander au roi. Il n'eut jamais depuis la permission de sortir de son diocèse, que pour aller à Rome à la mort des papes. Encore ne l'eut-il pas d'aller au premier conclave, qui arriva depuis qu'il fut cardinal, et fut obligé de demeurer à Grenoble. Le cardinal Bonzi, tout à fait tombé de tête et de santé, ne fut pas en état d'y penser, et le cardinal de Fürstemberg, sucé jusqu'aux moelles par sa nièce, et qui étoit revenu très-précipitamment du dernier conclave, dans la peur d'être enlevé une seconde fois par les Impériaux, eut permission de demeurer. On avoit affaire de lui à la cour, et de ne le pas séparer de cette nièce qui le gouvernoit, qui n'auroit pu le suivre à Rome avec bienséance. Mme de Soubise avoit ses raisons pour les laisser ensemble, et ne les pas laisser écarter.

Le nonce Delfin fut relevé ici par Gualterio, vice-légat d'Avignon, que le roi préféra dans une liste de cinq sujets que le pape lui proposa. C'est un usage, tourné en espèce de droit que l'empereur et le roi ont ainsi le choix des nonces que Rome leur envoie. Je pense que le roi d'Espagne l'a aussi. Gualterio, homme de beaucoup d'esprit, s'étoit gouverné dans sa vice-légation de manière à se rendre agréable au roi, dans la vue de cette nonciature, dont on ne sort point qu'avec le chapeau. Mailly, archevêque d'Arles, qui tout éloigné qu'il étoit de la pourpre y pensoit dès avant d'être évêque, comme je crois l'avoir dit, avoit profité de la position d'Arles pour lier des commerces sourds à Rome et amitié avec ce vice-légat. Les mêmes raisons lui firent désirer de la liaison entre lui et moi depuis qu'il fut déclaré nonce. Elle se fit et se tourna depuis en véritable estime et amitié de part et d'autre, qui se retrouvera en plus d'un endroit dans la suite. C'est ce qui m'a fait étendre sur sa nomination.

La vieille Tambonneau, tante maternelle de M. de Noailles mourut. J'en ai suffisamment parlé à l'occasion de la mort de la mère de M. de Noailles. J'ajouterai qu'en ses dernières années, elle s'étoit retirée aux Enfants-Trouvés, et que là même elle fut suivie par ses amis, et visitée de la meilleure compagnie de la cour et de la ville qui avoit accoutumé de la voir chez elle. Elle avoit plus de quatre-vingts ans; elle n'avoit jamais fait grand cas de son mari ni de son fils l'ambassadeur en Suisse; elle ne l'appeloit jamais que Michaut; il ne la voyoit guère que les matins, ni sa femme non plus, qui étoit une autre intrigante qui ne valoit pas sa belle-mère, et qui auroit voulu l'imiter. La bonne femme ne vouloit point mêler ce bagage-là avec la bonne compagnie dont sa maison étoit toujours remplie.

Mme de Navailles mourut le même jour, 14 février : son nom étoit Baudéan, et son père s'appeloit le comte de Neuillant, étoit gouverneur de Niort et frère cadet de M. de Parabère, chevalier de l'ordre en 1633, et gouverneur de Poitou. Il laissa sa femme veuve assez longtemps, qui s'appeloit Tiraqueau et qui étoit l'avarice même. Je ne puis dire par quelle raison, ou hasard, Mme de Maintenon, revenant jeune et pauvre fille d'Amérique, où elle avoit perdu père et mère, tomba en débarquant à la Rochelle chez Mme de Neuillant qui demeuroit en Poitou. Elle ne put se résoudre à lui donner du pain sans en tirer quelque service : elle la chargea donc de la clef de son grenier pour donner le foin et l'avoine par compte, et l'aller voir manger à ses chevaux. Ce fut elle qui la mena à Paris, et qui, pour s'en défaire, la maria à Scarron. Elle retourna chez elle en Poitou. Son fils unique fut tué, sans alliance, à la bataille de Lens. Mme de Navailles étoit sa fille aînée, et la cadette épousa le comte de Froulay, grand maréchal des logis de la maison du roi en 1650, quatorze ans après ce mariage, chevalier de l'ordre en 1664, et mort à soixante-dix ans en 1671, et elle en 1678. M. de Froulay, ambassadeur à Venise, l'évêque du Mans, le bailli de Froulay, sont petits-fils de ce mariage, et cousins issus germains cadets du comte de Tessé, fils du maréchal de Tessé, petits-fils des deux frères. Ces deux sœurs étoient filles d'honneur de la reine régente, et l'aînée devoit [être] et a été en effet fort riche. M. de Navailles s'étoit entièrement attaché au cardinal Mazarin et commandoit sa compagnie de chevau-légers, car il avoit en petit une maison militaire comme le roi. Navailles étoit homme de qualité de Gascogne, de ces gens de l'ancienne roche, pleins d'honneur, de valeur et de fidélité à toute épreuve, comme il le montra bien au cardinal Mazarin dans les temps les plus critiques de sa vie. C'étoit lui qui avoit le secret de ses retraites, de ses adresses, de ses chiffres dans tous ses deux éloignements, et qui avec grand péril demeura dans son attachement à visage découvert, que rien ne put ébranler, et le canal le plus sûr du cardinal. Cette conduite, qui, quelque décrié que fût le cardinal, lui fit beaucoup d'honneur, lui valut aussi la confiance entière et toute la faveur du cardinal et de la reine, auprès de qui il l'avoit toujours laissé dans ses retraites. Il aima mieux que son père, qui n'avoit jamais vu la cour, fût duc à brevet que lui. Il le fut après sa mort, et par degrés il devint capitaine des gens d'armes de la garde, gouverneur de Bapaume, puis du Havre-de-Grâce, et de la Rochelle et pays d'Aunis, capitaine général, général de l'armée d'Italie et en Catalogne avec succès, ambassadeur plénipotentiaire vers les princes d'Italie, chevalier de l'ordre en 1661, enfin maréchal en 1675. Il servit beaucoup sous M. le Prince, qui l'estimoit fort, et il mourut gouverneur de M. le duc de Chartres, 5 février 1685, n'y ayant pas été deux ans, et n'en ayant que soixante-cinq. C'étoit un grand homme, maigre, jaune, poli, qui ne laissoit pas d'avoir des dits et des naïvetés étranges, et qui étoit ignorant. Il fut un jour étrangement rabroué par M. le Prince qui étoit fort en peine en

Flandre du cours exact d'un ruisseau que ses cartes ne marquoient point, à qui, pour y suppléer, il alla chercher une mappemonde. Une autre fois, étant allé voir M. Colbert à Sceaux qui le promena partout, il ne loua jamais que la chicorée de son potager, et lorsqu'à l'occasion des huguenots on parloit de la difficulté de changer de religion, il assura que si Dieu lui avoit fait la grâce de le faire naître Turc, il le seroit demeuré. C'étoit un homme fort propre à inspirer la vertu et la piété par son exemple, mais qui ne l'étoit à être gouverneur de M. de Chartres que par sa décoration, qui flattoit extrêmement Monsieur.

Mme de Navailles, depuis son mariage en 1651, étoit souvent en Guyenne. La maréchale de Guébriant, nommée dame d'honneur de la reine à son mariage, étant morte en allant joindre la cour à Bordeaux, Mme de Navailles qui étoit dans ses terres fut mise en sa place, où personne ne convenoit plus qu'elle au cardinal Mazarin et à la reine mère. C'étoit une femme d'esprit et qui avoit conservé beaucoup de monde, malgré ses longs séjours en province, et d'autant de vertu que son mari. La reine eut des filles d'honneur, et les filles d'honneur avec leurs gouvernante et sous-gouvernante sont dans l'entière dépendance de la dame d'honneur. Le roi étoit jeune et galant. Tant qu'il n'en voulut point à la chambre des filles, Mme de Navailles ne s'en mit pas en peine; mais elle avoit l'œil ouvert sur ce qui la regardoit. Elle s'aperçut que le roi commençoit à s'amuser, et bientôt après elle apprit qu'on avoit secrètement percé une porte dans leur chambre, qui donnoit sur un petit degré par lequel le roi y montoit la nuit, et que le jour cette porte étoit cachée par le dossier d'un lit. Elle tint sur cela conseil avec son mari. Ils mirent la vertu et l'honneur d'un côté ; la colère du roi, la disgrâce, le dépouillement, l'exil de l'autre; ils ne balancèrent pas. Mme de Navailles prit si bien son temps, pendant le jeu et le souper de la reine, que la porte fut exactement murée, et qu'il n'y parut pas. La nuit le roi, pensant entrer par ce petit degré, fut bien étonné de ne trouver plus de porte. Il tâte, il cherche, il ne comprend pas comment il s'est mépris, et découvre enfin qu'elle est devenue muraille. La colère le saisit, il ne doute point que ce ne soit un trait de Mme de Navailles, et qu'elle ne l'a pas fait sans la participation de son mari. Du dernier, il ne put l'éclaircir que par la connoissance qu'il avoit d'eux ; mais pour la porte, il s'en informa si bien qu'il sut positivement que c'étoit Mme de Navailles qui l'avoit fait murer. Aussitôt il leur envoie demander la démission de toutes leurs charges, et ordre de s'en aller chez eux en Guyenne (c'étoit en juin 1664) et en va faire ses plaintes à la reine mère dont il les savoit fort protégés. La reine mère, qui avoit un grand crédit sur le roi, l'employa tout entier pour parer ce coup. Tout ce qu'elle put obtenir ce fut de leur sauver le gouvernement de la Rochelle et du pays d'Aunis, et de les y faire envoyer ; mais tout le reste sauta. M. de Saint-Aignan acheta le Havre, M. de Chaulnes, les chevau-légers de la garde, et Mme de Montausier fut dame d'honneur, sans quitter sa place de gouvernante de Mgr le Dauphin. Les suites ont fait voir que le roi se connoissoit bien en gens, et qu'il n'en pouvoit choisir une plus commode, malgré toute la morale et la vertu de l'hôtel de Rambouillet et l'austérité de M. de Montausier. L'exil ne fut pas long. La reine mourut tout au commencement de 1666, et en mourant elle demanda au roi son fils le retour et le pardon de M. et de Mme de Navailles, qui ne put la refuser. Le mari est devenu neuf ans depuis maréchal de France, et, quoique simple duc à brevet, n'a jamais porté le titre de maréchal, ni sa femme de maréchale. Elle parut le reste de sa vie fort rarement et des moments à la cour. Mme de Maintenon ne pouvoit lui refuser des distinctions et des privances, mais rares et momentanées. Le roi se souvenoit toujours de sa porte, et elle du foin et de l'avoine de Mme de Neuillant ; les années ni la dévotion n'en avoient pu amortir l'amertume.

Mme de Navailles est la dernière femme à qui j'ai vu conserver le bandeau qu'autrefois les veuves portoient toute leur vie. Il n'avoit rien de commun avec le deuil, qui ne se portoit que deux ans; aussi ne le porta-t-elle pas davantage, mais toujours ce petit bandeau qui finissoit en pointe vers le milieu du front. Quand elle venoit à Versailles, c'étoit toujours avec une considération marquée de toute la cour, tant la vertu se fait respecter, et le roi lui faisoit toujours quelque honnêteté, mais froide. Il n'y auroit qu'à la louer, s'il n'y avoit pas mille contes plus étranges et plus plaisants les uns que les autres de son avarice, trop nombreux à rapporter. M. de Navailles ne laissa que trois filles. Il avoit marié la seconde à Rothelin qui fut tué à...., [1], et qui a laissé des enfants. Pompadour épousa par amour la troisième, dont il n'a eu que Mme de Courcillon; et l'aînée, depuis la mort du père, fut la troisième femme de M. d'Elbœuf, dont elle eut Mme de Mantoue. Tout cela avant ce dernier mariage logeoit à l'hôtel de Navailles, où faute de pavé on s'embourboit dans la cour, quoique Mme de Navailles fût fort comptée et visitée. Ses gens mouroient de faim et ses filles aussi, dont l'aînée, qui se mêloit tant qu'elle pouvoit de la dépense, grappilloit dessus pour se donner un morceau en cachette avec ses sœurs quand leur mère étoit couchée. M. et Mme de Navailles étoient extrêmement des amis de mon père.

Un bon homme, mais fort ridicule, mourut en même temps. Ce fut un M. Lavocat, maître des requêtes, frère de Mme de Pomponne et de Mme de Vins, qui avoit des bénéfices et beaucoup de bien, qui alloit partout, qui avoit eu toute sa vie la folie du beau monde, et de ne rien faire qu'être amoureux des plus belles et des plus hautes huppées, qui rioient de ses soupirs et lui faisoient des tours horribles.

---

1. Henri d'Orléans, marquis de Rothelin, guidon des gens d'armes du roi, mourut le 19 septembre 1691 des suites des blessures qu'il avait reçues au combat de Leuze.

C'étoit avec cela un grand homme, maigre, jaune comme un coing, et qui l'avoit été toute sa vie, et qui tout vieux qu'il étoit vouloit encore être galant.

Une femme de vertu et d'un vrai mérite mourut en même temps, veuve de Maulevrier, chevalier de l'ordre, frère de MM. Colbert et de Croissy. Elle étoit sœur de Mme de Vaubrun, Beautru en son nom, et fille de Serrant, autrefois chancelier de Monsieur. Elle laissa un fils, gendre du comte de Tessé, dont j'aurai occasion de parler, un autre fils, et une fille mariée à Médavy, mort chevalier de l'ordre, et enfin maréchal de France, sans enfants.

Biron, qui si longtemps depuis a fait une fortune complète en biens et en honneurs, et qui l'a toute sa vie attendue dans la plus dure indigence, perdit un père obscur, qui, après la mort de sa femme, qui étoit Cossé tante paternelle de la maréchale de Villeroy, épousa une servante avec laquelle il acheva de se confiner et n'en eut point d'enfants.

Le chevalier de Villeroy se noya dans la capitane[1] de Malte, qui coula à fond en attaquant un bâtiment turc de quatorze pièces de canon. Spinola étoit le général, qui se sauva seul avec le chevalier de Saint-Germain et deux matelots ; tout le reste fut noyé. Ce chevalier de Villeroy étoit beau et bien fait, et n'avoit nulle envie de faire ses caravanes ; mais le maréchal de Villeroy qui ne vouloit qu'un aîné, qui destinoit le second à l'Église pour en faire un archevêque de Lyon, et qui avoit fort gaillardement marié une fille en Portugal et cloîtré les autres, força ce troisième fils à partir et eut tout lieu de s'en repentir. J'avois été élevé avec lui et avec l'abbé son frère, qui ne le valoit pas à beaucoup près. Cela fit le raccommodement de la famille, brouillée depuis l'affaire, que j'ai racontée en son temps, qui obligea la princesse d'Harcourt, par ordre du roi, à deman-

---

1. La galère capitane était celle qui portait le commandant de la flotte.

der publiquement pardon à la duchesse de Rohan-Chabot, à Versailles, chez Mme la chancelière, dans laquelle M. le Grand avoit voulu donner le change au roi sur Mme de Saint-Simon, à qui j'expliquai le fait, dont M. le Grand essuya pour lui et pour Mme d'Armagnac une petite réprimande, qui l'outra d'autant plus qu'il étoit fort accoutumé à tout le contraire. Mme d'Armagnac, faute de mieux, s'en prit à elle-même pour piquer son frère, et dégoisa sur sa propre naissance d'une manière fort fâcheuse. Ils ne s'étoient pas vus depuis. La réconciliation étoit d'autant plus difficile que le maréchal de Villeroy étoit personnellement ami intime de M. le Grand et du chevalier de Lorraine, et fort aussi de M. de Marsan, et qu'il y mettoit une dose de subordination fort à leur goût et fort peu de celui de la maréchale. Cette triste occasion fit entremettre des amis communs pour que, sans parler plus de ce qui s'étoit passé, le maréchal et la maréchale voulussent bien recevoir la visite de M. le Grand et de Mme d'Armagnac. Ils se raccommodèrent en effet, et furent aussi bien depuis que jamais; mais pour les belles-sœurs, qui n'eurent en aucun temps que des bienséances réciproques, cela ne les réchauffa pas plus qu'à l'ordinaire.

Ils perdirent en même temps un fort honnête homme, brave et autrefois beau et bien fait, mais qui n'étoit pas fait pour être leur beau-frère. Il s'appeloit M. d'Hauterive. Son nom étoit Vignier, comme la mère de M. de Noyon-Tonnerre, et ces Vignier n'avoient aucune naissance. Celui-ci avoit servi avec réputation et avoit été cornette des chevau-légers de la reine mère. La sœur du maréchal de Villeroy, aînée de Mme d'Armagnac, veuve en premières noces du dernier de la maison de Tournon, en secondes, du duc de Chaulnes, frère aîné de celui qui a été ambassadeur à Rome, etc., et gouverneur de Bretagne, puis de Guyenne, s'amouracha de ce M. d'Hauterive, et l'épousa publiquement malgré toute sa famille, qui ne l'a jamais voulu voir depuis.

Hauterive se conduisit avec tant d'égards et de respects avec le maréchal de Villeroy et M. et Mme d'Armagnac, qu'au bout de quelque temps ils voulurent bien le voir, et l'ont toujours bien traité toute sa vie. Toute sa vie aussi il fut galant, jusque dans sa vieillesse. Il y a lieu de juger qu'il en mourut. Il se trouva fort mal après avoir mis une paire de gants, et mourut brusquement avec des symptômes qui persuadèrent qu'il en avoit été empoisonné. Il étoit mal avec sa femme depuis assez longtemps, qui vivoit fort obscure.

Cossé enfin termina ses affaires et fut reçu duc et pair au parlement, bien servi par la liaison qui étoit entre le maréchal de Villeroy et le premier président Harlay. Je ne répète rien de cette affaire que j'ai expliquée à l'occasion de la mort du duc de Brissac, mon beau-frère, frère de la maréchale de Villeroy et cousin germain de celui-ci.

Rome perdit en Casanata un de ses plus illustres cardinaux, par sa piété, par sa doctrine, par le nombre et le choix des livres qu'il ramassa, et par le bien qu'il fit aux lettres. Il légua sa bibliothèque à la Minerve, à Rome, la rendit publique et y joignit tout ce qui étoit nécessaire pour l'entretenir et la rendre utile. Il mourut bibliothécaire de l'Église, dans la vingt-troisième année de son cardinalat.

M. d'Elbœuf attrapa assez adroitement quatre-vingt mille livres du roi; il lui proposa de séparer l'Artois de son gouvernement de Picardie, et de lui permettre de vendre, et qu'il en trouvoit cent mille écus. Le roi qui ne voulut ni de cette nouveauté ni du premier venu pour gouverneur d'Artois, qui ne pouvoit être autre puisqu'il en vouloit bien donner cent mille écus, mais qui toute sa vie avoit eu du foible pour M. d'Elbœuf, crut y gagner que de lui donner cette gratification en le refusant de la vente, et sûrement M. d'Elbœuf n'y perdit pas.

Presque en même temps, le roi envoya cent mille francs à Mme de Montespan pour lui aider à faire l'acquisition d'Oiron. Ce présent ne fut pas gratuit. Mme de Montespan étoit déjà dans la pénitence, elle avoit renvoyé au roi depuis quelque temps un parfaitement beau fil de perles qu'elle en avoit eu, et qu'il donna encore augmenté à Mme la duchesse de Bourgogne; il étoit alors de vingt et une perles admirables, et valoit cent cinquante mille livres. Mme de Montespan, entre autres réparations, s'appliquoit à former du bien à d'Antin. Elle auroit pu mieux choisir qu'Oiron, beau château et beau parc à la vérité en Poitou, et qui avoit fait la demeure et les délices des ducs de Roannais; mais cette terre relevoit de celle de Thouars avec une telle dépendance, que toutes les fois qu'il plaisoit au seigneur de Thouars il mandoit à celui d'Oiron qu'il chasseroit un tel jour dans son voisinage, et qu'il eût à abattre une certaine quantité de toises des murs de son parc pour ne point trouver d'obstacles en cas que la chasse s'adonnât à y entrer. On comprend que c'est un droit si dur qu'on ne s'avise pas de l'exercer; mais on comprend aussi qu'il se trouve des occasions où on s'en sert dans toute son étendue, et alors que peut devenir le seigneur d'Oiron?

CHAPITRE XXIII.

Force bals à la cour. — Bal de M. le Prince; quatre visages. — Malice cruelle de M. le Prince à un bal à Marly. — Ordre des bals chez le roi. — Bal de la chancellerie. — M. de Noirmoutiers; ses mariages. — La Bourlie hors du royaume. — Dettes de jeu de Mme la Duchesse payées par le roi. — Langlée. — Acquisition de l'hôtel de Guise. — Abbé de Soubise passe adroitement chanoine de Strasbourg; ses progrès. — Cardinal de Fürstemberg; sa famille. — Comtesse de Fürstemberg. — Coadjutorerie de Strasbourg. — Conduite et disgrâce du cardinal de Bouillon; sa désobéissance. —

Mariage d'une fille du duc de Rohan avec le comte de La Marck; sa naissance et sa fortune. — Mariage du prince d'Isenghien avec Mlle de Fürstemberg. — Mariage du duc de Berwick avec Mlle Bockley.

Dès avant la Chandeleur jusqu'au carême, ce ne fut que bals et plaisirs à la cour. Le roi en donna à Versailles et à Marly, mascarades ingénieuses, entrées, espèces de fêtes qui amusèrent fort le roi, sous le prétexte de Mme la duchesse de Bourgogne. Il y eut des musiques et des comédies particulières chez Mme de Maintenon. Monseigneur donna aussi des bals, et les principales personnes se piquèrent d'en donner à Mme la duchesse de Bourgogne. M. le Prince, dans son appartement composé de peu de pièces et petites, trouva moyen de surprendre la cour par la fête du monde la plus galante, la mieux entendue et la mieux ordonnée. Un bal paré, des masques, des entrées, des boutiques de tout pays, une collation dont la décoration fut charmante; le tout sans refuser personne de la cour, et sans foule ni embarras.

Une femme, depuis fort de mes amies, et qui, quoique bien jeune, commençoit à pointer par elle-même à la cour, qui y figura tôt après, et qui y seroit parvenue apparemment aux situations les plus flatteuses, si la petite vérole ne l'eût emportée quelques années après, y essuya une triste aventure. Le comte d'Évreux lui avoit plu; à peine commençoit-on à s'en apercevoir. Un masque entra vers le milieu du bal avec quatre visages de quatre personnes de la cour; celui du comte d'Évreux en étoit un, et tous quatre en cire parfaitement ressemblants. Ce masque étoit couvert d'une robe ample et longue qui déroboit sa taille, et avoit dans cette enveloppe le moyen de tourner ces visages tout comme il vouloit avec facilité et à tous moments. La singularité de la mascarade attira tous les yeux sur lui. Il se fit force commentaires sur les quatre visages, et il ne fut pas longtemps sans être pris à danser. En ce premier menuet il tourna et retourna ses visages et en divertit fort la compagnie. Quand il l'eut achevé, voilà mon démon qui s'en va faire la révérence à cette pauvre femme, en lui présentant le visage du comte d'Évreux. Ce n'est pas tout, il dansoit bien et étoit fort maître de sa danse, tellement qu'il eut la malice de si bien faire que quelques tours et retours qu'il fît en ce menuet, ce même visage tourna toujours si à point, et avec tant de justesse, qu'il fut toujours vis-à-vis de la dame avec qui il dansoit. Elle étoit cependant de toutes les couleurs ; mais, sans perdre contenance, elle ne songea qu'à couper court. Dès le deuxième tour elle présente la main ; le masque fait semblant de la prendre, et d'un autre temps léger s'éloigne et fait un autre tour. Elle croit au moins à celui-là être plus heureuse ; point du tout, même fuite et toujours ce visage sur elle. On peut juger quel spectacle cela donna, les personnes les plus éloignées en pied, d'autres encore plus reculées debout sur les bancs, pourtant point de huée. La dame étoit grande dame, grandement apparentée, et de gens en place et en crédit. Enfin elle en eut pour le triple au moins d'un menuet ordinaire. Ce masque demeura encore assez longtemps, puis trouva le moyen de disparoître sans qu'on s'en aperçût. Le mari masqué vint au bal dans ce temps-là ; un de ses amis en sortoit, je crois pour l'attendre ; il lui dit qu'il y avoit un flot de masques, qu'il feroit bien de laisser sortir s'il ne vouloit étouffer, et le promena en attendant dans la galerie des Princes. A la fin il s'ennuya et voulut entrer ; il vit le masque à quatre visages, mais quoiqu'il en fût choqué, il n'en fit pas semblant, et son ami lui avoit sauvé le menuet. Cela fit grand bruit, mais n'empêcha pas le cours des choses qui dura quelque temps. Ce qui est fort rare, c'est que ni devant ni depuis, il n'a été question de personne avec elle, quoique ce fût un des plus beaux visages de la cour, et qui sérieuse à un cercle ou à une fête, défaisoit toutes les autres femmes et même plus belles qu'elle.

Un des bals de Marly donna encore une ridicule scène. J'en nommerai les acteurs, parce que la conduite publique ne laisse rien à apprendre. M. et Mme de Luxembourg étoient à Marly. On manquoit assez de danseurs et de danseuses, et cela fit aller Mme de Luxembourg à Marly, mais avec grand'peine, parce qu'elle vivoit de façon qu'aucune femme ne vouloit la voir. On en étoit là encore quand le désordre étoit à un certain point; maintenant on est malheureusement revenu de ces délicatesses. M. de Luxembourg étoit peut-être le seul en France qui ignorât la conduite de sa femme, qui vivoit aussi avec lui avec tant d'égards, de soins et d'apparente amitié, qu'il n'avoit pas la moindre défiance d'elle. Par même raison de faute de gens pour danser, le roi fit danser ceux qui en avoient passé l'âge, entre autres M. de Luxembourg. Il falloit être masqué; il étoit, comme on a vu, fort des amis de M. le Duc et de M. le prince de Conti, et fort bien aussi avec M. le Prince, qui étoit l'homme du monde qui avoit le plus de goût pour les fêtes, les mascarades et les galanteries. Il s'adressa donc à lui pour le masquer. M. le Prince, malin plus qu'aucun singe, et qui n'eut jamais d'amitié pour personne, y consentit pour s'en divertir et en donner une farce à toute la cour; il lui donna à souper, puis le masqua à sa fantaisie.

Ces bals de Marly, rangés ou en masque, étoient toujours comme à Versailles un carré long. Le fauteuil du roi, ou trois quand le roi et la reine d'Angleterre y étoient, ce qui arrivoit souvent, et des deux côtés sur la même ligne la famille royale, c'est-à-dire jusqu'au rang de petit-fils de France inclusivement. Quelquefois par dérangement, au milieu du bal, Mme la Duchesse, et Mme la princesse de Conti s'approchoient sous prétexte de causer avec quelqu'un à côté ou derrière, et s'y mettoient aux dernières places. Les dames, les titrées les premières et sans mélange, puis les autres, occupoient les deux côtés longs à droite et à gauche; et vis-à-vis du roi les danseurs, princes du sang et autres; et les princes du sang qui ne dansoient pas, avec les courtisans derrière les dames; et quoique en masque, tout le monde d'abord à visage découvert, le masque à la main. Quelque temps après le bal commencé, s'il y avoit des entrées ou des changements d'habits, ceux et celles qui en étoient en différentes troupes avec un prince ou une princesse sortoient, et alors on revenoit masqué, et on ne savoit en particulier qui étoient les masques. J'étois, moi surtout et plusieurs de nous, demeuré tout à fait brouillé avec M. de Luxembourg. Je venois d'arriver, et j'étois déjà assis lorsque je vis par derrière force mousseline plissée, légère, longue et voltigeante, surmontée d'un bois de cerf au naturel sur une coiffure bizarre, si haut qu'il s'embarrassa dans un lustre. Nous voilà tous bien étonnés d'une mascarade si étrange, à nous demander avec empressement, qui est-ce? et à dire qu'il falloit que ce masque-là fût bien sûr de son front pour l'oser parer ainsi, lorsque le masque se tourne et nous montre M. de Luxembourg. L'éclat de rire subit fut scandaleux. Le hasard fit qu'un moment après, il vint s'asseoir entre M. le comte de Toulouse et moi, qui aussitôt lui demanda où il avoit été prendre cette mascarade. Le bon seigneur n'y entendit jamais finesse, et la vérité est aussi qu'il étoit fort éloigné d'être fin en rien. Il prit bénignement les rires, qui ne se pouvoient contenir, comme excités par la bizarrerie de sa mascarade, et raconta fort simplement que c'étoit M. le Prince à qui il s'étoit adressé, chez qui il avoit soupé, et qui l'avoit ajusté ainsi; puis se tournant à droite et à gauche se faisoit admirer et se pavanoit d'être masqué par M. le Prince. Un moment après les dames arrivèrent et le roi aussitôt après elles. Les rires recommencèrent de plus belle, et M. de Luxembourg à se présenter de plus belle aussi à la compagnie avec une confiance qui ravissoit. Sa femme, toute connue qu'elle fût, et qui ne savoit rien de cette mascarade, en perdit contenance, et tout le monde à les regarder tous deux et toujours à mourir de rire. M. le Prince en arrière du service, qui est des charges qui se placent derrière le roi, regardoit par la chatière et s'applaudissoit de sa malice noire. Cet amusement dura tout le bal, et le roi, tout contenu qu'il étoit toujours, rioit aussi, et on ne se lassoit point d'admirer une invention si cruellement ridicule, ni d'en parler les jours suivants.

Il n'y avoit soir qu'il n'y eût bal. Mme la chancelière en donna un à la chancellerie, qui fut la fête la plus galante et la plus magnifique qu'il fût possible. Le chancelier y reçut à la portière Monseigneur, les trois princes ses fils et Mme la duchesse de Bourgogne sur les dix heures du soir, puis s'alla coucher au château. Il y eut des pièces différentes pour le bal paré, pour les masques, pour une collation superbe, pour des boutiques de tout pays, Chinois, Japonois, etc., qui vendoient des choses infinies et très-recherchées pour la beauté et la singularité, mais qui n'en recevoient point d'argent : c'étoient des présents à Mme la duchesse de Bourgogne et aux dames. Une musique à sa louange, une comédie, des entrées. Rien de si bien ordonné et de si superbe, de si parfaitement entendu ; et la chancelière s'en démêla avec une politesse, une galanterie et une liberté, comme si elle n'eût eu rien à faire. On s'y divertit extrêmement, et on sortit après huit heures du matin. Mme de Saint-Simon qui suivit toujours Mme la duchesse de Bourgogne, et c'étoit grande faveur, et moi, fûmes les dernières trois semaines sans jamais voir le jour. On tenoit rigueur à certains danseurs de ne sortir du bal qu'en même temps que Mme la duchesse de Bourgogne, et m'étant voulu sauver un matin à Marly, elle me consigna aux portes du salon ; nous étions plusieurs de la sorte. Je fus ravi de voir arriver les Cendres, et j'en demeurai un jour ou deux étourdi, et Mme de Saint-Simon à bout ne put fournir le mardi gras. Le roi joua aussi chez Mme de Maintenon, avec quelques dames choisies, au brelan et à petite prime, quelquefois au reversi, les jours qu'il n'y avoit point de ministres, ou que leur travail étoit court, et cet amusement se prolongea un peu dans le carême.

M. de Noirmoutiers épousa, ce carnaval-ci, la fille d'un président en la chambre des comptes, qui s'appeloit Duret de Chevry. Il étoit veuf dès 1689 de la veuve de Bermont, conseiller au parlement de Paris, fille de La Grange-Trianon, président aux requêtes du palais, qu'il avoit épousée au commencement de 1688, et n'eut point d'enfants de l'une ni de l'autre. Il étoit de la maison de La Trémoille et son trisaïeul étoit frère du premier duc de La Trémoille et du baron de Royan et d'Olonne, de manière que le duc de La Trémoille, gendre du duc de Créqui, et lui étoient petits-fils des cousins germains. Il étoit frère de la célèbre princesse des Ursins, de Mme de Royan, mère de la duchesse de Châtillon, de la duchesse Lanti et de l'abbé de La Trémoille, auditeur de rote [1], mort cardinal. Il étoit beau, bien fait, agréable, avec beaucoup d'esprit et d'envie de se distinguer et de s'élever. Il n'avoit pas vingt ans, lorsque allant trouver la cour à Chambord, la petite vérole l'arrêta à Orléans, sortit bien, et comme il touchoit à la guérison, sortit une deuxième fois et l'aveugla. Il en fut si affligé qu'il demeura vingt ans et plus sans vouloir que personne le vît, enfermé à se faire lire. Avec beaucoup d'esprit et de mémoire, il n'étoit point distrait et n'avoit que cet unique amusement

1. Tribunal séant à Rome. Dangeau explique, dans son *Journal*, à la date du 19 août 1686, la destination et l'organisation de ce tribunal : « La rote est un tribunal qui juge les causes importantes de l'État ecclésiastique et quelques autres qui y viennent, par appel, des États catholiques de l'Europe. Ce tribunal se compose de douze juges qu'on nomme auditeurs. Il y a un François, deux Espagnols, un Allemand ; les autres huit sont Italiens. Pour juger les causes, ces douze auditeurs se partagent en trois bureaux ; chacun est composé de quatre auditeurs. Quand une cause a été jugée par un de ces bureaux, on la porte devant le second et ensuite devant le troisième, et l'affaire n'est point jugée définitivement qu'il n'y ait trois sentences conformes, et qu'elle n'ait passé comme roulée par ces trois petits bureaux ; c'est ce qui fait que tout le corps de ces juges entre lesquels on fait ainsi rouler les causes, se nomme en italien *la rota*. »

qui le rendit fort savant en toutes sortes d'histoires. Le comte de Fiesque, son ami de jeunesse, alla enfin loger avec lui, et le tourmenta tant, qu'il le força à souffrir quelque compagnie. De l'un à l'autre il eut bientôt du monde, et sa maison devint un réduit du meilleur et du plus choisi par l'agrément de sa conversation, et peu à peu par la sûreté que l'on reconnut dans son commerce, et dans la suite par la bonté solide de ses conseils. C'étoit un esprit droit, qui avoit une grande justesse et une grande facilité à concevoir et à s'énoncer. Il eut, sans sortir de chez lui, les amis les plus considérables par leurs places et par leur état; il se mêla d'une infinité de choses et d'affaires; et sans jamais faire l'important, il le devint en effet, et sa maison un tribunal dont l'approbation étoit comptée, et où on étoit flatté d'être admis. Le prodige fut que, quoique pauvre, il se bâtit une maison charmante à Paris, vers le bout de la rue Grenelle, qu'il en régla la distribution et les proportions, et en gros et en détail les dégagements, les commodités, et jusqu'aux ornements, aux glaces, aux corniches, aux cheminées, et au tact choisit des étoffes pour les meubles en lui en disant les couleurs. Il étoit fils du marquis de Noirmoutiers, qui intrigua tant dans les troubles de la minorité et de la jeunesse du roi, et qui en tira un brevet de duc avec le gouvernement du Mont-Olympe.

La Bourlie, frère de Guiscard, avoit quitté après avoir servi longtemps, et s'étoit retiré dans une terre vers les Cévennes, où il se mit à vivre avec beaucoup de licence. Vers ce temps-ci il fut volé chez lui, il en soupçonna un domestique, et sans autre façon lui fit de son autorité donner en sa présence une cruelle question. Cela ne put demeurer si secret que les plaintes n'en vinssent. Il y alloit de la tête; La Bourlie sortit du royaume, où il fit d'étranges personnages jusqu'à sa mort, qui le fut encore plus, mais dont il n'est pas temps de parler.

Mme la Duchesse dont le roi avoit payé les dettes il n'y

avoit pas longtemps, qui se montoient fort haut, à des marchands et en toutes sortes de choses, n'avoit pas osé parler de celles du jeu qui alloient à de grosses sommes. Ses dettes augmentoient encore; elle se trouvoit tout à fait dans l'impuissance de les payer, et par là même dans le plus grand embarras du monde. Ce qu'elle craignoit le plus étoit que M. le Prince, et surtout M. le Duc, ne le sût. Dans cette extrémité, elle prit le parti de s'adresser à son ancienne gouvernante, et de lui exposer son état au naturel dans une lettre avec une confiance qui attira sa toute-puissante protection. Elle n'y fut pas trompée, Mme de Maintenon eut pitié de sa situation, et obtint que le roi payât ses dettes, ne lui fit point de réprimandes et lui garda le secret. Langlée, espèce d'homme fort singulier dans une cour, fut chargé de dresser tous les états de ses dettes avec elle, de toucher les payements du roi, et de les faire ensuite à ceux à qui Mme la Duchesse devoit, qui en peu de semaines se trouva quitte, sans que personne de ceux qu'elle craignoit sût les dettes ni l'acquittement.

Sans aller plus loin, disons un mot de ce Langlée. C'étoit un homme de rien, de vers Mortagne au Perche, dont le père s'étoit enrichi et la mère encore plus. L'un avoit acheté une charge de maréchal des logis de l'armée pour se décorer, qu'il n'avoit jamais faite; l'autre avoit été femme de chambre de la reine mère, fort bien avec elle, intrigante qui s'étoit fait de la considération et des amis, et qui avoit produit son fils de bonne heure parmi le grand monde, où il s'étoit mis dans le jeu. Il y fut doublement heureux, car il y gagna un bien immense, et ne fut jamais soupçonné de la moindre infidélité. Avec très-peu ou point d'esprit, mais une grande connoissance du monde, il sut prêter de bonne grâce, attendre de meilleure grâce encore, se faire beaucoup d'amis et de la réputation à force de bons procédés. Il fut des plus grosses parties du roi du temps de ses maîtresses. La conformité de goût l'attacha particulièrement à Monsieur, mais sans dépendance et sans perdre le roi de vue, et il se trouva insensiblement de tout à la cour de ce qui n'étoit qu'agréments et futile, et qui n'en est pas une des moindres parties à qui sait bien en profiter. Il fut donc de tous les voyages, de toutes les parties, de toutes les fêtes de la cour, ensuite de tous les Marlys et lié avec toutes les maîtresses, puis avec toutes les filles du roi, et tellement familier avec elles, qu'il leur disoit fort souvent leurs vérités. Il étoit fort bien avec tous les princes du sang, qui mangeoient très-souvent à Paris chez lui, où abondoit la plus grande et la meilleure compagnie. Il régentoit au Palais-Royal, chez M. le Grand et chez ses frères, chez le maréchal de Villeroy, enfin chez tous les gens en première place. Il s'étoit rendu maître des modes, des fêtes, des goûts, à tel point, que personne n'en donnoit que sous sa direction, à commencer par les princes et les princesses du sang, et qu'il ne se bâtissoit ou ne s'achetoit point de maison qu'il ne présidât à la manière de la monter, de l'orner et de la meubler.

Il avoit été sur ce pied-là avec M. de Louvois, avec M. de Seignelay, avec le maréchal d'Humières; il y étoit avec Mme de Bouillon, avec la duchesse du Lude, en un mot avec tout ce qui étoit le plus distingué et qui recevoit le plus de monde. Point de mariages dont les habits et les présents n'eussent son choix, ou au moins son approbation. Le roi le souffroit, cela n'alloit pas à plus; tout le reste lui étoit soumis, et il abusoit souvent de l'empire qu'il usurpoit. A Monsieur, aux filles du roi, à quantité de femmes, il leur disoit des ordures horribles, et cela chez elles, à Saint-Cloud, dans le salon de Marly. Il entroit encore, et étoit entré toute sa vie dans quantité de secrets de galanterie. Son commerce étoit sûr, et il n'avoit rien de méchant, étoit obligeant même et toujours porté à servir de sa bourse ou de ses amis, et n'étoit mal avec personne. Il étoit assez vêtu et coiffé comme Monsieur, il en avoit aussi fort la taille et le maintien; mais il n'étoit pas, comme de raison, à beaucoup près si paré, et moins gros. Il étoit fort bien et fort familier avec Monseigneur. Il avoit tout un côté du visage en paralysie, et à force de persévérance à Vichy, où il s'étoit bâti une maison, il put n'y plus retourner, et n'eut plus du tout d'apoplexie. Sa sœur avoit épousé Guiscard; elle logeoit avec lui, et Guiscard où bon lui sembloit. Ils s'aimoient et s'estimoient peu l'un l'autre; mais Langlée étoit fort riche, et tout aussi éloigné de se marier, par conséquent fort ménagé par sa sœur qu'il aimoit et par son beau-frère. Une espèce comme celle-là dans une cour y est assez bien, pour deux c'en seroit beaucoup trop. Finalement les personnes les plus sérieuses et les plus importantes, et les moins en commerce avec lui, et celles-là étoient en petit nombre, le ménageoient, et il n'y avoit qui que ce fût qui se voulût attirer Langlée.

Tandis que tout étoit cet hiver en bals et en divertissements, la belle Mme de Soubise, car elle l'étoit encore, et l'étoit fort utilement toujours, travailloit à des choses plus sérieuses. Elle venoit d'acheter l'immense hôtel de Guise à fort grand marché, que le roi lui aida fort à payer. Elle en avoit tiré une autre faveur qui ne fut qu'une semence : c'étoit sa protection pour faire passer les preuves de son fils pour être chanoine de Strasbourg. La mère de M. de Soubise étoit Avaugour des bâtards de Bretagne; cela n'étoit déjà pas trop bon pour un chapitre allemand, où la bâtardise est abhorrée, de sorte qu'aucun prince du sang sorti par femme de Mme de Montespan, ni aucune princesse du sang venue d'elle n'entreroit dans pas un chapitre d'Allemagne. Mais ce n'étoit pas là le pis. C'est que la mère de cette Avaugour, par conséquent grand'mère de Mme de Soubise, étoit Fouquet, non des Fouquet du surintendant (et le réconfort en eût été médiocre), mais propre fille de ce cuisinier, auparavant marmiton, après portemanteau d'Henri IV, qui, à force d'esprit, d'adresse, de le bien servir dans ses plaisirs, le servit dans ses affaires, devint M. de La Varenne, et fut compté le reste de ce règne, où il s'enrichit infiniment, le même qui après la mort d'Henri IV se retira à la Flèche, qu'il partageoit avec les jésuites, qu'il avoit plus que personne fait rappeler et rétablir, et dont j'ai raconté la mort singulière à propos du mariage d'un de ses descendants avec une fille de Tessé. Cette La Varenne étoit donc la bisaïeule de l'abbé de Soubise. Comment la compter parmi les seize quartiers à prouver? comment la sauter? Cette difficulté n'étoit pas médiocre. On ne fit ni l'un ni l'autre.

Camilly, fin Normand, de beaucoup d'esprit et d'adresse, étoit grand vicaire de Strasbourg et de ces sous-chanoines sans preuves, et Labatie, qui n'avoit ni moins d'esprit, de souplesse et d'industrie, se trouvoit lieutenant de roi de Strasbourg, et tous deux gens vendus à leurs vues, à la cour et à tout faire. Par le conseil de la comtesse de Fürstemberg, de laquelle je parlerai après, Mme de Soubise se livra à eux, mais avec le roi en croupe, qui leur fit parler à l'oreille en maître et en amant; car, bien que le commerce fini, il le demeura toute sa vie, ou en usa comme s'il l'eût encore été. Ces deux hommes firent si bien que les preuves tombèrent à des commissaires, bons Allemands, grossiers, ignorants, et fort aisés à tromper; on les étourdit du grand nom de MM. de Rohan; on les éblouit de leurs dignités et de leurs établissements; on les accabla de leur rang de prince étranger, et on les mit aisément hors de tout doute sur les preuves, qu'on ne leur présenta que comme une cérémonie dont personne n'étoit dispensé, et dont l'abbé de Soubise avoit moins besoin d'être dispensé que personne.

Ces Avaugour prennent très-franchement le nom de Bretagne. MM. de Rohan ont épousé plusieurs filles ou sœurs des ducs de Bretagne; on ne le laissa pas ignorer aux commissaires qui ne se doutèrent point de la totale différence de cette dernière Bretagne-ci : et, quant à sa mère, on la leur donna effrontément pour être d'une ancienne maison de La Varenne en Poitou, depuis longtemps éteinte, avec qui ni les Avaugour ni les Rohan n'eurent jamais aucune alliance. Par ces adresses, ou plutôt hardiesses, l'abbé de Soubise passa haut à la main, fut admis et reçu dans le chapitre, et, sa brillante Sorbonne achevée, y alla faire ses stages, y déployer ses agréments et ses charmes, et capter le chapitre et tout ce qui est à Strasbourg. Ce grand pas toutefois n'étoit que le premier échelon et le fondement indispensable de la grandeur où la belle dame destinoit un fils, en la fortune duquel le roi ne se croyoit pas moins intéressé qu'elle, et qu'il désiroit par d'autres détours égaler à MM. du Maine et de Toulouse : il ne s'agissoit donc de rien moins que de lui assurer l'évêché de Strasbourg.

Quelle que fût la bonne volonté du roi pour Mme de Soubise, il se trouvoit des obstacles à cette affaire, qui furent peut-être autant surmontés par la conjoncture que par la seule faveur. L'abbé d'Auvergne étoit depuis longtemps chanoine de Strasbourg, il y avoit fait de longs séjours, il avoit mis un de ses frères dans ce chapitre : depuis que le cardinal de Bouillon étoit à Rome, il lui en avoit obtenu la première dignité, qui est celle de grand prévôt, et le cardinal lui-même s'y étoit fait chanoine. L'abbé d'Auvergne étoit prêtre-coadjuteur de Cluni, et son oncle, pour l'avancer, n'avoit pas trouvé au-dessous de sa vanité de le faire grand vicaire de l'archevêque de Vienne Montmorin, et de lui en faire faire les fonctions dans ce diocèse ; enfin il étoit beaucoup plus avancé en années, en établissements, en ancienneté à Strasbourg que l'abbé de Soubise ; mais il s'en falloit bien que sa réputation fût entière ; ses mœurs étoient publiquement connues pour être celles des Grecs, et son esprit pour ne leur ressembler en aucune sorte. La bêtise déceloit sa mauvaise conduite, son ignorance parfaite, sa dissipation, son ambition, et ne présentoit pour la soutenir qu'une vanité basse, puante, continuelle, qui lui attiroit le mépris autant que ses mœurs, qui éloignoit de lui tout le monde, et qui le jetoit dans des panneaux et des ridicules continuels. Son frère aussi bête, plus obscur avec beaucoup moins de monde et fort jeune, ne pouvoit suppléer à rien, et le cardinal, par sa conduite, approfondissoit de plus en plus sa disgrâce.

Au contraire, tout rioit à l'abbé de Soubise, dont l'extérieur montroit qu'il étoit le fils des plus tendres amours. Il se distingua sur les bancs de Sorbonne, et bien instruit et bien aidé par son habile mère, il se dévoua toute cette célèbre école par ses manières. On lui crut assez de fond pour hasarder de le faire prieur de Sorbonne, place passagère qui oblige à quantité d'actes publics dont il est très-difficile de se tirer par le seul secours d'autrui. Il y brilla, et, par le soin qu'il avoit eu de se gagner la Sorbonne, les éloges allèrent encore fort au delà du mérite. Il y en eut beaucoup du roi dans ses discours publics, qui ne lui déplurent pas, et il sortit de cet emploi avec une réputation extraordinaire, que son talent de se faire aimer lui acquit pour la plus grande partie. A ces applaudissements de capacité, Mme de Soubise y en voulut joindre d'autres encore plus importants, et pour cela elle le mit à Saint-Magloire, séminaire alors autant à la mode qu'il y a été peu depuis. Il étoit conduit par ce que les pères de l'Oratoire avoient de meilleur dans leur congrégation, alors solidement brillante en savoir et en piété. La Tour, leur général, étoit dans la première considération que ses sermons, sa direction, sa capacité, la sagesse de sa conduite et l'art de gouverner qu'il possédoit éminemment, lui avoient acquise, et qui, jointe à sa probité, rendoient son témoignage d'un grand poids. Dès l'arrivée de M. de Paris dans ce grand siége, Mme de Soubise lui avoit fait sa cour; elle avoit toujours fort ménagé les Noailles, ennemis nés des Bouillon, avec qui ils avoient des procès immortels et piquants pour la mouvance de leurs principales terres de la vicomté de Turenne, où ces derniers avoient prodigué leurs hauteurs. M. de Paris avoit une attention particulière sur Saint-Magloire : c'étoit son séminaire favori ; il aimoit et estimoit l'Oratoire, et avoit toute confiance au P. de La Tour. Il étoit dans l'apogée de son crédit, et sur les avancements ecclésiastiques, l'estime du roi et la liaison intime de Mme de Maintenon, en partageoient, du moins alors, la confiance entre lui et le P. de La Chaise. Ce dernier ni sa société n'avoient pas été négligés ; Mme de Soubise en savoit trop pour ne mettre pas de son côté un corps aussi puissant, et quand il lui plaît aussi utile ; et le P. de La Chaise et les principaux bonnets, semant toujours pour recueillir, ne demandèrent pas mieux que de servir son fils qu'ils voyoient en état d'aller rapidement à tout, et de devenir en état de le leur rendre avec usure.

Tout étoit donc pour l'abbé de Soubise, et toutes les avenues de la fortune saisies de toutes parts. Il sortit du séminaire comme il avoit fait de dessus les bancs. De là, une merveille de savoir ; d'ici, un miracle de piété et de pureté de mœurs. Oratoire, jésuites, Sorbonne, P. de La Tour, P. de La Chaise, M. de Paris s'écrioient à l'envi. Ils ravissoient la mère et ne plaisoient guère moins au roi, à qui on avoit grand soin que rien n'échappât des acclamations sur l'abbé de Soubise, dont la douceur, la politesse, l'esprit, les grâces, le soin et le talent de se faire aimer, confirmoit de plus en plus une réputation si établie. Les choses, amenées à ce point, parurent en maturité à Mme de Soubise, et la situation du cardinal de Bouillon la hâtoit. Il s'agissoit de pouvoir disposer du cardinal de Fürstemberg, qui avoit deux neveux dans le chapitre de Strasbourg, et de lui faire vouloir avec chaleur un coadjuteur que les prélats n'admettent que bien difficilement, et de plus un coadjuteur étranger.

Fürstemberg étoit un homme de médiocre taille, grosset, mais bien pris, avec le plus beau visage du monde, et qui à son âge l'étoit encore ; qui parloit fort mal françois ; qui, à le voir et à l'entendre à l'ordinaire, paroissoit un butor, et qui, approfondi et mis sur la politique et les affaires, à ce que j'ai ouï dire aux ministres et à bien d'autres de tous pays, passoit la mesure ordinaire de la capacité, de la finesse et de l'industrie. Il a tant fait de bruit en Europe qu'il est inutile de chercher à le faire connoître ; il faut se rabattre à l'état où il s'étoit réduit ; en pensions du roi ou en bénéfices, il jouissoit de plus de sept cent mille livres de rente, et il mouroit exactement de faim, sans presque faire aucune dépense ni avoir personne à entrenir. Il faut entrer dans quelques détails de sa famille. Son père servit toute sa vie avec réputation et commanda les armées impériales avec succès après avoir commandé l'aile gauche à la bataille de Leipsick. Il mourut en 1635 et laissa nombre d'enfants d'Anne, fille de Jean-Georges, comte de Hohenzollern, que l'empereur Ferdinand II fit prince de l'empire en 1623. Son fils aîné, mort en 1662, ne laissa qu'une fille, unique héritière de Berg-op-Zoom par sa mère, et cette fille de Hohenzollern porta Berg-op-Zoom en mariage au comte d'Auvergne et étoit la mère de l'abbé d'Auvergne dont je viens de parler ; en sorte que cette comtesse d'Auvergne étoit fille du frère aîné de la mère du cardinal de Fürstemberg, qui se trouvoit ainsi cousin germain de cette comtesse d'Auvergne qui venoit de mourir, et oncle à la mode de Bretagne de l'abbé d'Auvergne, compétiteur de l'abbé de Soubise pour Strasbourg, lequel abbé de Soubise n'avoit ni parenté, ni alliance, ni liaison aucune, par lui ni par aucun de sa famille, avec le cardinal de Fürstemberg.

Ce cardinal, qui étant évêque de Metz avoit succédé à son frère aîné évêque de Strasbourg, eut un autre frère, que l'empereur fit prince de l'empire, auquel je reviendrai après, et, entre autres sœurs : Élisabeth, mère du comte Reicham, chanoine de Strasbourg, dans les ordres, à qui le roi donna des abbayes, et qui étoit coadjuteur de l'abbaye de Stavelo du cardinal de Fürstemberg son oncle ; Marie-Françoise, mariée à un palatin de Neubourg, puis à un marquis de Bade, grand'mère de la feue reine de Sardaigne et de Mme la Duchesse; et Anne-Marie mariée, en 1651 à Ferdinand-Charles, comte de Lowenstein, père et mère de Mme de Dangeau. Herman Egon, comte, puis fait prince de Fürstemberg et de l'empire, pour lui et ses descendants, en 1654, et ses frères seulement à vie, fut grand maître de la maison de Maximilien, électeur de Bavière, et son premier ministre, ainsi que de l'électeur de Cologne, frère de Maximilien. Il mourut en 1674, et laissa entre autres enfants: le prince de Fürstemberg, marié à Paris à la fille de Ligny, maître des requêtes, dont il n'eut que trois filles, la laissa et s'en alla en Allemagne, où le roi de Pologne le fit gouverneur général de son électorat de Saxe, où il est mort en 1711; le comte Ferdinand, mort à Paris, brigadier, en 1696, à trente-cinq ans, sans alliance; Emmanuel-François Egon, tué devant Belgrade, en 1686, à vingt-cinq ans, sans enfants de Catherine-Charlotte, comtesse de Wallenwoth, veuve de François-Antoine comte de La Marck, mère du comte de La Marck dont je parlerai bientôt, et qui longues années depuis s'est distingué par ses ambassades dans le Nord et en Espagne, et est devenu chevalier de l'ordre en 1724, et grand d'Espagne en 1739. Mme de Dangeau avoit un frère abbé de Murbach, que le cardinal de Fürstemberg, frère de sa mère, lui avoit cédé, qu'on appeloit le P. de Murbach, qui étoit aussi chanoine de Strasbourg, et qui, après que nous eûmes perdu Tournai, en a été évêque, tellement que le cardinal de Fürstemberg avoit les fils de ses deux sœurs et le petit-fils du frère de sa mère, qui étoit l'abbé d'Auvergne, chanoines de Strasbourg et fort en état d'être coadjuteurs ou successeurs de l'évêché.

On prétendoit que le cardinal de Fürstemberg, fort amoureux de cette comtesse de La Marck, la fit épouser à son neveu, qui avoit alors vingt-deux ou vingt-trois ans au plus, pour la voir plus commodément à ce titre. On prétend encore qu'il avoit été bien traité ; et il est vrai que rien n'étoit si frappant que la ressemblance, trait pour trait, du comte de La Marck au cardinal de Fürstemberg, qui, s'il n'étoit pas son fils, ne lui étoit rien du tout. Il étoit destiné à l'Église, déjà chanoine de Strasbourg, lorsque la fortune de Mme de Soubise et de son fils lui fit prendre l'épée, par la mort de son frère aîné en 1697, et se défaire de son canonicat et de ses autres bénéfices.

L'attachement du cardinal pour la comtesse de Fürstemberg avoit toujours duré. Il ne pouvoit vivre sans elle ; elle logeoit et régnoit chez lui : son fils, le comte de La Marck, y logeoit aussi, et cette domination étoit si publique que c'étoit à elle que s'adressoient tous ceux qui avoient affaire au cardinal. Elle avoit été fort belle, et en avoit encore à cinquante-deux ans de grands restes, mais grande et grosse, hommasse comme un Cent-Suisse habillé en femme, hardie, audacieuse, parlant haut et toujours avec autorité, polie pourtant et sachant vivre. Je l'ai souvent vue au souper du roi, et souvent le roi chercher à lui dire quelque chose. C'étoit au dedans la femme du monde la plus impérieuse, qui gourmandoit le cardinal qui n'osoit souffler devant elle, qui en étoit gouverné et mené à baguette, qui n'avoit pas chez lui la disposition de la moindre chose, et qui, avec cette dépendance, ne pouvoit s'en passer. Elle étoit prodigue en toutes sortes de dépenses ; des habits sans fin, plus beaux les uns que les autres ; des dentelles parfaites en confusion, et tant de garnitures et de linge qu'il ne se blanchissoit qu'en Hollande ; un jeu effréné où elle passoit les nuits chez elle et ailleurs, et y faisoit souvent le tour du cadran ; des parures, des pierreries, des joyaux de toutes sortes. C'étoit une femme qui n'aimoit qu'elle, qui vouloit tout, qui ne se refusoit rien, non pas même, disoit-on, des galanteries, que le pauvre cardinal payoit comme tout le reste. Avec cette conduite elle vint à bout de l'incommoder si bien qu'il fallut congédier la plupart de sa maison, et aller épargner six à sept mois de l'année à la Bourdaisière, près de Tours, qu'elle emprunta d'abord de Dangeau et qu'elle acheta après à vie. Elle vivoit dans cette détresse pour avoir de quoi se divertir à Paris le reste de l'année, lorsque Mme de Soubise songea tout de bon à la coadjutorerie pour son fils.

Elle avoit rapproché de loin la comtesse, et je n'ai pas vu que personne se soit inscrit en faux, ni même récrié contre ce qui se débita d'abord à l'oreille, et qui fit après grand fracas, qu'elle avoit donné beaucoup d'argent à la comtesse pour s'assurer d'elle, et par elle du cardinal. Ce qui est certain, c'est que, outre les prodigieuses pensions que le cardinal tiroit du roi, toujours fort bien payées, il toucha en ce temps-ci une gratification de quarante mille écus, qu'on fit passer pour promise depuis longtemps. Mme de Soubise, s'étant assurée de la sorte de la comtesse et du cardinal, scella son affaire, et, les faisant remercier par le roi à l'oreille, et tout de suite, fait envoyer ordre au cardinal de Bouillon de demander au pape, au nom du roi, une bulle pour faire assembler le chapitre de Strasbourg pour élire un coadjuteur avec future succession, et un bref d'éligibilité pour l'abbé de Soubise.

Cet ordre fut un coup de foudre pour le cardinal de Bouillon, qui ne s'attendoit à rien moins. Il ne put soutenir de se voir échapper cette magnifique proie, qu'il croyoit déjà tenir par tant d'endroits. Il lui fut encore plus insupportable d'en être le ministre. Le dépit le transporte et l'aveugle assez pour s'imaginer, qu'en la situation si différente où Mme de Soubise et lui sont auprès du roi, il lui fera changer une résolution arrêtée, et rompre l'engagement qu'il a pris. Il dépêche au roi un courrier, lui mande qu'il n'y a pas bien pensé, lui met en avant des scrupules, comme s'il eût été un grand homme de bien, et par ce même courrier écrit aux chanoines de Strasbourg une lettre circulaire pleine de fiel, d'esprit et de compliments. Il leur mandoit que le cardinal de Fürstemberg étoit aussi en état de résider que jamais (c'étoit à dire qu'il n'y avoit jamais résidé et qu'on s'en passeroit bien encore), que l'abbé de Soubise étoit si jeune qu'il y avoit de la témérité à s'y fier, et qu'un homme qu'on mettoit en état sitôt de n'avoir plus à craindre ni à espérer, se gâtoit bien vite, et il leur faisoit entendre, comme il l'avoit fait au roi, que le cardinal de Fürstemberg, gouverné comme il l'étoit par sa nièce, n'étoit gagné au préjudice de ses neveux que par le gros argent qu'elle avoit touché de Mme de Soubise. Il est vrai qu'il envoya ces lettres à son frère le comte d'Auvergne, pour ne les faire rendre qu'avec la permission du roi. Ce n'étoit pas qu'il pût l'espérer, mais pour le leurrer de cet hommage, et cependant en faire glisser assez pour que l'effet n'en fût pas perdu, et protester après qu'il ne savoit pas comment elles étoient échappées. Ces lettres firent un fracas épouvantable.

J'étois chez le roi le mardi 30 mars, lorsqu'à la fin du souper je vis arriver Mme de Soubise menant la comtesse de Fürstemberg, et se poster toutes deux à la porte du cabinet du roi. Ce n'étoit pas qu'elle n'eût bien le crédit d'entrer dedans si elle eût voulu, et d'y faire entrer la comtesse, mais comme l'éclat étoit public et qu'on ne parloit d'autre chose que du marché pécuniaire et des lettres du cardinal de Bouillon, elles voulurent aussi un éclat de leur part. Je m'en doutai dès que je les vis, ainsi que bien d'autres, et je m'approchai aussitôt pour entendre la scène. Mme de Soubise avoit l'air tout bouffi, et la comtesse, de son naturel emportée, paroissoit furieuse. Comme le roi passa elles l'arrêtèrent; Mme de Soubise dit deux mots d'un ton assez bas, puis la comtesse, haussant le sien, demanda justice de l'audace du cardinal de Bouillon, dont l'orgueil et l'ambition, non contente de résister à ses ordres, la déshonoroit elle et le cardinal son frère, qui avoit si utilement servi le roi, par les calomnies les plus atroces, et qui n'épargnoit pas Mme de Soubise elle-même. Le roi l'écouta et lui répondit avec autant de grâces et de politesse pour elle, que d'aigreur qu'il ne ménagea pas sur le cardinal de Bouillon, l'assura qu'elle seroit contente, et passa.

Ces dames s'en allèrent, mais ce ne fut pas sans montrer une colère ardente, et qui est en espérance de se venger. Mme de Soubise étoit d'autant plus piquée, que le cardinal de Bouillon apprenoit au roi un manége et des simonies que sûrement il ignoroit, et qui l'auroient empêché de consentir à cette affaire, s'il s'en fût douté, bien loin de la protéger. Elle craignoit donc des retours de scrupules, et qu'ils ne se portassent à éclairer de trop près les marchés qu'elle avoit mis en mouvement à Strasbourg pour l'élection. Les mêmes Camilly et Labatie, qui l'avoient si lestement servie pour faire passer son fils chanoine avec cet orde[1] quartier[2] de La Varenne, furent encore ceux qu'elle employa pour emporter la coadjutorerie. Ni l'un ni l'autre n'étoient scrupuleux. Camilly avoit déjà eu une bonne abbaye du premier service, il espéroit bien un évêché du second. Il n'y fut pas trompé, et Labatie de placer un nombre d'enfants utilement et honorablement, comme il arriva.

Pendant qu'ils préparoient les matières à Strasbourg, le cardinal de Bouillon se conduisoit à Rome par sauts et par bonds, mit tous les obstacles qu'il put aux bulles que le roi demandoit, et lui écrivit une deuxième lettre là-dessus plus folle encore que la première. Elle mit le comble à la mesure. Pour réponse, il reçut ordre par un courrier de partir de Rome sur-le-champ, et de se rendre droit à Cluni ou à Tournus, à son choix, jusqu'à nouvel ordre. Le commandement de revenir parut si cruel au cardinal de Bouillon,

1. Vieux mot, synonyme de *sale* et *ignoble.* Il ne faut pas oublier que ce mot s'applique à La Varenne, que Saint-Simon a traité plus haut (p. 387) de marmiton.

2. On appelait *quartiers*, les armoiries des différents chefs desquels on descendait, soit du côté paternel, soit du côté maternel. Saint-Simon désigne par cet orde quartier, *la fille de La Varenne bisaïeule de l'abbé de Soubise.*

qu'il ne put se résoudre à obéir. Il étoit sous-doyen du sacré collége; Cibo, doyen, décrépit, ne sortoit plus de son lit. Pour être doyen, il faut être à Rome lorsque le décanat vaque, et opter soi-même les évêchés unis d'Ostie et de Velletri au consistoire affectés au doyen, ou comme quelques-uns ont fait opter le décanat en retenant l'évêché qu'ils avoient déjà. Le cardinal de Bouillon manda donc au roi, parmi force soumissions à ses ordres, l'état exagéré du cardinal Cibo; qu'il ne pouvoit croire qu'il le voulût priver du décanat, ni ses sujets de l'honneur et de l'avantage d'un doyen françois; que dans cette persuasion il alloit demander au pape un bref pour lui assurer le décanat en son absence; qu'il partiroit dans l'instant qu'il l'auroit obtenu, et qu'en attendant il alloit faire prendre les devants à tous ses gens, et se renfermer comme le plus petit particulier dans le noviciat des jésuites, sans aucun commerce avec personne que pour son bref. Il se conduisit en effet de la sorte, et demanda ce bref qu'il se doutoit bien qu'il n'obtiendroit pas, mais dont il espéroit faire filer assez longtemps l'espérance et les prétendues longueurs pour atteindre à la mort le cardinal Cibo, ou à celle du pape même, qui menaçoit ruine depuis longtemps. Laissons-le pour un temps dans ses ruses, qui lui devinrent funestes, pour ne pas trop interrompre la suite des événements.

Mme de Soubise fut si bien servie à Strasbourg, et l'autorité du roi appuya si bien à l'oreille l'argent qui fut répandu, que l'abbé de Soubise fut élu tout d'une voix coadjuteur de Strasbourg. Le rare fut que ce fut en présence de l'abbé d'Auvergne, qui comme grand prévôt du chapitre, dit la messe du Saint-Esprit avant l'élection. La colère du roi fit peur aux Bouillon; leur rang et leur échange, encore informe et non enregistré au parlement, ne tenoient qu'à un bouton; ils virent de près l'affaire sans ressource, et ils tâchèrent à se sauver de la ruine de leur frère par cette bassesse.

En même temps, et je ne sais si ce fut une des conditions du marché, Mme de Soubise, toujours mal avec le duc de Rohan son frère, s'étoit raccommodée avec lui, et en avoit fait tous les pas pour faire le mariage de sa fille aînée avec le comte de La Marck, fils de la comtesse de Fürstemberg, qui n'avoit quoi que ce fût en France où il s'étoit mis dans le service, colonel d'un des régiments que le roi entretenoit fort chèrement au cardinal de Fürstemberg, desquels il lui laissoit la disposition, et dont tout le médiocre bien étoit en Westphalie sous la main de l'empereur. Ces Allemands ne se mésallient pas impunément; celui-ci sentit ce qu'il en coûte par une triste expérience; il ne la vouloit pas aggraver. Sa mère le vouloit marier, et un étranger qui n'a rien en France, et peu sous une coupe étrangère et souvent ennemie, n'étoit pas un parti aisé à établir. Le duc de Rohan ne comptoit ses filles pour rien et ses cadets pour peu de chose; en donnant aussi peu qu'il voulut, il fut aisé à persuader, et le mariage fut bâclé de la sorte.

Voilà l'état du comte de La Marck. Il étoit de la maison des comtes de La Marck, dont une branche a longtemps possédé Clèves et Juliers par le mariage de l'héritière, et le cadet de cette branche a figuré ici avec le duché de Nevers, le comté d'Eu, etc., qui par deux filles héritières passèrent : Nevers à un Gonzague, frère du duc de Mantoue, Eu au duc de Guise. Une autre branche eut Bouillon, Sedan, etc., dont deux maréchaux de France, d'autres capitaines des Cent-Suisses, un premier écuyer de la reine, chevalier de l'ordre, parmi les gentilshommes; et l'héritière de Sedan, par laquelle Henri IV fit la fortune du vicomte de Turenne, si connu depuis sous le nom de maréchal de Bouillon, qui n'en eut point d'enfants, et en garda les biens par la même protection d'Henri IV qui s'en repentit bien après. La dernière branche, et la seule qui subsiste, fut celle de Lumain. Le grand-père du comte de La Marck, dont il s'agit ici, étant veuf d'une Hohenzollern avec un fils qui lui survécut mais qui n'eut point d'enfants, s'étoit remarié fort bassement, et de ce deuxième mariage vint le père du comte de La Marck, à qui il en coûta bon pour se faire réhabiliter à la succession de son frère du premier lit, et à la dignité de comte. Cette branche de Lumain, dont le chef se rendit célèbre sous le nom de Sanglier d'Ardennes que sa férocité lui valut, et qui tua Louis de Bourbon, évêque de Liége, et jeta son corps du haut du pont dans la Meuse, étoit déjà séparée lorsque Clèves et Juliers entrèrent dans une branche leur aînée, et plus encore de celle qui a eu Bouillon et Sedan. Ils n'étoient que barons de Lumain, lorsque le grand-père de notre comte de La Marck prit, avant sa mésalliance, le nom et le rang dans l'empire de comte de La Marck, à la mort d'Henri-Robert de La Marck, comte de Maulevrier, chevalier de l'ordre, et premier écuyer de la reine, qui mourut le dernier de sa branche, toutes les autres étant éteintes depuis longtemps; tellement que lors de ce mariage du comte de La Marck avec la fille du duc de Rohan, il n'y avoit plus que lui et son frère cadet de la maison de La Marck.

Le cardinal de Fürstemberg fit un autre mariage presque en même temps d'une des trois filles, que son neveu, le gouverneur général de l'électorat de Saxe, avoit, avec le prince d'Isenghien, et qu'il avoit laissées à Paris avec sa femme.

Le duc de Berwick, qui depuis la mort de sa femme, avoit été se promener ou se confesser à Rome, devint amoureux de la fille de Mme Bockley, une des principales dames de la reine d'Angleterre à Saint-Germain. Il n'avoit qu'un fils de la première.

CHAPITRE XXIV.

Traité de partage de la monarchie d'Espagne. — Harcourt revient d'Espagne et y laisse Blécourt. — Recherche et gain des gens d'affaires. — Desmarets; ma liaison avec lui. — Loteries. — Mort de Châteauneuf; ses charges de secrétaire d'État et de greffier de l'ordre données à son fils en épousant Mlle de Mailly, et le râpé de l'ordre au chancelier. — Cauvisson lieutenant général de Languedoc par M. du Maine. — Noailles, archevêque de Paris, fait cardinal. — Abbé de Vaubrun exilé. — Ruses et opiniâtre désobéissance du cardinal de Bouillon, qui devient doyen et que le roi dépouille. — Argent à Mgr le duc de Bourgogne — Cent mille livres à Mansart. — Détails de l'assemblée du clergé. — Jésuites condamnés par la Sorbonne sur la Chine. — P. de La Rue, confesseur de Mme la duchesse de Bourgogne, au lieu du P. Le Comte, renvoyé. — Rage du P. Tellier. — Jésuites affranchis pour toujours des impositions du clergé. — Pelletier va visiter les places et ports de l'Océan. — M. de Vendôme retourne publiquement suer la vérole. — Mort de la duchesse d'Uzès. — Mariage du duc d'Albemarle avec Mlle de Lussan. — Mme Chamillart, pour la première femme de contrôleur général, admise dans les carrosses et à manger avec Mme la duchesse de Bourgogne. — L'évêque de Chartres gagne son procès contre son chapitre de la voix du roi unique. — M. de Reims cède la présidence de l'assemblée générale du clergé à M. de Noailles. — Comte d'Albert cassé. — Étrange embarras de M. le prince de Conti avec M. de Luxembourg. — Mme de Villacerf admise dans les carrosses et à manger avec Mme la duchesse de Bourgogne. — Dons pécuniaires à M. le prince de Conti, à M. de Duras et à Sainte-Maure. — Fiançailles de La Vrillière et de Mlle de Mailly, et leur mariage. — P. Martineau confesseur de Mgr le duc de Bourgogne à la place du feu P. Valois. — Mort de Le Nôtre. — Mort de Labriffe, procureur général. — D'Aguesseau, avocat général, fait procureur général en sa place.

Le traité de partage de la monarchie d'Espagne commençoit à faire grand bruit en Europe. Le roi d'Espagne n'avoit point d'enfants ni aucune espérance d'en avoir. Sa santé, qui avoit toujours été très-foible, étoit devenue très-mauvaise depuis deux ou trois ans, et il avoit été à l'extrémité depuis un an à plusieurs reprises. Le roi Guillaume qui, depuis les succès de son usurpation, avoit fort augmenté son crédit par la confiance de tous les alliés de la grande alliance qu'il avoit ourdie contre la France, et dont il avoit été l'âme et le chef jusqu'à la paix de Ryswick, et qui se l'étoit depuis conservée sur le même pied, entreprit de pourvoir de façon à cette vaste succession que, lorsqu'elle s'ouvriroit, elle ne causât point de guerre. Il n'aimoit ni la France ni le roi, et dans la vérité il étoit payé pour les bien haïr; il en craignoit l'agrandissement; il venoit d'éprouver, par l'union de toute l'Europe contre elle dans une guerre de dix ans, quelle puissance c'étoit, après toutes celles dont ce règne n'avoit été qu'un tissu plein de conquêtes. Malgré les renonciations de la reine, il n'osa espérer que le roi vît passer toute cette immense succession sans en tirer rien; il avoit vu, par les conquêtes de la Franche-Comté et d'une partie de la Flandre, le peu de frein de ces renonciations. Il songea donc à un partage que l'appât de le recueillir en paix, et sous la garantie des puissances principales, pût faire accepter au roi, et qui fût tel en même temps qu'il n'augmentât pas sa puissance, ne fût qu'un arrondissement léger vers des frontières bien assurées, et que ce qu'il auroit de plus fût si éloigné, que la difficulté de le conserver le tînt toujours en brassière et ses successeurs après lui. En même temps, il voulut bien assurer les bords de la mer du côté de l'Angleterre, et mettre ses chers Hollandois à l'abri de la France, et partager l'empereur si grandement, qu'il eût lieu de s'en contenter et de ne pas regretter une totalité qu'il n'avoit pas la puissance d'espérer contre la France. Il ne destinoit donc à celle-ci, pour ainsi parler, que des rognures. Ce fut pour cela qu'il s'en voulut assurer d'abord, comme la prévoyant la plus difficile à se contenter de ce qu'il lui vouloit offrir, et que sûr, s'il le pouvoit, de son acceptation, il n'eût à présenter à l'empereur que la plus riche et la plus grande partie avec un nom qui pouvoit passer pour le tout, et que la tentation d'une si ample monarchie, sans coup férir, le consolât du reste et la lui fît promptement accepter.

Son plan arrêté fut donc de donner à l'archiduc, deuxième fils de l'empereur, l'Espagne et les Indes avec les Pays-Bas et le titre de roi d'Espagne; le Guipuscoa à la France, parce que l'aridité et la difficulté de cette frontière est telle qu'elle étoit demeurée en paix de tout ce règne, au milieu de toutes les guerres contre l'Espagne; Naples et Sicile, dont l'éloignement et le peu de revenu étoit plutôt un embarras et un sauve-l'honneur qu'un accroissement, et dont la conservation tiendroit à l'avenir la France en bride avec les puissances maritimes; la Lorraine, qui étoit un arrondissement très-sensible, mais qui ne portoit pas la France au delà d'où elle étoit, et qui en temps de guerre ne la soulageoit que d'une occupation qui ne lui coûtoit rien à faire; et pour dédommagement, le Milanois à M. de Lorraine, qui y gagnoit les trois quarts de revenu et d'étendue, et, d'esclave de la France par l'enclavement de la Lorraine, de devenir un prince puissant et libre en Italie, et qui feroit compter avec lui.

Le roi d'Angleterre fit donc d'abord cette proposition au roi, qui, las de la guerre, et dans un âge et une situation qui lui faisoient goûter le repos, disputa peu et accepta. M. de Lorraine n'étoit ni en intérêt ni en état de ne pas consentir au changement de pays que l'Angleterre avec la Hollande lui proposèrent d'une part, et le roi de l'autre qui lui envoya Callières. Cela fait, il fut question de l'empereur. Ce fut où tout le crédit et l'adresse du roi d'Angleterre échoua : l'empereur vouloit la succession entière; il se tenoit ferme sur les renonciations du mariage du roi; il ne pouvoit souffrir de voir la maison d'Autriche chassée d'Italie (et elle l'étoit entièrement par le projet du roi d'Angleterre qui donnoit à la France les places maritimes de Toscane que l'Espagne tenoit, connues sous le nom de *gli Presidii*). Pressé par Villars envoyé du roi, par l'Angleterre, par la Hollande, qui avoient signé le traité, et qui lui faisoient entendre qu'ils se joindroient contre lui s'il s'opiniâtroit dans le refus d'un si beau partage, il se tint ferme à répondre qu'il étoit inouï, et contre tout droit naturel et des gens, de partager une succession avant qu'elle fût ouverte; et qu'il n'entendroit jamais à rien là-dessus pendant la vie du roi d'Espagne, chef de sa maison, et qui lui étoit si proche. Cette résistance, et plus encore l'esprit de cette résistance, divulgua bientôt le secret qui devoit durer jusqu'à la mort du roi d'Espagne, qui fut averti par l'empereur et pressé de faire un testament en faveur de l'archiduc et de sa propre maison.

Le roi d'Espagne jeta les hauts cris comme si on l'eût voulu dépouiller de son vivant, et son ambassadeur en fit un tel bruit en Angleterre, et en des termes si peu respectueux, jusqu'à nommer le roi d'Angleterre le roi Guillaume, que ce prince lui fit dire de sortir en quatre jours d'Angleterre, ce qu'il exécuta et se retira en Flandre. Mais l'empereur, quoique mécontent du roi d'Angleterre, le vouloit ménager dans ce qu'il n'étoit pas le point principal, pour ne se brouiller pas absolument avec lui. Il s'offrit entre lui et le roi d'Espagne, et fit en sorte que ce mécontentement accessoire se raccommoda et que l'ambassadeur d'Espagne retourna à Londres.

Harcourt eut à essuyer à Madrid toutes les plaintes et les clameurs; elles furent au point que, sur le compte qu'il rendit de tous les désagréments qu'il essuyoit et de l'inutilité où il se voyoit par cette découverte, il eut permission de revenir. Il laissa Blécourt, son parent, qu'il avoit mené avec lui, et qui étoit homme ferme et capable d'affaires, quoiqu'il n'eût fait toute sa vie d'autre métier que celui de la guerre, et qui, en l'absence d'ambassadeur, servit très-bien et très-dignement avec le caractère d'envoyé du roi.

L'empereur cependant ne pensoit qu'à fortifier son parti en Espagne. La reine sa belle-sœur y étoit toute-puissante ; elle avoit fait chasser les plus grands seigneurs et les principaux ministres qui ne ployoient pas sous elle. Par sa faveur la Berlips étoit l'objet de l'envie universelle ; elle prenoit à toutes mains et vendoit les plus grands emplois. Un de ses enfants avoit été fait par le roi d'Espagne archimandrite de Messine, qui est un bénéfice de quatre-vingt-dix mille livres de rente, par la mort d'un frère du duc de Lorraine ; et le prince de Hesse-Darmstadt, vice-roi de Catalogne et colonel des Allemands dont elle avoit rempli Madrid. Quoiqu'elle eût réduit Harcourt à la plus honteuse solitude après avoir éprouvé tout le contraire, elle ne laissa pas de lui détacher l'amirante, avec des propositions fortes pour elle, et des espérances pour un des fils de Monseigneur. Harcourt, qui vouloit voir plus clair, et qui, avec raison, se défioit de la sœur de l'impératrice, battit froid, et, disant toujours qu'il ne pouvoit écrire en France tant qu'il ne verroit que du vague, ne laissoit pas de le faire et de se flatter de la plus grande fortune s'il pouvoit réussir. Mais en France on étoit content du traité de partage ; il étoit signé ; la sœur de l'impératrice y étoit trop suspecte, et l'amirante à Harcourt pour le moins autant ; par la mauvaise réputation de sa foi, et par son attachement héréditaire à la maison d'Autriche, et très-particulier à la reine ; Harcourt eut donc ordre de ne plus rien écouter, qui en fut au désespoir, et qui de dépit s'éloigna de Madrid, et ne songea plus qu'à s'amuser avec son domestique et à tirer des lapins, en attendant son retour, dont bientôt après il reçut la permission.

Cette position si jalouse fit mettre toutes choses en œuvre pour recouvrer de l'argent, et se tenir en bonne posture et prêt à tout événement. On commença par une recherche sourde des gens d'affaires, dont les profits avoient été immenses pendant la dernière guerre. Chamillart obtint à grand'peine permission du roi de se servir de Desmarets pour cette opération. Il figura assez dans la suite pour qu'il ne soit pas inutile de le faire connoître dès à présent. C'étoit un grand homme, très-bien fait, d'un visage et d'une physionomie agréable qui annonçoit la sagesse et la douceur, qui étoient les deux choses du monde qu'elle tenoit le moins. Son père étoit trésorier de France à Soissons, qui étoit riche dans son état, fils d'un manant, gros laboureur d'auprès de Noyon, qui s'étoit enrichi dans la ferme de l'abbaye d'Orcamp qu'il avoit tenue bien des années, après avoir labouré dans son jeune temps. Son fils, le trésorier de France, avoit épousé une sœur de M. Colbert, longtemps avant la fortune de ce ministre, qui depuis prit Desmarets son neveu dans ses bureaux, et le fit après intendant des finances. C'étoit un homme d'un esprit net, lent et paresseux, mais que l'ambition et l'amour du gain aiguillonnoient, en sorte que M. de Seignelay, son cousin germain, l'avoit pris en aversion, parce que M. Colbert le lui donnoit toujours pour exemple. Il lui fit épouser la fille de Bechameil, secrétaire du conseil, qui devint après surintendant des finances et affaires de Monsieur quand il chassa Boisfranc, beau-père du marquis de Gesvres. Desmarets, élevé et conduit par son oncle, en avoit appris toutes les maximes et tout l'art du gouvernement des finances. Il en avoit pénétré parfaitement toutes les différentes parties, et comme tout lui passoit par les mains, personne n'étoit instruit plus à fond que lui des manéges des financiers, du gain qu'ils avoient fait de son temps, et par ces connoissances de celui qu'ils pouvoient avoir fait depuis.

Tout à la fin de la vie de M. Colbert, on s'avisa de faire à la Monnoie une quantité de petites pièces d'argent de la valeur de trois sous et demi pour la facilité du commerce journalier entre petites gens. Desmarets avoit acquis plusieurs terres, entre autres Maillebois, et l'engagement du domaine de Châteauneuf en Timerais[1] dont cette terre relevoit et quantité d'autres sortes de biens. Il avoit fort embelli le château bâti par d'O, surintendant des finances d'Henri III et d'Henri IV. Il en avoit transporté le village d'un endroit à un autre pour orner et accroître son parc, qu'il avoit rendu magnifique. Ces dépenses si fort au-dessus de son patrimoine, de la dot de sa femme et du revenu de sa place, donnèrent fort à parler. Il fut accusé ensuite d'avoir énormément pris sur la fabrique de ces pièces de trois sous et demi. Le bruit en parvint à la fin à M. Colbert, qui voulut examiner, et qui tomba malade de la maladie prompte dont il mourut. Preuves, doutes ou humeur, je n'assurerai lequel des trois, mais ce qui est vrai, c'est que de son lit il écrivit au roi contre son neveu, qu'il pria d'ôter des finances, et à qui il donna les plus violents soupçons contre lui. Colbert mort, et Pelletier, contrôleur général de la façon de M. de Louvois, à qui et à M. Le Tellier il étoit intimement attaché de toute sa vie, le roi lui donna ordre de chasser Desmarets, et de lui faire une honte publique. C'étoit bouillir du lait à une créature de Louvois. Il manda Desmarets, et prit son moment à une audience publique. Là, au milieu de tous les financiers qui rampoient et trembloient huit jours auparavant devant lui, et de tout ce qui se présenta là pour parler au contrôleur général, il appela Desmarets, et tout haut pour que tout ce qui étoit là n'en perdît pas une parole : « Monsieur Desmarets, lui dit-il, je suis fâché de la commission dont je suis chargé pour vous. Le roi m'a commandé de vous dire que vous êtes un fripon; que M. Colbert l'en a averti; qu'en cette considération, il veut bien vous faire grâce, mais qu'entre ci et vingt-quatre heures vous vous retiriez dans votre maison de Maillebois

---

1. Le Timerais ou Thimerais faisait autrefois partie du Perche. Il est compris maintenant dans le département d'Eure-et-Loir.

sans en sortir ni en découcher, et que vous vous défassiez de votre intendance des finances, dont le roi a disposé. » Desmarets, éperdu, voulut pourtant ouvrir la bouche, mais Pelletier tout de suite la lui ferma par un : « Allez-vous-en, monsieur Desmarets, je n'ai pas autre chose à vous dire, » et lui tourna le dos. La lettre de M. Colbert mourant au roi ferma la bouche à toute sa famille, tellement que Desmarets, dénué de toute sorte de protections, n'eut qu'à signer la démission de sa place et s'en aller à Maillebois.

Il y fut les quatre ou cinq premières années sans avoir la liberté d'en découcher, et il y essuya les mépris du voisinage, et les mauvais procédés d'une menue noblesse qui se venge avec plaisir, sur l'impuissance, de l'autorité dure qu'elle avoit exercée dans le temps de sa fortune. Mon père étoit ami de M. Colbert, de M. de Seignelay et de toute leur famille; il connoissoit peu Desmarets, jeune homme à son égard. La Ferté, où mon père passoit souvent la fin des automnes, se trouvoit à quatre lieues de Maillebois. La situation de Desmarets lui fit pitié. Coupable ou non, car rien n'avoit été mis au net, il trouva que sa chute étoit bien assez profonde, sans se trouver encore mangé des mouches dans le lieu de son exil; il l'alla voir, lui fit amitié, et déclara qu'il ne verroit pas volontiers chez lui ceux qui chercheroient à lui faire de la peine : un reste de seigneurie palpitoit encore en ce temps-là. Mon père, toute sa vie honnête et bienfaisant, étoit fort respecté dans le pays. Cette déclaration changea en un moment la situation de Desmarets dans la province : il lui dut tout son repos et la considération qui succéda au mépris et à la mauvaise volonté qu'il avoit éprouvée. Mon père même alla trop loin dans les suites, car il s'engagea dans des procès de mouvance à la prière de Desmarets, qui lui coûtèrent à soutenir et qu'il perdit. Dès que Desmarets eut permission de sortir de sa maison sans découcher, il vint dîner à la Ferté, sitôt que mon père y fut. Il n'oublia rien, ni Mme Desmarets, pour témoigner à mon père et à ma mère leur attachement et leur reconnoissance. Il eut enfin permission de faire à Paris des tours courts, puis allongés et réitérés, enfin liberté d'y demeurer en n'approchant pas de la cour. Il continua la même amitié avec moi, et moi avec lui, après la mort de mon père, et elle fut telle qu'on en verra bientôt une marque singulière. Desmarets étoit en cet état lorsque Chamillart obtint à grand'peine la permission de se servir de ses lumières, et de le faire travailler à la recherche des gens d'affaires, etc., qui, par compte fait et arrêté avec eux, se trouvèrent avoir gagné depuis 1689 quatre-vingt-deux millions. On s'abstient de réflexions sur un si immense profit en moins de dix ans, et sur la misère qu'il entraîne nécessairement, sur qui a tant gagné et qui a tant perdu, sans parler d'une autre immensité d'une autre sorte de gain et de perte, qui sont les frais non compris dans ces quatre-vingt-deux millions.

Il fut proposé d'attirer la cupidité publique par des loteries ; il s'en fit de plusieurs façons en quantité. Pour leur donner plus de crédit et de vogue, Mme la duchesse de Bourgogne en fit une de vingt mille pistoles; elle et ses dames et plusieurs autres de la cour firent les billets. Hommes et femmes, depuis Monseigneur jusqu'à M. le comte de Toulouse, les cachetèrent, et les diverses façons qu'on leur donna firent l'amusement du roi et de toutes ces personnes. On y garda toutes les mesures les plus soupçonneuses pour y conserver une parfaite fidélité. Elle fut tirée avec les mêmes précautions devant toutes les personnes royales et autres distinguées qui y furent admises. Le gros lot tomba à un garde du roi de la compagnie de Lorges; il étoit de quatre mille louis.

Châteauneuf, secrétaire d'État, fort affligé du refus de sa survivance, et fort tombé de santé, s'en alla prendre les eaux de Bourbon, et pria le roi de trouver bon que Barbezieux signât pour lui en son absence. Il étoit naturel que ce fût Pontchartrain, mais ces deux branches ne s'étoient jamais aimées, comme on l'a pu voir plus haut, et j'ai ouï plus d'une fois le chancelier reprocher à La Vrillière le vol de la charge de son père par son bisaïenl, et fort médiocrement en plaisanterie. Châteauneuf étoit un homme d'une prodigieuse grosseur ainsi que sa femme, fort peu de chose, bon homme et servant bien ses amis. Il avoit le talent de rapporter les affaires au conseil de dépêches mieux qu'aucun magistrat, du reste la cinquième roue d'un chariot, parce qu'il n'avoit aucun autre département que ses provinces, depuis qu'il n'y avoit plus de huguenots. Sa considération étoit donc fort légère, et sa femme, la meilleure femme du monde, n'étoit pas pour lui en donner. Peu de gens avoient affaire à lui, et l'herbe croissoit chez eux. En passant chez lui à Châteauneuf, en revenant de Bourbon, dont il avoit fait un des plus beaux lieux de France, il y mourut presque subitement.

Il en vint un courrier à son fils pour le lui apprendre, qui arriva à cinq heures du matin. Il ne perdit point le jugement ; il envoya éveiller la princesse d'Harcourt et la prier instamment de venir chez lui sur l'heure. La surprise où elle en fut à heure si indue l'y fit courir. La Vrillière lui conta son malheur, lui ouvrit sa bourse à une condition : c'est qu'elle iroit sur-le-champ au lever de Mme de Maintenon lui proposer son mariage pour rien avec Mlle de Mailly, moyennant la charge de son père, et d'écrire au roi avant d'aller à Saint-Cyr, pour lui faire rendre sa lettre au moment de son réveil. La princesse d'Harcourt, dont le métier étoit de faire des affaires depuis un écu jusqu'aux plus grosses sommes, se chargea volontiers de celle-là. Elle la fit sur-le-champ et le vint dire à La Vrillière ; il la renvoya à la comtesse de Mailly, qui, sans biens et chargée d'une troupe d'enfants, garçons et filles, y avoit déjà consenti quand Châteauneuf tenta vainement la survivance. En même temps La Vrillière s'en va chez le chancelier, l'avertit de ce qu'il venoit de faire avec la princesse d'Harcourt, et l'envoie chez le roi pour lui demander la charge en cadence de Mme de Maintenon. Le chancelier fit demander à parler au roi avant que personne fût entré. Le roi venoit de lire la lettre de Mme de Maintenon, et accorda sur-le-champ la charge, à condition du mariage, et l'un et l'autre fut déclaré au lever du roi.

La Vrillière étoit extrêmement petit, assez bien pris dans sa petite taille. Son père, pour le former, l'avoit toujours fait travailler sous lui, et il en étoit venu à y tout faire. Tous ces La Vrillière, depuis le bonhomme La Vrillière, grand-père de celui-ci, avoient toujours été extrêmement des amis de mon père. Blaye par la Guyenne étoit de leur département. Cette amitié s'étoit continuée avec moi. Je tirai d'eux plusieurs services importants pour mon gouvernement; je fus ravi que la charge fût demeurée à La Vrillière. Il eût été bien à plaindre sans cela : d'épée ni de robe, il n'avoit pris aucun de ces deux chemins : à la cour, sans charge quelle figure y eût-il pu faire? c'étoit un homme sans état et sans consistance. Sa future ne fut pas si aise que lui : elle n'avoit pas douze ans. Elle se mit à pleurer et à crier qu'elle étoit bien malheureuse; qu'on lui donnât un homme pauvre, si l'on vouloit, pourvu qu'il fût gentilhomme, et non pas un petit bourgeois pour faire sa fortune; elle étoit en furie contre sa mère et contre Mme de Maintenon. On ne pouvoit l'apaiser, ni la faire taire, ni faire qu'elle ne fît pas la grimace à La Vrillière et à toute sa famille, qui accoururent la voir, et sa mère. Ils le sentirent tous bien, mais le marché étoit fait, et trop bon pour eux pour le rompre. Ils espérèrent que c'étoit enfance qui passeroit, mais ils l'espérèrent vainement; jamais elle ne s'est accoutumée à être Mme de La Vrillière, et souvent elle le leur a montré.

Le roi fit en ce même temps un autre beau présent : Cauvisson mourut en Languedoc, dont il étoit un des trois lieutenants généraux; il n'avoit qu'une fille unique qu'il avoit mariée à son frère. Son fils avoit été tué peu après son mariage avec la sœur de Biron, dont il n'avoit point eu d'enfants, et Mme de Nogaret, sa veuve, étoit dame du palais de Mme la duchesse de Bourgogne, et intimement amie de Mme de Saint-Simon et de moi. Cauvisson, frère et gendre, demandoit la charge. C'étoit une fort vilaine figure d'homme, mais avec beaucoup d'esprit, de lecture et de monde, aimé et mêlé avec tout le meilleur et le plus brillant de la cour dès qu'il y revenoit, car il étoit souvent en Languedoc, où son frère passoit sa vie. Il avoit été capitaine aux gardes et avoit quitté. C'étoit le grief. M. du Maine, gouverneur de la province, demanda la charge pour lui. Cela dura quelques jours. Le roi, qui voulut suivre sa maxime de refuser tout à ceux qui avoient quitté le service, et qui ne manquoit aucune occasion d'élever M. du Maine, et de relever son crédit, remplit ces deux vues. Il donna la charge à M. du Maine, pour en disposer en faveur de qui il voudroit. Il la donna à Cauvisson, qui de la sorte la tint de lui et point du roi.

Une autre grâce plus importante fut la nomination au cardinalat que le roi donna à l'archevêque de Paris, qui n'en avoit fait aucune démarche. Mais son frère et Mme de Maintenon firent tout pour lui. On ne le sut que par les lettres de Rome. Il n'attendit pas deux mois la pourpre depuis sa nomination. Le pape avoit résolu de faire la promotion des couronnes dès qu'il y auroit trois chapeaux vacants. Le cardinal Maldachini mourut le troisième, et aussitôt, c'est-à-dire le 28 juin, il arriva un courrier de M. de Monaco, qui apporta la nouvelle que le pape avoit fait le cardinal de Noailles pour la France, le cardinal de Lamberg, évêque de Passau, pour l'empereur, et le cardinal Borgia pour l'Espagne. Le courrier du pape ne fit pas diligence, tellement que ce ne fut que le 1ᵉʳ juillet, qu'au retour de sa promenade de Marly, le roi trouva le nouveau cardinal qui l'attendoit à

Versailles dans son appartement, qui lui présenta sa calotte. Le roi la lui mit sur la tête avec force gracieusetés.

Cette promotion fut une cuisante douleur pour le cardinal de Bouillon, de voir un Noailles paré comme lui de la pourpre, et un de ceux qui étoient en lice contre M. de Cambrai, et qui l'avoient vaincu. Il venoit d'éprouver un coup de fouet plus personnel, mais qui lui fut peut-être moins sensible.

L'abbé de Vaubrun avoit été exilé à Serrant, en Anjou, chez son grand-père maternel. Il étoit frère de la duchesse d'Estrées, et fils unique de Vaubrun, tué lieutenant général à cette belle et mémorable retraite que fit M. de Lorges devant les Impériaux, après la mort de M. de Turenne. Il avoit pris le petit collet pour se cacher. Il étoit tout à fait nain, en avoit la laideur et la grosse tête, et il s'en falloit pour le moins un pied que ses courtes jambes tortues ne fussent égales. Avec cela beaucoup d'esprit et de la lecture, mais un esprit dangereux tout tourné à la tracasserie et à l'intrigue. Il étoit accusé avec cela de l'avoir fort mauvais, d'être peu sûr dans le commerce, et de se livrer à tout pour être de quelque chose. Sa figure ne l'empêchoit pas d'attaquer les dames ni d'en espérer les faveurs, et de se fourrer comme que ce fût partout où il pouvoit trouver entrée. Ennuyé de l'obscurité où il languissoit, il obtint par MM. d'Estrées l'agrément de la charge de lecteur du roi, que le baron de Breteuil lui vendit quand il acheta celle d'introducteur des ambassadeurs, après la mort de Bonnœil, et ce vilain et dangereux escargot se produisit à la cour et chercha à s'y accrocher; il fit une cour basse aux Bouillon, il fut admis chez eux; le cardinal de Bouillon le reconnut bientôt pour ce qu'il étoit. Il lui falloit de tels pions pour jeter en avant; il se trouva son espion, son agent, son correspondant dans toute sa conduite à Rome, et d'un coup de pied il fut chassé.

Malgré tant de revers, le cardinal de Bouillon persévéra dans sa résolution de ne pas perdre le décanat. Il amusa le roi tant qu'il put d'une obéissance d'un ordinaire à l'autre, dès qu'il auroit son bref. N'en pouvant cacher le refus, il fit semblant de partir et alla jusqu'à Caprarole, où il s'arrêta, fit le malade, et dépêcha un courrier au P. de La Chaise, pour le prier de rendre au roi une lettre par laquelle il lui demandoit la permission de demeurer à Rome, sans voir personne, jusqu'à la mort du cardinal Cibo, lui remontroit la prétendue importance que le décanat n'échappât pas aux François, et ajoutoit qu'il attendroit ses ordres à Caprarole, qui est une magnifique maison du duc de Parme, à huit lieues de Rome, à faire des remèdes dont sa santé avoit, disoit-il, grand besoin. Il avoit pris le parti de s'adresser au P. de La Chaise, parce que M. de Torcy lui avoit enfin mandé que le roi lui avoit défendu d'ouvrir aucunes de ses lettres, ni de lui en rendre aucunes de lui. Les jésuites lui étoient de tout temps entièrement dévoués, et il espéra de la voix touchante et accréditée du confesseur. Mais il trouva cette porte aussi fermée que celle de M. de Torcy, et le P. de La Chaise lui manda qu'il avoit reçu les mêmes défenses. Il avoit offert en même temps la démission de son canonicat de Strasbourg. Comme on n'en avoit aucun besoin, elle fut refusée, et un nouvel ordre d'obéir et de partir sur-le-champ lui fut renvoyé par un nouveau courrier.

Tous ces divers prétextes, les courriers du cardinal de Bouillon, chargés de faire peu de diligence, ceux du roi retenus par le cardinal le plus qu'il pouvoit, tirèrent tant de long qu'il parvint à atteindre ce qu'il désiroit. Le cardinal Cibo mourut à Rome le 21 juillet. Le cardinal de Bouillon, qui n'en étoit qu'à huit lieues, à Caprarole, averti de son extrémité, alla à Rome la veille de sa mort, et dépêcha un courrier par lequel il manda au roi qu'il avoit reçu son dernier ordre de partir, mais que l'extrémité du cardinal Cibo l'avoit fait retourner à Rome pour opter le décanat et partir vingt-quatre heures après, persuadé que le roi ne trouveroit pas mauvais un si court délai à lui obéir par l'importance de conserver le décanat à un François. Cela s'appeloit se moquer du roi et de ses ordres, et être doyen malgré lui. Aussi le roi en témoigna-t-il sa colère le jour même qu'il reçut cette nouvelle, en parlant à Monsieur et à M. de Bouillon, quoique avec bonté pour lui; cependant la mauvaise santé du pape empêcha qu'il ne pût tenir le consistoire, et par conséquent le cardinal de Bouillon d'opter l'évêché d'Ostie, tant qu'enfin le roi, ne pouvant plus souffrir une si longue dérision de ses ordres, envoya ordre à M. de Monaco, son ambassadeur, de lui commander de sa part de donner la démission de sa charge de grand aumônier, d'en quitter le cordon bleu, et de faire ôter les armes de France de dessus son palais, et de défendre à tous les François de le voir, et d'avoir aucun commerce avec lui.

M. de Monaco, qui haïssoit le cardinal de Bouillon, surtout pour avoir traversé sa prétention d'altesse, exécuta cet ordre fort volontiers, après l'avoir concerté avec les cardinaux d'Estrées, Janson et Coislin; le cardinal répondit qu'il recevoit avec respect les ordres du roi et ne s'expliqua pas davantage. Quoiqu'il dût bien s'attendre qu'à la fin la bombe crèveroit, il en parut accablé; mais comme il n'avoit pu se résoudre à obéir sur le départ et perdre le décanat, il ne le put encore sur la démission de sa charge; il se crut si grand d'être doyen du sacré collège qu'il ne pensa pas au-dessus de lui de commencer avec éclat une lutte avec le roi, qu'il n'avoit jusqu'alors soutenue qu'à la sourdine, et sous le masque des adresses et des mensonges. Mais il faut encore interrompre ici cette matière qui arriéreroit trop sur les autres.

Au mariage de Mgr le duc de Bourgogne, le roi lui avoit offert de lui augmenter considérablement ses mois. Ce prince, qui s'en trouva assez, le remercia et lui dit que si l'argent lui manquoit il prendroit la liberté de lui en demander. En effet, s'étant trouvé court en ce temps-ci, il lui en demanda. Le roi le loua fort, et d'en demander quand il en avoit besoin, et de lui en demander lui-même sans mettre de tiers entre eux; il lui dit d'en user toujours avec la même confiance et qu'il jouât hardiment, sans craindre que l'argent lui manquât, et qu'il n'étoit de nulle importance d'en perdre à des personnes comme eux. Le roi se plaisoit à la confiance, mais il n'aimoit pas moins à se voir craint, et lorsque des gens timides qui avoient à lui parler se déconcertoient devant lui et s'embarrassoient dans leurs discours, rien ne faisoit mieux leur cour et n'aidoit plus à leur affaire.

Il donna aussi cent mille francs à Mansart, qui fit son fils conseiller au parlement.

L'archevêque de Reims présida à l'assemblée du clergé qui se tient de cinq en cinq ans. L'archevêque d'Auch, Suze[1], lui fut adjoint, et tous deux firent si bien qu'il n'y eut point d'évêques présidents avec eux, quoique la dernière assemblée eût ordonné qu'il y auroit deux évêques avec deux archevêques; ils eurent onze provinces pour eux qui l'emportèrent sur les cinq autres. M. de Reims, dans sa harangue au roi à l'ouverture, auroit pu se passer de nommer l'archevêque de Cambrai, dont les amis et même les indifférents furent scandalisés; il proposa aussi à l'assemblée d'insérer dans son procès-verbal copie de ceux des assemblées provinciales tenues à l'occasion de sa condamnation, ce qui fut fait en conséquence de pareils exemples. Elle fit aussi une commission de six évêques, et de six du second ordre, à la tête desquels fut M. de Meaux, pour examiner plusieurs livres, la plupart d'auteurs jésuites, sur la morale, qui fut accusée d'être fort relâchée. M. d'Auch ouvrit cet avis, qui passa à la pluralité de dix provinces contre six. Il s'éleva une dispute dans ce bureau entre le premier et le second ordre qui y prétendoit la voix délibérative. Le premier ne lui voulut reconnoître que la consultative, parce

---

1. L'archevêque d'Auch était alors Armand-Anne-Tristan de La Baume de Suze, qui gouverna ce diocèse de 1684 à 1703.

qu'il s'agissoit, non d'affaires temporelles, mais de doctrines, et, après quelques débats assez forts, cela passa ainsi en faveur du premier ordre, et la fin de cette affaire fut la condamnation de cent vingt propositions extraites de ces livres par l'assemblée, en suite du beau rapport que lui en fit M. de Meaux.

Cette assemblée se tint à Saint-Germain quoique le roi d'Angleterre occupât le château. M. de Reims y tenoit une grande table et avoit du vin de Champagne qu'on vanta fort. Le roi d'Angleterre, qui n'en buvoit guère d'autre, en entendit parler et en envoya demander à l'archevêque, qui lui en envoya six bouteilles. Quelque temps après, le roi d'Angleterre, qui l'en avoit remercié, et qui avoit trouvé ce vin fort bon, l'envoya prier de lui en envoyer encore. L'archevêque, plus avare encore de son vin que de son argent, lui manda tout net que son vin n'étoit point fou et ne couroit point les rues, et ne lui en envoya point. Quelque accoutumé qu'on fût aux brusqueries de l'archevêque, celle-ci parut si étrange qu'il en fut beaucoup parlé, mais il n'en fut autre chose.

Les disputes de la Chine commençoient à faire du bruit sur les cérémonies de Confucius et des ancêtres, etc., que les jésuites permettoient à leurs néophytes et que les missions étrangères défendoient aux leurs; les premiers les soutenoient purement civiles, les autres qu'elles étoient superstitieuses et idolâtriques. Ce procès entre eux a eu de si terribles suites qu'on en a écrit des mémoires fort étendus et des questions et des faits, et on en a des histoires entières. Je me contenterai donc de dire ici que les livres que les PP. Tellier et Le Comte avoient publiés sur cette matière furent déférés à la Sorbonne par les missions étrangères, et qu'après un long et mûr examen, ils furent fortement condamnés, tellement que le roi, alarmé que la conscience de Mme la duchesse de Bourgogne fût entre les mains du P. Le Comte, qu'elle goûtoit fort et la cour aussi, le lui ôta, et pour un sauve-l'honneur les jésuites l'envoyèrent à Rome et publièrent que de là, après s'être justifié, il retourneroit à la Chine. La vérité fut qu'il alla à Rome, mais qu'il ne s'y justifia ni ne retourna aux missions. On fit essayer plusieurs jésuites à Mme la duchesse de Bourgogne, qui auroit bien voulu ne se confesser à pas un. Elle avoit eu à Turin, la seule cour catholique qu'ils ne gouvernent pas et qui se tient en garde contre eux et les tient bas, un confesseur qui étoit barnabite, et un fort saint homme et fort éclairé. Elle eût bien voulu pouvoir choisir dans le même ordre, mais le roi voulut un jésuite ; et, après en avoir essayé plusieurs, elle s'en tint au P. de La Rue, si connu par ses sermons et par d'autres endroits.

Cette affaire mortifia cruellement les jésuites, d'autant plus que cette même affaire leur bâtoit mal à Rome, et remplit le P. Tellier d'une rage qui devint bien funeste dans la suite. Les jésuites, ainsi pincés sur leur morale d'Europe et d'Asie, s'en revanchèrent en attendant d'autres conjonctures sur le temporel, et firent si bien par le roi, auprès de l'assemblée, qu'ils furent pour toujours affranchis des taxes et des impositions du clergé. Ils alléguèrent la pauvreté de leur maison professe et les besoins de leurs colléges. Ils ne parloient pas de leurs ressources ; le roi témoigna désirer qu'il ne fût rien imposé sur eux pour ce que le clergé lui paye, et l'assemblée qui les avoit malmenés d'ailleurs ne voulut pas, en résistant là-dessus, témoigner de passion contre eux. Les jésuites firent une protestation contre la censure de la Sorbonne, laquelle publia une réponse fort vive à la protestation, de manière que les esprits de part et d'autre demeurèrent fort aigres.

Pelletier, conseiller d'État, qui avoit été longtemps intendant de Flandre, et qui avoit été fort connu du roi, parce qu'il y avoit eu nécessairement la confiance et la commission de beaucoup de dispositions, pour les conquêtes de ce pays-là, avoit eu à la mort de Louvois l'intendance des fortifications de toutes les places, ce qui lui donnoit toutes les semaines un travail tête à tête avec le roi. Cela ne laissoit pas d'être plaisant d'un homme de robe de décider de l'importance des places, du choix de leurs ouvrages, du mérite même militaire et de la fortune du corps des ingénieurs, tandis que Vauban avoit acquis en ce genre la première réputation de l'Europe, et que le roi n'ignoroit pas que ce ne fût à lui qu'il ne dût tous les succès de tous les siéges qu'il avoit faits en personne et de la plupart de ceux qu'il avoit fait faire, et qu'il eût pour lui l'estime et l'amitié qu'il méritoit. C'étoit aussi l'homme entre tous à choisir pour l'envoyer visiter toutes les places et les ports de l'Océan, qu'on vouloit mettre en état de ne rien craindre; mais c'étoit le règne de la robe pour tout, et ce fut Pelletier qui fut chargé de cette commission.

M. de Vendôme prit une autre fois congé publiquement du roi et des princes et princesses pour s'aller remettre entre les mains des chirurgiens. Il reconnut enfin qu'il avoit été manqué, que son traitement seroit long, et il s'en alla à Anet travailler au recouvrement de sa santé, qui ne lui réussit pas mieux que la première fois. Mais il rapporta, celle-ci, un visage sur lequel son état demeura encore plus empreint que la première fois.

Mme d'Uzès, fille unique du prince de Monaco, mourut de ce mal; c'étoit une femme de mérite et fort vertueuse, peu heureuse et qui méritoit un meilleur sort. Son mari étoit un homme obscur, qui ne voyoit personne que des gueuses et qui s'en tira mieux qu'elle, qui fut fort plainte et regrettée. Ses enfants périrent du même mal et elle n'en laissa point.

Mme du Maine fit un mariage de la faim et de la soif : ce fut celui de Mlle de Lussan, fille de Lussan, chevalier de l'ordre, qui étoit à M. le Prince, et de la dame d'honneur de Mme la Princesse, avec le duc d'Albemarle, bâtard du roi d'Angleterre et d'une comédienne. Il étoit chef d'escadre et n'avoit rien vaillant : Mlle de Lussan, quoique unique, n'avoit guère davantage. Mme du Maine, qui s'en étoit coiffée, fit accroire au bâtard qu'il en étoit amoureux, et que, par le crédit de M. du Maine, il auroit tout à souhait en l'épousant. C'étoit bien l'homme le plus stupide qui se pût trouver. Il se maria donc sur ces belles espérances, logé et nourri chez M. du Maine, où il fila le parfait amour. Elle fut assise comme duchesse du roi d'Angleterre, que le roi traitoit bien en tout, car d'ailleurs les ducs et les duchesses d'Angleterre n'ont point de rang en France.

Le roi, dont le goût croissoit chaque jour pour Chamillart, lui fit une grâce que Pontchartrain ni aucun autre contrôleur général n'avoit osé espérer : ce fut de faire entrer Mme Chamillart dans les carrosses de Mme la duchesse de Bourgogne et manger avec elle. Sa fille eut le même honneur, sous prétexte de la charge de grand maître des cérémonies qu'avoit eue son mari, et par là la porte de Marly leur fut ouverte et de tous les agréments de la cour. La vérité est que, dès que les femmes des secrétaires d'État y étoient parvenues, celles des contrôleurs généraux pouvoient bien valoir autant.

Le roi fit presque en même temps ce qu'il n'a pas fait cinq ou six fois dans sa vie. Le chapitre de Chartres, tout à fait indépendant de son évêque, avoit toute l'autorité dans la cathédrale, où l'évêque ne pouvoit officier sans sa permission que très-peu de jours marqués dans l'année, ni jamais y dire la messe basse; il avoit un grand territoire où étoient un grand nombre de paroisses qui lui faisoit un petit diocèse à part, où l'évêque ne pouvoit rien, et quantité d'autres droits fort étranges, directement contraires à toute hiérarchie. Godet des Marais, évêque de Chartres, et qui en faisoit très-assidûment et très-religieusement tous les devoirs, se trouvoit barré en mille choses. Dans la position intime où il se trouvoit avec le roi et Mme de Maintenon, il essaya de faire entendre raison à son chapitre sur des droits si abusifs, sans l'avoir pu induire à entendre à aucune sorte de modération; il espéra de sa patience, et de temps en temps revint à la charge et toujours sans aucun succès. Lassé enfin, il crut devoir user, pour le rétablissement d'un meilleur ordre, de la conjoncture où il étoit : il attaqua son chapitre en justice, où il sentoit bien qu'il ne réussiroit pas, mais le procès engagé, il le fit évoquer pour être jugé par le roi lui-même.

Un bureau de conseillers d'État avec un maître des requêtes, rapporteur, travailla contradictoirement sur cette affaire, et lorsqu'elle fut instruite, ce bureau entra au conseil des dépêches[1] où le rapporteur la rapporta. L'usurpation étoit si ancienne, si confirmée par les papes, par les rois, par un usage non interrompu, que tous ceux qui étoient à ce conseil, convenant de la difformité de l'usurpation et du désordre, furent pourtant d'avis de maintenir le chapitre en tout. Le roi leur laissa tout dire tant qu'ils voulurent, sans montrer ni impatience ni penchant. Tout le monde ayant achevé d'opiner : « Messieurs, leur dit-il, j'ai très-bien entendu l'affaire et vos opinions à tous, mais votre avis n'est pas le mien, et je trouve la religion, la raison, le bon ordre et la hiérarchie si blessés par les usurpations du chapitre, que je me servirai en cette occasion, contre ma constante coutume, de mon droit de décision, et je prononce en tout et partout en faveur de l'évêque de Chartres. » L'étonnement fut général, tous se regardèrent ; M. le chancelier, qui n'aimoit pas M. de Chartres, fort sulpicien, fit quelques représentations. Le roi l'écouta, puis lui dit qu'il persistoit, le chargea de dresser l'arrêt conformément aux conclusions de M. de Chartres, et lui ordonna de plus de lui apporter l'arrêt le lendemain, qui fut une défiance qui dut peiner le chancelier.

Malgré une volonté si rare et si marquée, le chancelier,

1. Voy. sur le conseil des dépêches la note à la fin du t. Ier, p. 446.

ou piqué, ou plein du droit du chapitre, ou craignant qu'en certaines affaires le roi s'accoutumât à l'exercice de ce droit, osa adoucir l'arrêt en faveur du chapitre. Le roi écouta encore ses raisons, puis raya lui-même l'arrêt, et se le fit apporter le lendemain tel en tout qu'il l'avoit ordonné. Ce fut un grand dépit au chancelier, qui ne le put cacher à l'évêque de Chartres lorsqu'il l'alla voir. Ce prélat, qui avec les défauts d'un homme nourri et pétri de Saint-Sulpice, étoit un grand et saint évêque, se contenta d'avoir vaincu et remis les choses dans l'ordre naturel et dans la règle sans user de son arrêt après l'avoir fait signifier, et ne songea qu'à regagner l'amitié de son chapitre, dont cette modération et l'estime qu'il ne pouvoit lui refuser facilita fort le retour. Ce prélat étoit fort loin d'être janséniste ni quiétiste, comme on a vu; mais, d'autre part, il n'aimoit point les jésuites, les tenoit de court et bas, et partageoit fort avec le P. de La Chaise la distribution des bénéfices sans en prendre pour soi ni pour les siens. Malheureusement, comme je l'ai dit ailleurs, ses choix ne furent pas bons; il infecta l'épiscopat d'ignorants, entêtés, ultramontains, barbes sales de Saint-Sulpice et de tous gens de bas lieu et du plus petit génie, ce qui n'a été que trop suivi depuis.

L'archevêque de Reims, ravi de présider l'assemblée du clergé lors fort bien composée, y brilla par sa doctrine, par sa capacité, par sa dépense. Il étoit fort bien avec le roi et fort soutenu de Barbezieux, son neveu, qui tiroit de sa place une grande autorité. Dans les commencements, le prélat contraignoit son naturel brutal comme sont tous ceux de sa famille, et plus que qui que ce soit les bourgeois *porphyrogénètes*[1], c'est-à-dire nés dans toute la considération et le crédit d'un long et puissant ministère; mais peu à peu l'homme revient à son naturel. Celui-ci bien ancré, ce lui sembloit, dans l'assemblée, s'y contraignit moins et de l'un

1. On donnait le nom de *porphyrogénètes*, ou nés dans la pourpre, aux fils des empereurs byzantins nés depuis l'avènement de leur père au trône.

à l'autre se permit tant de brutalités et d'incartades qu'il la banda entièrement contre lui ; il y reçut tant de dégoûts et y essuya tant de refus de choses que le moindre de l'assemblée eût fait approuver s'il les eût proposées, qu'il se détermina au remède du monde le plus honteux et dont il fit le premier exemple. M. de Paris étoit devenu cardinal depuis l'ouverture de l'assemblée, et depuis peu de jours le roi lui avoit donné le bonnet apporté par l'abbé de Barrière, camérier d'honneur du pape. S'il l'eût été avant l'ouverture, la présidence lui pouvoit être offerte et acceptée. C'eût été un dégoût pour M. de Reims, l'ancien des archevêques députés, mais moindre par la qualité de diocésain, jointe à celle de cardinal, dans le cardinal de Noailles ; mais de se le mettre, à la moitié et plus de l'assemblée, sur la tête, cela ne s'étoit jamais pratiqué. C'est pourtant ce que fit l'archevêque de Reims, qui lui-même y fit entrer le roi, en lui avouant qu'il ne trouvoit plus qu'obstacles personnels à tout ce qu'il étoit à propos de faire, tellement que le cardinal de Noailles présida tout le reste de l'assemblée, et M. de Reims n'y fit plus de rien que de sa présence en second. Avec son siége, sa pourpre, sa faveur, sa douceur, ses mœurs, sa piété et son savoir, il gouverna toute l'assemblée sans peine, et s'y acquit beaucoup de réputation.

C'étoit un homme fort modeste, et continuellement résidant à Châlons, où il n'y avoit pas occasion de faire montre de sa capacité en affaires ni en doctrines. Un air de béatitude que sa physionomie présentoit, avec un parler gras, lent et nasillard, la faisoit volontiers prendre pour niaise, et sa simplicité en tout pour bêtise. La surprise fut grande, quand par des discours sur-le-champ, et sur des matières de doctrine ou d'affaires qui, naissant dans les séances, ne pouvoient laisser aucun soupçon de la préparation la plus légère, on reconnut un grand fonds d'érudition d'une part, de capacité de l'autre, d'ordre et de netteté en tous les deux, avec le même style de ses mandements et de ses écrits contre

M. de Cambrai, et sur d'autres matières de doctrine, et sans sortir de sa simplicité ni de sa modestie. On vit cet homme, qui à Paris comme à Châlons se contentoit de son bouilli avec deux petites et grossières entrées, servi splendidement et délicatement, et, l'occasion passée, retourner tout court à son petit ordinaire, en gardant toujours ses officiers pour s'en servir quand il étoit nécessaire. Jamais grand seigneur ni cardinal qui, sans sortir d'aucune bienséance, fût moins l'un et l'autre, et jamais ecclésiastique plus prêtre ni plus évêque qu'il le fut toujours.

Le roi ordonna que les comtes d'Uzès et d'Albert, accusés de duel contre les comtes de Rantzau, Danois, et de Schwartzenberg, Autrichien, se remettroient à la Conciergerie; ils prirent le large. Barbezieux envoya courre après son beau-frère, qui sur sa parole se remit; le comte d'Albert ne revint que longtemps après dans la même prison. Il fut cassé pour sa désobéissance, et le roi voulut que Monseigneur disposât de son régiment de dragons qu'il avoit. A la fin ils sortirent l'un et l'autre, mais le comte d'Albert, avec tout le crédit de M. de Chevreuse, et la belle action qu'il avoit faite de s'être jeté dans Namur à travers les assiégeants et d'y être entré à la nage, son épée entre ses dents, ne put jamais être rétabli. Il étoit plus que bien avec Mme de Luxembourg, Rantzau aussi; cela fit la querelle, dont la raison fut sue de tout le monde et fit un étrange bruit. M. le prince de Conti me conta en revenant de Meudon qu'il n'avoit jamais été si embarrassé, ni n'avoit tant souffert en sa vie. Il étoit, comme on l'a vu, ami intime de feu M. de Luxembourg et l'étoit demeuré de même de celui-ci. A Meudon on ne parloit que de ce combat et de sa cause.

M. de Luxembourg étoit le seul qui l'ignorât. Il la demandoit à tout le monde, et, comme on peut croire, personne ne la lui voulut apprendre; lui aussi ne comprit jamais ce secret, et alla à maintes reprises à M. le prince de Conti pour le savoir, avec des presses et des instances à le mettre au désespoir. Il en sortit pourtant sans le lui dire, et il m'assura qu'il n'avoit jamais été si aise de sortir de Meudon et de la fin du voyage, pour éviter M. de Luxembourg jusqu'à ce qu'il n'en fût plus question.

Le roi, pressé par Mme la duchesse de Bourgogne, bonne et facile, permit l'entrée de ses carrosses et de manger avec elle, à Mme de Villacerf, qui étoit Saint-Nectaire et femme de son premier maître d'hôtel, sur l'exemple de Mme de Chamarande, quoique Mme de Villacerf la mère, en pareille place et femme d'un homme bien plus accrédité et considéré, n'eût jamais osé y prétendre; mais aussi d'elle, elle n'étoit rien.

Il donna aussi à M. le prince de Conti dix-huit mille livres d'augmentation de pension, et à M. de Duras vingt mille livres d'augmentation d'appointements de son gouvernement de Franche-Comté. Monseigneur donna aussi deux mille louis à Sainte-Maure, qui lui fit représenter par Mme la princesse de Conti l'embarras où il étoit d'avoir beaucoup perdu au jeu.

Les fiançailles de La Vrillière avec Mlle de Mailly avoient été faites quinze jours après la déclaration de son mariage avec Mlle de Mailly, en présence du roi et de toute la cour, dans le grand cabinet de Mme la duchesse de Bourgogne, où le contrat avoit été signé par le droit de fille de la dame d'atours; dès qu'elle eut douze ans accomplis ils se marièrent; la chancelière donna à dîner à la noce. Ils couchèrent dans l'appartement de la comtesse de Mailly, où Mme la duchesse de Bourgogne s'en amusa tout le jour. Le roi avoit donné la charge de greffier de l'ordre à La Vrillière qu'avoit son père, et le râpé au chancelier. Le premier en avoit grand besoin pour le parer un peu.

Le P. Valois, jésuite célèbre, mais meilleur homme que ceux-là ne le sont d'ordinaire, mourut d'une longue maladie de poitrine qui ne l'empêcha point d'aller presque jusqu'à la fin. Il étoit confesseur des enfants de France. Le P. de La

Chaise en fit la fonction quelque temps, et le P. Martineau remplit après cette place. Le P. Valois étoit un de ceux qui avoient tenu pour M. de Cambrai. C'étoit un homme doux, d'esprit et de mérite, qui fut et qui mérita d'être regretté.

Le Nôtre mourut presque en même temps, après avoir vécu quatre-vingt-huit ans dans une santé parfaite, [avec] sa tête et toute la justesse et le bon goût de sa capacité; illustre pour avoir le premier donné les divers dessins de ces beaux jardins qui décorent la France, et qui ont tellement effacé la réputation de ceux d'Italie qui, en effet, ne sont plus rien en comparaison, que les plus fameux maîtres en ce genre viennent d'Italie apprendre et admirer ici. Le Nôtre avoit une probité, une exactitude, et une droiture qui le faisoit estimer et aimer de tout le monde. Jamais il ne sortit de son état ni ne se méconnut, et fut toujours parfaitement désintéressé. Il travailloit pour les particuliers comme pour le roi, et avec la même application; ne cherchoit qu'à aider la nature, et à réduire le vrai beau aux moins de frais qu'il pouvoit; il avoit une naïveté et une vérité charmante. Le pape pria le roi de le lui prêter pour quelques mois. En entrant dans la chambre du pape, au lieu de se mettre à genoux, il courut à lui. « Eh! bonjour, lui dit-il, mon révérend père, en lui sautant au cou et l'embrassant et le baisant des deux côtés. Eh! que vous avez bon visage, et que je suis aise de vous voir et en si bonne santé! » Le pape, qui étoit Clément X, Altièri, se mit à rire de tout son cœur. Il fut ravi de cette bizarre entrée, et lui fit mille amitiés.

A son retour le roi le mena dans ses jardins de Versailles, où il lui montra ce qu'il y avoit fait depuis son absence. A la colonnade il ne disoit mot. Le roi le pressa d'en dire son avis : « Eh bien! sire, que voulez-vous que je vous dise? d'un maçon vous avez fait un jardinier (c'étoit Mansart); il vous a donné un plat de son métier. » Le roi se tut et chacun sourit; et il étoit vrai que ce morceau d'architecture, qui n'étoit rien moins qu'une fontaine et qui la vouloit être, étoit fort déplacé dans un jardin. Un mois avant sa mort, le roi, qui aimoit à le voir et à le faire causer, le mena dans ses jardins, et, à cause de son grand âge, le fit mettre dans une chaise que des porteurs rouloient à côté de la sienne, et Le Nôtre disoit là : « Ah! mon pauvre père, si tu vivois et que tu pusses voir un pauvre jardinier comme moi, ton fils, se promener en chaise à côté du plus grand roi du monde, rien ne manqueroit à ma joie. » Il étoit intendant des bâtiments et logeoit aux Tuileries, dont il avoit soin du jardin, qui est de lui, et du palais. Tout ce qu'il a fait est encore fort au-dessus de tout ce qui a été fait depuis, quelque soin qu'on ait pris de l'imiter et de travailler d'après lui le plus qu'il a été possible. Il disoit des parterres qu'ils n'étoient bons que pour les nourrices qui, ne pouvant quitter leurs enfants, s'y promenoient des yeux et les admiroient du deuxième étage. Il y excelloit néanmoins comme dans toutes les parties des jardins, mais il n'en faisoit aucune estime, et il avoit raison, car c'est où on ne se promène jamais.

Labriffe, procureur général, mourut bientôt après, d'une longue maladie, du chagrin dans lequel il vécut dans cette charge, des dégoûts et des brocards dont le premier président Harlay l'accabla. J'ai assez parlé de ce magistrat, à propos du procès de préséance de M. de Luxembourg, pour n'avoir rien à y ajouter. D'Aguesseau, avocat général, eut sa charge. C'est lui aussi dont j'ai parlé à la même occasion, et qui longtemps depuis a fait une si grande et si triste fortune.

CHAPITRE XXV.

Arrêt du conseil, à faute de mieux, qui dépouille le cardinal de Bouillon. — Cardinal de Coislin fait grand aumônier. — Évêque de Metz premier aumônier en titre. — Conduite du cardinal de Bouillon. — Réflexion sur les cardinaux françois. — Mort du duc de Glocester. — Le Vassor. — Mesures sur l'Espagne. — Paix du Nord en partie. — Voyage de Fontainebleau. — Zinzendorf, envoyé de l'empereur, mange avec Monseigneur. — Mme de Verue; ses malheurs; sa fuite de Turin en France. — Jugement en faveur de la Bretagne, de sa propre amirauté contre l'amirauté de France. — Acquisition de Sceaux par M. du Maine. — Mort de Mlle de Condé. — D'Antin quitte le jeu solennellement et le reprend ensuite. — Mort de M. de la Trappe. — Mort du pape Innocent XII (Pignatelli).

M. le cardinal de Bouillon, toujours dans Rome, attendant un consistoire pour y opter le décanat et l'évêché d'Ostie, continuoit à porter l'ordre, et en bon françois à se moquer du roi. Il prétendoit très-faussement que sa charge de grand aumônier étoit office de la couronne, comme force autres choses, et que conséquemment en ne donnant point de démission, elle ne pouvoit lui être ôtée sans lui faire son procès, dont sa pourpre le mettoit à l'abri. Le roi, enfin, excédé d'une désobéissance si poussée et si éclatante, ordonna au parlement de lui faire son procès, mais, quand on voulut y travailler, tant d'obstacles se présentèrent qu'il en fallut quitter le dessein. On y suppléa par un arrêt du conseil rendu en présence du roi, le dimanche 12 septembre, qui ordonna la saisie de tous les biens laïques et ecclésiastiques du cardinal de Bouillon, en partageant les derniers en trois portions, pour les réparations, les aumônes et la confiscation, et tous les biens laïques confisqués, et cet arrêt fut envoyé à tous les intendants des provinces pour le faire exécuter sur-le-champ et à la rigueur. Le même jour les provisions de la charge de grand aumônier furent envoyées au cardinal de Coislin, à Rome, et celles de premier aumônier expédiées à l'évêque de Metz, son neveu, qui n'en avoit que la survivance. Le roi chargea Pontchartrain de porter cette triste nouvelle au duc de Bouillon, et de lui dire que c'étoit avec déplaisir qu'il étoit obligé d'en venir là. Le désespoir du cardinal fut extrême en apprenant cet arrêt, et sa charge donnée au cardinal de Coislin qui n'osa la refuser. L'orgueil l'avoit toujours empêché de croire qu'on en vînt à cette extrémité avec lui. Il ne donna point sa démission qu'on ne lui demandoit plus et dont on n'avoit plus que faire. Son embarras fut l'ordre; M. de Monaco le fit avertir que, s'il ne le quittoit, il avoit ordre de le lui aller arracher du cou. S'il avoit pu espérer quelque suite embarrassante d'une démarche si forte contre un cardinal, il n'eût pas mieux demandé, mais sa fureur un peu rassise lui laissa voir toute sa foiblesse, et toute la folie de prétendre garder malgré le roi l'ordre qu'il n'en avoit reçu que comme la marque d'une charge qu'il lui avoit ôtée, et dont il avoit revêtu un autre cardinal actuellement aussi dans Rome. Il quitta donc les marques de l'ordre, mais ce qu'il fit de pitoyable est qu'il porta un cordon bleu étroit avec la croix d'or au bout, sous sa soutane, et qu'il tâchoit de fois à autres de laisser entrevoir un peu de ce bleu, entre le haut de sa soutane et son porte-collet.

Je ne puis m'empêcher d'admirer ici la manie d'avoir des cardinaux en France, et de mettre des sujets en état de faire compter avec eux, d'attenter tout ce que bon leur semble, et de narguer impunément les rois et les lois. Le roi avoit senti au commencement de son règne le poids insultant de cette pourpre, jusque dans sa capitale, par le cardinal de

Retz, qui, après tout ce qu'il avoit commis, força enfin à lui faire un pont d'or, et à se faire recevoir avec toutes sortes de distinctions et d'avantages. Les dernières années du même règne furent marquées au même coin par le cardinal de Bouillon. Si nos rois ne souffroient point de cardinaux en France, et s'ils donnoient leur nomination à des Italiens, ils s'attacheroient les premières maisons et les principaux sujets de Rome par cette espérance, et ceux qu'ils nommeroient, étant du pays, dans leurs familles et parmi leurs amis, au fait de jour à jour de tout ce qui se passe à Rome, y serviroient bien plus utilement qu'un cardinal françois, qui est longtemps à se mettre au fait de cette carte, qui y est toujours considéré comme en passant et qui ne peut jamais acquérir l'amitié, la confiance, ni la facilité de manége et d'industrie d'un naturel du pays. Ce cardinal italien n'a point d'amis ni de famille en France qui le soutienne s'il vient à mécontenter. Il est donc bien plus attentif à bien faire qu'un François, qui ne parvient pas là sans de bons appuis, ou qui tout au plus s'en console en retournant chez lui parmi les siens, où, quoi qu'il ait fait, il nage dans les biens, dans les plus grands honneurs, et jouit de toutes les distinctions, de toute la considération, et de tous les ménagements, pour soi et pour les siens, qui en sont une suite nécessaire. On ne craint plus un Italien qui, avec la confiance de la cour qui l'a élevé, perd tout son relief à Rome et tombe dans le mépris, et dont l'exemple apprend à son successeur à éviter une disgrâce qui remplit de dégoûts tout le reste d'une vie.

Pour les conclaves, les Italiens se trouvent tout portés et tout instruits des intérêts des brigues et des menées, et à portée de serrer la mesure avant l'arrivée des étrangers, s'ils voient jour à faire leur coup, au lieu qu'il faut bien du temps à ceux qui arrivent pour se mettre au fait dont ils ne peuvent être instruits que par les autres qui les abusent bien souvent, et, le conclave fini, n'ont plus grande hâte que de s'en retourner. Un Italien, au contraire, qui a contribué à une exaltation, et qui n'a d'autre demeure que Rome, profite pour la couronne qu'il sert de la bienveillance qu'il s'est acquise du pape et de sa famille, et susceptible qu'il est pour la sienne de toutes les petites grâces de la prélature de Rome, et lié et instruit comme il l'est à fond dans cette cour, ses vues sont bien plus justes et plus animées, et mieux secondées de son adresse et de ses amis, pour procurer un pape qui convienne, et dont l'amitié, influant sur les siens, devienne aussi utile à la couronne. Il se contente de quelques bonnes abbayes; il ne lui faut pas quarante ou cinquante mille livres de rente, comme à nos cardinaux qui se croient pauvres et maltraités à moins de trois cent mille livres de rente; et comme tout est de proportion, et que les cardinaux italiens ne sont pas riches, jusqu'à s'accommoder de deux cents écus de pension, il est en biens fort au-dessus de tous les autres pour peu qu'il ait quelques abbayes considérables, et a plus de crédit et de moyen que les nôtres, à les prendre régulières à la décharge de notre clergé, et comme il n'a point de voyages à faire, il n'y en a point à lui payer, comme à nos cardinaux. Il n'a rien en France à demander pour les siens, et sa fortune de ce côté-là se borne à lui-même. Il est plus souple avec notre ambassadeur, parce qu'il est sans appui à la cour que son service, et leur concert n'est point sujet aux jalousies, parce que, bien loin d'espérer l'emporter sur lui comme nos cardinaux, c'est de son union avec lui que dépendent ses succès dans les affaires, et de son témoignage la satisfaction et la considération qu'il se propose de mériter. Par là notre clergé devient indépendant de la cour de Rome; il n'a plus de tentations de nourrir ses espérances par sa mollesse et le sacrifice des droits de l'épiscopat, de ceux du roi et de la couronne et des libertés de notre Église. Pour un chapeau qu'un de nos prélats attrape par ses souplesses et sa dépendance de Rome, un grand nombre d'autres suivent la même route pour une espérance qui se diffère, qui les anime au lieu de les rebuter, et qui pourtant ne s'accomplit jamais.

Cette ambition, coupée par la racine, rendroit la cour de Rome bien moins entreprenante, et bien plus mesurée, préviendroit ses pratiques par le confesseur, par les jésuites et par les autres réguliers dont elle dispose, et délivreroit des embarras d'avoir à lui résister. Elle n'auroit plus d'espérance en celle des ministres et des favoris pour leurs proches. Le cardinalat, qui est une grande illustration pour les gens nouveaux, est toujours un grand avantage pour les autres, qui trouvent des avancements et des préférences par la considération d'un cardinal leur parent qui les pousse, et dont la riche bourse supplée à leurs besoins. C'est ce qui rend les gens en place si mesurés avec Rome, qu'ils savent irréconciliable pour les moindres oppositions qu'elle rencontre. Ceux même qui n'ont encore personne en maturité pour songer au cardinalat n'en veulent pas devenir obstacles, et par tous ces ménagements Rome entreprend et réussit toujours; au lieu que si aucun François ne pouvoit jamais parvenir à la pourpre, tous n'auroient plus les yeux tournés que vers le roi, parce qu'ils n'espéreroient rien que de lui, et que tout autre avancement, grandeur, richesse, leur seroit absolument interdit. Mais voilà assez inutilement raisonné, puisque nos rois sont complices contre eux-mêmes, et que rien ne les corrige de fournir des armes contre leur personne et contre leur couronne, et que leurs plus grands dons sont pour ceux qui s'affranchissent de leur dépendance et de l'autorité de toutes les lois.

Le roi d'Angleterre perdit le duc de Glocester, héritier présomptif de ses couronnes, depuis que son usurpation avoit passé en lui. Il avoit onze ans, et étoit fils unique de la princesse de Danemark, sœur puînée de père et de mère de la défunte reine, femme du roi Guillaume, et n'avoit ni frères ni sœurs. Son précepteur étoit le docteur Burnet, évêque de Salisbury, qui eut le secret de l'affaire de l'invasion, et qui passa en Angleterre avec le prince d'Orange à la révolution, dont il a laissé une très-frauduleuse histoire, et beaucoup d'autres ouvrages où il n'y a pas plus de vérité ni de bonne foi.

Le sous-précepteur étoit le fameux Vassor, auteur de l'*Histoire de Louis XIII*, qui se feroit lire avec encore plus de plaisir, s'il y avoit mis moins de rage contre la religion catholique, et de passion contre le roi et contre beaucoup de gens. A cela près, elle est excellente et vraie ; il faut qu'il ait été singulièrement bien informé des anecdotes qu'il raconte et qui échappent à presque tous les historiens. J'y ai trouvé par exemple la journée des Dupes précisément comme mon père me l'a racontée, qui y a fait un personnage si principal et si intime, et plusieurs autres endroits curieux qui n'ont pas moins d'exactitude. Cet auteur a tant fait de bruit qu'il vaut bien la peine que j'en dise quelque chose. Il étoit prêtre de l'Oratoire, fort appliqué à l'étude, et fort bien dans sa congrégation ; d'ailleurs homme de bas lieu. Personne ne s'y défioit de lui, et il étoit même considéré comme un homme dont les mœurs étoient sans reproches, dont l'esprit et le savoir faisoit honneur à l'Oratoire, et qui étoit pour y occuper les premières places avec le temps.

La surprise fut donc extrême lorsque, durant la tenue d'une assemblée générale, le P. de La Chaise témoigna beaucoup d'aigreur aux supérieurs principaux d'une résolution qu'ils avoient crue entièrement secrète. Le soupçon n'en put tomber que sur le P. Le Vassor, qui la savoit par la confiance qu'on avoit en lui. On prit un temps qu'il n'étoit point à sa chambre pour y entrer. Les mêmes supérieurs y visitèrent ses papiers. Sa table même le trahit ; il y avoit laissé des lettres de lui et à lui, des mémoires et d'autres choses qui firent la plus complète preuve de sa trahison, et que, depuis qu'il avoit pris le collet de l'Oratoire, il n'avoit cessé d'y être l'espion des jésuites. Cet honnête homme, revenu dans sa chambre, jette les yeux sur sa table, et la voit fort déchargée de papiers : il la visite, et voit ce qui lui manque. Le voilà éperdu. Il cherche partout dans un reste de désir, plutôt que d'incertitude, de les avoir déplacés lui-même, mais la recherche n'est pas achevée que ces mêmes supérieurs viennent lui en ôter la peine. La fureur d'être découvert succéda à l'inquiétude : il fit son paquet, se retira et allongea dès le lendemain son collet. Désespéré, il va au P. de La Chaise lui demander une abbaye, et lui exposer l'accablement de son état. Un espion, devenu inutile, ne porte pas grand mérite avec soi. La découverte qui le déshonoroit retomboit à plomb sur les jésuites, qui ne furent pas pressés de récompenser son imprudence. Outré de désespoir, de honte, de faim, et d'une attente de bénéfice qui devenoit un surcroît de douleur, il fut se jeter à la Trappe. Les vues qui l'y portèrent n'étoient pas droites, aussi n'eurent-elles aucunes bénédictions : en peu de jours sa vocation se trouva desséchée. Il s'en alla à l'abbaye de Perseigne ; il en loua le logis abbatial, et y demeura quelques mois. Il y eut cent prises avec les moines. Leur jardin n'étoit séparé du sien que par une forte haie. Les poules des moines la franchissoient ; il s'en prit aux moines, tant qu'un jour il attrapa le plus de leurs poules qu'il put, leur coupa le bec et les ergots avec un couperet, et les jeta aux moines par-dessus la haie. Cette cruauté est si marquée, que je l'ai voulu rapporter. Une retraite si hargneuse, et dont Dieu n'étoit pas l'objet, ne put durer.

Il retourna à Paris faire un dernier effort pour avoir de quoi vivre en récompense de son crime. Il n'en put venir à bout. De rage et de faim il passa en Hollande, se fit protestant, et se mit à vivre de sa plume. Elle le fit bientôt connoître. Sa qualité de prosélyte, quoique pour l'ordinaire méprisée dans ces pays-là, et avec grande raison, se trouva appuyée d'esprit, de savoir, de talent, d'un beau génie. Un homme chassé de l'Oratoire, pour y avoir été espion des jésuites, fit espérer d'apprendre bien des choses de lui. Tout cela ensemble lui procura des connoissances, des amis, des protecteurs. Il fut connu de réputation en Angleterre, il y espéra plus de fortune qu'en Hollande, il y passa recommandé par ses amis. Burnet le reçut à bras ouverts. Son *Histoire de Louis XIII* délecta la haine contre la religion catholique et contre le roi, et Burnet le fit connoître au roi d'Angleterre, et l'obtint pour sous-précepteur sous lui du duc de Glocester. Il étoit difficile de le faire instruire par deux autres aussi grands ennemis des catholiques et de la France, et rien ne convenoit mieux aux sentiments du roi Guillaume pour l'éducation de son successeur. Portland, entièrement dégoûté, s'étoit tout à fait retiré auprès de la Haye, et le roi d'Angleterre essuyoit tant de dégoûts du parlement qu'on l'appeloit publiquement roi de Hollande, et stathouder d'Angleterre.

Quelque crédit qu'il eût à Vienne il n'y put jamais faire goûter le traité de partage, et après bien des délais, l'empereur crut répondre bien modérément de déclarer à la France, à l'Angleterre et à la Hollande, et par là à toute l'Europe, qu'étant le plus proche parent du roi d'Espagne, il ne pouvoit durant sa vie entrer en aucun traité touchant sa succession, et donna ordre à une levée de trente mille hommes dans ses pays héréditaires. Bientôt après, Blécourt déclara au roi d'Espagne que s'il prenoit dans aucun de ses États des troupes de l'empereur, sous prétexte de recrues, d'achat, ou de quelque autre que ce fût, le roi le regarderoit et le prendroit comme une infraction à la paix. Le conseil d'Espagne répondit au nom du roi d'Espagne qu'il avoit assez de troupes, et en assez bon état, pour n'en pas prendre d'étrangères dont il n'avoit aucun besoin, et qu'on pouvoit s'assurer qu'en aucun cas il n'en prendroit de l'empereur. La même déclaration avoit été faite sur la réception de l'archiduc, dans aucun des États du roi d'Espagne où on avoit soupçonné que l'empereur le vouloit envoyer. Sur l'assurance du conseil d'Espagne, Blécourt déclara à ce même conseil que, pourvu que cela fût bien observé, le roi n'entreprendroit rien sur les États du roi d'Espagne pendant sa vie; la même déclaration fut faite à Vienne, et l'empereur s'engagea à n'envoyer point de troupes dans les États d'Espagne moyennant la même assurance du roi. Castel dos Rios avoit souvent des audiences du roi, et une fort longue depuis peu où il voulut être tête à tête avec le roi, sans Torcy, à qui même il ne voulut pas dire ni devant ni après le sujet de cette audience, dont il parut sortir fort content. Ce secret fut une chose tout à fait hors d'usage, ainsi que ce tête-à-tête sans le ministre des affaires étrangères. En même temps de cette levée de l'empereur et de cette déclaration en Espagne, le roi signa un acte avec force menus princes de l'empire, par lequel il s'engageoit à ne point reconnoître un neuvième électeur, en conséquence des traités de Westphalie.

Le roi de Danemark le signa aussi, mais je ne sais pourquoi, puisqu'il s'étoit engagé à l'empereur de n'employer pas la voie de fait. Il venoit enfin de faire la paix avec la maison d'Holstein et le jeune roi de Suède, qui avoit passé en personne dans l'île de Seeland, forcé ses retranchements, pris bien des lieux et menacé tellement Copenhague et les restes de la flotte danoise battue par celle de Suède, que l'empereur et le roi d'Angleterre s'entremirent fort à propos pour arrêter tant de progrès. Celle du roi de Pologne duroit toujours contre l'électeur de Brandebourg, en laquelle les Polonois ne voulurent prendre aucune part, et avec lesquels le roi eut de fâcheuses affaires à démêler et avec les Suédois.

Le roi alla le 23 septembre à Fontainebleau; le roi et la reine d'Angleterre y arrivèrent le 28, et y demeurèrent jusqu'au 12 octobre avec toutes sortes d'attentions du roi et de respects de toute la cour pour eux, comme toutes les autres années. M. de Beauvilliers, qu'une très-mauvaise santé avoit fait aller à Bourbon, en revint à Fontainebleau le 4 octobre, avec assez de succès.

On remarqua que le comte de Zinzendorf ayant suivi Monseigneur à la chasse du loup le 1ᵉʳ octobre, Monseigneur qui, au retour de ces chasses, nommoit assez souvent plusieurs des plus distingués qui y avoient été pour manger avec lui dans son appartement, y retint cet envoyé de l'empereur; quatre jours après, le roi donna ses ordres pour une grande augmentation de troupes.

Parmi tant de choses importantes qui préparoient les plus grands événements, il en arriva un fort particulier, mais dont la singularité mérite le court récit. Il y avoit bien des années que la comtesse de Verue vivoit à Turin, maîtresse publique de M. de Savoie. Elle étoit fille du duc de Luynes et de sa seconde femme qui étoit aussi sa tante, sœur de père de sa mère la fameuse duchesse de Chevreuse. Le nombre d'enfants de ce second lit du duc de Luynes, qui n'étoit pas riche, l'avoit engagé à se défaire de ses filles comme il avoit pu. La plupart étoient belles, celle-ci l'étoit fort, et fut mariée toute jeune en Piémont en 1683, et n'avoit pas quatorze ans lorsqu'elle y alla. Sa belle-mère étoit dame d'honneur de Mme de Savoie; elle étoit veuve et fort considérée. Le comte de Verue étoit tout jeune, beau, bien fait, riche, de l'esprit, et fort honnête homme. Elle aussi avoit beaucoup d'esprit, et, dans la suite, un esprit suivi, appliqué, tout tourné à gouverner. Ils s'aimèrent fort et passèrent quelques années dans ce bonheur.

M. de Savoie, jeune aussi et qui voyoit souvent la jeune Verue par la charge de la douairière, la trouva à son gré; elle s'en aperçut et le dit à son mari et à sa belle-mère, qui se contentèrent de la louer et qui n'en firent aucun compte. M. de Savoie redoubla de soins, et donna des fêtes, contre sa coutume et son goût. La jeune Verue sentit que c'étoit pour elle, et fit tout ce qu'elle put pour ne s'y pas trouver; mais la vieille s'en fâcha, la querella, lui dit qu'elle vouloit faire l'importante, et que c'étoit une imagination que lui donnoit son amour-propre. Le mari, plus doux, voulut aussi qu'elle fût de ces fêtes, et [dit] que sûr d'elle, quand bien même M. de Savoie en seroit amoureux, il ne convenoit ni à son honneur ni à sa fortune qu'elle marquât rien. M. de Savoie lui fit parler. Elle le dit à son mari et à sa belle-mère, et fit toutes les instances possibles pour aller à la campagne passer du temps. Jamais ils ne le voulurent et ils commencèrent à la rudoyer si bien, que, ne sachant plus que devenir, elle fit la malade, se fit ordonner les eaux de Bourbon, et manda au duc de Luynes, à qui elle n'avoit osé écrire sa dure situation, qu'elle le conjuroit de se trouver à Bourbon, où elle avoit à l'entretenir des choses qui lui importoient le plus sensiblement, parce qu'on ne lui permettoit pas d'aller jusqu'à Paris. M. de Luynes s'y rendit en même temps qu'elle, conduite par l'abbé de Verue, frère du père de son mari, qu'on appeloit aussi l'abbé Scaglia, du nom de sa maison. Il avoit de l'âge, il avoit passé par des emplois considérables et par des ambassades, et devint enfin ministre d'État. M. de Luynes, grand homme de bien et d'honneur, frémit au récit de sa fille du double danger qu'elle couroit par l'amour de M. de Savoie, et par la folle conduite de la belle-mère et du mari; il pensa à faire aller sa fille à Paris pour y passer quelque temps, jusqu'à ce que M. de Savoie l'eût oubliée, ou se fût pris ailleurs. Rien n'étoit plus sage ni plus convenable, et que le comte de Verue vînt chez lui voir la France et la cour à son âge, dans un [temps] de paix en Savoie. Il crut qu'un vieillard important et rompu dans les affaires, comme l'étoit l'abbé de Verue, entreroit dans cette vue et la feroit réussir. Il lui en parla avec cette force, cette éloquence et cette douceur qui lui étoit naturelle, que la sagesse et la piété dont il étoit rempli devoient rendre encore plus persuasive, mais il n'avoit garde de se douter qu'il se confessoit au renard et au loup, qui ne vouloit rien moins que dérober sa brebis. Le vieil abbé étoit devenu fou d'amour pour sa nièce. Il n'avoit donc garde de s'en laisser séparer. La crainte du duc de Luynes l'avoit retenu en allant à Bourbon. Il avoit eu peur qu'il ne sût son désordre. Il s'étoit contenté de se préparer les voies par tous les soins et les complaisances possibles, mais le duc de Luynes, éconduit et retourné à Paris, le vilain vieillard découvrit sa passion, qui, n'ayant pu devenir heureuse, se tourna en rage. Il maltraita sa nièce tant qu'il put, et au retour à Turin il n'oublia rien auprès de la belle-mère et du mari pour la rendre malheureuse. Elle souffrit encore quelque temps, mais la vertu cédant enfin à la démence et aux mauvais traitements domestiques, elle écouta enfin M. de Savoie et se livra à lui pour se délivrer de persécutions. Voilà un vrai roman. Mais il s'est passé de notre temps au vu et au su enfin de tout le monde.

L'éclat fait, voilà tous les Verue au désespoir, et qui n'avoient qu'à s'en prendre à eux-mêmes. Bientôt la nouvelle maîtresse domina impérieusement toute la cour de Savoie, dont le souverain étoit à ses pieds avec des respects comme devant une déesse. Elle avoit part aux grâces, disposoit des faveurs de son amant, et se faisoit craindre et compter par les ministres. Sa hauteur la fit haïr. Elle fut empoisonnée; M. de Savoie lui donna d'un contre-poison exquis, qui heureusement se trouva propre au poison qu'on lui avoit donné. Elle guérit, sa beauté n'en souffrit point, mais il lui en resta des incommodités fâcheuses, qui pourtant n'altérèrent pas le fond de sa santé. Son règne duroit toujours. Elle eut enfin la petite vérole; M. de Savoie la vit et la servit durant cette maladie comme auroit fait une garde, et quoique son visage en eût souffert, il ne l'en aima pas moins après. Mais il l'aimoit à sa manière. Il la tenoit fort enfermée, parce qu'il aimoit lui-même à l'être, et bien qu'il travaillât souvent chez elle avec ses ministres, il la tenoit fort de court sur ses affaires. Il lui avoit beaucoup donné, en sorte que, outre les pensions, les pierreries belles et en grand nombre, les joyaux et les meubles, elle étoit devenue riche. En cet état elle s'ennuya de la gêne où elle se trouvoit, et médita une retraite. Pour la faciliter, elle pressa le chevalier de Luynes, son frère, qui servoit dans la marine avec distinction, de l'aller voir. Pendant son séjour à Turin, ils concertèrent leur fuite, et l'exécutèrent après avoir mis à couvert et en sûreté tout ce qu'elle put.

Ils prirent leur temps que M. de Savoie étoit allé, vers le 15 octobre, faire un tour à Chambéry, et sortirent furtivement de ses États avant qu'il en eût le moindre soupçon, et sans qu'elle lui eût même laissé une lettre. Il le manda ainsi à Vernon, son ambassadeur ici, en homme extrêmement piqué. Elle arriva sur notre frontière avec son frère, puis à Paris, où elle se mit d'abord dans un couvent. La famille de son mari ni la sienne n'en surent rien que par l'événement. Après avoir été reine en Piémont pendant douze ou quinze ans, elle se trouva ici une fort petite particulière. M. et Mme de Chevreuse ne la voulurent point voir d'abord. Gagnés ensuite par tout ce qu'elle fit de démarches auprès d'eux, et par les gens de bien qui leur firent un scrupule de ne pas tendre la main à une personne qui se retire du désordre et du scandale, ils consentirent à la voir. Peu à peu d'autres la virent, et quand elle se fut un peu ancrée, elle prit une maison, y fit bonne chère, et comme elle avoit beaucoup d'esprit de famille et d'usage du monde, elle s'en attira bientôt, et peu à peu elle reprit les airs de supériorité auxquels elle étoit si accoutumée, et à force d'esprit, de ménagements et de politesse, elle y accoutuma le monde. Son opulence dans la suite lui fit une cour de ses plus proches et de leurs amis, et de là elle saisit si bien les conjonctures qu'elle s'en fit une presque générale, et influa beaucoup dans le gouvernement, mais ce temps passe celui de mes Mémoires. Elle laissa à Turin un fils fort bien fait, et une fille, tous deux reconnus par M. de Savoie sur l'exemple du roi. Le fils mourut sans alliance; M. de Savoie l'aimoit fort et ne pensoit qu'à l'agrandir. La fille épousa le prince de Carignan, qui devint amoureux d'elle. C'étoit le fils unique de ce fameux muet, frère aîné du comte de Soissons, père du dernier comte de Soissons et du fameux prince Eugène; ainsi M. de Carignan étoit l'héritier des États de M. de Savoie s'il n'avoit point eu d'enfants. M. de Savoie aimoit passionnément cette bâtarde, pour qui il en usa comme le roi avoit fait pour Mme la duchesse d'Orléans. Ils vinrent grossir ici la cour de Mme de Verue après la mort du roi, et piller la France sans aucun ménagement.

Le roi jugea à Fontainebleau un très-ancien procès entre l'amirauté de France et la province de Bretagne, qui prétendoit avoir la sienne à part indépendante en tout de celle de France, et elle en avoit joui jusqu'à présent. C'est ce qui avoit mis par les prises, pendant les guerres, les gouverneurs de Bretagne si à leur aise, et qui avoit donné moyen à M. de Chaulnes d'y vivre si grandement et d'y répandre tant de biens. Dès que M. le comte de Toulouse eut ce gouvernement, le roi prit la résolution de juger cette question. Les parties dès longtemps averties pour instruire l'affaire, Valincourt, secrétaire général de la marine, agit pour l'amirauté, et Bénard-Rézé, évêque de Vannes, Sévigné et un du tiers état pour la Bretagne comme députés de la province. M. le comte de Toulouse demeura neutre comme sans intérêt, parce qu'il avoit l'un et l'autre. Le roi donna un conseil extraordinaire, un jeudi matin, dans lequel entrèrent Mgr le duc de Bourgogne qui avoit voix depuis quelque temps, les ministres, les secrétaires d'État, le contrôleur général, et les deux conseillers au conseil royal des finances, qui étoient Pomereu et d'Aguesseau : ce dernier étoit chargé du rapport. Monsieur y étoit aussi. La province gagna en plein tout ce qu'elle prétendoit, et fut heureuse de ne se trouver point de partie puissante en tête, et qu'au contraire le roi ne fût pas fâché de la favoriser pour y faire aimer et accréditer M. le comte de Toulouse.

En même temps M. du Maine acheta, des héritiers de M. de Seignelay, la belle et délicieuse maison de Sceaux, où M. Colbert et beaucoup plus M. de Seignelay avoient mis des sommes immenses. Le prix fut de neuf cent mille livres qui allèrent bien à un million avec les droits, et si[1] les héritiers en conservent beaucoup de meubles, et pour plus de cent mille francs[2] de statues dans les jardins. Aux dépenses prodigieuses de Mme du Maine, on peut présumer que M. du Maine n'auroit pas été en état de faire une telle acquisition sans les bontés ordinaires du roi pour lui.

Mlle de Condé mourut à Paris le 24 octobre d'une longue maladie de poitrine, qui la consuma moins que les chagrins et les tourments qu'elle essuya sans cesse de M. le Prince, dont les caprices continuels étoient le fléau de tous ceux sur qui il les pouvoit exercer, et qui rendirent cette princesse inconsolable de ce que deux doigts de taille avoient fait préférer sa cadette pour épouser M. du Maine, et sortir de sous ce cruel joug. Tous les enfants de M. le Prince étoient presque nains, excepté Mme la princesse de Conti, l'aînée de ses filles, quoique petite. M. le Prince et Mme la Princesse étoient petits, mais d'une petitesse ordinaire ; et M. le Prince, le héros, qui étoit grand, disoit plaisamment que si sa race alloit toujours ainsi en diminuant elle viendroit à rien. On en attribuoit la cause à un nain que Mme la Princesse avoit eu longtemps chez elle ; et il étoit vrai que, outre toute la taille et l'encolure, M. le Duc et Mme de Vendôme en avoient tout le visage. Celui de Mlle de Condé étoit beau, et son âme encore plus belle ; beaucoup d'esprit, de sens, de raison, de douceur, et une piété qui la soutenoit

---

1. *Et si* est une vieille locution correspondant à *et cependant*.
2. Saint-Simon emploie souvent, comme on l'a déjà remarqué, les mots *livres* et *francs*, sans y attacher un sens distinct.

dans sa plus que très-triste vie. Aussi fut-elle vraiment regrettée de tout ce qui la connoissoit.

M. le Prince envoya Lussan, chevalier de l'ordre et premier gentilhomme de sa chambre, à ma mère pour la prier de lui faire l'honneur, en qualité de parente (ce furent ses termes), d'accompagner le corps de Mlle de Condé, que Mlle d'Enghien, qui a depuis été Mme de Vendôme, conduiroit aux Carmélites du faubourg Saint-Jacques, où elle avoit choisi sa sépulture. Ma mère qui n'alloit guère, et qui, non plus que mon père jusqu'à sa mort, ni moi non plus, n'avoit aucune liaison avec l'hôtel de Condé, ne put qu'accepter, et se rendit en mante dans son carrosse à six chevaux à l'hôtel de Condé, chez Mlle d'Enghien. La duchesse de Châtillon, jadis Mlle de Royan, dont j'ai parlé à propos de mon mariage, étoit l'autre conviée. Comme on sortit, elle prit le devant sur ma mère qui n'avoit garde de s'y attendre. Elle crut que c'étoit une faute d'attention de jeunesse, mais comme ce fut pour monter en carrosse, la duchesse de Châtillon y entra encore la première, et se voulut placer à côté de Mlle d'Enghien. Ma mère, sans monter, témoigna sa surprise à Mlle d'Enghien, et la supplia de lui faire rendre sa place ou de trouver bon qu'elle s'en retournât. Mme de Châtillon répondit qu'elle savoit bien qu'elle étoit de beaucoup son ancienne et qu'elle la devoit précéder, mais qu'en cette occasion la parenté devoit décider, et qu'elle étoit plus proche. Ma mère, toujours froidement mais avec un air de hauteur, lui répondit qu'elle pardonnoit cet égarement à sa jeunesse et à son ignorance, qu'il étoit là question de rang et non de proximité, qu'en tout cas elle se trouveroit embarrassée d'en prouver plus que celle de mon père. La vérité étoit qu'elles étoient fort éloignées toutes les deux, si même il y en avoit de Mme de Châtillon, dont le mari ne venoit point du connétable de Montmorency, et qui étoit bien éloignée de la grand'mère de M. le Prince, le héros.

Desgranges qui gagnoit le carrosse où il alloit entrer,

averti de cette dispute, accourut et la termina en disant qu'il n'y avoit point de difficulté pour l'ancienne duchesse, tellement que Mlle d'Enghien pria Mme de Châtillon de passer sur le devant, et ma mère monta et se mit au derrière. Comme les carrosses se mirent en marche, Desgranges, avec soupçon par ce qui venoit d'arriver, mit la tête à la portière et vit le carrosse de Mme de Châtillon qui coupoit celui de ma mère. Il cria pour arrêter et descendit pour aller lui-même mettre les carrosses en ordre, et fit précéder celui de ma mère. Depuis cela la duchesse de Châtillon, ni son cocher, n'osèrent plus rien entreprendre, mais elle grommeloit tout bas à côté de Mme de Lussan.

Je ne puis comprendre où elle avoit pris cette fantaisie, dont après elle fut honteuse, et fit faire des excuses à ma mère sur cette imagination de proximité, que nous sûmes après que M. de Luxembourg lui-même avoit trouvée fort ridicule, quoique nous ne nous vissions point encore en ce temps-là, ni de bien des années depuis.

Le lendemain de la cérémonie, M. de Lussan vint remercier ma mère, de la part de M. le Prince, de l'honneur qu'elle lui avoit fait, s'informer si elle n'en étoit point incommodée, et lui témoigner son déplaisir de l'incident si peu convenable qui étoit arrivé, excusant Mlle d'Enghien sur sa jeunesse, de la part de M. le Prince, et sur son affliction de n'y avoir pas mis ordre à l'instant. Il ajouta les excuses de M. le Prince de n'être pas venu lui-même chez elle, sur ce qu'il avoit été obligé d'aller à Fontainebleau pour les visites, et qu'il ne manqueroit pas de s'acquitter de ce devoir-là à son retour. Si je m'étends sur tous ces compliments, et si je les ai si correctement retenus, ce n'est pas fatuité, la vanité y seroit déplacée. Mais les façons des princes du sang ont tellement changé depuis, que je n'ai pas voulu omettre ce contraste d'un premier prince du sang, qui étoit plus éloigné qu'aucun de ses devanciers de donner à personne plus qu'il ne devoit, et qui plus que pas un d'eux en est demeuré en reste. Pour achever donc ceci, la déclaration du roi d'Espagne fit aller ma mère à Versailles au retour de Fontainebleau, où elle n'alloit pas souvent. Elle rencontra M. le Prince, qui dès qu'il l'aperçut traversa tout ce grand salon qui est devant cette petite pièce qui mène à la grande salle des gardes, vint à elle, lui dit qu'il mouroit de honte de la rencontrer sans avoir encore été chez elle lui témoigner sa reconnoissance de l'honneur qu'elle lui avoit fait, et de là toutes sortes de compliments. Huit ou dix jours après, il la vint voir à Paris, la trouva, et recommença les compliments. Il y demeura une demi-heure, et ne voulut jamais que ma mère passât au delà de quelques pas hors de la porte du lieu où elle l'avoit reçu. Il ne faut pas oublier que ce fut un gentilhomme ordinaire du roi qui alla de sa part faire les compliments à l'hôtel de Condé, et que, trois mois auparavant, Souvré, maître de la garde-robe, y avoit été les faire, sur la mort d'un enfant au maillot de Mme du Maine.

D'Antin, pour un homme d'autant d'esprit et aussi versé à la cour, fit en ce temps-ci une bien ridicule démarche. Mme de Montespan, comme on l'a vu plus haut, entre autres pratiques de pénitence, travailloit à lui former des biens, mais elle ne vouloit pas travailler en l'air. Il étoit de toute sa vie dans le plus gros jeu, et faisoit toutes sortes d'autres dépenses; elle vouloit donc qu'il se réglât et qu'il quittât le jeu, parce que cela n'est pas possible à un homme qui joue. Elle lui promit une augmentation de douze mille livres par an à cette condition, mais elle voulut le lier, et lui pour la satisfaire ne trouva point de lien plus fort que de prier M. le comte de Toulouse de dire au roi de sa part qu'il ne joueroit de sa vie. La réponse du roi fut sèche. Il demanda au comte de Toulouse qu'est-ce que cela lui faisoit que d'Antin jouât ou non. On le sut, et le courtisan, qui n'est pas bon, en fit beaucoup de risées. Ce fut le serment d'un joueur; il ne put renoncer pour longtemps aux jeux de commerce, puis il les grossit, enfin il se remit aux jeux de hasard, et à peine quinze ou dix-huit mois furent-ils passés, qu'il joua de plus belle, et a depuis continué. Lorsqu'il fit faire cette belle protestation au roi, il avoua qu'il avoit gagné six ou sept cent mille livres au jeu, et tout le monde demeura persuadé qu'il avoit bien gagné davantage.

J'éprouvai à Fontainebleau une des plus grandes afflictions que je pusse recevoir, par la perte que je fis de M. de la Trappe. Attendant un soir le coucher du roi, M. de Troyes me montra une lettre qui lui en annonçoit l'extrémité. J'en fus d'autant plus surpris que je n'en avois point reçu de là depuis dix ou douze jours, et qu'alors sa santé étoit à l'ordinaire. Mon premier mouvement fut d'y courir, mais les réflexions qu'on me fit faire sur cette disparate m'arrêtèrent. J'envoyai sur-le-champ à Paris prendre un médecin fort bon, nommé Audri, que j'avois mené à Plombières, qui partit aussitôt, mais qui en arrivant ne trouva plus M. de la Trappe en vie. Ces Mémoires sont trop profanes pour rapporter rien ici d'une vie aussi sublimement sainte, et d'une mort aussi grande et aussi précieuse devant Dieu. Ce que je pourrois dire trouvera mieux sa place parmi les Pièces, page 5[1]. Je me contenterai de rapporter ici que les louanges furent d'autant plus grandes et plus prolongées, que le roi fit son éloge en public; qu'il voulut voir des relations de sa mort; et qu'il en parla plus d'une fois aux princes ses petits-fils, en forme d'instruction. De toutes les parties de l'Europe, on parut sensible à l'envi à une si grande perte; l'Église le pleura et le monde même lui rendit justice. Ce jour si heureux pour lui et si triste pour ses amis fut le 26 octobre, vers midi et demi, entre les bras de son évêque, et en présence de sa communauté, à près de soixante-

---

1. Voy. sur les pièces auxquelles renvoie Saint-Simon, t. Ier, p. 437, note.

dix-sept ans, et de quarante ans de la plus prodigieuse pénitence. Je ne puis omettre néanmoins la plus touchante et la plus honorable marque de son amitié. Étant couché par terre sur la paille et sur la cendre, pour y mourir comme tous les religieux de la Trappe, il daigna se souvenir de moi de lui-même, et chargea l'abbé de la Trappe de me mander de sa part, que, comme il étoit bien sûr de mon affection pour lui, il comptoit bien que je ne doutois pas de toute sa tendresse. Je m'arrête tout court; tout ce que je pourrois ajouter seroit ici trop déplacé.

Le pape étoit mort le 27 septembre, après avoir longtemps menacé d'une fin prochaine. C'étoit un grand et saint pape, vrai pasteur et vrai père commun, tel qu'il ne s'en voit plus que bien rarement sur la chaire de Saint-Pierre, et qui emporta les regrets universels, comblé de bénédictions et de mérite. Il s'appeloit Antoine Pignatelli, d'une ancienne maison de Naples dont il étoit archevêque, lorsqu'il fut élu le 12 juillet 1691, près de six mois après la mort d'Alexandre VIII, Ottoboni, auquel il ressembla si peu. Il étoit né en 1615, et avoit été inquisiteur à Malte, nonce à Florence, en Pologne et à Vienne, enfin maître de chambre de Clément X, Altieri, et d'Innocent XI, Odescalchi, qui le fit cardinal, en septembre 1681, en l'honneur duquel il prit le nom d'Innocent XII.

On verra bientôt pourquoi je me suis étendu sur ce pape, dont la mémoire doit être précieuse à tout François, et singulièrement chère à la maison régnante. Le cardinal de Noailles eut ordre de partir; le même ordre fut envoyé au cardinal Le Camus, et il eut pour son voyage la même somme que ses confrères. Le cardinal de Bouillon entra au conclave avec les autres; il avoit quitté l'ordre, et comme il étoit là en lieu où les cardinaux d'Estrées, Janson et Coislin ne pouvoient éviter de se trouver avec lui aux scrutins et aux autres fonctions publiques de l'intérieur du conclave, il en prit le temps pour essayer de leur persuader de quitter l'ordre aussi; et prétendit qu'ils étoient tous engagés par une bulle de ne porter l'ordre d'aucun prince. C'étoit s'en aviser bien tard, après trente années qu'il l'avoit porté comme grand aumônier, après le neveu d'un pape, et qu'il l'avoit porté et vu porter à tant de cardinaux dans Rome, et à toutes les fonctions. Aussi ne fut-il pas écouté, et ce vernis qu'il jetoit au dehors retomba sur lui à sa confusion.

FIN DU DEUXIÈME VOLUME.

NOTES.

I. HOMMAGE LIGE ET HOMMAGE SIMPLE.

Page 138.

L'hommage était la cérémonie dans laquelle un vassal se reconnaissait l'*homme* de son seigneur, et prêtait serment de fidélité entre ses mains. On distinguait deux espèces d'hommage : l'hommage simple ou franc, et l'hommage lige, par lequel le vassal se liait plus étroitement à son seigneur. Pour l'hommage simple, le vassal se tenait debout, gardait son épée et ses éperons, pendant que le chancelier lisait la formule du serment. Le vassal se bornait à répondre, quand la lecture était terminée : *Voire* (*verum*, c'est vrai). Celui qui devait l'hommage lige ne gardait ni éperons, ni baudrier, ni épée. Il fléchissait le genou devant son seigneur, mettait les mains dans les siennes, et prononçait la formule suivante, qui nous a été conservée par Bouteiller, dans sa *Somme rurale* : « Sire, je viens à votre hommage et en votre foi, et deviens votre homme de bouche et de mains. Je vous jure et promets foi et loyauté envers tous et contre tous, et garder votre droit en mon pouvoir. »

L'hommage rendu par un noble était souvent terminé par un baiser. De là l'expression *devenir l'homme de bouche et de mains*, que l'on trouve dans la formule précédente. Si le vassal, lorsqu'il se présentait pour rendre hommage, ne trouvait pas son seigneur à son logis, il devait accomplir certaines formalités, qui variaient avec les coutumes. D'après les lois de quelques contrées, il devait heurter trois fois à la porte du manoir seigneurial et appeler trois fois. Si l'on n'ouvrait pas, il heurtait l'*huis* (la porte) ou le verrou de la porte, et récitait la formule de l'hommage comme si le seigneur eût été présent. La formalité de l'hommage était alors regardée comme légalement accomplie.

II. L'ABBÉ D'ALBRET ET L'ABBÉ LE TELLIER.

Page 165.

Saint-Simon dit (t. II, p. 165) que lorsque l'abbé d'Albret, plus tard cardinal de Bouillon, soutint ses thèses en Sorbonne, l'abbé Le Tellier était déjà coadjuteur de l'archevêque de Reims. Il y a dans ce récit une erreur chronologique. L'abbé d'Albret soutint ses thèses le 29 février 1664, et ce fut plus de quatre ans après, le 30 mai 1668, que l'abbé Le Tellier devint coadjuteur de l'évêque-duc de Langres, et ensuite de l'archevêque-duc de Reims. Comme ces faits ont une certaine importance dans le récit de Saint-Simon, et que d'ailleurs on ne connaît qu'assez imparfaitement ces détails, je citerai deux passages du Journal inédit d'Olivier d'Ormesson, qui fixent avec la dernière précision l'ordre chronologique. L'auteur raconte d'abord les incidents de la thèse de l'abbé d'Albret.

« Le vendredi 29 février 1664, l'après-dînée, je fus en Sorbonne à l'acte de M. le duc d'Albret[1], neveu de M. de Turenne. M. l'archevêque de Paris présidoit[2]. Le répondant se couvroit quelquefois comme étant prince, et la chose avoit été ainsi résolue en Sorbonne, dont les jeunes bacheliers de condition étoient fort offensés, et avoient fait ligue entre eux de ne point disputer. J'ai su depuis que l'abbé de Marillac seul, des bacheliers de condition, avoit disputé, M. le premier président l'ayant voulu absolument pour obliger M. de Turenne; que les autres lui avoient fait reproche; que l'abbé Le Tellier s'étoit le plus signalé, ayant dit beaucoup de choses fort désobligeantes. »

On voit que l'abbé Le Tellier n'étoit encore promu à cette époque à aucune dignité ecclésiastique. Ce fut seulement le 30 mai 1668[3], comme l'atteste le même Journal, qu'il devint coadjuteur de l'évêque-duc de Langres, et quelques jours plus tard de l'archevêque-duc de Reims. « Le jeudi 14 juin 1668, dit Olivier d'Ormesson, je fus faire mes compliments à M. l'abbé Le Tellier sur la coadjutorerie de l'archevêché de Reims. Il en témoignoit une joie très-grande, comme d'un

---

1. Emmanuel-Théodose de La Tour, né en 1644, mort en 1715. Il fut nommé cardinal en 1669, et porta depuis cette époque le nom de cardinal de Bouillon.
2. L'archevêque de Paris était alors Hardouin de Péréfixe, dont Saint-Simon parle à l'occasion de cette soutenance.
3. « Le mercredi 30 mai. M. l'abbé Le Tellier est coadjuteur de M. l'évêque et duc de Langres. » *Journal d'Olivier d'Ormesson.*

établissement très-élevé et beaucoup au delà de ses espérances. Il y avoit longtemps que l'on ménageoit cette coadjutorerie avec le cardinal Antoine[1], et l'on croit que celle de Langres a fait réussir la seconde, parce que M. Le Tellier ayant obtenu l'agrément de M. le cardinal Antoine, il le dit au roi, et marqua que la coadjutorerie de Reims étoit un même titre de duché que Langres; une plus grande dignité, étant archevêché; et néanmoins qu'il ne désiroit l'une plus que l'autre que parce que celle de Reims n'étoit qu'à deux journées de Paris, et celle de Langres beaucoup plus éloignée; et ainsi, sans faire une grande différence de ces deux grâces, le roi lui accorda sur-le-champ celle de Reims. Tout le monde considère cette grâce comme trop considérable pour M. l'abbé Le Tellier, à son âge, etc.; et que c'étoit un effet et de la bonne fortune de M. Le Tellier, et de la puissance que les trois ministres ont sur le roi[2]; car ils font chacun tout ce qu'ils veulent pour leur intérêt. »

III. NOTE DE MM. DE DREUX-NANCRÉ ET DE DREUX-BRÉZÉ, ÉTABLISSANT QUE M. DE DREUX ÉTAIT DE GRANDE ET ANCIENNE MAISON.

Page 314.

MM. de Dreux-Nancré et de Dreux-Brézé ont adressé la réclamation suivante :

M. le duc de Saint-Simon mentionne, année 1699, que « M. Dreux devint le marquis de Dreux aussitôt après son mariage avec Mlle de Chamillart, et lorsqu'il fut pourvu de la charge de grand maître des cérémonies, prenant (sans prétexte de terre) le titre de marquis, etc. »

Cependant la terre de Brézé avait été érigée en marquisat dès l'année 1685, pour Thomas de Dreux, père de celui qui, le premier de sa famille, fut grand maître des cérémonies; cette érection fut enregistrée à la chambre des comptes le 23 juillet suivant, et au parlement le 5 août 1686.

Des titres originaux, *dont l'extrait se trouve déposé aux archives du royaume*, remontent par tous les degrés de filiation jusqu'à Pierre de Dreux, écuyer, seigneur de Liguéil, vivant en 1406.

---

1. Antonio Barberini, archevèque-duc de Reims.
2. Les trois ministres principaux étaient alors Le Tellier, Colbert et de Lyonne. Louvois n'avait pas encore le titre de secrétaire d'État.

Une donation faite le 7 juillet 1472, par Thomas de Dreux, écuyer seigneur de Ligueil, à Simon de Dreux, écuyer, son fils aîné et principal héritier, établit que le susdit Thomas de Dreux donne, etc., ainsi qu'il a reçu *japieça* (depuis longtemps) de feu Pierre de Dreux, son père, vivant, écuyer, seigneur de Ligueil, et de son oncle messire Simon de Dreux, chevalier, maître de *l'houstel* du roi. Cet acte fut fait en présence dudit Thomas de Dreux et de son oncle, messire Jean de Garquesalle, grand maître de l'écurie du roi Louis XI.

Les titres de M. de Dreux avaient été *vérifiés* au parlement de Bretagne le 13 juin 1669, ainsi que par l'assemblée des commissaires généraux, tenue à Paris les 28 janvier 1700 et 22 mars 1703.

IV. NOTE DE M. LE MARQUIS DE SAUMERY, RELATIVE A JOHANNE DE LA CARRE DE SAUMERY, SON ANCÊTRE.

Page 333.

Arrière-petit-fils de M. de Saumery, attaqué par M. le duc de Saint-Simon, j'ai cru que mon honneur m'imposait la loi de rendre publique ma justification quand l'injure l'étoit.

J'ignore quels étaient les motifs de M. de Saint-Simon, mais la manière dont est tracé le portrait de Saumery fait assez voir combien il y a mis de partialité. Des traditions de famille, l'estime générale dont jouissait le marquis de Saumery, la confiance dont l'honora Mgr le duc de Bourgogne, son intimité avec les ducs de Chevreuse et de Beauvilliers, l'un son neveu, l'autre son cousin germain; enfin, l'amitié du vertueux Fénelon, suffisent pour faire apprécier à leur juste valeur toutes les assertions dont il est l'objet.

Les couleurs employées pour peindre Mme de Saumery[1] ne sont pas moins noires, et cependant cette femme si dissolue, selon M. de Saint-Simon, fut la meilleure des mères. Elle fut toujours l'amie de sa nièce, la vertueuse duchesse de Beauvilliers[2], et l'affection que lui

---

1. Marguerite-Charlotte de Montlezun de Besmeaux, était fille du marquis de Montlezun de Besmeaux, des seigneurs de Projan, comtes de Champagne, issus des seigneurs de Saint-Lary, puînés des comtes de Pardillac, sortis des comtes d'Astarac, cadets des ducs héréditaires de Gascogne; il descendait de mâle en mâle au vingt-deuxième degré de génération de Garcie Sanche, surnommé le Corbé, troisième duc héréditaire de Gascogne, qui unit à son duché le comté de Bordeaux en 904.

2. Henriette-Louise Colbert, duchesse de Beauvilliers.

portait sa cousine de Navailles[1], de toutes les femmes de la cour la plus universellement révérée, ne se démentit jamais. Enfin la pieuse reine Marie Leczinska la traita toujours avec une bienveillance particulière.

Quant à la naissance, possédant des preuves matérielles, il m'est facile de rétablir les faits. Ces preuves ne sont point fondées sur des généalogies, faites souvent avec peu de scrupule; elles sont établies sur des actes et sur les registres des églises de Chambord et de Huisseau-sur-Cosson, paroisse dans laquelle est situé le château de Saumery; tout le monde peut donc, sur les originaux mêmes, s'assurer de l'inexactitude des assertions de M. de Saint-Simon. Je parlerai peu de ma famille avant son établissement en France, mon intention n'étant point de faire ici une généalogie, mais seulement de prouver que le premier des Johanne qui se fixa dans le Blaisois n'a jamais été et n'a jamais pu être valet d'Henri IV. S'il fût effectivement né dans l'état de domesticité, je ne serais pas assez vil pour chercher à prouver le contraire. L'homme qui, de cette condition, se serait élevé aux emplois de premier président de la chambre des comptes de Blois et conseiller d'État, eût eu plus de mérite sans doute que celui qui ne les obtint peut-être que par sa naissance.

La maison de Johanne de La Carre de Saumery est originaire de Béarn; elle possédait de toute ancienneté dans la ville de Mauléon un hôtel noble, appelé de Johanne et de Mauléon, duquel dépendaient des fiefs, terres, etc. Les armoiries propres de Johanne sont de gueules au lion d'or. (Voir, pour vérifier les armes, l'*Histoire des grands officiers de la couronne*, tome IX, page 92, promotion des chevaliers de l'ordre du Saint-Esprit du 31 décembre 1585, au nom *Giraud de Mauléon*, et à celui de *Johanne* dans le *Nobiliaire de France.*)

Vers l'an 1566, Arnault de Johanne, seigneur de Johanne de Mauléon, ayant épousé Gartianne de La Carre, sœur de Ménault de La Carre, aumônier du roi, et nièce de Bernard de Ruthie, abbé de Pontlevoy, nommé grand aumônier de France le 1ᵉʳ juillet 1552, les armes de Johanne furent écartelées de celles de La Carre, qui sont partie au premier d'azur à trois faces d'or, au deuxième de sable à trois coquilles d'argent posées en pal.

Le seul des seigneurs de Johanne qui quitta le Béarn, pour se fixer en France, fut Arnault II[2], bisaïeul de M. de Saumery. Il fut

---

1. Suzanne de Baudéan Parabère, duchesse de Navailles.

2. Il est qualifié noble écuyer seigneur dans vingt-deux actes de l'église de Huisseau, depuis le 3 avril 1580 jusqu'au 26 avril 1619, et, selon les mêmes registres, il était déjà en possession de la seigneurie de Saumery avant le 8 janvier 1590.

appelé en 1579, très-jeune encore, par son oncle l'abbé de La Carre, résidant à sa terre des Veaux, paroisse de Cour-Cheverny, non loin du château de Saumery, qu'il acquit d'Antoine de Laudières, gentilhomme de la maison du roi; ledit abbé de La Carre, ayant acquis la seigneurie de Saumery le 13 avril 1583, laissa cette terre à son neveu Arnault, lequel devint dès lors seigneur de Saumery, et ajouta à son nom celui de La Carre[1]. Il fut pourvu de la charge de premier président de la chambre des comptes de Blois à l'âge de vingt-six ans, sur la démission de Merry de Vic, qui fut garde des sceaux de France[2]. Nommé conseiller d'État le 27 avril 1616, il prêta le serment entre les mains du chancelier de Sillery, le 29 du même mois.

Arnault II épousa en 1592 Cyprienne de Rousseau de Villerussien, fille de Claude de Rousseau de Villerussien, écuyer du roi[3]; il testa par acte du 25 mai 1631[4].

Son fils François de Johanne, chevalier, seigneur de Saumery, etc., capitaine des chasses du comte de Blois, conseiller d'État, gouverneur du château royal de Chambord, premier gentilhomme de la chambre de S. A. R. Gaston de France, duc d'Orléans, frère de Louis XIII, naquit au château de Saumery le 23 novembre 1593, et fut baptisé dans la chapelle le 24 du même mois[5]. Il épousa, en 1618, Charlotte de Martin de Villiers, fille de Daniel de Martin, écuyer, seigneur de Villiers[6]. De ce mariage est né Jacques de Johanne de La Carre, chevalier, marquis, seigneur de Saumery, écuyer de S. A. R. Gaston de France, duc d'Orléans, mestre de camp du régiment d'Orléans, gouverneur de Chambord, maréchal des camps et armées du roi, grand maître des eaux et forêts, gouverneur de Blois (première provision en date du 15 février 1650) et conseiller d'État.

---

1. Le nom et les armes de La Carre furent ajoutés à ceux de Johanne, en conséquence d'un acte expédié par le lieutenant général du bailliage et gouvernement de La Carre en Soule, le 23 juillet 1613, par lequel Jean d'Arbède, chef de la maison de La Carre, autorisa son neveu, Arnault, à ajouter ses armes et son nom aux armes et nom de Johanne (inventorié en original au château de Saumery, par Bourreau, notaire de Blois, le 5 juin 1709 et jours suivants, coté 263).
2. Voy. preuves de l'antiquité de la chambre des comptes de Blois.
3. Voy. Bernier, *Histoire de Blois*, page 631.
4. Voy. la sentence arbitrale entre MM. de Colbert de Saumery et de Menars du 3 septembre 1671, déposée le même jour chez de Beauvais, notaire au Châtelet de Paris.
5. Voy. registres de l'église paroissiale de Huisseau.
6. Elle était arrière-petite-fille de Christophe de Martin, écuyer, seigneur de Villeneuve, et d'Anne Compaing de Fresnay. De cette maison était Marie Compaing, fille de Nicolas Compaing, seigneur de Fresnay, chancelier de Navarre, qui épousa, le 29 avril 1593, Leclères II, baron de Juigné, d'où sont descendus MM. de Juigné, actuellement vivants.

Il fut baptisé dans la chapelle du château de Saumery le 23 octobre 1623[1]. Il épousa, le 6 février 1650, Catherine de Charron de Nozieux, fille de Jacques Charron de Nozieux et sœur de Mme de Colbert.

C'est de ce mariage qu'est issu Jacques-François de Johanne de La Carre, marquis de Saumery, sur la personne et sur l'extraction duquel le duc de Saint-Simon a répandu tant d'erreurs. La mère de M. de Saumery n'était point *une petite bourgeoise de Blois*; la maison de Charron était noble. Elle est alliée passivement à celles de Colbert, de La Poupelinière, du Gué de Bagnols, de Longueu, de Castellane, de Novejan, de Lastic; et de ces alliances sont descendus, de la maison de Charron, les Montmorency-Fosseux, les Talleyrand-Périgord, les Chabannes-Curton, les Duchillau, les d'Albert de Luynes, les Mortemart et la dernière duchesse de Gesvres, née du Guesclin.

Si, avant d'assurer un fait, M. de Saint-Simon avait bien voulu faire des recherches, il se serait facilement convaincu que non-seulement le brevet de gouverneur de Chambord, mais encore ceux des autres maisons royales, portaient anciennement pour souscriptions : jardinier, concierge, capitaine, etc.

Vivant sans ambition, ce ne sont point des titres que je viens revendiquer, c'est la vérité seule que je veux et devais rétablir. Cette tâche, pénible pour un homme qui n'est et ne veut pas être en évidence, une fois remplie, je dois rendre hommage à la loyauté de M. le marquis de Saint-Simon, pair de France, etc., auquel j'ai adressé ma réclamation, et qui m'autorise à faire insérer cette note.

1. Voy. registres de Huisseau.

FIN DES NOTES DU DEUXIÈME VOLUME.

TABLE DES CHAPITRES

DU DEUXIÈME VOLUME.

Chapitre premier. — Mort étrange de Charles XI, roi de Suède. — Sa tyrannie. — Son palais brûlé. — Princes Sobieski s'en retournent sans recevoir le collier du Saint-Esprit. — Conduite désapprouvée de l'abbé de Polignac en Pologne. — Abbé de Châteauneuf y va la rectifier. — Froideur et plus du prince de Conti pour la Pologne. — Plénipotentiaires à Delft et à la Haye. — Distribution des armées. — M. de Chartres, prince du sang, et M. du Maine ne servent plus. — Ath pris par le maréchal Catinat. — Siége et prise de Barcelone par le duc de Vendôme, qui est fait viceroi de Catalogne. — J'arrive à l'armée du maréchal de Choiseul, qui passe le Rhin. — Belle retraite du maréchal de Choiseul. — Inondations générales. — Beau projet du maréchal de Choiseul avorté par ordre de la cour, qui fait repasser le Rhin à l'armée.................... 1

Chapitre II. — Affaires de Pologne. — Le roi déclare l'élection du prince de Conti, qui refuse modestement le rang de roi de Pologne. — Départ du prince de Conti, conduit par mer par le célèbre Jean Bart. — Mouvements divers sur ce départ. — Électeur de Saxe couronné à Cracovie. — Prince de Conti arrive à la rade de Dantzick; est peu accueilli; la ville contre lui, et n'ose mettre pied à terre. — Retour du prince de Conti qui voit à Copenhague le roi de Danemark incognito. — Hardie expédition de Pointis à Carthagène. — Situation du maréchal de Choiseul et du prince Louis de Bade, qui prend Eberbourg. — Suspension d'armes sur le Rhin. — Curieux sortilége. — Portland et ses conférences avec le maréchal de Boufflers à la tête des armées. — Paix signée à Ryswick. — Attention du roi pour le roi et la reine d'Angleterre. — Haine personnelle du roi et du prince d'Orange, et sa cause.................... 18

Chapitre III. — M. d'Orléans, cardinal. — Mort du célèbre Santeuil, du baron de Bauvais, de La Chaise, de la duchesse de La Feuillade, du duc de Duras. — Époque des ducs-maréchaux de France de porter le nom de maréchal. — Retraite volontaire de Pelletier, ministre d'État. — Sa fortune et sa famille. — Les postes à M. de Pomponne. — Maximes du roi contre un premier ministre et de ne mettre jamais aucun ecclésiastique dans le conseil. — Emplois au dehors. — Bonrepos et sa fortune. — Des Alleurs. — Du Héron. — Prince de Hesse-Darmstadt fait grand d'Espagne, et pourquoi. — Singulière retraite d'Aubigné, frère de Mme de Maintenon. — Cour et vie particulière de la princesse. — Tracasserie avec la duchesse du Lude. — Préparatifs du mariage de Mgr le duc de Bourgogne. — Goût du roi pour la magnificence de sa cour. — Ses égards... 40

Chapitre IV. — Mariage de Mgr le duc de Bourgogne. — Mariage des deux filles du comte de Tessé. — Fortune et fin singulière du premier Varenne. — Prince de Vaudemont et sa fortune. — M. de Lorraine rétabli demande Mademoiselle et perd sa mère. — Abbé, depuis cardinal de Mailly, archevêque d'Arles. — Abbé de Castries, aumônier ordinaire de Mme la duchesse de Bourgogne. — Mme Cantin, première femme de chambre de Mme la duchesse de Bourgogne. — Fortune de Lavienne. — Mauresse, religieuse à Moret, fort énigmatique........................... 60

Chapitre V. — 1698. — Éclat et accommodement de l'archevêque de Reims et des jésuites. — Deux lourdes sottises de Sainctot, introducteur des ambassadeurs. — Mensonge d'une tapisserie du roi, etc., réformé. — Dispute de rang entre Mmes d'Elbœuf et de Lislebonne. — Mort du P. de Chevigny. — Mort de la duchesse de Berwick. — Mariage de M. de Lévi et de Mlle de Chevreuse. — Mariage du comte d'Estrées et d'une fille du duc de Noailles, faite dame du palais, avec la marquise de Lévi. — Mariage de Mortagne et de Mme de Quintin. — Bissy, évêque de Toul, depuis cardinal, refuse l'archevêché de Bordeaux. — Vaïni, chevalier de l'ordre. — Chevaliers du Saint-Esprit romain en 1675. — L'ordre renvoyé en 1688 par le duc de Bracciano. — Électeur de Saxe pleinement roi de Pologne. — Mort de M. d'Hanovre. — Obrecht va à Ratisbonne pour les affaires de Madame avec l'électeur palatin...................... 76

Chapitre VI. — Le czar et ses voyages. — Saint-Albans envoyé, et Portland ambassadeur d'Angleterre, à Paris. — Premiers princes de Parme et de Toscane incognito en France; le dernier distingué. — Distraction du cardinal d'Estrées. — Mlles de Soissons enlevées, et à Bruxelles. — Le comte de Soissons errant. — Abbé de Caudelet fait et défait évêque de Poitiers. — Mort du président Talon et sa dépouille. — Mort de Mme de Sillery. — Mort de Villars, chevalier de l'ordre; pourquoi dit Orondat. — Castries, chevalier d'honneur de Mme la duchesse de Chartres. — Mort de Brienne. — Mort du duc de Bracciano............ 91

Chapitre VII. — Duchesse de Bracciano, ses premières aventures; prend le nom de princesse des Ursins. — Étrange et hardie tentative du cardinal de Bouillon de faire l'abbé d'Auvergne cardinal. — Mariage de Souvré avec Mlle de Rebénac; du vieux Seissac avec une sœur du duc de Chevreuse; du comte d'Ayen avec Mlle d'Aubigné. — Le roi paye les dettes de M. de La Rochefoucauld. — Mort de l'abbé de Marsillac. — Le roi prend le deuil d'un enfant de M. le prince de Conti, et pourquoi. — Mort de Fervaques; sa dépouille et son testament. — Duc de Lesdiguières accommodé, par ordre du roi, par le maréchal de Duras seul, son beau-père, avec Lambert. — M. de Lorraine en Lorraine, où le duc d'Elbœuf revient mal avec lui. — Camp de Compiègne résolu et déclaré..... 106

Chapitre VIII. — P. La Combe à la Bastille. — Orage contre les ducs de Chevreuse et de Beauvilliers et les attachés à M. de Cambrai. — Sainte magnanimité du duc de Beauvilliers. — Grande et prodigieuse action de l'archevêque de Paris. — Quatre domestiques principaux des enfants de France chassés et remplacés, et le frère de M. de Cambrai cassé. — M. de Meaux consulte M. de la Trappe sur M. de Cambrai, publie [sa lettre] à son insu, et le brouille pour toujours avec cet archevêque et avec ses amis. — Duchesse de Béthune, principale amie de Mme Guyon. — Complaisance des ducs de Chevreuse et de Beauvilliers pour moi sur M. de la Trappe. — Plaisante et fort singulière aventure entre le duc de Charost et moi sur M. de Cambrai et M. de la Trappe. — Caretti, empirique, devient grand seigneur.. 120

Chapitre ix. — Curiosités sur la maison de Rohan. — Ses grandes alliances. — Juveigneurs, ou cadets de Rohan, décidés n'avoir rien que de commun en tout et partout avec tous autres juveigneurs nobles et libres de Bretagne. — Vicomtes de Rohan décidés à alterner avec les comtes de Laval-Montfort jusqu'à ce que ces derniers eussent la propriété du lieu de Vitré. — Le parlement, par égards, non par rang, aux obsèques de l'archevêque de Lyon, fils du maréchal de Gié. — Mlle de La Garnache; son aventure; duchesse de Loudun à vie seulement. — Henri de Rohan fait duc et pair; son mariage et celui de son unique héritière; enfants de celle-ci. — Benjamin de Rohan, sieur de Soubise, duc à brevet ou non vérifié. — M. de Sully obtient un tabouret de grâce aux deux sœurs du duc de Rohan, son gendre, non mariées. — Dispute de préséance au premier mariage de M. Gaston, entre les duchesses d'Halluyn et de Rohan, décidée en faveur de la première. — Louis, puis Hercule de Rohan, faits l'un après l'autre ducs et pairs de Montbazon; famille de ce dernier.. 137

Chapitre x. — M. de Luynes fait asseoir pour une fois seulement Mlle de Montbazon, depuis duchesse de Chevreuse, la veille de leurs noces; obtient dispense d'âge et la première place après les ducs pour le prince de Guéméné, son beau-frère, en la promotion de 1619. — M. de Marigny, frère du duc de Montbazon, le cinquante-cinquième parmi les gentilshommes en la promotion de 1619. — Art et degré qui procurent le tabouret à la princesse de Guéméné. — Autre tabouret de grâce en même temps. — Tous ôtés, puis rendus. — M. de Soubise et ses deux femmes, la première debout; la seconde assise, belle, le fait prince, etc. — Mmes de Guéméné assises (1678 et 1679), puis Mme de Montauban (1682). — MM. de Soubise et comte d'Auvergne s'excluent de l'ordre à la promotion de 1688; colère du roi; fausseté insigne sur les registres de l'ordre. — Distinction de ceux qui ont rang de princes étrangers étant en licence. — Abbé de Bouillon devenu cardinal par le hasard des coadjutoreries de Langres puis de Reims tombées sur l'abbé Le Tellier, est le premier qui ait eu ces distinctions en Sorbonne. — Abbé de Soubise, depuis cardinal de Rohan, obtient, par ordre du roi, les mêmes distinctions en Sorbonne. — Fiançailles du prince de Montbazon et de la fille du duc de Bouillon dans le cabinet du roi................... 150

Chapitre xi. — Mariages du fils du duc de La Force et de Mlle de Bosmelet; de La Vallière et d'une fille du duc de Noailles; de La Carte et d'une fille du duc de La Ferté; de Sassenage avec une fille du duc de

Chevreuse, veuve de Morstein. — Cent vingt mille livres à M. le Grand, et soixante mille livres au chevalier de Lorraine. — Charnacé arrêté pour fausse monnoie, etc.; il déplace plaisamment une maison de paysan qui l'offusquoit. — Carrosse de la duchesse de Verneuil exclu des entrées des ambassadeurs. — Querelle de M. le prince de Conti et du grand prieur qui est mis à la Bastille et n'en sort qu'en allant demander pardon en propres termes à M. le prince de Conti. — L'électeur de Saxe reconnu roi de Pologne par le roi. — Naissance de mon fils aîné. — Éclat entre le duc de Bouillon et le duc d'Albret, son fils. — Curé de Seurre, ami de Mme Guyon, brûlé à Dijon. — Réponse de M. de Cambrai à M. de Meaux. — Mort de la duchesse de Richelieu; de la princesse d'Espinoy, douairière; ses enfants; ses progrès. — Entreprise de Mlle de Melun qui frise de près l'affront. — Mort du duc d'Estrées et sa dépouille. — Mort du duc de Chaulnes. — Mort de la duchesse de Choiseul.................. 167

Chapitre XII. — Camp de Compiègne superbe : magnificence inouïe du maréchal de Boufflers. — Dames s'entassent pour Compiègne. — Ducs couplés à Compiègne. — Ambassadeurs prétendent le *pour*. — Distinction du *pour*. — Logements à la suite du roi. — Voyage et camp de Compiègne. — Plaisante malice du duc de Lauzun au comte de Tessé. — Spectacle singulier. — Retour de Compiègne...................... 182

Chapitre XIII. — La belle-fille de Pontchartrain et son intime liaison avec Mme de Saint-Simon. — Amitié intime entre Pontchartrain et moi. — Amitié intime entre l'évêque de Chartres et moi. — Le Charmel; ma liaison avec lui. — Méprise de M. de la Trappe au choix d'un abbé, et son insigne vertu. — Changement d'abbé à la Trappe............. 195

Chapitre XIV. — Dot de Mademoiselle pour épouser le duc de Lorraine. — Voyage de Fontainebleau. — Douleur et deuil du roi d'un enfant de M. du Maine, qui cause un dégoût aux princesses. — Tentatives de préséance de M. de Lorraine sur M. le duc de Chartres. — Mariage de Mademoiselle. — Division de préséance entre les Lorraines. — Départ de la duchesse de Lorraine et son voyage. — Tracasseries de rang à Bar. — Couronne bizarrement fermée et *altesse royale* usurpée par le duc de Lorraine. — Venise obtient du roi le traitement entier de tête couronnée pour ses ambassadeurs. — Grande opération au maréchal de Villeroy. — Mort de Boisselot. — Mort de la comtesse d'Auvergne. — Mort de l'abbé d'Effiat. — Mort de la duchesse Lanti. — Mort de la chancelière Le Tellier. — Mort de l'abbé Arnauld. — Le roi refuse de porter le deuil d'un fils du prince royal de Danemark. — Baron de Breteuil est fait introducteur des ambassadeurs; sa rare ignorance et du marquis de Gesvres. — Abbé Fleury; ses commencements; ses premiers progrès; comment fait évêque de Fréjus, prince de Conti gagne définitivement son procès contre Mme de Nemours. — Mme de Blansac rappelée. — Éclat et séparation de Barbezieux et de sa femme........................... 211

Chapitre XV. — 1699. — M. le duc de Berry chevalier de l'ordre. — Mort du duc de Brissac. — Difficultés à succéder à la dignité de duc et pair de Brissac. — Entreprises lorraines. — Étrange hardiesse de la princesse d'Harcourt, le jour de la première audience de milord Jersey chez Mme la duchesse de Bourgogne. — Noir artifice des Lorrains que je mis au net avec le roi le soir même. — Plainte du duc de Rohan au roi qui ordonne à la princesse d'Harcourt de demander pardon à la duchesse de Rohan, et qui l'exécute en public chez Mme de Pontchartrain. — Places des princesses du sang au cercle et lieux arrangés...................... 229

CHAPITRE XVI. — Mort de la duchesse de Chaulnes. — Mort de Chamarande. père. — *Problème* brûlé par arrêt du parlement. — Voyage de Mme de Nemours, du prince de Conti et des autres prétendants à Neuchâtel. — Paix de Carlowitz. — Prince électoral de Bavière, héritier et nommé tel de la monarchie d'Espagne, et sa mort. — Neuvième électorat reconnu. — Mort du célèbre chevalier Temple. — Trésor inutilement cherché pour le roi chez l'archevêque de Reims. — Mort du chevalier de Coislin. — Mort de La Feuillée. — M. de Monaco, ambassadeur à Rome; ses prétentions, son succès. — *Monseigneur* des secrétaires d'État et aux secrétaires d'État. — Fauteuil de l'abbé de Cîteaux aux états de Bourgogne. — Mme de Saint-Géran rappelée. — Mariage du comte d'Auvergne avec Mlle de Wassenaer. — Ambassade de Maroc. — Torcy ministre; bizarrerie de serments. — Reineville, lieutenant des gardes du corps, disparu. — Permillac se tue... 247

CHAPITRE XVII. — Condamnation à Rome du livre de l'archevêque de Cambrai. — Conduite du cardinal de Bouillon. — Belle réponse du duc de Beauvilliers au roi. — Soumission illustre de l'archevêque de Cambrai. — Acceptation du jugement du pape par les assemblées d'évêques par métropoles en jugeant. — Enregistrement au parlement. — Procédé de l'archevêque de Cambrai et de l'évêque de Saint-Omer à l'assemblée provinciale. — Mort du comte de Mailly, de Thury, de Frontenac, de Racine; sa funeste distraction. — Mort du duc de La Force. — Valincour mis à l'histoire du roi en la place de Racine. — Mort de l'évêque de Luçon, Barillon. — Mariage du duc de Choiseul avec Mme Brûlart. — Mariage du roi des Romains; pourquoi la part différée. — Style de s'écrire entre l'empereur et le roi. — Traitements d'ambassadeurs de tête couronnée à l'ambassadeur du grand-duc à Vienne, nulle part ailleurs. — Naissance du prince de Piémont. — Le roi paye les dettes de Mme la Duchesse et de Monseigneur, et lui double ses mois. — Augmentation de quarante-deux mille livres d'appointements à M. de La Rochefoucauld. — Pension secrète de vingt mille livres à l'évêque de Chartres. — M. de Vendôme change l'administration de ses affaires, et va publiquement suer la vérole. — Mort de Savary, assassiné. — Mort de l'abbé de La Châtre. — Le roi fait revenir tous les prétendants de Neuchâtel. — Deux vols au roi fort étranges. — Vaïni à la cour. — Fériol ambassadeur à Constantinople. — Situation du comte de Portland. — Courte disgrâce de la comtesse de Grammont... 263

CHAPITRE XVIII. — Pensées et desseins des amis de M. de Cambrai. — Duc de Beauvilliers prend à la grande direction la place du chancelier absent. — Naissance de mon second fils. — Voyage très-singulier d'un maréchal de Salon en Provence, à la cour. — Le roi partial pour M. de Bouillon contre M. d'Albret. — Mort de Saint-Vallier, du duc de Montbazon, de Mirepoix, de la duchesse Mazarin, de Mme de Nevet, de la reine de Portugal. — Séance distinguée de M. du Maine en la chambre des comptes.

— Filles d'honneur de la princesse de Conti douairière mangent avec Mme la duchesse de Bourgogne. — Dédicace de la statue du roi à la place de Vendôme. — Cause du retardement de l'audience de Zinzendorf. — Le roi ne traite le roi de Danemark que de *Sérénité*, et en reçoit la *Majesté*. — Mort de la duchesse douairière de Modène. — Fortune et mort du chancelier Boucherat. — Candidats pour les sceaux : Harlay, premier président; Courtin, doyen du conseil; d'Aguesseau, Pomereu, La Reynie, Caumartin, Voysin, Pelletier-Sousy. — Fortune de Pontchartrain fait chancelier................................... 285

CHAPITRE XIX. — Fortune de Chamillart fait contrôleur général des finances. — Mariage de Dreux avec la fille aînée de Chamillart. — Belle action de Chamillart. — Logement de Monseigneur à Fontainebleau. — Princesse de Montbéliard à Fontainebleau. — Tabouret de la chancelière. — Femmes des gardes des sceaux. — Cour du chancelier. — Trois cent mille livres au maréchal de Villeroy, maître à Lyon; et pension de cent mille livres au duc d'Enghien. — Mort de l'abbé de Charost. — Mort de Villacerf: sa familiarité avec le roi. — Mort de la comtesse de Fiesque. — Famille, fortune et mort de M. de Pomponne. — Changements d'ambassadeurs. — Retour de Fontainebleau... 309

CHAPITRE XX. — Mgr et Mme la duchesse de Bourgogne mis ensemble. — Menins de Mgr le duc de Bourgogne : Gamaches, d'O, Cheverny, Saumery. — Mme de Saumery. — Emplois de Cheverny et son aventure à Vienne. — Mort de Mme de Montchevreuil. — Mgr le duc de Bourgogne entre au conseil des dépêches. — Castel dos Rios, ambassadeur d'Espagne en France. — Mort d'Arrouy dans la Bastille. — Voyage à Paris du duc et de Mme la duchesse de Lorraine pour l'hommage lige de Bar. — Ducs de Lorraine, l'un connétable, l'autre grand chambellan. — Princes du sang précèdent les souverains non rois partout. — M. de Lorraine étrangement incognito. — Mme et M. de Lorraine à Paris, qui va saluer le roi. — Adresse continuelle à l'égard de M. et Mme la duchesse de Chartres. — Mme de Lorraine malade de la petite vérole. — Hommage lige au roi par le duc de Lorraine pour le duché de Bar. — M. de Lorraine à Meudon et à Marly, où il prend congé. — M. de Lorraine prend congé de Monseigneur à l'Opéra, et de Mgr et de Mme la duchesse de Bourgogne sans les avoir vus auparavant, et part en poste payée par le roi. — Mme de Lorraine à Versailles, puis à Marly, prend congé et part......... 330

CHAPITRE XXI. — Bassesses et noirceur étrange du duc de Gesvres à mon égard. — Duc de Gesvres, méchant dans sa famille, fait un trait cruel au maréchal de Villeroy. — Origine de la conduite des ambassadeurs, à leur première audience, par ceux des maisons de Lorraine, Savoie et Longueville, et à leur entrée, par des maréchaux de France. — Origine du chapeau aux audiences de cérémonie des ambassadeurs, qui ne s'étend nulle part ailleurs. — Mort de Mme de Marsan. — Le nonce Delfini fait cardinal; son mot sur l'Opéra. — Mariage de Coigny et de Mlle du Bordage. — Silence imposé par le roi aux bénédictins et aux jésuites sur une nouvelle édition des premiers de saint Augustin. — Exécution de Mme Ticquet, pour avoir fait assassiner son mari, conseiller au parlement. — Mort du fils unique de Guiscard. — Mort de Barin..................... 347

Chapitre XXII. — 1700. — Le roi ne paye plus les dépenses que les courtisans font à leurs logements. — Exil de Mme de Nemours. — Porte sainte du grand jubilé ouverte par le cardinal de Bouillon. — Dispute de Torcy et des ambassadeurs pour leurs carrosses aux entrées. — Delfini, nonce et cardinal, s'en va sans présents pour n'avoir pas voulu visiter les bâtards. — Archevêque de Paris officie à la Chapelle avec sa croix. — *Altesse* refusée à M. de Monaco avec éclat. — Cardinaux françois à Rome. — Gualterio nonce en France. — Grandes couronnes ont le choix de leurs nonces. — Mort de Mme Tambonneau la mère. — Mort, fortune et famille de Mme de Navailles. — Mort de Lavocat. — Mort de Mme de Maulevrier. — Mort de Biron père. — Mort du chevalier de Villeroy. — Mort d'Hauterive. — Cossé, duc de Brissac. — Mort du cardinal Casanata. — Quatre-vingt mille livres à M. d'Elbœuf. — Cent mille à Mme de Montespan, qui achète Oiron.. 364

Chapitre XXIII. — Force bals à la cour. — Bal de M. le Prince ; quatre visages. — Malice cruelle de M. le Prince à un bal à Marly. — Ordre des bals chez le roi. — Bal de la chancellerie. — M. de Noirmoutiers ; ses mariages. — La Bourlie hors du royaume. — Dettes de jeu de Mme la Duchesse payées par le roi. — Langlée. — Acquisition de l'hôtel de Guise. — Abbé de Soubise passe adroitement chanoine de Strasbourg ; ses progrès. — Cardinal de Fürstemberg ; sa famille. — Comtesse de Fürstemberg. — Coadjutoreries de Strasbourg. — Conduite et disgrâce du cardinal de Bouillon ; sa désobéissance. — Mariage d'une fille du duc de Rohan avec le comte de La Marck ; sa naissance et sa fortune. — Mariage du prince d'Isenghien avec Mlle de Fürstemberg. — Mariage du duc de Berwick avec Mlle Bockley...................................... 377

Chapitre XXIV. — Traité de partage de la monarchie d'Espagne. — Harcourt revient d'Espagne et y laisse Blécourt. — Recherche et gain des gens d'affaires. — Desmarets ; ma liaison avec lui. — Loteries. — Mort de Châteauneuf ; ses charges de secrétaire d'État et de greffier de l'ordre données à son fils en épousant Mlle de Mailly, et le râpé de l'ordre au chancelier. — Cauvisson lieutenant général de Languedoc par M. du Maine. — Noailles, archevêque de Paris, fait cardinal. — Abbé de Vaubrun exilé. — Ruses et opiniâtre désobéissance du cardinal de Bouillon, qui devient doyen et que le roi dépouille. — Argent à Mgr le duc de Bourgogne. — Cent mille livres à Mansart. — Détails de l'assemblée du clergé. — Jésuites condamnés par la Sorbonne sur la Chine. — P. de La Rue, confesseur de Mme la duchesse de Bourgogne, au lieu du P. Le Comte, renvoyé. — Rage du P. Tellier. — Jésuites affranchis pour toujours des impositions du clergé. — Pelletier va visiter les places et ports de l'Océan. — M. de Vendôme retourne publiquement suer la vérole. — Mort de la duchesse d'Uzès. — Mariage du duc d'Albemarle avec Mlle de Lussan. — Mme Chamillart, pour la première femme de contrôleur général, admise dans les carrosses et à manger avec Mme la duchesse de Bourgogne. — L'évêque de Chartres gagne son procès contre son chapitre de la voix du roi unique. — M. de Reims cède la présidence de l'assemblée générale du clergé à M. de Noailles. — Comte d'Albert cassé. — Étrange embarras de M. le prince de Conti avec M. de Luxembourg. — Mme de Villacerf admise dans les carrosses et à manger avec Mme la duchesse de Bourgogne. —

Dons pécuniaires à M. le prince de Conti, à M. de Duras et à Sainte-Maure. — Fiançailles de La Vrillière et de Mlle de Mailly, et leur mariage. — P. Martineau confesseur de M. le duc de Bourgogne à la place du feu P. Valois. — Mort de Le Nôtre. — Mort de Labriffe, procureur général. — D'Aguesseau, avocat général, fait procureur général en sa place 401

Chapitre XXV. — Arrêt du conseil, à faute de mieux, qui dépouille le cardinal de Bouillon. — Cardinal de Coislin fait grand aumônier. — Évêque de Metz premier aumônier en titre. — Conduite du cardinal de Bouillon. — Réflexion sur les cardinaux françois. — Mort du duc de Glocester. — Le Vassor. — Mesures sur l'Espagne. — Paix du Nord en partie. — Voyage de Fontainebleau. — Zinzendorf, envoyé de l'empereur, mange avec Monseigneur. — Mme de Verue; ses malheurs, sa fuite de Turin en France. — Jugement en faveur de la Bretagne, de sa propre amirauté contre l'amirauté de France. — Acquisition de sceaux par M. du Maine. — Mort de Mlle de Condé. — D'Antin quitte le jeu solennellement et le reprend ensuite. — Mort de M. de la Trappe. — Mort du pape Innocent XII (Pignatelli)... 428

NOTES.

I. Hommage lige et hommage simple........................... 449

II. L'abbé d'Albret et l'abbé Le Tellier........................... 450

III. Note de MM. de Dreux-Nancré et de Dreux-Brézé, établissant que M. de Dreux était de grande et ancienne maison.................. 451

IV. Note de M. le marquis de Saumery, relative à Johanne de La Carre de Saumery, son ancêtre.. 452

FIN DE LA TABLE DES CHAPITRES.

Ch. Lahure, imprimeur du Sénat et de la Cour de Cassation,
rue de Vaugirard, 9, près de l'Odéon.

A LA MÊME LIBRAIRIE.

Mémoires de Fléchier sur les Grands-Jours d'Auvergne en 1665, annotés et augmentés d'un Appendice par M. *Chéruel*, maître de conférences à l'École normale supérieure, et précédés d'une Notice par M. *Sainte-Beuve* de l'Académie française. 1 volume in-8, orné d'une gravure.

Le même ouvrage, grand papier vélin superfin, tiré à cent exemplaires numérotés.

Marie Stuart et Catherine de Médicis, par M. *Chéruel*. 1 volume in-8.

Ch. Lahure, imprimeur du Sénat et de la Cour de Cassation (ancienne maison Crapelet), rue de Vaugirard, 9.

www.ingramcontent.com/pod-product-compliance
Lightning Source LLC
Chambersburg PA
CBHW070208240426
43671CB00007B/582